萬善同歸集講義—下

萬善同歸集講義
——下

北宋 永明 延壽 著述
臺灣 釋性梵 講義
然觀 譯

추천사

황하의 물도 능히
　　맑혀 세상에
감화를 끼칠 수 있으리

　　　　　　　　　　진주에서 학교 다니던 때, 다른 학교에 다니던 공부 잘하고 글을 좋아하던 우리 또래의 학생이 학교를 그만 두고 불문에 출가하였다는 소문이 돌았다. 1980년 무렵 보성 대원사에 잠시 살던 연관(然觀) 스님이 본사인 송광사를 찾아왔을 때 그를 만나게 되었는데 그가 바로 그 소문났던 주인공이며 나와는 같은 면(面)의 동향(同鄉) 출신으로 동갑인 줄도 알았다. 만약 교사이신 그의 부친이 전근하지 않으셨다면 초등학교 입학 때에 한 반이 될 뻔 했던 것이다.

　30여년 전 필자가 안내하여 연관스님과 수경스님이랑 몇이서 거제도의 해변길을 따라 섬을 일주하기로 작정하고 여러 날을 함께 걸었다. 일주가 끝날 무렵 하청(河清)이라는 곳을 지나게 되었는데 그 지명을 보더니 평소 묵묵히 말이 없던 연관스님이 갑자기 희색이 만면이다. 직지사 황악학림에서 관응큰스님이 전강하실 때 법호를 하청(河清)으로 주시었는데 그의 속성인 황(黃)에다 이으면 바로 황하청(黃河清)이었다.

천산에서 발원하여 중원의 대륙 만리를 달려 황토 고원을 통과하면서 누런 빛으로 변한 황하(黃河)의 물줄기는 발해만으로 흘러들 때까지 맑을 줄을 모른다. 그래서 예부터 기껏 길어야 백 년을 사는 인생이 황하가 맑아지는 것을 보기 어려우므로 백년하청(百年河淸)이라 하였는 바, 관응큰스님께서는 연관스님의 자질을 알아보시고 황하의 물도 능히 맑히어 세상에 널리 감화를 끼칠 수 있으리라 하여 하청이라는 호를 주신 것이었다.

연관스님은 일정하게 머무는 곳 없이 제방선원에서 정진하며 인연따라 실상사 화엄학림 학장을 역임하기도 하였고 기본선원 교선사를 맡기도 하면서 후학들을 가르치고 주변의 권유로 틈틈이 경전 어록을 번역하여 책을 내기도 하였다. 그 가운데 '죽창수필'과 '선관책진'은 수행자들 걸망 속의 필수품이 되었다.

또 '조계종 표준금강경'의 번역 책임을 맡기도 했던 스님은 '금강경오가해'를 지은 함허득통선사를 흠모하여 근래 함허스님의 부도가 있는 봉암사 동암에 오래 살았으며, 중국의 법안종을 이은 영명연수선사의 저술을 통해서도 많은 감화를 받았다고 한다.

영명선사는 미륵불의 화현이라 추앙받던 분이었는데 고려 광종(光宗)은 제자의 예를 올리며 그 문하에 영재 36인을 보내 그의 법을 이어왔다. 당시 고려 불교는 영명선사의 종풍이 성행하였으며 특히 보조국사의 사상에도 깊은 영향을 끼쳤다. 사명(四溟) 대사와 친하였던 허균은 청허(淸虛)와 사명이 영명선사의 법통을 이었다고 기록하였으며, 허운선사 문집에도 "법안종은 영명선사 때에 성하여 고려에 들어가버리고 홀로 임제종만 아직까지 향화가 있을 뿐이다(法眼盛於永明而入高麗 獨臨濟尙存香火耳)"라고 할 정도였다.

영명선사의 많은 저술 가운데서도 〈만선동귀집(萬善同歸集)〉은 불법을 원수(圓修)하는 귀감이라 고금에 칭송하였다. 연관스님은 영명선사의 저술들을 차근차근 모두 번역하기로 서원하였는데, 마침 부산 관음사 지현스님의 간절한 청으로 근세 대만(臺灣)의 선지식인 석성범(釋性梵: 1920~1997) 스님이 강의한 '만선동귀집강의(萬善同歸集講義)'를 번역하게 되었다. 스님은 "이 강의본을 번역하면서 금덩이인 줄 알았더니 칠보를 얻은 기분이었으며 이를 통해 불법에 새삼스러운 눈을 떴다."고 토로하였다. 1차 번역 이후로도 여러 번의 퇴고를 거듭한 끝에 사유수출판사 이미현 대표에게 원고를 맡기고 출간을 준비하고 있었다.

그런데 지난 봄, 뜻밖에 암이 전이되었다는 진단을 받고는 부산 관음사로 옮기어 항암치료 대신 곡기를 끊고 물과 차만 마시다가 마지막 사흘간은 아예 물마저 끊고 6월 15일 세연을 다하였다. 평소 행동이 굼뜨던 스님이 가실 때 이렇게 날래 떠날 줄 몰랐던 많은 인연들이 애통해 하며 통도사에서 다비하여 그의 유골을 고향인 섬진강에 흘려보냈다.

지현스님은 연관스님의 마지막 유작이 된 〈만선동귀집강의〉 번역본 출간을 홀로 맡아 소중한 불사를 마치기로 하였다. 연관스님이 남긴 사리(舍利)인 이 책은 바로 황하처럼 혼탁한 우리의 업을 맑히는 수청주(水淸珠)가 되리라.

송광사 삼일암에서

조계총림 방장 현봉 합장

간행 연기

萬善同歸集은 보리심을 일으켜
　　온갖 선행으로
반야지혜를 일으키는 가르침

무명의 움직임은 번뇌이고 번뇌의 작용은 악행이며 악행은 고통을 낳습니다. 모두가 행복을 원하지만 무명에 덮여 있으므로 고통을 창조하는 악행을 쉬지 않습니다.

불성의 작용인 행복은 반야지혜에서 나온 자비선행의 결과입니다. 부처님과 모든 선지식들의 가르침은 무명번뇌를 반야지혜로 변환시켜서 악행을 자비선행으로 이끌어 줍니다. 자비선행은 허물을 고쳐 선행으로 나아가게 하고, 우리가 본래 갖추고 있는 불성을 믿고 이해하여 간절한 원력으로 정진함으로써 깨달음의 즐거움을 얻게 합니다.

만선동귀집은 모든 사람들이 보리심을 일으켜서 보살의 자비선행으로 불성의 반야지혜를 열어주게 하는 가장 원만한 가르침입니다. 이 책을 지은 영명 연수선사는 중국이 배출한 가장 수승한 선지식 중의 한 분으로 선종, 교종, 율종, 정토, 진언 등 모든 종파에서 당대는 물론 지금까지도 수행자들의 사표(師

表)가 되는 분입니다.

〈만선동귀집〉은 일찍이 성철대종사의 분부로 일장선사께서 1981년 번역하여 미래사 종욱스님 등의 법공양으로 처음 출판되었는데 한평생 저의 수행을 이끌어 주었습니다. 그러다가 대만 성지순례 중 성범(性梵) 스님의 〈만선동귀집강의〉를 공양받고 보배를 얻은 듯하였습니다. 한글 번역을 발원하여 존경하는 선배 연관(然觀) 스님께 부탁드렸는데 흔쾌히 번역을 허락하셨습니다. 스님은 환희심으로 번역하시며 여러 차례 감동을 받아 수행관이 새롭게 정립되었다고 토로하셨습니다.

부처님의 바른 가르침이 영명연수선사의 만선동귀집으로 결집되고, 만선동귀집은 성범선사의 강의로 꽃이 피고, 연관스님의 번역으로 쉽고 분명하게 이해되니 참으로 아름다운 인연입니다.

연관스님은 2021년 가을 사유수출판사와 인연이 되어 2022년 4월 상권의 편집교정을 마칠 즈음 말기암의 진단을 받고 수경스님 등 친지들의 치료 권유를 거부하고 왕생을 발원하며 관음사로 오셔서 절곡으로 세연을 거두고 정토에 왕생하셨습니다. 이런저런 사정으로 늦은 감이 있지만 2023년 음 8월 4일 연관스님의 생신일을 맞아 출판하게 되었습니다.

연관스님의 친한 도반인 조계총림 방장 큰스님께서 인연담과 공덕을 담아 추천서를 주셨고, 토굴정진 중인 연관스님의 후배 육잠스님께서 題字를 써주셔서 이 책이 더욱 빛나게 되었습니다.

어려운 한문과 고어(古語)들을 편집 교정하는 데 연관스님의 애제자 정묵스님과 사유수의 이미현 대표님과 편집진들의 노고가 많았습니다. 감사의 말씀을 드립니다. 또 수승한 선근으로 법공양하신 善謙 진복현거사님의 공덕으로 원만회향 할 수 있음에 축하와 감사를 드립니다.

이러한 승연공덕으로 번역하신 연관스님은 정토에서 승열락(勝悅樂)을 누리시고, 〈만선동귀 집강의〉를 보거나 듣는 모든 분들은 보리심을 일으켜서 온갖 선행으로 일심정토에서 환희할 것입니다.

감사합니다.

2023년 8월 좋은 날
늘기쁜마을 관음사 후학 지현 합장

해제

달마대사(?~535)는 "마음을 관하는 하나의 수행법이 모든 수행을 모두 섭수한다(觀心一法 總攝諸行)."하며, 모든 수행법을 '마음을 관하는 한 법'으로 귀납하였으나, 지금 영명연수 선사(904~975)는 "모든 선행이 똑같이 일심실상으로 돌아간다(萬善同歸一心)."고 하며, 구태여 관심일 필요 없이 선행을 행하는 것만으로도 전혀 모자람이 없다고 설파하였다. 굳이 관심일 필요 없이 만선을 행하는 것에 모든 수행법을 갖추었다.

세속적인 것이든 출세속적인 것이든 남을 위한 일이면 똑같이 일심실상으로 돌아간다. 왜 그럴 수 있는가? 놀랄 정도로 광범위한 경론이나 선문을 인용하여 그 이론적인 근거와 실천을 제시한 것이 『만선동귀집』 전 3권이 말하고자 하는 전체 내용이다.

'모든 선행[萬善]'이란 무엇인가?

일체 중생을 위해 하는 모든 선행을 말한다. 망상 속에서 하는 선행일지라도 전혀 문제없다. 언제 흩어질지 모르는, 본래 존재하지 않는 허망한 구름 위에는 늘 찬란한 태양이 빛나고 있기 때문이다. 송나라 文冲이 편집한『혜일영명지각

선사자행록』에 의하면 지은이 영명스님은 108가지 선행을 매일 실천하였다한다. 법계 중생을 대신하여 법화참을 닦았고, 안양의 정업을 닦아 법계 유정과 함께 극락에 왕생하는 데 회향했으며, 좌선하며 일체중생과 함께 禪智에 들어갈 것을 발원했으며, 상당 설법하여 온 대중이 心宗인 일승묘지를 깨닫게 하였으며,『법화경』한 부씩을 염송했으며,『심경』8권을 외웠으며,『화엄경』「정행품」을 읽으며 140가지 대원을 발원했으며, '대비주(신묘장구대다라니주)'를 외우며 중생을 위해 육근의 죄업장을 참회했으며, '불정존승다라니'를 외웠으며, 중생을 위해 밤낮으로 삼보에 귀명 예경하였으며, 중생을 위해 석가불의 진신사리보탑에 예배했으며,「대승비지육백원문(大乘悲智六百願文)」을 스스로 지어 중생을 위해 발원하고 예배했으며, 화상본사인 석가불께 예배하고 중생이 삼보를 계승 선양할 것을 발원했으며,『법화경』에 예배했으며, 문수보살에게 예배했으며, 중생을 위해 아미타불을 머리에 이고 행도했으며, 석가모니불을 돌고 염하며 위없는 寂滅忍 이루기를 발원했으며, 문수보살을 돌고 염하며 미묘한 지혜 이루기를 발원했으며, 아미타불에게 예경했으며,『화엄경』에 예배했으며, 보현보살에게 예배했으며, 관음보살을 머리에 이고 행도했으며, 보현보살을 돌며 염했으며, 당래하생 미륵존불에게 예배했으며,『대반야경』에 예배했으며, 시방 법계의 일체 보살에게 예배했으며, 석가모니의 分身佛을 돌며 예배했으며, 관음보살을 돌며 예배했으며, 관음·세지와 청정대해중 보살에게 예배했으며, 지장보살에게 예배했으며, 약사유리광불께 예배했으며, 중생을 위해 시방 삼보에게 분향공양하고 삼보에 귀명하며 삼보를 찬탄했으며, 중생을 위해 보리원을 대신 발하고 先業을 참회했으며, '七佛滅罪眞言'을 염했으며, 중생을 위해 보살계를 주었으며, 중생을 위해 五悔法(죄악을 멸제하기 위해 하는 다섯 가지 참회법. (1) 懺悔; 죄를 참회하고 善果를 닦는 법. (2) 勸請; 시방 제불이 법륜을 굴려 중생을 구원해주시기를 勸請하는 법. (3) 隨喜; 다른 사람의 선행을 기뻐하며 칭찬하는 법. (4) 回向; 선행의 공덕을 보리에 회향하는 법. (5) 發願; 일심성불하기를 발원하는 법.)을 행하고 육근의 죄를 참회했으며, 시방 제불과 이승 범부의 무진한 공덕을 수희찬탄하였으며, 일체 귀신 등에게 밥과 물을 베풀었으며, 중생을 위해 종을 치고 '파지옥진언'을 세 번 외웠으며, 아름다운 꽃으로 시방 존상에게 공양했으며, 모든 사람에게 '아미타불'을 염할 것을 권했으며, 늘 방생을 행했으며, 醫業을 널리 행했으며, 불상과 불경을 인쇄하여 사람들에게 열 가지를 수지할 것을 권했으며, … 하는 것 등이다. (『혜일영명지각선사자행록』에서 밝힌 자세한 스님의 행록은 아래 '부록 제6'에서 보였다).

어떻게 만선을 행하는 것으로 일심실상을 이룰 수 있으며, 그러려면 어떤 실천이 따라야 하는가?

이 책 3권 중 상권에서 처음에는 理·事가 서로 원융하여 무애함과 만행이 마음[心]으로 비롯된다는 뜻을 설하고, 다음에는 서른세 가지 문답으로 그 뜻을 해석하였다. 중권에서는 처음에는 바라밀 등 실천적 행법을 대략 보이고 다시 스물일곱 가지 문답으로 이를 상세히 밝히며, 하권에서는 처음에는 묘행이 원만한 뜻을 들어 보였고 거듭 쉰 네 가지 문답을 들어 그 뜻을 논술하니, 전체에서 비록 선문의 뜻을 선양하는 것으로 큰 뼈대를 삼았으나 화엄·천태·정토 등 제종의 사상적 융합을 도처에서 보였다. 그 가운데 많은 부분을 할애하여 완벽한 실천이란 어떤 것인가를 밝힌 것이 소위 '圓修十義'이다. 첫째는 理·事가 무애하여야 한다. 둘째는 權·實을 쌍행하여야 한다. 셋째는 二諦가 함께하여야 한다. 넷째는 性과 相이 원융하여야 한다. 다섯째는 본체와 작용이 자재하여야 한다. 여섯째는 空과 有가 서로 보충하여 완성하여야 한다. 일곱째는 正

과 助를 겸수하여야 한다. 여덟째는 같고 다름이 차별이 없어야 한다. 아홉째는 修·性이 둘이 없어야 한다. 열 번째는 因·果가 차이가 없어야 한다 한 것인데, 이를 보면 수행의 첫 문턱(因)과 결과(果)는 둘이 아님을 알 수 있다.

저자 영명연수(904~975)는 당말 오대 스님으로 임안부 여항(지금의 강소성 강녕현) 사람이니, 속성은 王, 자는 仲玄, 호는 抱一子라 하였다. 일찍이 불법에 뜻을 두어 오신채를 먹지 않았고 스무 살부터는 하루 한 끼 식을 먹으며 『법화경』을 외웠는데, 일곱 줄을 내리 외워 겨우 두 달 만에 모두 암송하니 양떼가 감동하여 무릎을 꿇고 들었다. 스물여덟 살 때는 華亭鎭將(華亭을 다스리는 장군)이 되었다. 군용으로 사들인 생선을 모두 방생하니, 이 일로 체포되어(군사에 쓰는 비용을 사리사욕으로 챙겼다는 죄목) 죽임에 다다랐으나 안색이나 행동거지가 전혀 변함이 없으니 이로써 사실이 증명되어 풀려났다.

그때 翠巖令參 선사가 龍冊寺에 머물며 크게 교화를 일으키니, 吳越 文穆王이 스님(영명)이 도를 사모하는 줄 알고 그의 뜻을 따라 출가하게 하니 나이 서른 살 때였다. 그리하여 취암에게 예하고 스승을 삼았다. 대중을 위해 어려운 일을 마다 않으며 몸과 마음을 모두 잊었으며, 거친 밥과 베로 만든 짧은 옷으로 아침저녁을 지냈다. 마침내 천태산 천주봉에 가서 90일 동안 定을 익히니 까마귀나 새 떼가 옷의 주름에 새집을 지었다. 천태덕소(890∽972) 국사를 뵈니 한 번 보고 그릇임을 알아보고 비밀리 元旨를 주며 "그대는 원수(吳越 文穆王)와 인연이 있으니 훗날 크게 불사를 일으킬 것이네." 하였다.

처음 설두산에 머물 적에, 법상에 올라 "설두에는 빠른 폭포가 천 길이나 되니 잘디 잔 좁쌀(매우 작은 물건)도 머물지 못하고, 기암은 만 길이나 되니 발 디딜 곳이 없다. 너희들은 어디에서 나아가겠는가?" 하니, 한 스님이 "설두의 한 길을 어떻게 걸을 수 있겠습니까?" 하니, 스님이 "걸음마다 눈꽃이 피었고 말마다 얼음이 꽁꽁 얼었다." 하고, "외로운 원숭이는 바위 사이에 떨어진 달을 보고 울부짖고, 나그네는 한 밤중에 꺼져가는 등불을 보고 노래하네. 이 경계와 이 때를 누가 뜻을 얻을 수 있는가? 흰 구름 깊은 곳에 선승이 앉아있네." 하고 게를 설하였다.

　그때 마침 충의왕이 영은사를 새로 짓고 개산하기를 청하였고, 다음 해에는 永明道場으로 옮기니 대중이 2천여나 되었다. 한 스님이 "어떤 것이 영명의 깊은 뜻입니까?" 하고 물으니, 스님이 "향 하나를 더 올려라." 하였다. 이 스님이 "스님께서 지시해 주셔서 감사합니다."하니, 스님이 "그렇더라도 아무 상관없네." 하였다. 이 스님이 예배하니, 스님이 "한 게를 들어보라. 영명의 뜻을 알고자 하면 문 앞에 한 호수를 보라. 해가 비치면 광명이 나고 바람이 불면 파도가 인다." 하였다.

"학인이 오래 영명에 있었는데 어찌하여 영명의 가풍을 알지 못합니까?"

"알지 못하는 것을 알아야 한다."

"알지 못하는 것을 어떻게 압니까?"

"소가 코끼리 새끼를 낳고, 푸른 바다에서 먼지가 일어나는구나."

"부처를 이루고 조사를 이루는 것도 내지 못하고, 육도에 윤회하는 것도 역시 내지 못합니다. 어느 곳에서 내지 못하는지 모르겠습니다."

"그대가 묻는 곳에서 내지 못한다."

"교에서 '일체 제불과 불법이 모두 이 경에서 나왔다' 하니 '이 경'이란 무엇입니까?"

"오랫동안 설하더라도 끝이 없다. 뜻에 부합하지 않고 소리로 얻을 수 없기 때문이다."

"어떻게 수지(잊지 않고 마음에 새김)해야 합니까?"

"수지하고자 하면 응당 눈을 부릅뜨고 들어야 한다."

"크고 둥근 거울[大圓鏡]이란 어떤 것입니까?"

"깨져 아무 쓸모없는 오지그릇이다."

스님은 영명사에 거주한 지 15년 동안 제자 천 7백 명을 제도하고, 송 태조 개보 갑술(개보 7년, 974. 스님 나이 71세)에 천태산에 들어가 약 만여 명에게 계를 주고 항상 7중(출가나 재가의 부처님 승단. (1) 비구 (2) 비구니 (3) 사미 (4) 사미니 (5) 식차마나 (6) 우파새 (7) 우파이)에게 보살계를 주었다. 밤에는 귀신에게 시식하고 아침에는 모든 살아있는 중생을 방생하니 그 수는 이루 헤아릴 수 없었다. 6시(밤낮을 여섯 때로 나눈 것)에 꽃을 흩고 행도하고 남는 힘으로는 『법화경』을 염하니 만 삼천 부나 되었다. 『종경록』 백 권을 지었고, 詩偈와 賦詠이 무릇 천만 글이나 되었다. 해외에도 전파하여 고려국왕이 스님의 言敎를 보고 사신을 보내 서신을 드리고 제자의 예를 올리고는, 금선으로 짠 가사와 자수정 염주와 금으로 만든 세숫대야 등을 바쳤다. 저 나라의 스님 36명이 모두 수기를 받았고 전후로 본국으로 돌아가 각기 어느 한 곳에서 교화하였다.

개보 을해(975, 스님 나이 72) 12월 24일 병을 보이더니 이틀 후 향을 피우고 대중에게 고하고 가부좌하고 적멸에 드시니, 그때 나이는 72요 승납은 42니, 賜號는 '智覺禪師'라 하였다. 대자산에 탑을 세우고, 명나라 만력 경술(1598)에 남병산 종경당 뒤로 옮겼다. 스님은 온 대중이 진심으로 존경하고 따르며 慈氏(미륵)가 하생한 분이라 하였다. 인도와 중국 성현 2백 여 명의 저서를 널리 모아 서로 묻고 답하는 형태로 『종경록』 100권을 이루어, 당시 각 종파 간에 나뉘어 갈라진 교의에 대해 조화롭게 하였고, 그 외에 『萬善同歸集』 6권, 『神棲安

養賦』1권,『唯心訣』1권,『註心賦』4권 등, 60여 부 197권이 있다.

강의자 釋性梵 스님은 1920년 복건성 永定縣 峰市鄉의 작은 농촌에서 태어나, 17세에 고향에서 교원이 되었다. 그때 일본 군벌이 전쟁을 일으켜 중국을 침노하자, 붓을 던지고 병역에 종사하였다. 스님은 中央軍校 제16기로 졸업한 후, 1949년 대만으로 이주할 때까지 제20사단 정치부 科員, 운남부대 정치부 專員, 정치부 中校 科長 등 주로 정치부에 근무하였다. 1949년 정부가 대만으로 파천하자 스님도 군장을 챙겨 대만으로 옮겨 기륭 개발자유서국에 근무하였다. 그곳에 왕래하는 자는 모두 품성이 고상한 불교를 공부하는 자들이었으므로, 이들로 인해 나중에 출가할 인연을 심었다. 慈航법사에 의해 삼보에 귀의하고 법호를 慈萬이라 하고, 자항·인순·도안·백성·도원·참운·회성 법사 등 고승대덕을 가까이하였다. 1955년(35세)에 사두산 원광사에서 보살계를 받고, 58년(38세)에 기륭 해회사에서 도원 법사의『지장경』강의를 들었다.

1962년(42세) 묘율 영봉난야사에서 회성 법사에 의해 출가하니, 법호를 振慈, 자는 性梵이라 하였다. 1963년 임제사에서 구족계를 받으니, 三師和尙은 백성·혜상·도원 법사였다. 수계한 후 기륭 해외사에서 도원 법사의『열반경』강의를 들었고, 신죽 복엄정사에서 인순 법사에게서 수학하였다. 사두산 원광사와 砟北 혜일강당, 신죽 복엄정사, 대북 삼협불교 정업림 등의 주지를 맡은 적이 있고, 무량수 放生會와 무량수 印經會를 만들었고 무량수도서관(지금 불광산 분원 신죽 法寶寺)을 개관하였다. 지보 선천사와 상림정사, 묘음정사 등지에서 폐관정진하고, 정율사에서 주지화상의 청을 받아 21일간 佛七을 거행하였다. 그 후 대중의 청에 응해『반야심경』과『관무량수불경』을 강의하고, 녹곡 정율사 정율불학원에 부원장으로 취임하여『대승묘법연화경』을 강의하고, 묘음

정사에서 출관한 후 정율사로 돌아와 『무량수경』, 『왕생론』 및 『왕생정토전 집요』를 강의하였다.

　1997년 정율사를 떠나 신죽 복엄정사로 옮겨 주석하고, 그해 3월에 병이 들어 대북 대학병원과 신죽의원 등에서 입원 요양하다가 4월 11일, 대중의 염불 소리 가운데 우협으로 누워 왕생하시니 승랍은 35요, 세속 나이는 77세였다.

　『반야심경관행해』와 『불칠개시관중우득게어』를 합간하고, 『무량수경 강의』, 『대승묘법연화경 강의』, 『안락집 강의』, 『왕생론주 강의』, 『왕생정토전 집요』, 『정토생무생론 강의』, 『만선동귀집 강의』, 『인과선집』 등 정토 대승경론 9책을 저술하였고, 과청 법사의 청에 응해 『관경묘종초』를 찬술하였으나 겨우 5분의 2만 완성하고 보신을 버리고 왕생하였다.

　이 책은 처음 부산 관음사 지현 스님의 발의에 의해 번역하게 되었다. 신도님들 공부에 교재로 쓰려 했던 것인데, 스님이나 신도님들 공부에 다소의 도움이 될는지는 모르지만, 이 책을 통해 연관은 불법에 새삼스러운 눈을 떴다고 고백하지 않을 수 없다. 금덩이인 줄 알았더니 칠보를 얻었다고 할는지. 천성이 게으른데다 선관 틈틈이 이 일을 하다 보니 부탁 받은 지 어느덧 몇 년이 흘러 드디어 상재하게 되었다.

　번역이 매끄럽지 못하고 오역이 더러 있을 것입니다. 눈 밝은 선지식께서 지적해 주시면 추후에 기쁜 마음으로 받들어 고치도록 하겠습니다.

2022년 4월 8일, 봉암사 동암에서 연관 씀

일러두기

1. 중화민국 85년(1996) 초판본 世樺印刷企業有限公司 印行, 釋性梵 著述,『萬善同歸集 講義』를 저본으로 썼다.
2. 永明延壽 스님의 집문[集]은 번역하고 원문을 붙였고, 釋性梵 스님의 강의문[講]은 번역만 하였다. 강의문 가운데 頌文은 더러 원문을 달기도 하였다.
3. [講]에서 짙게 쓴 글은 지문임을 표시한 것이다. (예 : '어찌 일념에 돈원함을 알랴' 한 것은)
4. 주석은 주로『불광대사전』에 의지하고, [講]에서 찾아 읽어 볼 것을 권한 책들은 거의 미처 찾아 읽어보지 못하였다. 그것들은 주로 釋性梵 스님 자신의 저술들인데 구할 수가 없었기 때문이다. 다만『법화경 강의』의 것은 지적한 내용을 발췌하여 주석으로 달기도 하였다. 인용한『능엄경』은 운허스님의『능엄경 주해』를 많이 참고하였다.
5. 내용 중에 정확한 경론의 문구나 구절을 알아야 할 때는 씨베타(CBETA)에서 많은 도움을 받았다.
6. 해제에 수록한 영명연수 스님의 행력은『오등전서』권 제20「南嶽下十世 天台韶國師法嗣 杭州慧日永明延壽智覺禪師」를 따랐다. 너무 번다한 듯도 싶지만 쉽게 대할 수 없는 스님의 법어이기에 빠짐없이 수록하였다.

임금이 지은,
묘원정수 지각영명 수 선사
만선동귀집 서

짐이 전에 "불법이 대·소승으로 나뉜 것은 중생을 인도하는 쪽에서 한 일이다." 하고 말한 적이 있으나, 사실은 소승의 걸음걸음이 모두 대승이요 대승의 깊은 내용이 소승을 여의지 않았다. 그러니 대승을 알지 못하면 소승은 원래 완벽한 것이 아니니 저 깨끗한 허공에 구름이 가로질러 낀 것과 같고, 소승을 경험하지 않으면 또한 완벽한 대승이 아니니 밥을 말로만 해서는 결코 배고픔을 면하지 못하는 것과 같다.

대체로 有는 無로 인하여 有이고, 無는 有로 인하여 無이다. 禪宗은 얻을 것이 없음[無所得]을 얻었기 때문에 실제로는 있고, 敎乘은 얻을 것이 있음[有所得]을 얻었기 때문에 실제로는 없다. 차별을 뛰어넘은 평등 세계[實際理地]에는 철저하게 본래 없으나[無], 불가사의한 열반의 마음[涅槃妙心]에는 갠지스강 모래만큼이나 뚜렷이 있다[有]. 그러니 有와 無를 나눌 수가 없고, 선과 교가 본래부터 길이 같다. 어리석은 자는 有를 미혹한 데다 또한 無까지 미혹하지만, 깨달은 자는 無를 깨달으면 곧 有를 깨닫는다. 뚜렷이 있는 一心을 증득하지 않으면 무슨 수로 본래 없는 萬善을 실천하며, 본래 없는 萬善을 실천하지 않으면 또한 무슨 수로 뚜렷이 있는 일심을 원만하게 하겠는가?

그래서 옛 고덕은 오직 한 목소리로 종지를 연창하여 진실절대한 깨달음의 세계[向上事]를 바로 가리켰으나, 敎乘에 대해서는 혹시 학자들이 여러 가지 모양에 집착하고 혼합하여 능히 자심을 깨닫지 못할까 봐 대부분 내버려 두고 말하지 않았다. 그러나 교승을 전공하는 자는 모양에 집착하여 얽매이고 업을 쫓고 번뇌에 따라 제법을 실유한 것이라 여기니, 거울속 그림자를 오인하여 머리를 보지 못하고(『능엄경』에 나오는 연야달다의 고사) 손가락에 집착하여 달이라 하는 것과 똑같다. 그러므로 똑같이 불교를 배우는 무리지만, 선을 참구하는 이와 교학을 공부하는 이는, 도가 같지 않은 이와 일을 같이 도모하지 못하는 것과 같다. 선종이 비록 하나의 산대만큼 높이 벗어났으나 만약 완벽하지 못하면 도리어 공에 떨어진다. 대체로 相에 집착하고 性을 버리기 때문에 여러 가지 雜染을 쌓아 구박 범부나 진배 없고, 상을 버리고 마음을 구하는 이도 또한 偏空에 빠져 化城 중간에서 그만두는 것을 면치 못한다. 그래서 옛 종사들이 모두 敎乘을 잎을 들고 어린애가 울음을 그치게 한 것에 비유하고, 性宗을 교 밖에 특별한 뜻이라 여겨, 이야기들이 두 토막이 되지만 짐은 그렇게 여기지 않는다.

짐은 비록 이러한 견해를 갖추었으나 역대 종사 중에 이러한 설을 천양한 자가 없었고, 검증되지 않은 일이라 하며 믿지 않는 이도 또한 감히 스스로 옳게 여기지 않았다. 그래서 힘써 古錐(오래되어 닳아 뭉텅한 송곳. 옛 조사)의 연구를 열람하다가 永明智覺 선사에 이르러 그의 『유심결』과 『주심부』와 『종경록』 등 여러 가지 책을 보니, 그의 종지가 마치 해와 달이 하늘을 날줄로 삼고 강과 내가 땅을 씨줄을 삼아 지극히 높고 지극히 밝으며 지극히 넓고 지극히 커서 역대 여러 고덕보다 뛰어남을 알 수 있었다.

그래서 '妙圓正修 智覺禪師'로 封號를 더하고, 그가 앞장서서 인도한 땅이 항주 淨慈寺에 있는지라, 특별히 지방 관리에게 조칙을 내려 그의 있는지 없는지 희미한 후손을 찾아 앞뒤를 이어줄 사람을 고르게 하고, 塔院을 수리하고 法相을 장엄하여 승도로 하여금 조석으로 예배 공양케 하였으니, 참으로 육조 이후에 永明이 고금에 제일가는 대선지식이다.

그리하여 그의 저작을 열람하다 그가 지은 『만선동귀집』에 이르니, 천백 년 전의 부절을 합한 듯이 짐의 생각과 같았다. 다른 선지식도 이런 말을 하였으나 짐은 회의하고 감히 깊이 믿지 않았더니, 지금 영명 스님은 지금까지 선지식 중에 더욱 빼어난 자였다. 그의 말이 이미 짐의 마음과 묵묵히 서로 계합했으니, 짐이 본 견해가 틀리지 않았고 선과 교의 과덕이 같은 이치임을 짐은 믿을 수 있었다.

대저 空과 有를 같이 관함에 性과 行이 둘이 아니니, 조그만 선근력도 모두 보리의 資糧(비용과 양식)이요, 대지 산하가 모두 眞空 寶刹을 건설하였다. 이 책이 그 묘용을 얻어서 본래부터 반드시 마음과 법을 둘 다 잊었고, 속국에 미쳐서도 또한 지혜로운 이나 어리석은 자를 똑같이 제도하였다. 마음은 上諦(宗, 禪)에 통하나 敎의 바다에 들어가 모래를 헤아리고, 발이 虛無(敎)를 밟았으나 宗의 깃발에 의지에 걸음을 옮긴다. 이로 인해 들어간 자는 空亡에 떨어지지 않고 저 언덕에 이른 자도 또한 이와 같으니, 참으로 千佛과 諸祖의 마음을 얻었고 참으로 중생을 응화하는 어머니며, 실로 오직 강을 건넌 큰 코끼리요 실로 바로 여래의 적손이시다.

짐이 이미 중요한 법어와 『종경록』 등 책을 기록하여 『선사어록』에 가려 뽑아 넣어 여러 대선지식의 언구와 같이 함께 간행 반포하고, 또 이 책을 거듭 간행하여 천하 총림 고찰에 나누어주며 항상 도량에 머물게 하였고, 출가하여 불교를 배우는 자가 이것에 의해 수행하게 하였다. 그리하여 이 책을 보는 자는 육바라밀의 지혜 돛을 펴 하나의 대승교의 깨달음의 바다를 건너리니, 찰찰진진(끝없는 국토)에 허공 꽃 같은 萬善을 구족하고, 층층급급(겹겹의 수행)에 진여를 수회하여 왕래하리라. 공덕의 물을 마심에 낱낱이 한 맛이요 전단 뿌리를 자름에 마디마디 모두 향기니, 자신에게 풍기고 남에게도 풍기며 남을 이롭게 하고 자신도 이롭게 하여, 허공에 두루하여 다함이 없고 내세에까지 이르러 다함이 없다. 시작도 마침도 없고 그침도 쉼도 없으니, 이것은 짐과 영명이 正道를 널리 전하고 부처님 은혜를 갚는 것이다.

　대저 달마의 心傳은 본래 한 글자도 없고 영명의 『心賦』는 수없이 많은 말이 있으니, 이는 한 글자도 세우지 않으며 三藏을 갖추어 유실함이 없고, 천명하고 해설한 것이 수없이 많은 말에 이르나 한 글자도 찾을 수 없다. 그러므로 (註心賦에) "말이나 글귀를 빌려 眞心을 보조하여 밝히니, 비록 글자나 언어를 사용했으나 깊은 뜻이 여기에 있다." 하였다.

　이 수없이 많은 말이 낱낱이 道임을 관찰하면 『만선동귀집』의 모든 법이 근기에 따름을 알 수 있으니, 문채가 어지럽다고 해서 맑고 아름다운 글귀가 끝없이 이어지는 것을 어찌 방애하겠는가? 많이 들음(박학다식함)은 海藏(장경)보다 낫고 말이 오묘한 것은 천상의 꽃에 비교할 수 있으리니, 어찌 법의 깃발을 높이 단 것이 아니겠는가? 곧 寶印을 깊이 든 것이니 어찌 털끝만큼의 장애인 적이 있으랴, 도리어 한없는 광명을 더한 것이다. 언어 문자로 뜻을 표현한 것(敎·理)도 또한 그러하니 어찌 行·果가 그렇지 않겠는가?

　그리하여 이 책을 간행한 뒤에 이 글을 부쳐 학자들이 이를 합하여 보아 마치 보주의 그물이 겹겹으로 비추는 것과 같게 하고자 하여 이에 서문을 쓰노라.

옹정 11년(1733) 계축, 하안거 결제 날, 임금이 쓰노라

(원문은 아래 부록 1에 게재하였음)

萬善同歸集 講義 목차

추천사 / 현봉(조계총림 방장) · 4
　　황하의 물도 능히 맑혀 세상에 감화를 끼칠 수 있으리
간행 연기 / 지현(늘기쁜마을 관음사 회주) · 7
　　萬善同歸集은 보리심을 일으켜 온갖 선행으로 반야지혜를 일으키는 가르침

해제 · 10
일러두기 · 18
임금이 지은, 묘원정수 지각영명 수 선사 「만선동귀집 서」 / 청 옹정황제 · 19

개요를 서술함

갑 1. 서설 ──────────────────── 37
갑 2. 다섯 가지 현묘한 뜻[五重玄義] ──────── 41
　을 1. 이름을 해석함 ─────────────── 41
　을 2. 본체를 밝힘 ──────────────── 45
　을 3. 宗要를 밝힘 ──────────────── 48
　을 4. 力用을 논함 ──────────────── 49
　을 5. 敎相을 구별함 ────────────── 50
갑 3. 저술한 사람 ─────────────── 52

(상권)

바로 해석함

갑 1. 전체 줄거리 ──────────────────── 66
갑 2. 이 책 내용을 따로 해석함 ──────────── 70
  을 1. 불가사의 경계를 관함 ─────────── 70
    병 1. 宗을 세우다 · 71
    병 2. 비유를 들다 · 73
    병 3. 旨을 말하다 · 74
  을 2. 중도원융 행을 닦음 ───────────── 81
    병 1. 一心에 의해 萬行을 닦음 · 81
      정 1. 반드시 닦아야 함을 표하다 · 81
      정 2. 반드시 여의어야 함을 보이다 · 82
    병 2. 만선을 닦음에 똑같이 一心으로 돌아감 · 84
      정 1. 이·사가 무애함 (圓修十義 중 제1) · 84
        무 1. 뛰어난 행과 뛰어난 이익을 대략 보임 · 84
        무 2. 이사무애를 자세히 해석하다 · 91
        무 3. 인용하여 증명함 · 101
          기 1. 사람을 들어 증명하다 · 101
          기 2. 법으로 증명하다 · 107
        무 4. 해석함 · 112
        무 5. 의문에 해답하다 · 114
          기 1. 조사의 가르침을 일부러 어겼다는 의심 · 114
          기 2. 구념인가 유념인가 하는 의심 · 129
          기 3. 무작인가 유작인가 하는 의심 · 132
          기 4. 법체와 어긋난다는 의심 · 138
          기 5. 조작할 필요가 있을까 하는 의심 · 143
      정 2. 권·실을 쌍행함 (圓修十義 중 제2) · 165
        무 1. 세간이나 출세간은 十善이 근본이 됨 · 165

기 1. 질문 · 165
    기 2. 정답 · 167
    기 3. 인용하여 증명함 · 184
  무 2. 二因을 완비해야 佛體가 비로소 이루어짐 · 192
    기 1. 질문 · 192
    기 2. 정답 · 195
    기 3. 인용하여 증명함 · 195
    기 4. 결론 · 197
  무 3. 얻음이 없기 때문에 얻고, 하는 것은 함이 없다 · 200
    기 1. 질문 · 200
    기 2. 정답 · 203
    기 3. 인용하여 증명함 · 207
  무 4. 인연으로 인해 일어날 뿐, 有·無에 떨어지지 않음 · 210
    기 1. 질문 · 210
    기 2. 정답 · 212
    기 3. 인용하여 증명함 · 213
    기 4. 결론으로 중도를 말하다 · 214
  무 5. 일념에 모든 것을 갖추어 만행을 행함 · 215
    기 1. 질문 · 215
    기 2. 정답 · 216

정 3. 二諦를 함께 보임 (圓修十義 중 제3) · 220
  무 1. 속제로부터 진제에 들어감 · 220
    기 1. 질문 · 220
    기 2. 정답 · 221
    기 3. 인용하여 증명함 · 224
  무 2. 二諦가 융통함 · 241
    기 1. 질문 · 241
    기 2. 정답 · 242
    기 3. 인용하여 증명함 · 244
    기 4. 설명함 · 248
  무 3. 마음이 부처요, 마음이 부처를 지음 · 250
    기 1. 질문 · 250
    기 2. 정답 · 251
    기 3. 인용하여 증명함 · 253
    기 4. 설명함 · 257
  무 4. 부처님을 부르고서 부처가 되다 · 259
    기 1. 질문 · 159

기 2. 정답 · 260
　　기 3. 인용하여 증명함 · 265
　　기 4. 설명하다 · 285
정 4. 性과 相이 원융함(圓修十義 중 제4) · 292
　무 1. 취하지도 않고 버리지도 않음 · 292
　　기 1. 질문 · 292
　　기 2. 정답 · 294
　　기 3. 인용하여 증명함 · 297
　　기 4. 설명함 · 308
　무 2. 行·解를 아울러 중히 여김 · 313
　　기 1. 질문 · 313
　　기 2. 정답 · 314
　　기 3. 인용하여 증명함 · 317
　　기 4. 설명함 · 319
　무 3. 지·관이 쌍으로 흐름 · 321
　　기 1. 질문 · 321
　　기 2. 정답 · 322
　　기 3. 인용하여 증명함 · 331
　　기 4. 설명함 · 340
　무 4. 닦되 닦음이 없음 · 342
　　기 1. 질문 · 342
　　기 2. 정답 · 345
　　기 3. 인용하여 증명함 · 346
　　기 4. 설명함 · 353
　　기 5. 의심을 풀어줌 · 354
　무 5. 正·助가 서로 의지함 · 366
　　기 1. 질문 · 366
　　기 2. 정답 · 367
　무 6. 지키고 범함에 집착이 없음 · 369
　　기 1. 질문 · 369
　　기 2. 정답 · 371
　　기 3. 인용하여 증명하고 설명함 · 372
　무 7. 이·사로 아울러 참회함 · 388
　　기 1. 질문 · 388
　　기 2. 정답 · 389
　　기 3. 인용하여 증명함 · 391
　　기 4. 설명함 · 400

무 8. 버리고 취하는 것이 알맞음 · 402
　　기 1. 첫 질문 · 402
　　기 2. 정답 · 402
　　기 3. 두 번째 질문 · 406
　　기 4. 두 번째 답 · 407
　　기 5. 인용하여 증명함 · 411
　　기 6. 설명함 · 414
정 5. 體·用이 자재함 (圓修十義 중 제5) · 420
　무 1. 태어남은 태어남이 없고, 태어남이 없는 것에서 태어남 · 420
　　기 1. 질문 · 420
　　기 2. 정답 · 420
　　기 3. 인용하여 증명하고 설명함 · 421
　무 2. 자력으로는 이루기 어렵고 타력은 이루기 쉽다 · 430
　　기 1. 첫 번째 질문과 답 · 430
　　기 2. 두 번째 질문과 답 · 432
　무 3. 감·응의 길이 교차하여 부처님 위신력은 부사의하시다 · 434
　　기 1. 질문 · 434
　　기 2. 정답 · 435
　　기 3. 인용하여 증명하고 설명함 · 436
　무 4. 九品이 왕생하여 위 아래가 모두 도달함 · 472
　　기 1. 첫 번째 질문 · 472
　　기 2. 첫 번째 질문에 대한 답 · 473
　　기 3. 인용하여 증명함 · 475
　　기 4. 두 번째 질문과 답 · 477
　　기 5. 세 번째 질문과 답 · 478
　　기 6. 체와 용이 자재함을 설명함 · 481

(중권)

정 6. 空·有가 서로 보완하여 완성함 (圓修十義 중 제6) · 35
　무 1. 진공·묘유인 공과 유가 서로 보충하여 완성함 · 35
　　기 1. 일심의 공·유가 서로 협력함을 전체적으로 밝힘 · 35
　　기 2. 일심의 진공묘유를 따로 밝힘 · 38
　　기 3. 인용하여 증명함 · 48

기 4. 설명함 · 50
　　기 5. 첫 질문과 답 · 52
　　기 6. 인용하여 증명하고 설명함 · 54
　　기 7. 두 번째 질문과 답 · 62
　　기 8. 인용하여 증명하고 설명함 · 77
무 2. 空·有 두 문이 서로 같지도 않고 다르지도 않음 · 79
　　기 1. 첫 질문과 답 · 79
　　기 2. 인용하여 증명하고 설명함 · 80
　　기 3. 두 번째 질문과 답 · 91
　　기 4. 세 번째 질문과 답 · 95
　　기 5. 인용하여 증명하고 설명함 · 98
무 3. 二輪이 막힘이 없어 一道에 모자람이 없음 · 118
　　기 1. 첫 질문과 답 · 118
　　기 2. 인용하여 증명함 · 124
　　기 3. 설명함 · 131
　　기 4. 두 번째 질문과 답 · 158
　　기 5. 인용하여 증명하고 설명함 · 167
　　기 6. 세 번째 질문과 답 · 186
무 4. 空을 세우지 않고 有를 버리지도 않아야 二諦가 융통함 · 188
　　기 1. 첫 질문 · 188
　　기 2. 첫 대답 · 191
　　기 3. 인용하여 증명하고 설명함 · 193
무 5. 有가 아니면서 有요, 有면서 有가 아님 · 215
　　기 1. 첫 질문과 답 · 215
　　기 2. 인용하여 증명하고 설명함 · 219
　　기 3. 두 번째 질문과 답 · 222
　　기 4. 인용하여 증명하고 설명함 · 226
무 6. 定·慧가 서로 돕고, 空·有가 모두 운용함 · 232
　　기 1. 첫 질문과 답 · 232
　　기 2. 인용하여 증명하고 설명함 · 234
　　기 3. 두 번째 질문과 답 · 236
무 7. 언어에 인해 도를 깨닫고, 교에 의해 종지를 밝힘 · 238
　　기 1. 질문 · 238
　　기 2. 정답 · 239
　　기 3. 인용하여 증명하고 설명함 · 242
　　기 4. 두 번째 질문과 답 · 247
　　기 5. 인용하여 증명하고 설명함 · 251

기 6. 세 번째 질문과 답 · 258
　　　기 7. 인용하여 증명하고 설명함 · 260
　　무 8. 幻임을 알아 중생을 제도하고, 空으로부터 건립함 · 268
　　　기 1. 질문 · 268
　　　기 2. 정답 · 270
　　　기 3. 인용하여 증명하고 설명함 · 270
정 7. 正·助를 겸수함 (圓修十義 중 제7) · 280
　　무 1. 중생이 만선으로 구경에 성불함 · 280
　　　기 1. 뜻을 논함 · 280
　　　기 2. 인용하여 증명함 · 282
　　　기 3. 설명함 · 287
　　무 2. 선·악이 근원이 같으나, 性·修에 차이가 있음 · 298
　　　기 1. 첫 질문과 답 · 298
　　　기 2. 인용하여 증명하고 설명함 · 300
　　　기 3. 두 번째 질문과 답 · 301
　　　기 4. 인용하여 증명하고 설명함 · 303
　　　기 5. 세 번째 질문과 답 · 308
　　　기 6. 네 번째 질문과 답 · 311
　　무 3. 人·法이 본래 공하나 業果는 없어지지 않음 · 313
　　　기 1. 첫 질문과 답 · 313
　　　기 2. 두 번째 질문과 답 · 315
　　　기 3. 인용하여 증명하고 설명함 · 317
　　무 4. 萬善이 항상 일어나나 一眞은 항상 고요하다 · 319
　　　기 1. 첫 질문과 답 · 319
　　　기 2. 두 번째 질문과 답 · 322
　　　기 3. 인용하여 증명하고 설명함 · 323
　　무 5. 正·助를 겸수하는 데는 발심이 우선이다 · 326
　　　기 1. 뜻을 논함 · 326
　　　기 2. 인용하여 증명함 · 327
　　　기 3. 첫 질문과 답 · 329
　　　기 4. 인용하여 증명하고 설명함 · 335
　　　기 5. 두 번째 질문과 답 · 339
　　　기 6. 인용하여 증명함 · 343
　　　기 7. 회통하고 설명함 · 348
　　　기 8. 경전을 널리 인용하여 증명함 · 355
　　　기 9. 총 결론짓고 설명함 · 426

(하권)

정 8. 같고 다름이 차별이 없음 (圓修十義 중 제8) ·35
　무 1. 뜻을 논함 ·35
　무 2. 근본과 자취가 다르나, 같고 다름이 차별이 없음 ·37
　　기 1. 첫 질문과 답 ·37
　　기 2. 인용하고 증명함 ·39
　　기 3. 설명함 ·40
　　기 4. 두 번째 물음과 답 ·41
　　기 5. 인용하여 증명하고 설명함 ·42
　무 3. 性空과 緣起가 서로 손상되지 않음 ·44
　　기 1. 질문과 답 ·44
　　기 2. 인용하여 증명함 ·45
　　기 3. 설명함 ·51
　무 4. 取·捨의 생각이 다하면 眞·俗의 이치가 나타남 ·63
　　기 1. 묻고 답함 ·63
　　기 2. 인용하여 증명하고 설명함 ·65
정 9. 修·性이 둘이 아님 ·66
　무 1. 性으로 修를 이루고, 修로 인하여 性이 드러남 ·66
　　기 1. 첫 질문과 답 ·66
　　기 2. 인용하여 증명하고 설명함 ·69
　　기 3. 두 번째 질문과 답 ·70
　　기 4. 인용하여 증명하고 설명함 ·80
　무 2. 대승을 비방하지 말고, 소승교를 나무라지 말라 ·85
　　기 1. 첫 질문과 답 ·85
　　기 2. 인용하여 증명하고 설명함 ·87
　　기 3. 두 번째 질문과 답 ·93
　　기 4. 설명함 ·94
　무 3. 性은 修로 인하여 드러나니 萬善이 돕고 영향을 끼침 ·95
　　기 1. 첫 질문과 답 ·95
　　기 2. 인용하여 증명하고 설명함 ·97
　　기 3. 두 번째 질문과 답 ·98
　　기 4. 인용하여 증명하고 설명함 ·100
　　기 5. 세 번째 질문과 답 ·101
　　기 6. 인용하여 증명하고 설명함 ·103

무 4. 공덕과 만행이 앞뒤에서 함께 일어남 · 111
  기 1. 첫 질문과 답 · 111
  기 2. 인용하여 증명함 · 119
  기 3. 설명함 · 120
  기 4. 두 번째 질문과 답 · 130
  기 5. 인용하여 증명하고 설명함 · 132

무 5. 遍計를 파할 뿐, 依他는 버리지 말라 · 134
  기 1. 문고 답함 · 134
  기 2. 인용하여 증명하고 설명함 · 139

무 6. 옛 성현들은 理·事를 함께 행함 · 149
  기 1. 첫 질문과 답 · 149
  기 2. 두 번째 물음과 답 · 161

무 7. 불교는 더없이 거룩하고, 儒·道는 세상 풍속을 흠모함 · 169
  기 1. 첫 질문과 답 · 169
  기 2. 두 번째 질문과 답 · 171
  기 3. 세 번째 질문과 답 · 184

무 8. 性·修가 둘이 없어야 一心을 깨닫는다 · 192
  기 1. 첫 질문과 답 · 192
  기 2. 인용하여 증명하고 설명함 · 193
  기 3. 두 번째 묻고 답함 · 195
  기 4. 세 번째 묻고 답함 · 196

무 9. 인연으로 나서 性이 없고, 性이 없으나 인연으로 남 · 197
  기 1. 첫 질문과 답 · 197
  기 2. 인용하여 증명함 · 198
  기 3. 두 번째 물음과 답 · 200
  기 4. 세 번째 물음과 답 · 203
  기 5. 네 번째 물음과 답 · 207
  기 6. 인용하여 증명함 · 209
  기 7. 의심을 널리 풀어줌 · 210

정 10. 인·과가 어긋남이 없음 (圓修十義 중 제10) · 214
  무 1. 感·應의 도가 교차하나, 冥·顯이 차별이 있음 · 214
    기 1. 첫 물음과 답 · 214
    기 2. 두 번째 물음과 답 · 218
  무 2. 업은 삼세에 통하고, 과보는 인연에 따름 · 220
    기 1. 첫 질문과 답 · 220
    기 2. 두 번째 질문과 답 · 224

무 3. 악을 그치고 선을 행하는 것이 나라를 바로잡고 집안을 보전하는 일임 · 234
　기 1. 첫 질문과 답 · 234
　기 2. 인용하여 증명함 · 236
　기 3. 두 번째 질문과 답 · 237
　기 4. 인용하여 증명하고 설명함 · 246
　기 5. 세 번째 질문과 답 · 248
　기 6. 인용하여 증명하고 해설함 · 250
무 4. 萬善을 닦는 것은 마음이 근본이 됨 · 253
　기 1. 첫 질문과 답 · 253
　기 2. 인용하여 증명하고 설명함 · 261
　기 3. 여러 가지 의심을 자세히 풀어줌 · 264
무 5. 마음밖에 법이 없고, 유식이 변현한 것임 · 272
　기 1. 첫 질문과 답 · 272
　기 2. 두 번째 질문과 답 · 274
　기 3. 인용하여 증명하고 설명함 · 275
무 6. 相과 識이 모두 공하고, 識과 性이 여여함 · 280
　기 1. 첫 질문과 답 · 280
　기 2. 두 번째 질문과 답 · 282
　기 3. 인용하여 증명함 · 283

을 3. 圓教一乘의 과덕을 성취함 ─────── 285

을 4. 이 책의 이름을 묻고 답함 ─────── 292
　병 1. 전체적으로 들다 · 292
　병 2. 따로 해석함 · 293

을 5. 이익을 묻고 답함 ─────── 322

을 6. 요점을 모아 重頌함 ─────── 329

부록
1. 御製妙圓正修智覺永明壽禪師萬善同歸集序 · 372
2. 十善因果綱要表 · 374
3. 十如是 · 375
4. 靜藹法師 捨身頌 · 377
5. 『유마경』「불도품」40게 송문 · 382
6. 『慧日永明智覺禪師自行錄』· 390

〈만선동귀집 강의〉 하권은 중권, '정7. 正·助를 겸수함'에 이어 '정8. 같고 다름이 차별이 없음'부터 시작합니다.

정 8. 같고 다름이 차별이 없음 (圓修十義 중 제8)
무 1. 뜻을 논함

集

대저 一念 頓圓에는 三德이 모두 갖추어지나니, 한 법도 心源을 초월하는 것이 없다. 설령 만행을 닦더라도 모두 眞法界로부터 이루어지고, 혹은 습기를 다스리더라도 부처님 지견을 써서 끊어지는 것이다. 이른바 이룸 없이 이루니 어찌 妙行에 방애되며, 끊음 없이 끊으니 어찌 圓修에 방애되랴. 極惡(제바달다)이 경계를 어겼더라도 오히려 도와주고 개발하는 선지식인데, 아름다운 덕과 좋은 선이 어찌 (보리불과에) 진취하는 도가 아니겠는가!

夫一念頓圓, 三德悉備, 未有一法能越心源。設修萬行, 皆從眞法界之所成。或治習氣, 而用佛知見之所斷。所謂無成之成, 何妨妙行。不斷之斷, 豈礙圓修。極惡違境, 尙爲助發知識。美德嘉善, 寧非進趣道乎。

講

스님이 正·助를 겸수할 것을 자세히 밝힌 후에, 이어서 보살행이 비록 많으나 똑같이 일심의 묘용이요, 만행이 똑같이 일심이어서 일심이 만행을 일으킨다는 것을 설명하였다. 고덕이 "백천 법문(異)이 마음을 여의지 않고(同), 항사 공덕(異)이 모두 心源에 있다(同)." 하고, 『정명경』에 "無住의 근본으로부터(同) 일체 법을 이룬다(異)." 하니, 경에서 "이 법계로부터 흐르지 않음이 없고(由同而異), 이 법계로 환귀하지 않음이 없다(由異而同)." 한 것이다. 또한 "性空이나 緣起하여 實로 말미암아 權을 시설하고(由同而異), 연기하지만 성공하여 권을 열고 실을 드러낸다(由異而同)." 하였으니, 이런 것들은 모두 불법의 큰 뜻은 같은 것(同)과 다른 것(異)이 동일한 이치이니, 곧 제불이 깨달아 얻으시고 설하신 우주 인생의 진리이다.

'일념 돈원에는 삼덕이 모두 갖추었다' 한 것은, 중생의 心念에는 본래 진여와 생멸 두 문이 갖추어져 있으니, 심진여문을 잡아 설하면 심성이 스스로 청정하여 제법이 오직 일심뿐이라 空인 心性에 돌아가지 않음이 없다. 그러므로 '頓圓'이라 하였다. 심생멸문을 잡아 설하면 이 마음이 중생을 짓고 이 마음이 제불을 만드니, 중생의 三因과 제불의 三德이 모두 마음에 의하여 이루어진다. 그러므로 '모두 갖추었다' 하였다. '한 법도 심원을 초월하는 것은 없다' 한 것은, 세간 출세간 일체 법이 모두 이 일심·이문(心源)을 벗어나지 않음을 말했으니, 소위 '생사도 마음이요 열반도 마음이라, 일심이 두 가지를 지으나 두 가지가 또한 두 가지 모양이 없다. 비유하면 대해 중에 여러 가지 보배 창고가 구족한 것과 같다' 한 것이다.

'설사 만행을 닦으나' 한 데서부터, '어찌 원만한 수행에 장애되랴' 한 데까지 모두 여덟 구절은, 원교 보살의 수행이 같고 다른 것이 동일하여 원융무애함을 전체적으로 밝혔다. '만행을 닦는다'는 것의 '만행'은 보살이 닦을 것이요, '습기를 다스린다'는 것의 '습기'는 보살이 끊을 것이다. '진법계'는 심진여문을 가리키고, '불지견'은 심생멸문을 말한다. '이룸 없이 이루고, 끊음 없이 끊는다' 한 것은, 비록 性空이나 緣生이어서 일심진여의 空性이 닦고 끊는 작용을 일으키니, 眞空이 妙有에 장애되지 않음을 말하였다. 그러므로 '어찌 묘행에 장애되랴' 한 것이다. 묘유가 곧 진공이라 空과 有가 무애하니, 그러므로 '어찌 圓修에 장애되랴' 하였다.

'극악이 경계를 어기나' 한 데서부터, '어찌 진취의 도가 아니랴' 한 모두 네 구절은, 원교 보살의 수행은 순종하고 거스르는 것이 모두 방편임을 가리키니, 제바달다가 처처에서 부처님을 대하여 어기고 거스르는 일을 행하였으나 모두 본사를 도와 성불하게 하는 증상연이고 선지식이다. 『법화경』에 "제바달다 선지식이 나에게 육바라밀과 자·비·희·사와 32상, 80종호와 … 신통 도력을 구족하여 등정각을 이루어 널리 중생을 제도하게 하였으니, 이런 것들이 모두 제바달다 선지식으로 비롯하였다."(대정장경 9권 34페이지 하) 하였다. 그러므로 '**극악이 경계를 어기나 오히려** (성불을) **도와주고 개발하는 선지식이다**' 하였다.

'아름다운 덕과 좋은 선'은 至善으로 경계를 따른다는 말이다. 유교『대학』에 "대학의 도는 밝은 덕을 밝히고, 백성을 새롭게 하며, 지선에 이르는 것에 있다." 하였으니, 이른바 '대학의 도'는 곧 제불보살(大人)이 닦을 도요, '밝은 덕을 밝힌다'는 것은 지혜의 自覺과 自利行을 말하며, '백성을 새롭게 한다'는 것은 자비의 覺他와 化他行을 말한 것이며, '지선에 이른다'는 것은 二利(上求·下化), 二力(自力·他力), 二嚴(智慧·福德), 自覺·覺他의 보살행이 모두 구경 원만함을 말하였다. 이처럼 아름다운 공덕과 좋은 선행의 보살행이 어찌 성불하는(보리불과에 진취하는) 도리가 아니겠는가!

무 2. 근본과 자취가 다르나, 같고 다름이 차별이 없음
기 1. 첫 질문과 답

集

문: 本際를 바로 밝히면 어찌 근본이 서고 도가 나지 않겠습니까? 만약 수행문을 널리 설하면 혹시 멀리 돌고 막힐까 두렵습니다.

답: 이치는 도의 근본이요 수행은 도의 자취이다. 근본으로 인하여 자취를 드러내니 근본이 없으면 자취가 어떻게 베풀어지고, 자취로 인하여 근본이 드러나니 자취가 없으면 근본이 어찌 홀로 서겠는가? 그러므로 "근본과 자취가 비

록 다르나 부사의인 점은 똑같다." 하였다. 이를 보면 먼저 그 종지를 밝혀야 비로소 도에 나아갈 수 있음을 알 수 있으니, 만약 한결같이 수행만 따르면 실로 방애되는 바가 있다.

問. 何不直明本際. 則本立而道生. 若廣述行門. 恐生迂滯.
答. 理爲道本, 行爲道跡. 因本垂跡, 無本, 跡何所施. 因跡顯本, 無跡, 本奚獨立. 故云, 本跡雖殊, 不思議一也. 是知先明其宗, 方能進道. 若一向逐行, 實有所妨.

講

질문에서 말한 '본제를 바로 밝힌다'는 것의 '본제'는 참선을 가리키니, 이른바 '直指人心 見性成佛'을 말한 것이다. '근본이 서면 도가 난다'는 것은, 일체 신통 묘용이 모두 그 가운데 있음을 말하였다. '만약 여러 가지 선행을 널리 닦는다면 (행문을 널리 말한다면) 아마도 멀리 돌아 막혀버리고 말 것입니다' 한 것이다. 그러므로 선문에 "종일 봄을 찾아도 봄을 보지 못하여, 짚신 신고 산꼭대기까지 두루 밟았네. 돌아와 문득 버드나무 색깔을 보니, 봄은 나뭇가지에 이미 가득하였네. [終日尋春不見春, 芒鞋踏遍嶺頭雲, 歸來忽見楊柳色, 春在枝頭已十分]" 한 것이다.

스님의 답은, 근본과 자취가 비록 다르나 이치와 수행이 똑같다는 것을 설명하였으니, 이것이 부사의 경계다. 空性은 理에 속하고 緣生은 行에 속한다. 『중론』에 "공의 뜻에 의하여 일체 법이 이루어진다." 한 것이니, 이것이 '理는 도의 근본이라 근본으로 인하여 자취가 드러나니, 근본이 없으면 자취가 어찌 펼쳐지겠는가?' 한 것이다. 또한 "세속제에 의지하지 않으면 제일의를 얻지 못한다." 하니, 이것은 '行은 도의 자취니 자취로 인하여 근본이 드러나니, 자취가 없으면 근본이 어찌 홀로 서겠는가?' 한 것이다.

'근본과 자취가 비록 다르나' 한 것은 일심 이문을 가리키니, 심진여문은 이치의 근본이요 심생멸문은 현상의 자취이다. 理는 같고 事는 다르니, 근본과 자취가 비록 다르나 다만 理로 말미암아 事를 이루니 同에 의하여 異요, 事로 말미암아 理를 드러내니 異에 의하여 同이라, 일심 이문에는 같고 다른 것이 똑같으니 부사의한 일심인 점은 같다.

'이로써 먼저 그 종지를 밝혀야 … 알 수 있다' 한 아래 네 구절은, 수행하여 불교를 배우는 데는 반드시 먼저 부사의한 '일심 이문'을 분명히 알아야 하니, 이야말로 性德이며 또한 대승불법의 綱宗임을 바로 답하였다. 그런 후에 이 성덕과 강종에 의에 육도만행의 보살도를 정진 수행할 수 있다. 수행 차제에 대해 말한다면, 반드시 먼저 경계가 공함을 관하고, 다시 識이 공함을 관하여 망심을 항복받고, 다시 한 걸음 나아가서 淨心을 깨닫고도 정심을 얻었다는 생각도 내지 않아야 한다. 眞을 증득하여 알고 난 후에 후득지를 일으켜야 비로소 속제를 증득하니, 이것이 出到菩提라 삼계를 벗어나 능히 불과에 이를 수 있다. 이것을 '性으로부터 修를 일으킨다'고 하니, 완전히 修가 性에 있다. 性·修가 둘이 아닌 因으로 반드시 시각이 본각에 합하는 구경각(불과)을 얻는다. 만약 성·수 인과와 수행 차제를 알지 못하고 한결같이 理에 미혹하여 事를 행하면, 이것은 확실히 원교에 방애되는 수행법이니 성불하지 못한다.

기 2. 인용하고 증명함

集

경에 "진여를 깨닫지 못하고는 수행을 성취하지 못하니, 마치 마술의 일 등과 같이, 있는 것 같으나 진짜가 아니다." 하고
經云, 非不了眞如, 而能成其行, 猶如幻事等, 似有而非眞。

講

여기서 말한 경전은 어떤 경전을 말한 것인지 미처 상고해 보지 못했다. 여기서 인용하고 증명한 경문에서는 일심삼관을 밝혔으니, 同·異가 차별이 없음을 깨달은 것이다. '진여를 깨닫는다' 한 것은 空觀이니, 제법의 總相을 통달한 것이다. 이것은 同에 속한다. '환사와 같다'는 것은 假觀이니, 제법의 別相을 통달한 것이다. 이것은 異에 속한다. '있는 것 같으나 진짜가 아니다' 한 것은 中觀이니, 제법이 다르지도 않고 같지도 않아서 同·異가 차별이 없음을 통달한 것이다.

기 3. 설명함

集

무릇 圓根인 頓受人은 遮와 照에 막힘이 없다. (그래서) 遮에 의해 照니, 그러므로 雙非가 곧 雙行이요, 照에 의해 遮니, 그러므로 雙行이 곧 雙遣이다. 그러므로 근본을 파괴하지 않고 망상 지말이라 만행이 분명하고, 지말을 파괴하지 않고 항상 근본이라 일심이 항상 고요하다.

且圓根頓受之人, 則遮照而無滯。卽遮而照, 故雙非卽是雙行。卽照而遮, 故雙行卽是雙遣。不壞本而常末, 萬行紛然。不壞末而常本, 一心恒寂。

講

여기서 설명한 글은 일심삼관이라, 遮·照가 동시임을 설명하였다. '圓根 頓修人'은 원교 보살을 가리키니, 일심삼관이 있음으로써 능히 '차(空觀)와 조(假觀)에 막힘이 없다(中觀)'. '차에 의해 조다' 한 것은 空에 의해 假임을 밝혔으니, 그러므로 一心無相('雙非')에 갖추지 않은 법이 없다('雙行'). '조에 의해 차다' 한 것은 假에 의해 空임을 밝혔으니, 그러므로 만행이 분명('雙行')하고 일심이 항상 고요('雙遣')하다. 차와 조가 동시니, 그러므로 근본을 파괴하지 않고 항상 지말이요, 지말을 파괴하지 않고 항상 근본이다. 근본은 空의 이치요 지말은 만행이다. 『대승지관』에 "心性이 본래 청정(空)하여 제법이 오직 일심뿐이어서, 이 마음이 중생이요 이 마음이 보살이며 부처다. 생사도 마음이요 열반도 마음이니, 일심이 두 가지를 짓고 두 가지가 다시 두 가지 모양이 없다." 한 것은, 근본과 지말이 다르지 않고 같음과 다름이 차별이 없다는 데 대한 가장 좋은 묘사다.

4. 두 번째 물음과 답

集

문 : 『법구경』에 "만약 마음이 일어나지 않으면 정진이 다함이 없다." 했는데, 무엇 때문에 事를 세우고 마음을 일으켜 無作의 道에 어긋납니까?
답 : 마음에 의해 마음이 없어서 事가 理에 방애되지 않고, 짓되 지음이 없으니 性空이 緣起에 장애되지 않는다.

問. 法句經云, 若能心不起, 精進無有涯。何故立事興心, 而乖無作道乎。
答. 卽心無心, 事不妨理。作而無作, 性不閡緣。

講

두 번째로 묻고 답하였다. 질문은 심진여문만 알고 심생멸문은 폐기하니, 이를 '판자를 짊어진 사람[擔板漢]'이라 한다. '마음이 일어나지 않는다'는 것은, 『법화경』에 "고요한 곳에서 그 마음을 修攝하여 수미산과 같이 편안히 머물러 동요하지 않으며, 일체 법이 모두 소유한 것이 없어 마치 허공과 같이 나지도 않고 나가지도 않으며 일어나지도 않음을 관하면, … 이 경을 설할 때 겁약이 없다." 하였으니, 이것이 무상 안락행이니 심진여문에 속한다. 다만 無相이 반드시 有相의 심생멸문과 쌍행해야 비로소 '안락행'이라 할 수 있으니, 이렇게 해야 비로소 보살의 수행처이다.

　답에서 '마음(有心)에 의해 마음이 없다(無心)' 한 것에서 有心은 事요 無心은 理니, 그러므로 '事가 理에 방애되지 않는다' 하였다. 이것은 일심이문이니 생멸문이 진여문과 방애되지 않는다는 것을 말하였다. '짓되 지음이 없다'는 것에서 '짓는다'는 것은 생멸인연법에 속하고, '지음이 없다'는 것은 진여공성에 속하니, 그러므로 '性이 緣에 장애되지 않는다' 하였다. 진여문이 절대 생멸문에 장애되지 않으니, 이른바 연기하지만 성공하고 성공이지만 연기하니, 이렇게 해야만 비로소 중도원융한 보살행이다.

기 5. 인용하여 증명하고 설명함

集

그러므로 현수국사가 "연기의 본체가 고요하여 일어나지만 항상 일어나지 않고, 본체가 인연을 따름을 통달함에 일어나지 않으나 항상 일어난다." 하고,

　『대집경』에 부처님이 "정진에 두 가지가 있으니, 하나는 처음으로 일으키는 정진이요, 둘은 마지막에 성취한 정진이다. 보살은 처음으로 일으키는 정진으로 모든 선법을 닦아 성취하고, 마지막에 성취한 정진으로 일체 법이 자성을 얻지 못함을 분별한다." 하며,

　『금강명경』에 "(부처님은) 비록 불과를 얻었으나 정진을 쉬지 않았으니, 그러므로 대중 가운데서 身骨(뼈)에 예를 올렸거든, 더욱이 그밖에 범부나 하근인이 한가하고 마음 편하게 지내면서 성불할 수 있겠는가? 그러므로 十八不共法 가운데 정진이 빠지지 않았다." 하고, 『대론』에 "보살은 모든 정진이 모두 허

망한 줄을 알지만, 항상 물러나지 않음을 성취하니, 이것을 '진실한 정진'이라 한다." 하였다.

故賢首國師云, 緣起體寂, 起恒不起。達體隨緣, 不起恒起。

大集經云, 佛言, 精進有二種, 一始發精進, 二終成精進。菩薩以始發精進, 習成一切善法。以終成精進, 分別一切法不得自性。

金剛明經中, 雖得佛果, 精進不休, 故於衆中起禮身骨。況餘凡下, 端拱成耶。故十八不共法中, 精進無減。大論云, 菩薩知一切精進皆是虛妄, 而常成就不退, 是名眞實精進。

講

여기서 인용하여 증명한 조사의 말씀과 부처님 말씀은 모두 성공(體)과 연기(用)가 같고 다름이 차별이 없음을 설명하였다. 『금강명경』 4권은 담무참이 번역하였는데 대정장경 제16권에 있고, 39권에는 지자대사와 길장대사의 註疏가 있다.

'端拱成耶'라 한 것은 '단정히 앉아 두 팔을 마주 잡고 아무 일도 하지 않으며 성불할 수 있겠는가?' 한 것이다. '대론'은 『대지도론』이다. '일체 정진이 모두 허망하다' 한 것은, 모든 정진 수행이 비록 유위 생멸법(虛妄)이지만, 능히 제불과 제대보살의 자리이타의 진실 공덕을 성취할 수 있으니, 이를 '허망'이라 하지 않고 '진실 정진'이라 부른다.

스님이 경론에서 설한 것을 인용하여 답하고 설명한 것은, '마음에 의해 마음이 없고 지으면서도 지음이 없어야 비로소 空에 치우쳐 고요에 나아가고, 공을 통달하고 업을 폐하여, 보살행과 보살도를 어기지 않게 된다' 하는 것이다. 『영가선종집』 하권에 "恰恰(마음을 쓰는 모양)히 용심할 때 흡흡히 무심하게 쓰나니, 무심하게 흡흡히 써서 항상 쓰되 흡흡함이 없네." 하니, 이래야만 비로소 원교 보살이 性 전체로 修를 일으켜 지·관이 원융하니, 다만 根塵緣起의 현전 일념이 곧 중도실상임을 관해야 한다. '흡흡히 용심할 때'라 한 것은, 연기가 있으니 照에 속하고, 그러나 性이 본래 空하기 때문에 '흡흡히 무심히 쓴다' 하였으니, 이것은 遮에 속한다. '무심히 흡흡하게 쓴다' 한 것은 遮에 의해 照니 성공이면서 연기다. '항상 쓰나 흡흡함이 없다' 한 것은 照에 의해 遮니 연기이면서 성공이라, 유심과 무심, 유작과 무작에 치우쳐 집착하는 허물을 여의게 하였다.

무3. 性空과 緣起가 서로 손상되지 않음
기1. 질문과 답

集

문: 일체 법이 空하여 모두 無相으로 종을 삼는데, 어찌 衆善을 펼쳐 有相의 마음을 내게 합니까?
답: 제법은 결국에 있는 것이 없으니, 그러므로 만선의 행위가 있다. 만약 제법에 확정된 자성이 있다면 모든 것이 성립되지 않는다.
問. 一切法空, 悉宗無相。何陳衆善, 起有相之心耶。
答. 以諸法畢竟無所有故, 則有萬善施爲。若諸法有決定性者, 則一切不立。

講

이어서 성공과 연기의 바른 뜻에 의해, 만선의 행위가 모두 空으로 인해 건립하였음을 밝혔다. 질문에 '모든 법이 공하다' 한 것은 空解脫門이요, 공은 無相이니 이것은 無相解脫門이다. 만약 無相이면 원하고 구하는 것이 없으니 이것은 無願解脫門이다. 이렇게 모든 법이 이 세 가지 해탈문을 갖추었으니, 이것은 대소승 불법의 강종이다. 그러므로 '모두 무상으로 종을 삼는다' 하였다. 그러므로 대부분 불자가 공으로 궁극적인 진리를 삼아, '오온이 모두 공하기만 하면 곧 성불할 수 있는데, 어찌 굳이 악을 그치고 선을 행하여 선악의 마음을 낼 필요가 있는가?' 하고 생각하는 것이다.

스님의 대답은 용수보살의 뜻과 같다. '공의 뜻에 의지하기 때문에 일체 법이 이루어진다. 제법이 만약 공하지 않으면 모든 법이 이루어지지 않는다' 한 것은 공을 파하지 않고 유를 없애지 않으니, 이른바 二諦가 융통한 三昧印이다. 고덕이 "無心(無相)이 도라고 말하지 마라. 무심도 오히려 한 겹 관문에 막혀 있다." 한 것이다.

나는 앞에서 "수행의 차제를 들어 말한다면, 먼저 空함을 관하여 망심을 항복하고, 공이 공에 머물러있지 않음을 관하여 일심 이문의 淨心을 직접 증득하여 淨心의 공한 모양에 집착하지 않아야 한다. 그런 후에 근본지로부터 후득지를 일으켜 국토를 장엄하고 중생을 제도하여 福·慧 두 가지 장엄을 성취해야만 비로소 불과인 보리가 있다." 하고 말하였다. 망심을 항복하려면 악을 그치고 선을 행하여야 하고, 국토를 장엄하고 중생을 제도하려면 다시 만선을 널리 닦아야 한다. 어찌 공을 잘못 알아 공에 집착하여 부서지고 망가진 보살이 되어서야 하겠는가!

기 2. 인용하여 증명함

집

그러므로 『반야경』에 "제법이 空하지 않으면 道가 없고 果가 없다." 하고, 『법구경』에 "보살은 畢竟空에서 치열하게 건립한다." 하며, 『금강삼매경』에는 "만약 법이 有 하나뿐이라고 하면 이 相이 毛輪(空華)과 같고 아지랑이가 迷倒한 것 같으니, 모두 허망하기 때문이다. 만약 법이 無라고 본다면 이 법이 허공과 같고 눈먼 이가 눈이 없어 자빠지는 것과 같으며, 법이 거북 털과 같다고 설한다." 하였다.

또한 경에 "차라리 有를 수미산만큼 비방할망정, 無를 겨자 같이 비방해서는 안 된다." 하였다. 논에는 "제법 실상 가운데서 확정된 모양을 얻을 수가 없기 때문에 '얻은 것이 없다' 하였으나, 복덕과 지혜로 선근을 더 불어나게 함이 없는 것은 아니다." 하고, 또한 "邪見人은 제법을 파괴하여 텅 비게 하고, 觀空人은 제법이 眞空임을 알아 깨뜨리지 않고 무너뜨리지 않는다. 마치 시골 사람이 처음에 소금을 알지 못해, 귀인이 갖가지 고기나 채소에 소금을 처먹는 것을 보고, '왜 그렇게 하십니까?' 하고 물으니, '이 소금이 능히 음식 맛을 좋게 하기 때문이네' 하였다. 이 사람이 생각하기를 '이 소금이 여러 가지 음식 맛을 좋게 한다 하니, 제 속에 좋은 맛이 풍부하게 들어있나 보다' 하고, 곧 소금을 숟가락으로 떠서 한입 가득 먹으니, 짜고 쓴 맛이 입을 상하게 하였다. 그래서 '당신은 어찌 소금이 능히 맛을 좋게 한다 했습니까?' 하니, 귀인이 '어리석은 사람아! 이것은 양의 정도를 조절하여 섞어 맛있게 해야지, 어찌 순전히 소금만 먹는단 말인가?' 하였다. 이처럼 지혜가 없는 사람은 空解脫門이라는 말을 듣고 여러 가지 공덕을 행하지 않고 空을 얻으려고만 하니, 이것은 사견이라 여러 가지 선근을 끊는다." 하였다.

여산혜원(334~416)[1] 대사가 『열반경』을 이렇게 해석하였다. "'만약 얻을 것

---

1   東晉 때 스님. 정토종 초조. 廬山 白蓮社 創始者이다. 자세한 것은 『불광사전』 p6053-中 참조.

이 없다면 무엇 하러 선행을 짓겠습니까?' 하고 물으니, 부처님이 '여러 중생이 현재 불성이 있어서 반드시 과덕을 얻을 것임을 밝힌 것이다. 마치 자식이 배 속에 있으면 반드시 오래지 않아 태어나는 것과 같으니, 모름지기 선행을 닦아야 하느니라' 하고 대답하였다. 또 물었다. '저는 지금 들어갈 곳을 알지 못합니다. 무엇 하러 선을 짓습니까?' 하니, 부처님이 '여래장이 있어 들어갈 수 있으니, 반드시 선업을 닦아야 하느니라' 하고 대답하였다."

『홍명집』에 "어떤 이는 空을 나쁘게 취하여[惡取] 단견을 내니, 입으로 설하는 것은 같은 것 같지만 마음에서 쓰는 것은 다르다. 正法은 空으로 탐심을 제거하고, 邪說은 空으로 애욕을 더한다. 보살은 공을 깨달아서 공덕에 나아가고, 소인은 공을 설하여 선에 퇴보한다. (이처럼) 바른말을 반대로 사용하여 삿된 집착을 내니, 공을 관하여 짐을 덜지 않고 공을 취하고 선행을 폐하는구나!" 하였다.

故般若經云, 若諸法不空, 卽無道無果。

法句經云, 菩薩於畢竟空中, 熾然建立。

金剛三昧經云, 若說法有一, 是相如毛輪, 如焰水迷倒, 爲諸虛妄故。若見於法無, 是法同虛空, 如盲無目倒, 說法如龜毛。

又經云, 寧可謗有如須彌, 不可謗無如芥子。

論云, 諸法實相中, 決定相不可得, 故名無所得, 非無有福德智慧增益善根。又云, 邪見人, 破諸法令空。觀空人, 知諸法眞空, 不破不壞。譬如田舍人, 初不識鹽, 見貴人以鹽著種種肉菜中而食。問言, 何以故爾。語言, 此鹽能令諸物味美故。此人便念此鹽能令諸物味, 自味必多, 便空抄鹽, 滿口食之, 鹹苦傷口, 而問言, 汝何以言鹽能作美味。貴人語言, 癡人, 此當籌量多少, 和之令美, 云何純食鹽。無智人聞空解脫門, 不行諸功德, 但欲得空, 是爲邪見, 斷諸善根。

廬山遠大師釋涅槃經, 問云, 若無所得, 云何作善。佛答, 明諸衆生現有佛性, 當必得果。如子在胎, 定生不久, 理須修善。又問, 我今不知所趣入處, 云何作善。佛答, 有如來藏, 可以趣入, 宜修善根。

弘明集云, 或有惡取於空, 以生斷見。說之於口若同, 用之於心則異。正法以空去其貪, 邪說以空資其愛。大士體空而進德, 小人說空而退善。良由反用正言, 以生邪執矣。不觀空以遣累, 但取空而廢善。

講

스님은 일곱 가지 경론을 인용하여, 性空과 緣起가 서로 어긋나지 않는 것이 불법의 올바른 뜻임을 증명하였다.

첫째는 『반야경』이다. '만약 제법이 공하지 않으면 도도 없고 과도 없다' 한 것은, 만약 일체 법이 공하지 않으면 독립성과 실재성과 불변성이 있어서(이것을 '제법 자성'이라 부른다), 더러운 것을 돌려 깨끗하게 하고, 번뇌를 끊어 보리의 삼승 도과를 깨달아 얻지 못한다. 왜냐하면, 제법이 모두 자성이 있기 때문이니, 그렇게 되면 모든 修證이 모두 그 작용을 잃게 된다. 제법은 결정성이 없어서(無自性) 인연을 따라 如是相과 더 나아가서 如是報의 체·상·용이 있어야만 비로소 갖가지 제법을 건립할 수 있다. 이것이 제법 실상이니, 부처가 있든지 부처가 없든지 본래 이와 같아서 세상의 일체 邪說이 능히 파괴하지 못한다. 비유하면 물은 자성이 없어서 열을 만나면 증기가 되고 찬 것을 만나면 맺혀서 얼음이 되며, 소가 마시면 우유가 되고 뱀이 마시면 독이 되는 것과 같다. 생사도 마찬가지다. 자성이 본래 공하나 이와 같은 업을 지은 과보는 모두 사라져 없어지지 않는다. 다만 세속 인연에 따라 도가 있고 과가 있으며 태어남이 있고 죽음이 있어서, 거울 속의 형상과 같고 물속의 달과 같이, 인연이 화합하면 幻妄으로 있고 인연이 떠나면 환망으로 없으니, 짓는 자도 없고 받는 자도 없다.

두 번째는 『법구경』이다. '보살은 필경공에서 치열하게 건립한다' 한 것은,

비유하면 허공의 체성이 공적하여 다만 세속의 가명일 뿐이고 언설이 있을 뿐이며 거짓으로 ᆺ 설할 뿐이어서, 나지도 않고 멸하지도 않으며 때가 묻지도 않고 깨끗하지도 않으며 더하지도 않고 덜하지도 않으나, 만물이 무성하게('熾然') 성장하는 것에 방애되지 않아서, 생이 있고 멸이 있으며, 더러움이 있고 깨끗함이 있으며, 더함이 있고 감함이 있다. 법성도 마찬가지다. 자성이 공적하여 나지 않고 멸하지 않으며, 四句를 얻을 수 없고, 업이 아니고 업 아닌 것도 아니며, 도가 아니고 도 아닌 것도 아니며, 과가 아니고 과 아닌 것도 아니다. 그래서 연기 제법이 세간의 중생과 생사에 방애되지 않고, 출세간의 불보살과 도과를 성취하지 않음이 없다.

세 번째는 『금강삼매경』이다. '만약 법이 有 하나뿐이라면 … 법이 거북 털과 같다고 설한 것이다' 한 여덟 구절은, 제법이 有가 아니고 無가 아님을 밝혔다. 왜냐하면, 성이 공하기 때문에 유가 아니요, 인연으로 나기 때문에 무가 아니다. 심진여문이기 때문에 유가 아니요, 심생멸문이기 때문에 무가 아니다. 이걸 보고 알 수 있는 것은, 제법이 허공과 같다고 설하는 것은 맹인이 눈이 없어서 전도 망견으로 제법이 거북 털과 같다고 안다는 점이다. 이것은 제법의 실상이 아니며, 우즈의 진리가 아니며, 또한 불법의 궁극적 참된 이치가 아니다.

네 번째, '또한 경에서 차라리 비방이 수미산만큼 있을망정' 한 두 구절은, 어떤 경에서 하신 말씀인지 알 수 없다. 부처님이 여러 경전에서 모두 "차라리 수미산과 같이 有에 집착할지언정, 겨자와 같이 無에 집착하지 마라." 하였다. 왜냐하면, 유에 집착하면 차라리 般若觀空으로 대치할 수 있지만, 공에 집착하면 치료할 약이 없기 때문이다.

다섯 번째, 『대지도론』에서 설한 것에 두 단락이 있다. 앞에 단락은 일심 이문이라 얻음 없이 얻는 것이 곧 제법 실상임을 밝혔고, 뒤 단락은 眞空은 不破

不壞함을 밝혔다. '不破'란, 허공이 본래 고요히 항상 주하여 만물을 건립하되 만물에 파괴당하지 않듯이, 심진여문도 마찬가지로 인연으로 제법을 낳으나 제법에 파괴당하지 않아서 상·락·아·정하며 시작도 없고 끝도 없다. '不壞'란, 만물이 허공 가운데서 각기 성장하지만 피차 파괴하지 않듯이, 심생멸문도 마찬가지로 이 마음이 중생을 짓고 이 마음이 불보살을 지으니, 생사도 마음으로 인하여 짓고 열반도 마음으로 인하여 지어 각기 십여시가 있어서 잃지 않고 파괴하지 않는다. 또한, 어리석은 사람이 소금을 먹는 비유를 설하여, 심진여문(空)만 알고 심생멸문(有)은 알지 못함을 밝혔으니, 공덕을 닦지 않고 다만 空을 얻으려고만 하면 이는 불법 가운데 一闡提의 큰 邪見이다. 그러므로 '여러 가지 선근을 끊는다' 하였다.

여섯 번째는 여산혜원 대사가 『열반경』을 해석하면서 부처님이 설한 것을 인용하였다. 중생이 모두 불성이 있으나 선을 닦아야만 비로소 볼 수 있으며 비로소 성불할 수 있다. 청정 불성은 선이 아니고 악이 아니라서 곧 심진여문이니 제일의제에 속하고, 선악은 모두 심생멸문이니 세속제에 속한다. 세속제 가운데서 악을 지으면 청정 불성에 어긋나고 선을 닦으면 청정 불성의 공용에 수순하고 합한다. 그러므로 반드시 악을 그치고 선을 행하여 본래 청정한 마음을 회복하면 불성을 보고 부처를 이룰 수 있다. 이것은 『중론』에서 설한 "세속제에 의하지 않으면 제일의를 얻지 못한다." 한 것이다.

일곱 번째는 『홍명집』에서 설한 것이다. 이 책은 모두 14권인데 양나라 때 僧祐법사(445~518)[2]가 지었다. 대정장경 제52권에 있다. '惡趣空'은 '惡取空',

---

2 南朝 양나라 때 스님. 자세한 것은 『불광사전』 p5738-中.

'斷滅空', '頑空'이라고도 하니, 불법에서 설한 '제법이 모두 공하다'고 하는 올바른 뜻이 아니다. 왜냐하면, 空을 아무것도 없는 것으로만 보아 단견을 내어 일체 修·證과 因·果와 事·理를 부정하니, 이것을 邪見이라 한다. 그리하면 空을 관하고 德으로 나아가 중생의 혹·업·고를 제거하지 못하고, 도리어 공견에 집착하여 선행을 닦는 것을 부정하고 삼업을 아무 거리낌 없이 행하여 생사를 증장한다. 이것은 올바른 말을 반대로 써서 삿된 집착을 내는 것이니 이것을 '악취공'이라 한다. 용수보살은 『대지도론』에서 뱀 잡는 비유로 설하였다. "空을 잘 관하는 것은, 뱀을 잘 잡는 자가 뱀 대가리 아래 한 치 되는 곳을 누르면 흡사 좋은 곳에 이른 것처럼 뱀이 능히 해를 입히지 못하는 것과 같고, 空을 잘 관찰하지 못하는 것은, 어리석은 자가 뱀 꼬리만을 잡아 뱀이 머리를 돌려 한 번 물리기만 하면 심지어 몸을 상하고 목숨을 잃기도 하는 것과 같다." 하였다. 그러므로 '보살은 공을 체달하여 덕에 나아가고, 소인은 공을 설하여 선행에 퇴보한다' 한 것이다.

기 3. 설명함

集

또한 선·악 제법이 허공과 같아 모양이 없으나, 선법으로는 도를 돕고 악법으로는 장애를 낸다. 그러므로 만법의 진성이 똑같이 一如하지만, 인연법 가운데서 여러 가지 차별이 있는 것을 방애하지 않음을 알 수 있다. 그러므로 경에 "인과를 깊이 믿어 대승을 비방하지 마라." 하였으니, 삼세의 인과를 부처님이 속이지 않으시고 十力으로 권하고 경계하셨으니, 이를 듣고 반드시 의심하지 마라. 그런데 어찌 선악이 모두 공하여 손익이 없다고 하겠는가!

대저 부처님 法眼은 분명하여 알지 못하는 법이 없으시고, 혀가 넓고 길어 말씀이 진실하지 않은 것이 없다. 만유를 분석하면 한 가닥 털이 만 가지가 되고, 平等 空性을 말하면 만상이 모두 하나다. 단견과 상견이 허물을 내는 것을 막고, 空과 有를 겸하여 질병을 제거하니, 성인을 비난하는 자는 반드시 흉하고, 도에 수순하는 자는 마침내 길하다. 믿지 않겠다고 말하지 마라, 마치 밝은 해와 같이 (큰 이익이) 있다. 그러므로『중론』에 "제불이 空法을 설한 것은 有를 치료하기 위한 까닭이네. 만약 空에 집착하면 제불이 교화하지 못하네." 하고,『금강삼매경』에 "만약 無를 버리고 有를 취하거나, 유를 파하고 공에 집착하면 이것은 거짓되고 망령된 空[僞妄空]이지 진정한 無가 아니다." 하였다. 지금 비록 有를 버리고 空도 두지 않으나, 이렇게 해야 비로소 제법의 진정한 無다. 그러므로『조론』에 "만약 有로 有를 삼으면 無로 無를 삼는 것이니, 유가 이미 有가 아니니 곧 無도 無가 아니다. 대저 無를 두지 않고 법을 관하는 자는 법의 실성을 본다고 할 수 있다."(대정장경 45권 150페이지 하) 하였으니, 어찌 공으로 유를 해치고 유로 공을 해쳐 한 맛의 근원을 어기고 二見의 때를 이루겠는가! 모두 말에 의해 뜻을 잃고 지혜를 잃고 망정을 두는 것이다. 비록 有를 파한다고 말하나 有의 근원을 통달하지 못하고, 더욱더 空에 집착하여 空의 뜻을 깊이 기만한 것이다.

　지금 대략 이에 관해 설명하여 삿되고 막힌 것을 소멸하리라. 대저 有는 不有의 有라 實有가 아니요, 空은 不空의 空이라 斷空이 아니다. 만약 확정된 有라면 幻有가 아니어서 막힘을 내고, 만약 텅 빈 것이 空이라면 태허공과 같아서 묘용이 없다. 그러므로 인연을 좇는 것이 有이고 자성이 없기 때문에 空이어서, 자성이 없는 공은 공이 유에 장애되지 않고, 인연을 좇는 유는 유가 공에 방애되지 않는다. 유는 공에 근거해 성립하여 원만한 지혜를 이루나 만행이 비등하고, 공은 유로 좇아 나서 미묘한 지혜를 일으키나 一眞이 虛寂하니, 어찌 但空에 집착하여 斷見을 내어 福海가 기울어져 소멸하며, 實有에 의거해 常心을 내어 교만의 산이 높고 우뚝 솟은 것과 같겠는가?

그러므로 제불이 공을 설한 것은 무명을 비워 복업을 이루고, 변계소집을 타파하고 원성실성을 요달하게 한 것이다. 어리석은 사람은 공을 설하면 곧 거짓된 견해를 내어 부처님 뜻을 비방하고, 공의 견해를 증장하여 善因을 멸한다. 또한 斷滅空은 선이 없고 악이 없으며 인이 없고 과가 없으나, 第一義空은 업이 있고 과보가 있으나 짓는 자를 보지 않는다.

又善惡諸法, 等空無相。而善法助道, 惡法生障。故知萬法眞性同一如矣。無妨因緣法中有萬殊矣。故經云, 深信因果, 不謗大乘。三世因果, 佛不誑欺。十力勸誡, 聞當不疑。而(豈可)謂善惡都空, 無損益乎。夫(佛)法眼明了, 無法不悉。舌相廣長, 言無不實。其析有也, 則一毫爲萬。其等空也, 則萬像皆一。防斷常之生尤, 兼空有而除疾。非聖者必凶, 順道者終吉。勿謂不信, 有如皎日。故中論云, 諸佛說空法, 爲治於有故, 若復着於空, 諸佛所不化。金剛三昧經云, 若離無取有, 破有取空, 此僞妄空, 而非眞無。今雖離有而不存空, 如是乃得諸法眞無。故肇論云, 若以有爲有, 則以無爲無。有旣不有, 則無無也。夫不存無以觀法者, 可謂見法實性矣。何得以空害有, 以有害空, 乖一味之源, 成二見之垢乎。幷是依語失義, 遺智存情。雖言破有, 未達有源。强復執空, 罔窮空旨。今略辯之, 以消邪滯。夫有是不有之有, 非實有。空是不空之空, 非斷空。若決定爲有, 非是幻有, 而生隔閡。若虛豁爲空, 卽同太虛, 而無妙用。所以從緣而有, 無性故空。無性之空, 空不閡有。從緣之有, 有不妨空。有因空立, 成圓智而萬行沸騰。空從有生, 起妙慧而一眞虛寂。豈同執但空而生斷見, 福海傾消。據實有而起常心, 慢山高峙。是以諸佛說空, 爲空無明, 而成福業。破遍計而了圓成。愚人說空, 卽生妄解而謗佛意。增空見而滅善因。又斷滅空, 則無善無惡, 無因無果。第一義空, 有業有報, 不見作者。

講

이 문장을 두 단락으로 나눈다. 첫 번째 단락은 同·異가 차별이 없고 空·有가 둘이 아닌, 옳고 그른 것과 얻고 잃은 것을 설명하였다. '선·악 제법이 허공과 같아 모양이 없다' 한 것은, 당나라 湛然대사가 임종에 제자들에게 "一念이 모양이 없는 것을 '空'이라 하고, 갖추지 않은 법이 없는 것을 '假'라 하며, 다르지도 않고 하나도 아닌 것을 '中'이라 한다." 하고 훈계한 것처럼, 선악 제법이 선악의 생각에서 일어나니, 이 생각은 모양이 없어서 인연에 따라 선일 수도 있고 악일 수도 있어서 결정성이 없으니 바로 이것이 空性이요, 공은 모양이 없으니 그러므로 '허공과 같아 모양이 없다' 하였다. 이것은 空觀이며 또한 심진여문이니, 『법화경』「약초유품」에 "한 모양 한 맛의 法인, 이른바 해탈상과 離相과 滅相과 … 마침내 공으로 돌아감을 여래는 아신다." 한 것이다.

'그러나 선법은 도를 돕고 악법은 장애를 낸다' 한 것은, 세·출세간의 선업은 모두 三乘 聖道의 공덕을 도와 이루게 하니, 『법화경』「방편품」에 "만약 중생이 과거 부처님을 만나 법을 듣고 보시하거나 혹은 지계와 인욕과 정진과 선정과 지혜 등 갖가지 복혜를 닦았으면, 이와 같은 여러 사람은 점점 공덕을 쌓고 대비심이 구족하여 모두 이미 불도를 이루었다." 하고, 또한 "나는 이 중생이 일찍이 선의 근본을 닦지 않았고, 오욕에 깊이 집착하며, 어리석은 애착 때문에 번뇌를 내어 삼악도에 떨어져 여러 가지 괴로움을 철저히 받으며, 사견의 숲속에 들어가 有나 無 등의 허망 법에 깊이 집착하고 단단히 받아들여 버리지 못하니, 그래서 천만 억 겁에도 부처님 이름을 듣지 못하고 또한 정법을 듣지 못하는 줄 아나니, 이런 사람은 제도하기 어렵다." 한 것과 같다. 이것은 심생멸문이니 어떤 법인들 갖추지 않음이 없으니 假觀에 속하고, 선악 제법이 空이고 假임을 合觀하면 다르지도 않고 같지도 않은 中觀이다. 삼관의 본체가 일심에서 벗어나지 않으니 그러므로 '同'이요, 삼관의 작용에 이 四句가 있으니 그러므로 '異'다. 일심삼관이 체·용을 여의지 않으니 이것이 동·이가 차별이 없는 것이다.

그러므로 集文에서 이어서 '만법의 진성은 동일한 진여다' 한 것은, 만법의 체성은 동일한 심진여문이라는 뜻이다. '**인연법 중에는 여러 가지 차별이 있는 것에 장애되지 않는다**' 한 것은, 심생멸문으로 인하여 만법의 차별을 연기하는 相·用이 장애되지 않는다는 뜻이니, 일심 이문은 동·이가 차별이 없다.

'그러므로 경에' 한 데서부터, '有는 밝은 해와 같다' 한 데까지 모두 스물한 구절은, 부처님이 제자들에게 일심 이문의 삼세인과를 깊이 믿어, 원교 대승의 동·이가 차별이 없는 법을 비방하지 말게 하였으니, 부디 텅 빈 공으로 선이 없고 악이 없으며 인이 없고 과가 없어서, 거칠고 아무것도 없는 것이라고 오인하여 재앙을 초래하지 말도록 가르치신 것이다. 부처님은 모르는 것이 없고 거짓이 없으시니. 그러므로 중생을 속이지 않는다. '十力'은 부처님 과덕에 갖추어져 있는 공덕의 이름이니, 이것이 있는 것은 밝은 해가 허공에 떠서 여러 가지 어둠을 모두 없애는 것과 같다. 범부 중생은 부처님의 권유와 훈계를 믿지 않아서는 안 된다! 응당 의심을 끊고 믿음을 내고, 법을 듣고 수행하여 여러 가지 악을 짓지 말고 여러 가지 선행을 받들어 행해야 한다.

'**법안이 밝다**'는 것은, 부처님과 부처님만이 제법 실상을 완전히 아신다는 것을 말했으니, 이른바 여시상과 내지 여시구경본말 등이다. 그러므로 '**다하지 않은 법이 없다**' 하였다. '**舌相이 넓고 길다**' 한 것은 부처님 32상 가운데 하나다. 혀가 넓고 길며 부드럽고 붉고 얇아서 능히 얼굴부터 髮際(머리털이 자라는 경계)까지 덮고, 만약 신력을 나투면 능히 대천세계를 덮을 수 있으니, 『아미타경』에서 설한 "아미타불이 각기 그 나라에서 넓고 긴 혀를 내어 삼천대천세계를 두루 덮고 성실한 말씀을 설하였다." 한 것과 같으니, 그러므로 '말이 진실하지 않음이 없다' 하였다.

'만유를 분석한즉 하나의 털이 만 가지가 된다'는 것은, 만유 제법이 性空과 緣起 아님이 없어서 하나가 무량이 된다는 것을 분석 요달함을 말했으니, 이것은 심생멸문에 속한다. '평등 공성을 말하면 만상이 모두 하나다' 한 것은, 이미 제법의 평등 공성을 깨달아 얻었다면 비록 삼라만상이 있지만 모두 연기의 공성은 동일하여 무량이 하나니, 이것은 심진여문에 속한다. 일심 이문을 증득하면 진여는 常이 아니요, 생멸은 斷이 아니어서 단·상 이견의 허물을 면할 수 있으니, 그러므로 '단·상이 허물을 내는 것을 방어할 수 있다' 하였고, 진여는 空이요 생멸은 有니 일심 이문에 겸하여 있어서 공·유에 치우쳐 집착하는 병을 제거할 수 있으니, 그러므로 '공·유를 겸하여 병을 제거한다' 하였다.

'非聖者(성인의 말씀을 비난하는 자)는 반드시 흉하고' 한 것은, 부처님 聖言量을 믿지 않는 것을 '非聖'이라 하니, 반드시 미혹을 내고 업을 지어 악과를 초래한다. 그러므로 '반드시 흉하다' 하였다. '도에 수순하는 자는 마침내 길하다' 한 것은, 일심 이문의 정도에 수순하여 몸과 입과 뜻으로 선을 행하면 반드시 큰 이익이 있으니, 그러므로 '마침내 길하다' 하였다.

'그러므로『중론』에' 한 아래 네 구절은, 제불 설법이 모두 四悉檀을 갖추었음을 말했으니, 만일 알지 못하고 이해하지 못하며, 유에 집착하고 공에 집착하면 불법 이익에 이르지 못한다. 그러므로 '만약 공에 집착한다면 제불이 교화하지 못한다' 하였다. 다시『금강삼매경』말씀을 인용했으니, 有에 집착(無를 여의고 有를 취함)하고 空에 집착(有를 파하고 空을 취함)하는 것은 모두 邊見에 속하니, 공과 유가 차별이 없는 중도가 아니다. 그러므로 '이것은 거짓되고 망령된 공[僞妄空]이라 眞無가 아니다' 하였으니, '진무'는 有에 의한 無를 말한다.

'지금 비록 有를 버리고 空을 두지 않으나' 한 데서부터, '법의 실성을 본다' 한 데까지 모두 여덟 구절은, 觀空에 대해 설명한 문장이다. '유를 버린다'는 것은 觀空이요, '공을 두지 않는다'는 것은 공에 집착하지 않고 空見을 일으키지 않는 것이다. '비로소 제법의 眞無를 얻는다' 한 것은, 연기로 말미암아 공성을 보니, 空이 幻有에 장애되지 않음을 통달하는 것을 '진무'라 하니, 또한 '중관'이라고도 한다. 아울러 승조 대사가 지은 『불진공론』에서 밝힌 것을 인용하였다. 유와 무는 假에 상대하여 시설한 것이요, 또한 이분법이라 이름은 있으나 실상은 없으니 집착하고 취해서는 안 된다. 그러므로 '유가 이미 유가 아니니 곧 무가 이미 무가 아니다' 하였다. 二分法(세속제)으로 인하여 不二法(제일의제)에 들어가면 곧 제법 실상을 보니, 그러므로 '제법 실상을 본다고 할 수 있다' 하였다.

'어찌 공으로 유를 해치며' 한 아래 여섯 구절은, 공·유와 동·이가 차별이 없음을 관하지 않는 허물을 밝혔다. '공으로 유를 해친다'는 것은, 불법에서 설한 공을 이해하지 못하니, 공뿐인 것(但空)은 변계소집이요, 不空은 의타기성인 인과율이니 이것은 부정할 수 없는 것이다. '해친다'는 것은 잃어버리고 폐기한다는 뜻이다. 왜냐하면, 제법은 공과 유가 서로 보충하여 완성하기 때문이다. 그러나 알지 못하고 이해하지 못하는 것이 마치 맹인이 해를 보지 못하고서 없다고 오인하는 것과 같다. 해가 사람을 오해하게 하는 것이 아니고 사람이 스스로 오해하니, 이것을 '해친다'고 한다.

'一味의 근원에 어긋난다'는 것은, 공과 유가 차별 없는 제법의 본원에 어긋나는 것을 말한다. '二見의 때를 이룬다'는 것은, 반드시 공에 집착하고 유에 집착하는 邊見을 성취한다는 것을 말하니, 이것은 五利使의 근본번뇌에 속한다. 그러므로 '때'라고 말한다. '아울러 말에 의해 뜻을 잃고 지혜를 유실하고 망정을 둔다'는 것에서 '망정'은 妄識이니, 부처님이 설한 四依法의 올바른 법칙에 합하지 않는 것을 말한다. '사의법'이란, 법에 의지하고 사람에 의지하지 않으며, 뜻에 의지하고 말에 의지하지 않으며, 지혜에 의지하고 식에 의지하지 않으며, 요의에 의지하고 불요의에 의지하지 않는 것이다.

'비록 유를 파한다고 말하나' 한 아래 여섯 구절은, 보살이 법을 배우나 이미 사의법에 합하지 않는지라, 반드시 공과 유의 뜻에 밝지 않고 三觀의 지혜를 내지 않는 것을 말하니, 그렇게 되면 능히 三惑을 끊고 三德을 증득하지 못한다. 이것을 '邪滯'라고 부른다. '邪'는 편벽되고 삿됨을 말하고 '滯'는 막히고 가로막는 것이니, 곧 중도 원융무애의 正見 正行이 없는 것이다.

두 번째 단락은 제일의공과 단멸공의 차이를 구별하였다. '有는 不有의 有다' 한 데서부터, '묘용이 없다' 한 데까지 모두 열 구절은, 불법에서 설한 공과 유의 바른 뜻을 구별하였다. 現有의 제법은 모두 인연으로 난 것이라 본래는 없던 것이 지금 있으니, 지금 있는 것은 없는 것과 같아서 독립성과 실재성과 불변성이 없다. 곧 인연이 화합하여 幻妄의 有가 나고, 인연을 여의면 환망의 유가 멸하니(空), 生滅과 隨緣은 짓는 자가 없다. 有는 不有의 有라, 삼세 유법이 모두 실유가 아니니 유를 상대하여 공을 말하고, 공은 불공의 공이니 斷空이 아니다. '만약 결정적인 것이 有라면' 한 아래 여섯 구절은 반대로 설했다. 만일에 제법이 결정코 실제 체성이 있다면 幻有가 아니니, 그렇게 되면 반드시 서로 막혀서 중생은 영원한 중생이라 능히 범부를 바꾸어 성인이 되지 못하고, 또한 무상·고·공·무아의 정견이 없다. 가령 제법이 정말 태허공과 같다면 일체 相·用이 모두 건립하지 못하고, 또한 세상 만유의 현상을 파멸한다. 이것은 비단 불법에서 설한 것이 아닐 뿐단 아니라, 또한 세상 법에서 허락하는 것도 아니다.

'그러므로 인연으로 인하여 있다' 한 아래 여섯 구절은 공과 유가 서로 보충하여 완성한다는 것을 밝혔으니, 곧 불법의 중관 정견이다. 제법이 인연으로 났으니 그러므로 '有'라고 하고, 자성이 없으니 그러므로 '空'이라 부른다. 性空이면서도 緣生하기 때문에 공이 유에 장애되지 않고, 연생이 곧 성공이기 때문에 유가 공에 장애되지 않는다.

'유는 공으로 인하여 성립된다' 한 것은, 만물이 모두 허공에 의해 안주하고 생장하는 것과 같다. '공은 유로 쫓아 난다' 한 것은, 반드시 만물이 있어야 비로소 허공이 있음이 드러난다. 모든 보살행이 공의 이치에 의해 건립하고, 또한 보살의 수행으로 인하여 공의 이치를 깨달으니, 공과 유가 서로 보충하여 완성하니 걸림이 없고 장애가 없다. 보살의 수행은 모두 境·行·果를 벗어나지 않으니, 성공과 연기의 경계를 관하고, 중도 원융의 행을 닦는 것을 '圓智 妙慧(果)'라 부른다. 그러므로 '원지를 이루어 만행이 비등하고, 묘혜를 일으켜 일진이 허적하다' 하였다.

'어찌 但空에 집착하여 斷見을 내는 것과 같겠는가' 한 아래 네 구절은, 중관은 공에 집착하고 유에 집착하여 허물을 일으키는 것과는 같지 않음을 밝혔다. '단공'은 본체가 있으나 작용이 없는 공이다. '단견을 낸다'는 것은 斷滅見과 惡趣空을 내는 것을 가리키니, 이것은 惡因에 속한다. '복의 바다가 기울어지고 소멸한다'는 것은, 아무 일도 하지 않고 선업을 닦지 않는 것을 말하니, 그렇게 되면 보살이 응당 얻어야 할 복과 지혜 두 가지 장엄이 모두 다 유실된다. 『법화경』「방편품」에 "미래세에 악인이 부처님이 일승(空有不二와 一心二門) 설하시는 것을 듣고 미혹하여 믿지 않고, 법을 파하고(執空執有) 악도에 떨어진다."한 것과 같으니, 이것은 惡果에 속한다. '實有에 의거하여 常心을 일으킨다'한 것은, 實有에 집착하여 반드시 常見을 일으키는 허물을 말하니, 『법화경』「방편품」에 "사견의 숲에 들어가면 有나 無 등에 아만으로 스스로 잘난 체하고 아첨하고 사악하여 마음이 진실하지 못하다."한 것이다. 그러므로 '아만의 산이 높다'하였다.

'그러므로 제불이 공을 설하신 것은'한 데서부터, '원성을 이룬다'한 데까지 모두 다섯 구절은, 부처님 뜻에 의거하여 공의 적극적인 뜻을 천명하였다. 곧 觀空으로 방편을 삼아 망집을 제거하여, 마음이나 만물의 현상과 空性이 상대적인 것이면서 통일된 것임을 알아, 이제원융의 정견을 얻는다. 緣起에 의해 觀空하면 관공이 반드시 연기의 加行般若에 수순하여 제법 실상의 前方便에 증입한다. 그런 후에 相을 버리고 性을 증득하여, 공과 유가 둘이 아닌 것과, 동과 이가 차별이 없는 것과, 일심 이문의 청정심에 증입한다.

'무명을 공(비운다)한다'는 것의 '무명'은 우치다. 대강 설하면 인과를 믿지 않는 것이요, 깊게 설하면 대승을 믿지 않는 것이니, 이 두 가지를 여의는 것이 무명을 비우는 것이다. 잘못을 고치는 것으로 설한다면, 인과를 깊이 믿으면 반드시 악을 그치고 선을 행할 수 있고, 대승을 비방하지 않으면 반드시 부지런히 만행을 닦아 모든 복업을 성취한다. 『관경』에서 "보리심을 발하고 깊이 인과를 믿으며 대승을 독송하고 수행하기를 권하는 것은 삼세 제불의 복업이다."하였다.

유식종에서는 "제법은 모두 三性을 갖추었다. 첫째는 遍計執性이니, 범부의 망정 집착으로 일체법이 實有하다고 普遍 計度하니, 만약 망정을 여의면 없으니, 이것은 妄有에 속한다. 둘째는 依他起性이니, '他'는 인연을 가리킨다. 인연에 의해 일체 법을 生起하니, 아뢰야식 종자로 제일인을 삼고, 기타 조연을 빌어 과를 내니, 연생은 자성이 없으나 인과와 상용이 있다. 이것은 假有에 속한다. 셋째는 圓成實性이다. 원만성취한 제법의 진실 법성이니, 또는 淨心이라고도 하고 제법실상, 진여법성이라고도 한다. 이것은 인연이 아니고 자연이 아닌 有요, 범부가 무 가운데서 유를 내어 실재하다고 계교집착하는 유가 아니라, 신령하고 신령하며 깨닫고 깨달아 마음과 부처와 중생 세 가지가 차별이 없는 만고에 늘 새로운 자성청정심을 말한다. 제불은 이 제법 삼성이 오직 일심뿐인 것에 의해 공을 설하니, 이 공은 변계집성(無明)이요, 불공은 능히 복과 지혜 두 가지 장엄의 의타기성을 이루어 비로소 상·락·아·정의 본래 심성을 깨달아서 원만성취한다." 하였다.

'어리석은 사람은 공을 설하여' 한 데서부터, '善因을 멸한다' 한 데까지 모두 다섯 구절은, 부처님 뜻을 알지 못하는 어리석은 사람이 말하는 공에 의해 말했으니, 곧 斷滅空이다. 『대지론』에서 설한, 어리석은 사람이 순전히 소금만 먹는 비유와 같으니, 이것을 妄解라 한다. 또한, 방광도인이 제법 필경공에 집착하는 것과 같으니, 이미 속제를 잃고 또한 진제마저 파괴하여 이제를 모두 파괴하니, 곧 부처님 뜻을 비방하는 것이다. 제불의 설법은 모두 이제에 의거하기 때문이다. 만약 연기인 세속제와, 진제와 동등한 관공을 잡으면 이것을 '增益空見'이라 하니, 제법 실상이 아니다. 이미 속제를 폐했다면 만행으로 법신을 장엄하는 善因이 없으니, 그러므로 '선인을 멸한다'고 한다. 이미 善因이 없다면 善果도 없으니 성불을 얻지 못한다.

'또한 단멸공은' 한 데서부터, '작자도 보지 않는다' 한 데까지 모두 여섯 구절은, 頑空과 眞空의 차이를 철저히 살폈다. '단멸공'이 완공이니, 불법에서 설한 공의 뜻을 허공과 같이 형상이 아무것도 없다고 보는 것을 '공'이라 하는 것이다. '제일의공'은 진공이니 허공과 같은 자성이 있는 것이다.

용수보살이 『석마하연론』에 허공의 성에 열 가지 뜻이 있음을 설하였다.

첫째는 무애의 뜻이니, 허공이 모든 곳에 두루하여 어떤 색법에도 장애되지 않는 것과 같다. 둘째는 고루 미친다는 뜻이니, 허공이 이르지 않는 데가 없는 것과 같다. 셋째는 평등의 뜻이니, 허공이 만물에 평등하여 간택이 없는 것과 같다. 넷째는 광대의 뜻이니, 허공이 시간이나 공간에 두루한 것과 같으니, 이른바 '부증불감'이다. 다섯째는 無相의 뜻이니, 허공에 모양이 없는 것과 같으니, 선문에서 "한물건이라 해도 맞지 않다." 한 것이다. 여섯째는 청정의 뜻이니, 허공이 항상 청정한 것과 같으니, 이른바 '불구부정'이다. 일곱째는 부동의 뜻이니, 허공이 고요하여 동요하지 않는 것과 같으니, 이른바 "불생불멸하여 네 가지 모양이 없다." 한 것이다. 여덟째는 절대의 뜻이니, 경에서 "만약 한 법이 열반보다 지나가는 것이 있다면 나는 공이라 설하리라." 한 것이다. 아홉째는 空空의 뜻이니, 有라 하거나 無라 하거나 모두 분별이니, 그러므로 모름지기 이 분별의 망견을 비우고 분별의 자성을 철저히 소제해야 한다. 열 번째는 無得의 뜻이니, 이른바 "무지역무득"이다.

이 때문에 스님께서 우리를 위해 철저히 살펴 '**선악의 인과가 없다는 것은 단멸공이요, 인과와 업보가 있으나 作者가 없으니**(보지 않는다), **이것이 제일의 공이다**' 하였다. 이른바 '작자'란 제법의 자성이니, 자성의 見이 없는 것이 작자를 보지 않는 것이다. 또한 '제법의 삼성이 모두 공하다는 것은 단멸공이요, 변계는 공에 집착하는 것이며, 의타와 원성은 불공이니, 有가 아니고 空이 아닌 것은 제일의공이다' 하고 설할 수 있다. 『정명경』에 "그 병만을 제거할 뿐, 그 법은 제거하지 않는다." 한 것처럼, 병은 변계집이요 법은 의타기니, 이는 아무것도 없는 것이라고 설할 수 없다.

무 4. 取·捨의 생각이 다하면 眞·俗의 이치가 나타남
기 1. 묻고 답함

集

문 : 어찌 無生에 깊이 들어가 자연히 도에 합하지 않고, 有爲는 허물이 많은데 어찌 初心을 가르막습니까?

답 : 세상에 대한 자비로 인해 진정한 자비에 들어가고, 生忍으로 인해 法忍을 갖춘다. 배우는 것은 처음과 뒤를 나누니 지위를 어찌 함부로 늘어놓았겠는가? 또한, 태어나는 것이 곧 태어남이 없으니 어찌 性空의 지위를 초월하며, 무위가 곧 유위니 어찌 실상의 근원을 숨기겠는가? 다만 취·사의 정이 없으면 곧 진·속의 이치가 나타난다.

問. 何不深入無生, 自然合道。有爲多過, 豈益初心。
答. 因世慈而入眞慈, 從生忍而具法忍。學分初後, 位豈濫陳。又生卽無生, 豈越性空之地。無爲卽爲, 寧逃實相之源。但取捨情亡, 卽眞俗理見。

講

無生과 無爲는 제법의 空性이니, 이것은 심진여문과 진제와 공관에 속하고, 生과 有爲는 제법 연기니, 이것은 심생멸문과 속제와 가관에 속한다. 연기이지만 성공하고 성공이지만 연기하여, 일심에 반드시 二門을 갖추어 불법이 二諦를 여의지 않는다. 이렇게 믿고 이해하고 관찰하고 행하면, 이해하는 것과 행하는 것이 원만하고 발라서 올바른 과덕이 있다. 알지 못하면 곧 偏邪를 이루니 설사 수행이 있더라도 이는 마구니요 외도다. 이미 이제가 융통함을 통달했다면 진·속의 이치가 명백하고 분명하니, 취·사의 마음이 일어날 실마리가 없다.

　질문은, '취함이 있고 버림이 있으면 이제가 동떨어져서 중도 정견에 합하지 않는다' 한 것이다. 답은, 俗으로 인해 眞에 들어가고 事로 인해 理를 얻으니, 취·사의 마음이 없으면 곧 무주 열반의 문에 들어간다는 것을 분명히 보였다. 『신심명』에 "큰 도는 어려움이 없나니, 오직 간택만 꺼릴 뿐."(대정장경 48권 376페이지 중) 하였으니, 취사와 간택은 분별심이지만, 불교를 배우려면 반드시 분별로 말미암아 無分別에 들어가야 한다. 이것을 '지식을 돌려 지혜를 이룬다' 하고 부르니, 그래야 비로소 三身 四智의 불과를 성취할 수 있다.

'세상에 대한 자비'는 인연으로 난 일체 善法을 말하고, '진정한 자비'는 자성 청정심의 묘용을 말한다. 반드시 여러 가지 악을 짓지 말고 여러 가지 선행을 봉행해야(세상 자비) 비로소 그 뜻을 깨끗이 한, 마음과 경계(진정한 자비)에 들어갈 수 있으니, 이것이 제불이 가르치신 필연적인 차례다. '生忍'은 衆生忍이니, 보살이 중생이 가하는 피해에 능히 인내하며 성내는 마음을 내지 않는 것을 말한다. '法忍'은 無生法忍이니, 보살이 무생의 이치에 두려워하지 않고 동요하지 않는 마음과 편안한 마음으로 참아내는 것을 말한다. 이 두 가지 忍은 또한 安受苦忍(고통을 편안히 받는 忍), 혹은 觀察法忍(법을 관찰하는 忍)이라고도 부른다. 처음에 苦忍으로부터 무생의 이치를 관찰해야 이를 忍可할 수 있으니, 그러므로 '생인으로부터 법인을 갖춘다' 하였다. 불법을 수학하는 데는 반드시 이것이 있으므로 저것이 있다는 연기율에 의지해야 한다. 그러므로 천태가 十乘觀法을 세웠으니, 보살은 현성의 계위를 나누어 앞뒤로 절대 혼동하고 넘쳐서는 안 된다.

'생이 곧 무생이요 무위가 곧 유위다' 한 것은, 연생(俗)이지만 성공(眞)이요 성공이지만 연생임을 바로 보였으니, 이는 우주의 진리요 제법 실상이라 한 법도 이를 초월하는 것이 없다. 무생과 무위가 제법의 空性이요, 유생과 유위가 제법의 假相이니, 眞과 性을 들어 말한 것은 一空이 一切空이요, 俗과 相을 들어 말한 것은 一假가 一切假이다. 공이 곧 가요 진이 곧 속이니 하나도 아니고 다르지도 않은 것을 中이라 한다. 그러므로 만약 圓頓 三觀을 닦으면 능히 취·사의 정이 없어서 진·속의 이치를 볼 수 있으니, 보살이 어찌 닦지 않겠는가!

기 2. 인용하여 증명하고 설명함

集

그러므로 경에 "보살은 유위을 다하지 않고, 무위에 주하지 않는다." 하고, 승조 법사가 "유위가 비록 거짓이기는 하지만 이를 버리면 대업을 이루지 못하고, 무위가 비록 진실이기는 하지만 여기에 안주하면 지혜의 마음이 밝지 않다." 하였다.

『화엄경』에서는 "여래의 몸이 허공과 같은 것이 아님을 아니, 일체 공덕과 무량 묘법이 원만한 것이기 때문이다." 하고,

『대집경』에는 "큰 자비를 버리고 무생을 관하면 이것은 魔業이요, 유위 공덕을 싫어하여 버리면 이것도 마업이다." 하였다.

故經云, 菩薩不盡有爲, 不住無爲。
肇法師云, 有爲雖僞, 捨之則大業不成。無爲雖實, 住之則慧心不朗。
華嚴經云, 解如來身非如虛空, 一切功德, 無量妙法所圓滿故。
大集經云, 捨離大慈而觀無生, 是爲魔業。厭離有爲功德, 是爲魔業。

講

여기서 인용한 네 가지 경론은 진·속 이제가 원융하여 취하지도 않고 버리지도 않음을 증명하였다. '有爲를 다하지 않는다' 한 것은 버리지 않는 것이고, '無爲에 주하지 않는다' 한 것은 취하지 않는 것이다. 유위는 곧 속제의 일이라

의타기성에 속하니, 비록 假有(僞)이기는 하지만 십여시의 공용이 있다. 만약 공을 관하고 유를 버린다면 일체 법이 이루어지지 않으니, 斷滅見과 惡趣空에 떨어져 육도만행의 대업을 성취하지 못한다. 무위는 곧 진제의 이치라 원성실성에 속하니, 비록 實有이기는 하지만 事가 드러나지 않는 것은 아니다. 만약 理에 집착해 事를 버리면 三身과 四智와 十力과 四無畏 등 일체 공덕이 없으니, 그러므로 '지혜의 마음이 밝지 않다' 하였다. 제불은 삼신을 갖추시니 理法聚는 법신이요, 智法聚는 보신이며, 功德法聚는 응신이다. 그러므로 '여래의 몸이 허공과 같은 것이 아님을 아니, 모든 공덕과 무량 묘법이 원만한 것이기 때문이다' 하였다. 보살이 만약 有를 버리고 空에 잡착하면 성불을 얻지 못할 뿐만 아니라, 도리어 마왕의 권속이 되어 자신이 그릇되고 남을 그릇되게 하니, 이것이 마업이다.

정 9. 修·性이 둘이 아님 (圓修十義 중 제9)
무 1. 性으로 修를 이루고, 修로 인하여 性이 드러남
기 1. 첫 질문과 답

집

문 : 무릇 성덕은 본래부터 구족한 것인데, 어찌 外修를 빌려 內善을 훼손합니까?

답 : 본래부터 修·性 두 덕과 內·外 두 인연이 있으나, 만약 성덕이 본래 갖추었다면 마치 나무 가운데 불과 같아 事用을 이루지 못하니, 반드시 修德을 빌려 마치 인연을 만난 것같이 해야 비로소 환히 드러날 수 있다. 그러므로 修로 인

하여 性이 드러나고 性으로 修를 이룬다. 만약 본래 성이 없다면 수도 또한 이루어지지 않는다. 수와 성이 둘이 없으니 화합해야 비로소 완전하다. 또한, 안에 本覺이 있어서 항상 聖種을 훈습하고 밖으로 善緣에 의지하여 覺智를 도와여니, 안만 있고 밖이 부족하면 보리가 이루어지지 않는다.

問. 無漏性德, 本自具足, 何假外修, 而虧內善.

答. 自有修性二德, 內外二緣. 若性德本具, 如木中火, 不成事用. 須假修德, 如遇因緣, 方能顯現. 是以因修顯性, 以性成修. 若本無性, 修亦不成. 修性無二, 和合方備. 又內有本覺, 常熏聖種. 外仗善緣, 助開覺智, 有內闕外, 菩提不成.

講

여기서부터는 修·性가 둘이 아닌, 인·과와 사·리를 설명하였다. 첫째 질문은 '性이 있고 修가 없으면 圓宗에 계합하지 못하는가?' 하는 것이다. 스님은 性으로 修를 이루고 修로 인하여 性이 드러나야 불도가 비로소 원만하다고 대답하였다.

　'무루 성덕'이란, 三因佛性인 性體(正因佛性)와 性量(緣因佛性)과 性具(了因佛性) 세 법을 가리킨 것이다. '본래부터 구족하였다' 한 것은, 무릇 마음이 있는 자는 모두 있으나, 숨고 드러난 차이가 있기 때문에 범부와 성인이 다르다. 修德의 功이 있어야 性德이 비로소 드러나니, 성이 있고 수가 없으면 결국 성불하지 못한다. 성덕은 성불의 內因에 속하고 수덕은 성불의 外緣에 속하니, 내인은 본각이요 외연은 시각이니, 시각과 본각이 합일하면 구경각(佛)이 된다. 그러므로 修(外)로 인해 性(內)이 드러나고 성(內)으로 수(外)를 이루어 인연이 화합해야 비로소 보리를 증득한다. 비유하면 나무 가운데 불이 있는 것은 성덕이요, 나무를 비벼 불이 나도록 하는 것은 수덕이다. 만약 나무 가운데 본래 불이 없으면 비록 비비더라도 불이 나오지 않듯이, 반드시 성·수가 화합해야 비로소 불의 작용을 얻을 수 있다. 그러므로 '수·성이 둘이 없으니, 화합해야 비로소 완전하다' 하였다.

'안에 본각이 있다' 한 것의 '본각'은 사람마다 모두 가지고 있는 本源 覺性이니, 이것을 '불성'이라 하고 또한 '제불 법신'이라 하는데, 두루하지 않는 곳이 없고 있지 않은 때가 없다. 온 천하에 본각이 있는 줄 모르는 자도 또한 본각 밖에서 벗어나지 않는다. 왜냐하면, 가고 오는 중생의 動·靜이 본각의 작용 아님이 없기 때문이니, 중생은 날마다 쓰면서도 알지 못한다.

'항상 성종을 훈습한다' 한 것은, 『기신론』에 "본각이 오염됨(무명불각)에 따라 분별(妄動)하여 두 가지 모양을 내어 저 본각과 서로 여의지 않는다. 하나는 智淨相이니 법력의 훈습에 의해 여실히 수행하여 방편을 만족하기 때문에 和合識相을 파하고 相續心相을 멸하여 법신을 드러내어 지혜가 순정하기 때문이다. … 둘째는 不思議業相이니 지정상에 의해 능히 일체 승묘 경계를 지을 수 있으니, 소위 무량공덕상이 항상하여 단절함이 없어 중생의 근기에 따라 자연히 상응하여 갖가지로 현재 이익을 얻기 때문이다."(대정장경 32권 576페이지 하) 한 것이다. 그래서 천태종에서 六卽佛과 十乘觀法을 세웠으니, 안에 본각이 있는 것은 理卽佛이요, 항상 聖種을 훈습하는 것은 名字와 내지 究竟卽佛이다. 性을 잡아 설하면 육즉이 하나요, 修를 잡아 설하면 하나지만 여섯 가지로 나누었다. 이 육즉불은 곧 성·수가 둘이 아닌 것이다.

'안에 본각이 있어서 항상 성종을 훈습한다' 한 것은, 十乘觀法의 첫 번째 '부사의 경계를 관함'이요, '밖으로 善緣에 의해 覺智를 도와 연다' 한 것은 두 번째 '진정으로 보리심을 발함'과, 더 나아가서 열 번째 '법애를 제거함'이다. 이 십승관법은 또한 성·수가 구족한 것이기도 하다. 만약 십승관을 닦지 않으면 안이 있으나 밖이 모자라고 성이 있고 수가 없으니, 보리 불과를 원만히 성취하지 못한다.

기 2. 인용하여 증명하고 설명함

集

『화엄경』에 "법이 이와 같기 때문에 內因이 본래 있으며, 부처님 신력 때문에 外緣이 더해진 것이다." 하였으니, 그러므로 만약 만선을 닦는다면 법성에 수순하여 淨으로 染을 빼앗아 성덕이 비로소 일어난다. 범부가 비록 갖추었으나, 惡을 짓고 性과 어긋나기 때문에 본성이 드러나지 않고 묘용이 이루어지지 않는 것이다.

華嚴經云, 法如是故, 內因本有。佛神力故, 外緣所加。是以若修萬善, 則順法性, 以淨奪染, 性德方起。凡夫雖具, 以造惡違性, 本性不顯, 不成妙用。

講

『화엄경』에서 말한 '법이 이와 같기 때문에' 한 네 구절에서, '법'은 법성을 가리키니 본래 十如是를 갖추었다. 『법화경』에서는 '제법실상'이라 부른다. 또한 법은 종자다. '법이 이와 같기 때문에 內因이 본래 있다' 한 것은 본래부터 무루 청정종자를 갖추고 있음을 말한다. '부처님 신력 때문에 외연이 더해진다' 한 것은 지혜로 훈습한 신생종자다. 이 두 가지 識種은 보살이 수행하여 성불하는 내인과 외연이니, 한 가지도 모자라서는 안 된다. '그러므로 만약 만선을 닦는다면 법성에 수순하여' 한 아래는, 修・性이 둘이 아님을 설명하였다.

성덕은 본래부터 구족한 무루 청정종자니, 범부나 성인이 모두 가지고 있다. 다만 범부는 근본이 없는 번뇌에 덮여 드러나지 못할 뿐이다. 지금 淨善의 현행을 닦아(修德) 청정한 종자를 훈습하면(性德) 이것이 성에 수순하는 것이다. 청정선행으로 번뇌를 제거하면 본래부터 있는 청정 종자가 드러나니, 이것을 '**성덕이 비로소 일어난다**'라고 한다. 만약 청정으로 제거하거나 훈습하지 않고 도리어 이 악업을 지으면, 이것이 무루 종자인 본래 청정한 성을 어기는 것이다. 그렇게 되면 본래부터 있는 청정종자가 악한 번뇌에 덮여 현행을 일으키지 못하니, 그러므로 '**본성이 드러나지 못하고 묘용을 이루지 못한다**' 하였다.

유식 도리에 의하면, 세간이나 출세간의 모든 법이 종자와 현행이 서로 훈습하지 않음이 없고, 수덕과 성덕이 서로서로 인연하여 이루어져, 그런 후에 과덕이 드러난다. 정토 법문으로 설하면, '이 마음이 부처다' 한 것은 성덕에 속하니, 곧 본래부터 갖추고 있는 무루 청정 종자니, 이것을 '법이 이와 같기 때문에 내인이 본래부터 있다'라고 한다. '이 마음이 부처가 된다' 한 것은 수덕에 속하니, 곧 지혜로 훈습한 신생 종자다. 이를 '부처님 신력 때문에 외연이 더해진다'라고 한다. 둘이지만 둘이 아니니 오직 일심뿐이기 때문이요, 하나지만 하나가 아니니 일심 이문이기 때문이며, 두 가지 識種이기 때문이다. 교리를 배우는 대덕이 이 이치를 잘 알면 반드시 정토 법문을 경시하지 않을 것이다.

기 3. 두 번째 질문과 답

집

문 : 인연을 잊고 단박에 들어가는 것은 敎에 분명한 문장이 있는데, 지금 어찌 비난할 일이건대 인연법을 따릅니까?

답 : 頓敎 한 문은 또한 상근기가 수용하는 것이니, 인연을 잊고 마음을 깨끗이 하는 것은 실로 여실한 수행이다. 여기에 해당하는 자는 법에 집착하는 사람으로서, 편견을 내어 한결같이 事를 훼손하고 圓宗을 알지 못하니, 다만 망정을

제거할 뿐 어찌 법을 제거하겠는가?

問. 忘緣頓入, 敎有明文, 今何所非, 而逐因緣法乎.

答. 頓敎一門, 亦是上根所受. 忘緣淨意, 實爲如實修行. 今所該者, 爲着法之人而生偏見, 一向毁事不了圓宗. 但析妄情, 豈除敎道.

講

두 번째 묻고 답한 것은, 망정으로 공에 집착하는 병을 제거한 것이지, 연기 성공의 법을 제거하지 않았다.『정명경』에 "단지 그 병을 버릴 뿐, 그 법을 제거한 것은 아니다." 한 것이다.

질문에서 '인연을 잊고 단박에 들어간다' 한 것은,『능가경』과『법보단경』등에서 설한, '망념을 여읜 진여[離念眞如]'를 가리킨다. 그러므로 '敎에 분명한 문장이 있다' 하였다. 만법을 널리 닦는 것을 '인연법을 따른다'고 하였다. '도를 닦는 것은 진여자성을 돈오하는 것일 뿐인데, 어찌 인연을 좇고 만선을 수행하는가?' 한 것이니, 그러므로 '지금 어찌 비난할 일입니까?' 한 것이다.

대답은, 육조가 설한『단경』은 조사선 법문에 속하는 것으로, 곧 五敎 가운데 돈교니, 상근만이 감당할 수 있다. '인연을 잊고 마음을 깨끗이 한다' 한 것은 반야바라밀을 가리키니, 相을 버리고 性을 증득하는 것이다.『반야경』에 "반야가 나면 제법이 나지 않는다." 하고,『지도론』에는 "반야는 큰 불덩이 같아서 사방 어디서도 접촉할 수 없다." 한 것과 같으니, 이것은 실로 실상법과 같은 수행이다. 그러나 이 책에서 지금 논한 것과 교화('該')하는 기연은 일반적인 중·하 근기이고, 또한 그들 偏空의 이치에 집착한 사람은 오로지 事修를 폐기('毁')하고 원교의 종지를 알지 못하고 합하지 못한다. 그러므로 '圓修十義'에서 '이사무애(제1)'부터, '인과무차(제10)'에 이르기까지, 낱낱이 문·답으로 분석하고 밝혀 다만 공에 집착하는 병을 제거했을 뿐, 반야의 법은 제거하지 않았다.

　스님은 최상승을 깨달아 얻으시고 제일의를 아시며, 선종을 깊이 깨달으시고 敎典에 통명하여, 의심할 필요가 없는 가운데서 의심을 내고, 질문할 필요가 없는 곳에서 질문을 시설하여 조목을 나누고 가닥을 쪼개, 삿된 견해를 깨끗이 씻어 널리 인연 있는 이들이 함께 만선을 닦고 일승에 회귀하게 하였으니, 『법화경』에서 설한, 세 가지를 모아 하나로 돌아가고[會三歸一], 자취를 나누어 근본을 밝혔으니[開跡顯本], 실로 사전에 미리 꾀하지 않았는데도 견해가 합치한다 할 것이다.

集

이는 부처를 보는 한 법에 다섯 차등의 敎와 사람[人]이 있는 것과 같다. 첫째 소승인은, 부처님 몸은 부모에게서 태어난 몸이라 마음 밖에서 와서 상호의 차이가 있고 의식의 훈습으로 분별하는 것이 있다고 보니, 유식의 뜻을 알지 못하기 때문에 밖에서 온다고 본다. 둘째는 대승초교니, 부처님은 다만 중생을 교화하기 위해 나타난 것일 뿐 상호가 있는 것이 아니니, 그 실체는 공하여 있는 것이 아니라고 본다. 그러므로 "만약 32상으로 여래를 본다면 전륜성왕도 여래이겠구나!" 한 것이다. 셋째는 대승종교니, 부처님 상호와 광명이 낱낱이 모두 眞性과 같아서, 몸이 곧 몸이 아니요 몸 아닌 것이 곧 몸이라서 이·사가 무애하다고 본다. 넷째는 돈교다. 부처님은 처음과 끝의 차이가 없으니 어찌 現應의 차이가 있겠으며, 또한 세울 만한 상호가 없고 일체 분별이 진리 아닌 것이 없다고 보니, 그러므로 이 망념을 여읜 진리를 '부처를 본다'고 한다. 다섯째는 일승원교다. 부처는 곧 이 망념을 여읜 진여니, 비단 저 相의 理(空性)를 내지(집착하지) 않을 뿐만 아니라, 만상이 번거롭게 일어나는 것에도 장애되지 않으니, 의보와 정보가 구족하고 이·사, 인·법 등을 갖추어, 뚜렷이 밝은 하나의 사실이 시방에 두루하여 일체 세계가 동시에 影現하지 않음이 없어서 마치 제망 같다고 본다.

祇如見佛一法, 自有五等教人. 一小乘教, 見佛身卽是父母生身, 從心外來, 有相好分劑. 意識所熏, 有所分別. 不知唯識義故, 見從外來. 二大乘初教, 見佛但是現化, 非有相好, 然其實體空無所有. 故云若以三十二相觀如來者, 轉輪聖王卽是如來. 三大乘終教, 見佛相好光明一一悉同眞性, 身卽非身, 非身卽身, 理事無礙. 四頓教, 見佛無有始末之異, 何有玄應之差, 亦無相好可立, 一切分別非眞理故, 此離念之眞, 名爲見佛. 五一乘圓教, 見佛卽此離念之眞, 非但不生(執着)彼相之理(空性), 而乃不礙萬像繁興. 具足依正, 該涉理事人法等. 圓明一事, 遍於十方. 一切世界, 無不同時影現, 猶如帝網.

講

스님이 부처를 브는[見佛] 한 사실을 예를 들어 현수스님의 五教에 의해 각기 다른 것이 있음을 설하였다. '祇如'는 '祇'가 '秖'와 통한다. '祇如'는 '正如(똑같다)'와 '但如'와 같은 말이다.

　'부처를 보는 한 법에 다섯 등급의 교와 사람이 있다(예를 들면 '소승인'에서 '소승'은 教요, '인'은 사람이다)' 한 것에서 '다섯 등급의 교와 사람'은 五教가 같지 않다는 것을 말하였다.

　오교의 차이는 다음과 같다.

　첫째는 '**소승인**'이니 곧 소승교다. 부처님이 저들(소승인)의 근기에 따라 말씀하였기 때문에 여러 가지 法數를 설한 것이 차별이 있으니, 삿된 것과 바른 것을 가리고, 범부와 성인을 구분하며, 기뻐하고 싫어하는 것을 나누고, 인·과를 밝히되 人空만을 설하고 法空은 밝히지 않았으며, 오직 6식 삼독에 의지하여 더럽고 깨끗한 근본만을 건립하고, 법의 근원을 다하지 못하였기 때문에 논쟁이 많다.

둘째 '대승시(初)교'는 대승의 法理를 다하지 못했기 때문에 '初'라고 하고, 또는 '권교'라고 한다. 法相을 널리 설하고 法性은 조금 설하여, 설한 법성은 곧 법상의 교리라서 세운 것이 있고 파한 것이 있어 결택하는 것이 분명하기 때문에 논쟁이 적다. 대승 점교의 시초에 속한다.

셋째는 '대승종교'니 또한 '實敎'라고도 한다. 定性二乘과 無性闡提가 모두 다 반드시 성불하여 비로소 대승의 궁극적인 설을 다하였기 때문에 '終'이라 하였다. 법상을 조금 설하고 법성을 많이 설하며 설한 법상도 또한 법성에 회귀한다. 이를테면 일체 법이 모두 진심이 연기한 것이어서, 연기가 자성이 없어 도로 진심이라, 시작과 근본이 다름이 없고 성과 상이 다르지 않다. 그러므로 논쟁이 없다.

넷째는 '돈교'다. 일념도 나지 않아 망념을 여읜 진리를 부처라 하고, 지위 점차에 의해 설하지 않고 언어를 잊고 생각이 끊어졌으므로 '頓'이라 하였다. 『능가경』이나 『사익경』에서 설한 것이다.

다섯째는 '원교'다. 一이 곧 一切요 일체가 곧 일이라 일심 이문으로 性海가 원융하고 緣起가 무애하여, 마치 제망과 같이 중중무진하다. 『화엄경』이나 『법화경』에서 설한 것이다.

五敎에서 보는 부처가 다름을 살펴보면 다음과 같다.

첫째 소승교는, 실달태자가 부모로부터 태어나 일생에 성불하여 32상과 80종호가 있거니와 다른 사람은 모두 자질이 없으니, 이것은 제6 의식의 훈습으로 분별하는 것이어서 부처님이 마음 밖에서 온 것이라고 본다. 여기서 본 부처님은 五分法身³으로 법신불을 삼고, 장육금신으로 보신불을 삼으며, 중생의 종류에 따라 응화하는 것으로 화신불을 삼는다.

둘째 대승시교에서 본 부처는, 3대아승지겁에 걸쳐 수행이 만족하고 공덕이 원만하여 성취한 부처니, 증득한 청정 진여로 법신불을 삼고, 자수용과 타수용으로 보신불을 삼으며, 千丈이나 혹은 丈六, 내지 중생의 종류에 따라 現化하는 것으로 화신불을 삼는다. 시현한 것은 인도에서 성불한 본사(석가모니)니 이것은 화신에 속한다. 화신은 곧 진신이 아니니, 그러므로 '부처는 다만 現化일 뿐이어서, 그 실체는 공하여 있는 것이 없다고 본다' 하였다. 『금강경』에서 설한 것이 이것이다.

---

3   無漏五蘊이라고도 한다. 大小乘의 無學位(최고의 悟境). 곧, 부처님과 아라한의 몸에 구비한 다섯 가지 공덕을 말한다. 소승불고의 해석을 보면, 『俱舍論光記』권1에 "(1) 戒身. 또는 戒蘊이로도 한다. 곧, 無漏의 身語業. (2) 定身. 또는 定蘊이라고도 한다. 곧, 無學의 空·無願·無相 등 三三昧. (3) 慧身. 慧蘊이라고도 한다. 無學의 正見·正知. (4) 解脫身. 解脫蘊이라고도 한다. 正見과 상응한 수승한 知解. (5) 解脫知見身. 解脫所見身이라고도 한다. 곧, 無學의 盡智·無生智. 그 가운데 解脫身과 解脫知見身을 합하여 '解知見'이라 한다. 소승의 무학위에서 증득한 盡智와 無生智를 解脫知見이라 한다." 하였다.

대승불교의 解釋에 따르면, 慧遠의 『大乘義章』권 20에 "부처님 몸에 구비한 다섯 가지 공덕. (1) 戒身. 如來의 身. 口. 意 三業에 일체 잘못과 허물을 멀리 여윈 戒法身. (2) 定身. 여래의 眞心이 寂靜하고 자성이 不動하여 일체 망념을 멀리 여윈 것을 定法身이라 한다. (3) 慧身. 如來의 眞心이 밝고 自性이 어두움이 없어서 法性을 觀하여 통달한 것을 慧法身이라 하니, 곧 根本智를 말한다. (4) 解脫身. 여래의 自體에 잘못이 없어서 일체 繫縛에서 해탈한 것을 解脫法身이라 한다. (五) 解脫知見身. 자체에 본래 더러움이 없어서 이미 實解脫을 證知한 것을 解脫知見法身이라 한다." 하고, 같은 책에 또한 五分法身의 이름과 뜻에 대하여 해석하였다. '分'은 인의 뜻이니, 위에 적은 다섯 가지가 몸을 이루는 인이니 그러므로 '分'이라 한다. '法'은 自體니, 위에서 적은 다섯 가지가 無學의 自體이니 그러므로 '法'이라 한다. 또한 '法'은 軌則의 뜻이니 위에서 적은 다섯 가지가 몸을 이루는 법칙이니 그러므로 '법'이라 한다. '身'은 몸이니, 위에서 적은 다섯 가지가 제불의 몸이니 그러므로 '身'이라 한다. 또한 '여러 가지 덕이 쌓였다'는 뜻이니, 그러므로 '身'이라 한다.

五分法身의 차례가 분명하니, 戒로 인하여 定이 나고, 定으로 인하여 慧가 나며, 慧로 인하여 解脫을 내며, 解脫로 말미암아 解脫知見이 난다. 戒. 定. 慧 세 가지는 인에 의해 이름 얻고, 解脫·解脫知見 두 가지는 과에 의해 이름 붙인 것이다. 그러나 이 다섯 가지는 모두 부처님의 공덕이니, 이 다섯 가지 법으로 불신을 이루었으니, 그러므로 五分法身이라 한다.

셋째 대승종교는, 다만 진신과 응신 두 가지 부처만을 세우니, 법신과 자수용보신은 진신불에 속하고, 타수용보신과 응화신은 응신불에 속한다. 진신불은 몸이 몸이 아니니 理에 속하고, 응신불은 몸이 아닌 것이 곧 몸이니 事에 속하여 이·사가 무애하다. 그러므로 여기서 본 부처의 상호와 광명이 모두 진여(性)와 같아 차이가 곧 차이가 없고, 차이가 없으나 차이가 있다.

넷째 돈교는, 일념을 깨달았을 때 무념의 진심을 곧 부처라 부르니, 상호와 시말의 차이가 없고, 또한 진신이나 응신 혹은 三身의 차별이 없으니, 여기서 본 것이 오직 망념을 여읜 진성일 뿐, 다시 다른 법이 없으니 이를 '부처를 본다'고 한다.

다섯째는 원교다. 여기서 본 부처는 삼세간을 융합한 十身佛과, 여래가 因을 닦아 果를 증득한 十身佛이 있는데, 공·유가 서로 섭수하고[互攝] 서로 들어가[互入] 겹겹으로 다함이 없으니, 마치 제망과 같다. 『법화경』에 "내가 성불한 지 매우 오래되어 수명이 무량 아승지겁이어서 항상 머물러 멸하지 않는다. 내가 본래 보살도를 수행해 이룬 수명이 지금도 아직 다하지 않아서 다시 위의 숫자에 배나 된다. 그러니 지금 정말 멸도한 것이 아니니, 멸도라 말한 것은 방편으로 중생을 교화하는 것이다." 하고, 『관경』에 "제불 여래는 법계의 몸이시니, 일체중생의 心想 중에 들어가신다." 하며, 『화엄경』에 "보살은 자기 마음의 생각생각에 항상 부처가 있어 정각을 이루며, 일체중생의 마음에도 또한 이와 같은 줄 응당 알아야 하느니라." 하고, 『행원품』에 "시방 삼세 일체 불찰 극미진 중의 생각생각에 불가설 극미진수 제불이 등정각을 이루었다." 한 것이다.

그러므로 이 책에서 '일체 세계에 동시에 影現하여 마치 제망과 같다' 하였다. 왜냐하면, 제법이 모두 원명 대각의 일심에 의해 假現한지라 낱낱이 자체가 없어서, 당체가 곧 대원각의 일심이기 때문이다. 일심에 두 문을 갖추었으니 심진여문은 자체가 본래 공적하고, 심생멸문은 제법이 가현하는 데 방애되지 않으니, 성과 상, 마음과 경계가 진여문을 따르면 법계에 두루하여 다르지 않고, 생멸문을 다르면 천차만별이지만 한 가지가 아니다. 이른바 '마음과 부처와 중생 이 세 가지가 차별이 없다' 한 것이니, 이것이 원교에서 본 부처이다.

또한 所見인 불신의 체성 차별은, 첫째 법신불은 무구진여(자성 청정심)로 체를 삼으니, 오직 진실한 상·락·아·정의 무위공덕만 있고 색·심 등 차별적인 상·용이 없으며, 또한 능견과 소견이 없어서 오직 증득한 이만이 비로소 안다. 둘째 자수용보신불은 대원경지에서 나타난 무루 오온으로 체를 삼으니, 오직 부처와 부처만이 능히 볼 수 있다. 셋째 타수용보신불은 평등성지와 대자비력으로 인하여 나타난 것이며, 또한 무루 오온으로 체를 삼으니, 地上 보살만이 능히 볼 수 있다. 넷째 千丈, 혹은 丈六 화신불은 성소작지와 대자비력으로 나타난 것이니, 거칠고 가는 색·심으로 체를 삼으니 무루 혹은 유루이다. 다섯째 隨類화신불은 오직 거친 색·심의 유루 오온만으로 체를 삼는다.

또한 『금강명경』에 "부처를 보는 데 네 가지가 있으니, 첫째는 화신이고 응신이 아닌 부처[是化非應佛]니, 육도 중생에 따라 교화하는 불신이다. 둘째는 응신이고 화신이 아닌 부처[是應非化佛]니, 부처님이 지상보살에 응해 나타난 타수용보신이다. 정혜에 의해 나타나시고 五趣중생을 섭수하는 것이 아니다. 셋째는 응신이기도 하고 화신이기도 한 부처[亦應亦化佛]니, 본사께서 八相으로 성도한 불신이다. 닦고 이룸[修成]을 나타내 보이기 때문에 '응'이라 하고, 인류와 같음을 보이시기 때문에 '화'라고 한다. 넷째는 응신이 아니고 화신이 아닌 부처[非應非化佛]니, 부처의 진신을 말하였다. 곧 법신불과 자수용보신불이다.

유식종의 설에 의하면, 첫째는 법신불이니, 중생이 본래 갖춘 무루 종자다. 둘째는 보신불이니, 자비와 지혜로 훈습한 신생 종자다. 똑같이 일념 가운데 구족하여 현행이 원만하기 때문에 '불'이라 하고, 사람마다 자질이 있기 때문에 '일체중생이 모두 부처다' 하였다.

集

또한 緣起 한 문을 들어 말하겠다. 만약 頓敎이면 연기를 설하지 않으니, 곧 事相이 진리를 나타나지 않게 하니, 반드시 相을 다한 것이 바로 實性이다. 만약 연기를 설한다면 마치 병든 눈으로 허공 꽃을 보는 것과 같다. 만약 圓敎이면, 법계가 일어나면 반드시 하나와 많은 것[一·多]이 서로 섭수하니, 힘이 있거나 힘이 없어야 비로소 성립할 수 있고, 하나와 많은 것이 걸림 없어서 攝·入이 동시인 것을 '大緣起에 들어간다'고 한다.

 이상 다섯 가지 문은 모두 (제법실상에) 들어가는 길이라, 오히려 소승도 꾸짖어서는 안 되거든 혹시 權門을 폐할까 두렵다. (그런데) 어찌 圓敎를 배척하고 實德을 꺼리겠는가?

又緣起一門, 若是頓敎, 不說緣起。卽是事相令眞理不現, 要由相盡, 乃是實性。若說緣起, 如以翳眼而見空華。若是圓敎, 法界起必一多互攝, 有力無力, 方得成立, 一多無礙, 攝入同時, 名入大緣起。

如上五門, 皆是入路。尙不訶小, 恐廢權門, 何乃斥圓, 而妨實德。

講

이상에서 부처를 보는[見佛] 한 법을 예로 들었으니, 확실히 五敎가 같지 않다. 지금 다시 緣起 한 문으로 예를 들어도 역시 五敎의 차이가 있다. 연기란 무엇인가? 사물이 인연에 의해 일어나는 것을 말한다.

 차이란 어떤 것인가?

 첫째 소승교에서 설한 것은 業感緣起니, 고·락 등 일체과보가 우연히 있는 것이 아니라, 선악의 업력으로 인하여 감응하여 온 것이기 때문에 '業感'이라 한다. 곧 선과 악의 業因으로 인하여 고와 낙의 과보를 감응한다는 쪽에서 많이 설하였다. 이를 귀납하면 사성제가 되니, 곧 緣起·還滅 두 문이다. 혹·업·고와 12연기는 고·집제니 연기문에 속하고, 37도품과 성문 四果와 벽지불은 도·멸제니 환멸문에 속한다. 이 두 문을 합하여 '업감연기'라 하고, 또는 '생멸사제'라 부른다.

둘째 대승시교에서 설한 연기에 두 가지가 있다. 하나는 性空緣起다. 제법의 性이 空하지만 인연으로 만법을 내는 것을 말하니, 소위 자성이 공하나[性空] 연기하고, 연기하나 자성이 공하다. 이것은 空始敎다. 둘은 賴耶緣起다. 아뢰야식의 종자가 만법을 연기하는 것을 말한다. 소위 종자가 현행을 일으키고 현행이 종자를 훈습하니 이것은 有始敎다.

셋째 대승종교는 如來藏緣起니, 또한 眞如緣起라고도 한다. 이것은 『기신론』에서 설한 일심 이문의 뜻이다. 진여문으로 일미평등의 체를 삼고, 생멸문으로 십법계의 상과 용을 일으킨다. 이 체·상·용을 합한 것이 여래장(진여)연기다.

넷째 돈교는 연기를 설하지 않는다. 왜냐하면, 돈교는 상이 없고 말을 여읜 종[無相離言宗]이라 敎相을 언급하지 않기 때문이다. 만약 교상을 설한다면 진리가 나타나지 않으니, 반드시 상이 없고 말을 여의어야 비로소 實性을 증득할 수 있다. 만약 연기의 事相이 있음을 설한다면 이것은 마치 허공 꽃과 같아 사실을 얻을 수가 없다.

다섯째 원교는, 화엄종에서는 '법계연기'라 부르고, 천태종에서는 '性具(起)'라 한다. 이 책에서 '법계가 일어나면 반드시 하나와 많은 것이 서로 섭수하고, 힘이 있거나 힘이 없어야 비로소 성립할 수 있어 하나와 많은 것이 무애하여 섭·입이 동시이다' 하였으니, 이것은 만유 제법이 有爲(有力)든 無爲(無

力)든, 일체 색·심과 의·정이 현재 있는 것이든(유력) 과거와 미래인 것이든(무력) 모두 일대 연기망을 이루어 삼세에 상속하여 서로서로 연기하여 이루어져 單位(제 자리)가 없다('비로소 성립할 수 있다')는 것을 말했으니, 그러므로 일법으로 일체 법을 이루고 일체 법으로 일법을 일으킨다('一多無礙 攝入同時'). 마치 한 방에 천 개의 등불이 서로 섭수[相攝]하고 서로 들어가서[相入] 하나와 많은 것이 서로 의지하는[相卽] 것과 같다.

'이상 다섯 문이 모두 들어가는 길이다' 한 것은 결론이다. 어긋나는 것이 어긋남이 없어서 모두 제법 실상에 깨달아 들어갈 수 있는 방편이라는 뜻이다. '오히려 소승도 꾸짖어서는 안 되거든' 한 데서부터, '실덕을 꺼리랴' 한 네 구절은 질문에 결론지어 답했으니, 頓入에 집착하여 圓宗을 비난하는 것은 옳지 않다는 것이다. 우리가 이미 五敎의 연기관과 '부처를 보는 것'이 모두 근기에 따라 같지 않은 줄 알았으니, 반드시 대승 원교를 버리고 배척하지 말아야 할 뿐만 아니라, 소승 교문도 꾸짖어서는 안 된다. 왜냐하면, 『법화경』「약초유품」에 "여래께서 세상에 출현하신 것은 마치 큰 구름이 일어나는 것과 같다. 그 구름이 나오면 한 맛의 물이 초목과 총림에 나름대로 물기를 얻게 한다. 부처님의 평등한 설법은 한 맛의 비와 같아서 중생의 성품에 따라 받는 것이 같지 않으니, 점차 수행하면 모두 도과를 얻는다." 한 것처럼, 보살이 부처를 배우면서 어찌 하나에 집착하여 나머지를 비난하며, 자신이 옳고 다른 이를 비난하겠는가?

기 4. 인용하여 증명하고 설명함

集

천태교에 "만약 大乘師가 소승교를 널리 전하지 않으면 부처님 방편을 잃는다." 하였으니, 고덕이 "설사 치우치고 외진[邊僻] 말이 있더라도 모두 중생을 위해 집착을 버리게 한 것이다. 요즘은 그 말만을 본받고 그 뜻을 알지 못하거나, 또는 頓門에 전혀 들어가지 못했으면서 함부로 비방을 내기만 하니, 잃는 것이 매우 크다. 그러므로 지금 이를 민망히 여기노라." 한 것과 똑같다.

台敎云, 如大乘師不弘小敎, 則失佛方便. 秖如古德, 設有邊辟之言, 皆是爲物遣執. 今時但效其言, 罔知其旨. 又全未入於頓門, 但妄生譏謗, 所失太過, 故今愍之.

講

이 문장은 천태교의 뜻을 인용하여 원교와 돈교가 무애함을 설명하였다. '대승사'는 보살을 말한다. 보살이 이미 보리심을 발했으면 일체중생을 제도하기 원하고 모든 법문을 배우기 원해야 한다. 그러므로 또한 응당 소승교를 널리 전하여 이승 근성의 중생을 제도해야 한다. 부처님께서 『법화경』에서 설하시기를 "소승교는 성불의 방편이다. 비유하면 化城이나 草庵과 같이, 그것은 잠시 쉬어가는 功用이니, 작다고 여겨서는 안 된다!" 하신 것이다.

'설사 치우치고 외진 말이 있더라도' 한 것은, 얕은 것으로 인해 깊은 것에 들어가는 방편의 가르침을 말하니, 혹 꾸짖거나 혹은 찬탄하는 것이 사람에게 모든 집착을 버리고 부처님 지견에 오입케 하지 않은 것이 없다. 예를 들면 조주 선사가 "염불 한 소리를 들으면 사흘 동안 입을 양치질한다." 한 것은, 입으로 미타를 염하면서 마음이 산란하여 목구멍으로 소리만 내서는 아무 공덕이나 효과가 없다는 것을 알게 한 것이다. 요즘 사람들은 그가 한 말만을 본받고 그가 말한 의도는 알지 못하는 이가 있으니, 이는 부처님을 비방하고 법을 비방하는 죄인이다! 그러므로 스님이 한 조각 자비롭고 불쌍한 마음을 내어 이 책에서 「圓修 十義」를 보여, 보고 듣는 자가 이러한 허물을 면하게 한 것이다.

'전혀 돈문에 들어가지 못했으면서' 한 것은, 큰소리만 칠 뿐 전혀 실증이 없는 口頭禪人을 가리킨 것이다. 이미 본심을 알지 못했으면서 함부로 비방만을 일삼는 것은 자신을 그르칠 뿐만 아니라 또한 다른 사람도 그르치며, 한 사람의 눈먼 맹인이 여러 눈먼 맹인들을 이끌어 함께 불구덩이로 들어가는 것과 같으니, 참으로 잃어버린 잘못이 크고 무겁다 할 것이다.

集

그러므로 원교인 『화엄경』 「이세간품」에 "불자여! 보살마하살은 또한 이러한 생각을 내어야 한다. '아뇩다라삼먁삼보리는 마음이 근본이니, 마음이 만약 청정하면 일체 선근이 원만하여 불보리에 반드시 자재할 수 있고, 아뇩다라삼먁삼보리를 이루고자 하면 뜻한 대로 금방 이루어진다. 만약 일체 取緣(번뇌 인연)을 끊고 一向道에 머물고자 하면 나는 또한 능히 그를 수 있지만 나는 끊지 않나니, 불보리를 끝까지 추구하고자 하기 때문에 또한 무상보리를 증득하지 않는 것이다. 왜냐하면, 本願을 만족하기 위하여 모든 세계가 다하도록 보살행을 행하고 중생을 교화하기 때문이다' 이것이 금강과 같은 대승 서원심이다." 하였다.

故圓敎華嚴經離世間品云, 佛子, 菩薩摩訶薩, 又作是念, 阿耨多羅三藐三菩提, 以心爲本。心若淸淨, 則能圓滿一切善根, 於佛菩提, 必得自在。欲成阿耨多羅三藐三菩提, 隨意卽成。若欲除斷一切取緣, 住一向道, 我亦能得。而我不斷, 爲欲究竟佛菩提故, 亦不卽證無上菩提。何以故, 爲滿本願, 盡一切世界, 行菩薩行, 化衆生故。是爲如金剛大乘誓願心。

講

다시 『화엄경』 말씀을 인용했으니, 보살의 열 가지 금강과 같은 마음[十種如金剛

心]⁴ 가운데 하나인, 인연을 잊고 돈입하는 것은 원교 보살의 본원이 아님을 증명하였다(제2 化度衆生을 말함). '만약 일체 취연을 끊고' 한 데서부터, '또한 무상보리를 증득하지 않는다' 한 데까지 모두 여섯 구절은, 능히 끊을 수 있지만 끊지 않고 능히 증득할 수 있지만 증득하지 않음을 밝혔으니, 『관미륵상생도솔천경』에 "미륵보살이 범부의 몸으로 비록 다시 출가하였으나 선정을 닦지 않고 번뇌를 끊지 않는다."한 것이다.

'일체 취연을 끊었다'는 것은 도성제니 일체 번뇌 인연을 끊음을 가리키고, 또한 십이인연 가운데 愛·取 二支를 끊음을 가리킨다. 『법화경』「화성유품」에 "일체법을 취하지 않는다."한 것이 일체 취연을 끊는 것이다. '일향도에 주한다' 한 것은 멸성제니, '한결같이 열반에 취입하는 도[一向趣入涅槃之道]'를 가리키며, 또한 소승 聖果에 證住함을 가리킨다. '왜냐하면' 한 데서부터, '중생을 교화하기 때문이다' 한 데까지 모두 다섯 구절은, 보살이 끊지 않고 증득하지 않는 까닭은 중생을 제도하는 본원을 만족하기 위함임을 설명하였다.

4 　十金剛心. 금강석처럼 굳은 열 가지 큰 마음. (1) 覺了法性 : 보살이 대원심을 일으켜 무량무변한 온갖 법문을 다 깨달으려는 마음. (2) 化度衆生 : 보살이 위없는 열반의 도로써 무량무변한 일체 중생을 제도하여 육도윤회로부터 해탈케 하려는 마음. (3) 莊嚴世界 : 보살이 무량무변한 제불국토의 최상 장엄구로써 이를 장엄하고자 하는 마음. (4) 廻向善根 : 보살이 갖가지 선근을 모두 다 佛果菩提와 일체 중생에게 회향하는 마음. (五) 事奉大師 : 보살이 닦은바 선근공덕으로 무량무변한 일체 부처님께 事奉공양하여 조금도 소홀함이 없는 마음. (6) 實證諸法 : 보살이 제법실상의 원리가 非實非虛하고 非有非無함을 진실하게 깨닫는 마음. (7) 廣行忍辱 : 보살이 중생으로부터 어떤 욕을 당하더라도 그것을 잘 참고 견디는 마음. (8) 長時修行 : 보살이 아득한 미래세가 다하도록 보살도를 행하여 중생을 교화하되 길이 피곤함이 없는 마음. (9) 自行滿足 : 보살이 묘행을 닦아 완성함에 있어 심체의 적정함을 바탕으로 일체 선근공덕을 원만하고 무상의 대보리도를 구족하는 마음. (10) 滿足願 : 보살이 자신의 수행이 이미 만족하지만 자비의 마음을 더욱 일으켜 해탈을 구하는 이에게 열반의 도를 가르치고 불법을 구하는 이를 위해 대승법을 설해주어 모두 다 그 소원을 만족케 하는 마음.

集

그러므로 인연을 쫓고 자성을 어기면 雜染을 쌓아 범부가 되고, 인연을 버리고 증득을 구하면 偏空에 빠져 소승을 이룬다. 인연과 자성이 무애해야 대보리를 이루고, 塵勞門을 여의지 않아야 능히 無爲種을 이룰 수 있다. 實際의 바다에 빠지지 않고 능히 有作의 파도를 따르면 진과 속이 원융하고 유·무가 막히지 않으니, 가히 '非道를 밟아 正道를 통달하고 세상 법에 의해 불법을 갖춘다' 할 만하다.

是以驟緣違性, 積雜染而爲凡。離緣求證, 沈偏空而成小。緣性無礙, 卽大菩提。不離塵勞門, 能成無爲種。不溺實際海, 能隨有作波。眞俗鎔融, 有無不滯。可謂履非道而達正道, 卽世法而具佛法矣。

講

이어서 眞과 俗, 性과 修가 두 가지지만 두 가지가 아니어서, 원융무애함을 설명하였다. '인연을 쫓는다'는 것은, 12인연의 유전문을 가리킨다. '자성을 어긴다'는 것은, 제법의 공성을 위배하여 제법이 공함을 알지 못하니 곧 무명이요, 무명으로 인하여 愛·取가 있으니 이 세 가지 법은 곧 미혹이다. 미혹으로 인하여 업을 지으니, 곧 行·有 二支다. 업이 이루어지면 반드시 과가 나니, 곧 識 등 그 나머지 七支가 있다. 이것은 苦報다. 이 혹·업·고를 합한 것을 생사범부라 한다. 그러므로 '인연을 쫓고 자성을 어기면 雜染을 쌓아 범부가 된다' 하였다. '잡염'은 혹·업·고니, 『십이인연론』에 "일체 세간법이 오직 인과뿐이고 사람이 없으니, 제법이 공함을 쫓아 오직 공법에서 날 뿐이다."(대정장경 32권 480페이지 하) 한 것과 같다.

마치 사람이 임종에 心識이 원인이 되어 후신의 심식이 나는 것과 같아서, 하나라 할 수도 없고 다르다고 할 수도 없으니, 등불에서 등불이 나서 불꽃이 서로 잇고, 거울에서 형상이 나서 오는 것도 없고 가는 것도 없으며, 소리로부터 메아리가 있는 것과 같이 하나도 아니고 다르지도 않다. 종자에서 싹이나 영원하지도 않고 끊어지지도 않으니, 중생이 혹·업·고로부터 생사에 윤회하는 것도 또한 이와 같으며, 불바퀴를 돌리는 것과 같이 조그만 법도 이것으로부터 저것에 이르지 않은 것이 없다. 이것이 성공이 연기이며 연기가 성공인 것이다.

'인연을 버리고 증득을 구한다' 한 것은, 雜染의 12인연법을 끊고 열반 깨닫기를 구하는 것이니, 혹·업의 因을 짓지 않으면 일체 고통의 과보를 받지 않으니, 이것을 '해탈 열반'이라 한다. 그러나 단지 자신을 제도하기 위할 뿐 대비가 결핍하고, 또한 偏空 한쪽에 떨어지면('沈') 곧 소승 성인이 되어 부처가 되지 못하니, 그러므로 '편공에 침륜하여 소승을 이룬다' 하였다.

원교 보살은 능히 空을 증득하였으나 공에 주하지 않고, 有에 이르지만 유에 집착하지 않아서, 연기와 성공, 수덕과 성공이 원융무애하여 얻지 않으나 대보리를 얻으니, 이것이 바로 성불이다. '진로문을 여의지 않는다' 한 아래 여덟 구절은, 二諦와 性·修가 둘이 아닌 모양을 설명하였다. '진로의 문'과 '유작의 파도'는 육도만행의 수덕에 비유하였고, '무위의 종'과 '실제의 바다'는, 진여 정심의 성덕에 비유하였으니, 서로 의지하고 서로 보완하기 때문에 '**능히 이루었으나 능히 따른다**(能成無爲種 能隨有作波)' 하였다.

무 2. 대승을 비방하지 말고, 소승교를 나무라지 말라
기 1. 첫 질문과 답

集

문 : 만선의 위의는 성문의 열등한 수행이라, 化城에 막히고 草庵에 엎드리니

어찌 대심이라 하며 어찌 원돈을 이루겠습니까?

답 : 삼승 초학도 법에 어리석지 않다. 그러므로『법화경』에 "만약 비구가 실제로 아라한을 얻었다면 이 법을 믿지 않을 리가 없기 때문이니라." 하고, 또 "너희들이 행하는 것은 보살도니 점점 수학하면 모두 반드시 성불할 것이니라." 하였으니, 모두 중간(중도)의 깨달음에 집착심을 내니, 그러므로 제불이 꾸짖은 것은 수행을 일으키도록 권하신 것이다.

　또한 이승인은 모두 聖位에 올라 九地의 번뇌를 초월하고 삼계의 業身을 끊어 똑같이 해탈의 평상에 앉아 이미 신통의 지혜를 갖추었으니, 어찌 박지의 구박범부가 오직 신통에만 의지하고 修證이 전혀 없는 것에 비교하겠는가?

問. 萬善威儀, 聲聞劣行, 迂滯化壘, 跧伏草庵, 豈稱大心, 何成圓頓。

答. 三乘初學, 不愚於法。所以法華經云, 若有比丘, 實得阿羅漢, 若不信此法, 無有是處。又云, 汝等所行, 是菩薩道, 漸漸修學, 悉當成佛。皆是中途取證, 起住着心, 是以諸佛所訶, 勸令起行。且二乘之人, 皆登聖位, 超九地之煩惱, 斷三界之業身, 同坐解脫之床, 已具神通之慧。豈比博地具縛凡夫, 惟尙依通, 全無修證。

講

여기 문답에서 질문은, 불교를 배우고 수행하는 것은 모름지기 돈오해야 할 뿐, 그밖에 대소승의 각 종은 모두 꽉 막힌 소견이라고 오해한 것이다. 답한 말은, 聖言量에 의해 대승을 비방하지 말고 소승교도 비난하지 말 것을 가르친 것이다.

　'만선 위의'는 육도만행을 가리키니, 전적으로 事相의 위의이다. '성문의 열등한 수행'은 소승의 修證이 모두 하열한 수행이라고 비방한 것이다. '迂滯化壘'의 '迂滯(멀고 막힘)'는 멀고 어두워 능히 寶所에 이르지 못하는 것이다. '化壘'은 化城이다. '跧伏草庵'의 '跧伏'은 굴복의 뜻이다. '化壘'과 '草庵'은 모두 소승이 증득한 偏空 열반을 비유한 것이다.『법화경』「신해품」에 "아직 문 밖에서 쉬며 초암에 머물렀다." 하고,「화성유품」에 "안내자가 대중이 쉬었음을 알고 나서, 대중을 모아 말하기를 '너희들은 반드시 앞으로 나아가라. 이것은 化城일 뿐이다. 너희가 지금 부지런히 정진하면 반드시 함께 寶所에 이를 것이다' 하였다." 한 것이다.

질문한 말에 '어찌 대심이라 하며' 한 것은, 소승교가 대보리심에 계합하지 못함을 비방한 것이요, '어찌 원돈을 이루랴' 한 것은 대승교는 모름지기 3아승지겁을 거쳐 복·혜를 닦아 성불하니, 아득히 멀어 원돈에 바로 이르지 못함을 비방한 것이다. '신통에 의지하였다' 한 것은, 약의 힘이나 주술에 의거함을 가리킨 것이다.

기 2. 인용하여 증명하고 설명함

集

그러므로 진각대사(영가대사)가 "二乘이 무슨 허물이 있기에 닦지 않으려 하는가? 교 가운데 어떤 때는 헐기도 하고 어떤 때는 찬탄하기도 한 것은, 억누르고 찬양하여 그때 맞게 하신 것인데, 범부는 알지 못하고 미리 꾸짖음을 입을까 두려워하니, 見愛가 아직 그대로 남아 있으니 二乘과의 거리가 매우 먼 줄 어찌 알겠는가? 비록 도를 닦는다 말하지만 惑使를 모두 제거하지 못했으니, 몸과 입만 단정하지 못할 뿐만 아니라, 또한 마음은 邪曲(정직하지 않음)을 따른다. 견해는 자기 뜻에서 나오고 이해는 참된 도리를 등져서, 聖敎를 의지하지 않고 明師께 일찍이 가르침을 받은 적이 없는지라, 根緣이 숙세부터 익힌 것이 아니고 見解가 태어날 때부터 알지 못하고서 능히 세지변총으로 담론하며 날을 마친다. 자주 경의 말씀을 이끌어 사사로운 마음으로 곡회하고, 그릇된 논설을 펴 어리석은 사람을 속이며, 인과를 부정하고 죄와 복을 배척한다. 마음에 맞으면 기뻐하며 애정을 내고, 뜻에 어기면 불쾌한 모습으로 진심을 품으니, 三受의 모양이 참으로 그런데, 지위를 참칭하여 보살과 짝이 된다고 하는구나! 初篇의 그름을 면치 못하고 남보다 더한 허물이 또한 몸을 얽어매니, 대승을 닦지 못했으면서 다시 小學을 나무라며 잠깐의 허풍을 마음 내키는 대로 하지만, 비방하는 근심이 가득하니 삼도의 고륜을 長劫에 과보 받는다." 하고,

故眞覺大師云, 二乘何咎, 而欲不修. 教中或毀或讚, 抑揚當時耳. 凡夫不了, 預畏被訶. 寧知見愛尚存, 去二乘而甚遠. 雖復言其修道, 惑使諸所不除. 非惟身口未端, 亦乃心由邪曲. 見生自意, 解背眞詮. 聖教之所不依, 名師未曾承受. 根緣非爲宿習, 見解未預生知. 而能世智辯聰, 談論以之終日. 時復牽於經語, 曲會私心. 縱邪說以誑愚人, 撥因果而排罪福. 順情則熙怡生愛, 違意則忧儜懷瞋. 三受之狀固然, 稱位乃儔菩薩. 初篇之非未免, 過人之釁又縈. 大乘之所不修, 而復譏於小學. 恣一時之强口, 謗說之患鏗然, 三途苦輪, 報之長劫.

> 講

여기서 인용하여 증명한 글은 『영가 선종집』에 있는 말이다.(대장장경 48권 392-393) 이 내용을 대략 해석하면 다음과 같다.

'二乘이 무슨 허물이 있기에 닦지 않으려 하는가?' 한 것은, 응당 닦아야 할 것을 권한 말이니, '위로 바라보면 비록 원돈의 가르침과는 다르지만, 아래로 대하면 오히려 범부나 외도의 미혹보다 수승한데 어찌 닦지 않겠는가?' 한 것이다. '교에서 훼손하기도 하고 찬탄하기도 한 것은 억누르고 찬양하여 때에 맞게 하였다' 한 것은 의심을 풀어주었으니, 어떤 사람이 '성문의 행도 반드시 닦아야 한다면 무엇 때문에 여래가 대승경에서 불에 그슬린 싹, 썩은 종자라고

꾸짖었는가?' 하고 의심하므로, 부처님이 교법을 설하신 것은 모두 근기에 맞게 하신 것임을 밝혔다. 즉, 근기가 큰 자에게 작은 것이 장애 되는 것을 보면 작은 것을 억누르고 큰 것을 드러내어 치우친 것을 훼손하고 원만한 것을 찬탄하였으며, 근기가 작은 자가 닦지 않는 것을 보면 작은 것을 찬탄하고 허망한 것을 헐며 보고 듣는 자가 당장 이익을 얻게 하였으니, 아무 근거 없이 하신 것이 아니다.

'범부는 알지 못하고' 한 데서부터, '이승에 가기 매우 멀다' 한 것은, 범부는 여래가 법을 설한 뜻을 알지 못하고 꾸짖음을 입을까 봐 미리 두려워하여 닦지 않으니, 이승은 대승의 助道가 되니 만약 닦지 않으면 見·思 번뇌를 제거하지 못하고 영원히 생사 범부가 되어 대승에 가기가 아득히 먼 줄 알지 못한다 하신 것이다. 비유하면 병든 사람이 약을 먹지 않으려 하면 누구의 허물이겠는가? '비록 도를 닦는다고 말하지만' 한 데서부터, '또한 마음이 사곡을 따른다' 한 데까지는, '범부가 한갓 수도한다고 말만 하고 惑使(見·使 무명)를 몰아내 없애지 않으면 마음과 입을 어떻게 단정히 하며, 마음 길을 어떻게 바르게 하겠는가?' 한 것이다.

'견해는 자기 뜻에서 나오고' 한 데서부터, '명사에게서 일찍이 가르침을 받은 적이 없다' 한 것은, 성인의 가르침을 의지하지 않았기 때문에 이해는 참된 도리를 등지고, 눈밝은 스승을 만나지 못했기 때문에 견해가 자신의 이해에서 나온다. '根緣은 숙세에 익힌 것이 아니며' 한 데서부터, '인과를 부정하고 죄와 복을 배척한다' 한 것은, 세상에 어떤 불자는 숙세에 선근을 심은 적이 없고 태어나면서부터 바른 견해가 없이, 자신의 세지변총에 의지하여 설하기도 하고 베끼기도 하며 담론하느라 여념이 없고, 경론을 인용하지만 자기 견해를 곡해하여 어리석은 이를 속이고 인과를 부정하는 데 불과하다.

'마음에 맞으면 기뻐하며 애정을 내고' 한 것부터, '지위를 참칭하며 보살과 짝이 된다고 한다' 한 데까지는, 위에서 이미 삿되고 바름을 알고 경험하였고, 지금 다시 행으로 성인인지 범부인지를 살피는 것이다. 내 마음에 맞으면 기뻐하고 거슬리면 진심을 내는 것은 완전히 범부의 모습이니, 어떻게 자칭 보살이라 하겠는가? '悩憷(어주)'는 마음이 불쾌한 모양이다. '三受'는 苦受·樂受·捨受다. '初篇의 그름을 면치 못하고' 한 데서부터, '장겁에 과보를 받는다' 한 것의 '初篇'은 살·도·음·망 네 가지 근본 중계다. '釁(흔)'은 죄과이다. 다른 사람보다 더한 죄과가 그의 몸을 감싸기 때문에 '다른 사람을 지나가는 죄가 감싼다' 하였다. 대승을 닦지 않으면서 또한 소승을 나무라고 싫어하니, 한 때의 언쟁('强口';허풍)으로 불법과 고금의 선지식을 훼방하지만, 이렇게 중대한('鏗然') 惡因을 심었으니 반드시 삼도 장겁에 고통을 받는 악보를 초래할 것이니, 실로 슬프고 한탄스럽다.

集

『서경』에 "고인은 꼭 해야 할 말도 두려워하고, 말을 하고 나서도 근심한다." 하고, 또 "물을 더 끓이지 않으려면 나무를 끄집어내는 것만 한 것이 없고, 잘못을 저지르지 않으려면 말을 하지 않는 것만 한 것이 없다." 하였다.

또한, 경에 "범부가 유루의 산란한 마음으로 한번 '나무불' 하고 부르거나, 잠깐 머리를 숙이고도 이 인연으로 오히려 불도를 이룰 수 있거든, 더욱이 二乘의 무루 성스러운 마음으로 後有의 몸을 영원히 끊고 人空의 지혜를 친히 증득하니, 여러 가지 선행을 익히고서 어찌 正位에 오르지 않겠는가!" 한 것이다.
書云, 古人當言而懼, 發言而憂。又云, 止沸莫若去薪, 息過莫若無語。
又如經說, 凡夫有漏散心, 一稱南無佛, 乃至小低頭, 以此因緣, 尚成佛道。何況二乘無漏聖心, 永斷後有身, 親證人空慧, 所習諸行, 而不登正位乎。

講

거듭 『書經』을 인용하여 증명하였다. 세상에서 사람이 살아가는 도리는 반드시 말을 삼가고 비방을 하지 않아야 하는데, 더욱이 보살이 어찌 청정 구업을 닦지 않고 도리어 대승을 비방하고 소승을 나무라겠는가! 망어, 양설, 악구, 기어는 모두 중생의 생사 근본이라 여러 가지 악행을 키우니, 보살은 응당 사실대로 하는 말[如實語], 화합하는 말[和合語], 부드러운 말[柔軟語], 정직한 말[正直語]을 닦아 이것에 대치해야 한다.

(1) 사실대로 하는 말에 두 가지가 있다. 하나는 事를 사실대로 말하는 것이니, 있으면 있다 하고 없으면 없다 하며, 옳으면 옳다 하고 틀리면 틀렸다고 말하는 것이다. 둘은 理를 사실대로 말하는 것이니, 性에 부합되게 말하는 것이다. 곧, 중생은 모두 불성이 있어서 모두 성불할 수 있고, 여래는 항상 머물러 변함이 없다는 등이다.

(2) 화합하는 말에도 또한 두 가지다. 하나는 事를 화합되게 말하는 것이니, 사람이 싸우는 것을 보면 철저히 살피고 권해 못하게 하는 것이다. 둘은 理를 화합되게 말하는 것이니, 지금과 같이 대승을 비방하지 않고 소승을 나무라지도 않는 것이다.

(3) 유연한 말에 두 가지가 있으니, 하나는 마음을 위로해 주는 말이니 곧 四攝法 가운데 愛語攝이다. 기쁘고 친근하게 하는 말이다. 둘은 평화롭고 우아한 말이니 듣는 자에게 수행하기를 좋아하게 하는 말이다. 당나라 法照대사[5]가 노

---

5   唐代 정토종 스님. '五會法師'라고도 한다. 生卒年과 籍貫은 모두 확실하지 않다. 代宗 永泰年中에 東吳에 여행하였다가 慧遠의 그풍을 사모하여 廬山에 들어가 念佛三昧를 닦았다. 『불광사전』 p3416-上.

래한 오회염불[6] 같은 음성이다.

(4) 정직한 말에도 두 가지가 있다. 하나는 事法에 맞는 말이니 듣는 자에게 분명하게 믿고 이해하게 하는 말이다. 둘은 理法에 맞는 말이니 듣는 자에게 의심을 제거하고 미혹을 버리게 하는 말이다. 예를 들면 이 책에서 설한 것이 모두 사실을 말한 것이며, 화합하는 말이며, 유연한 말이며, 정직한 말이다.

'또한, 경에' 한 아래는 『법화경』 「방편품」에서 설한 것에 근거했으니, 범부는 善行이 작고 因行이 미약하지만 오히려 성불할 수 있는데, 더욱이 이승의 성인이 부처를 이루지('正位에 오름') 못하겠는가! 문장과 같이 잘 알 수 있을 것이다. 지금 『법화경』 「안락행품」에서 부처님이 응당 어떻게 口安樂行을 닦을 것인가를 보인 글을 적으면 다음과 같다.

"만약 입으로 말하거나 경전을 읽을 때는 다른 사람이나 다른 경전의 허물을 설하지 말고, 또한 여러 다른 법사를 업신여기지 말며, 다른 사람의 좋고 나쁜 점이나 장점이나 단점을 말하지 말고, 성문인의 이름을 부르며 그의 허물 말하거나 또한 그의 좋은 점을 찬탄하지 말고, 원망하고 미워하는 마음도 내지 마라. 누가 질문하는 것이 있으면 소승법으로 답하지 말고 대승으로만 해설하여 일체종지를 얻게 하라. … 게으른 뜻과 게으른 생각을 내지 말고, 여러 가지

---

6 唐代에 法照화상이 『무량수경』에 의해 만든 염불법문이다. '五會眞聲'이라고도 한다. 법조스님은 『무량수경』 가운데 '바람이 寶樹에 불어 다섯 가지 음성을 낸다' 한 것을 모방하여 오회염불법을 창안하여 누구나 정토를 사모하게 하였다. 이 의식은 매 집회 때에 음성이 아름다운 사람 몇 명을 모아 위의를 엄숙하게 하고 五會(다섯 가지 그룹)로 나누되, 제1 그룹은 平聲으로 느리게 염불하고, 제2 그룹은 平上聲으로 또한 느리게 하며, 제3 그룹은 느리지도 않고 빠르지도 않게 염불하며, 제4 그룹은 점점 급하게 염불하고, 제5 그룹은 '아미타불' 넉 자로 전환하여 급히 염불한다. 이 五會念佛로 五苦를 제거하고, 五蓋를 끊으며, 五趣를 절단하고, 五眼을 깨끗이 하며, 五根을 갖추고, 五力을 성취하고, 菩提를 증득하고 五解脫을 갖추어 속히 五分法身 등의 이익을 성취할 수 있다.

근심과 번뇌를 버리고 자비심으로 설법하여, 주야로 항상 위없는 道教를 설하여 여러 가지 인견과 한없는 비유로 중생에게 보여 모두 환희를 얻게 하라. 의복이나 와구, 음식이나 의약 따위는 바라지 말고, 다만 설법한 인연으로 불도 이루기를 원하고 여러 중생에게도 또한 그렇게 할 것을 일심으로 생각하라."

기 3. 두 번째 질문과 답

集

문 : 공적이 있는 공은 모두 敗壞(부서지거나 없어짐)로 돌아가고, 공적이 없는 공은 지극한 공적이 항상 존재합니다. 그런데 어떻게 변화하지 않는 뜻을 버리고 함이 있는 행을 말씀하십니까?

답 : 『조론』에 "여래 공덕은 만세에 전하여 항상 존재하고, 도는 백겁에 통하여 더욱 견고하다." 하고, 경에 "三災는 두루 가득하지만 行業은 맑고 고요하다." 하였으니, 지금 이 말을 믿을지라!

問. 有功之功, 皆歸敗壞。無功之功, 至功常存。何乃棄不遷之旨, 而述有作之行乎。

答. 肇論云, 如來功流萬世而常存, 道通百劫而彌固。

經云, 三災彌綸, 而行業湛然。今信之矣。

講

어떤 사람이 理에 집착하여 事를 폐한 것에 의해 질문하고, 뒤에는 '理는 事 중에 있어서 이·사가 둘이 아니다' 하고 답하였다. 질문에서 '공적이 있는 공'이란, 有爲 事相은 인연 아닌 것이 없어서 태어남이 있으면 반드시 멸함이 있음을 말한 것이다. 그러므로 '모두 패괴로 돌아간다' 하였다. '공적이 없는 공'은 無

爲의 理性은 만고에 늘 새롭다는 것을 말했으니, 그러므로 '지극한 공은 항상 존재한다' 하였다. '어찌 변하지 않는 뜻을 버립니까?' 한 것은, 理('不遷')는 잠시라도 여의어서는 안 된다고 집착한 것이다. '함이 있는 행을 말씀하십니까?' 한 것은, 事相('有作')을 버리고 응당 닦지('行') 않아야 한다는 것이다.

답은, 먼저 승조 법사가 지은 「물불천론」의 글을 인용하였다. 위 구절은 事가 변함이 없음[不遷]을 말하였고, 아래 구절은 理가 변함이 없음을 말하였다. 여래가 공덕을 닦아 도를 쌓은 것은 매우 많아서 사와 이를 막론하고 모두 오래도록 없어지지 않고 유실하지 않는다는 것을 말하였다. 왜냐하면 理(道)는 事(功) 가운데 있어서 修 전체가 바로 性이라, 事를 여의고는 理가 없고 性은 修로 인해 드러나기 때문이다. 그러므로 理에 집착해 事를 폐해서도 안 되고, 성에 집착하여 수를 폐해서도 안 된다.

'경에 말하기를' 한 것은 어떤 경전인지 미처 밝히지 못했다. '彌綸'은 두루 가득하여 있지 않은 곳이 없다는 뜻이다. '三災'는 크고 작은 삼재가 있는데, 앞에서 이미 설명하였다. '行業'은 性·修와 因·果다. '湛然'은 항상 존재한다는 의미다. '지금 믿을지라!' 한 것은, 이 구절 말씀은 경전을 인용해 설명했으니, 도를 닦는 것은 비록 인연에 속하여 함이 있으나 삼재에 파괴되지 않아서 반드시 상·락·아·정의 불과를 얻을 수 있다. 그러니 정녕코 믿을 만하니 의심하지 말라는 뜻이다.

기 4. 설명함

集

그러므로 알지니, 하나의 털끝만 한 선행이 비록 有爲이지만 능히 보리를 도와서 바로 성불에 이르러 무너지거나 파괴되지 않으니, 큰 劫火가 다투어 일어나든 말든 마침내 허공을 태우지 못하고, 비록 생사의 물결이 끝이 없더라도 실로 眞善을 침몰하지 못한다.

故知一毫之善, 雖是有爲, 能助菩提, 直至成佛, 而不隳壞。任大劫火競起, 終不燒虛空, 縱生死浪無邊, 實不沈眞善。

> 講

여기서는 萬善으로 모두 성불할 수 있음을 설명한 문장이니, 쉽게 이해할 수 있다. 겁화가 허공을 태우지 못한다는 것은 비유요, 생사에도 선업이 없어지지('沈') 않는다는 것은 합법이다. 연지 대사께서 "人天의 길에서는 복 짓는 것이 우선이요, 생사의 바다에서는 염불하는 것이 제일이다." 한 것이 진실한 말씀이니, 정말 믿을 만하고 행할 만하지 않은가!

무3. 性은 修로 인해 드러나니, 萬善이 돕고 영향을 끼침
기1. 첫 질문과 답

> 集

문 : 제법은 체성이 없어서 인연으로 인하여 幻生하고, 여러 가지 인연은 의지함이 없어 도로 법으로 인해 일어납니다. 인연과 법은 자성이 없어 마음과 경계가 모두 비어, 주인도 없고 사람도 없으며, 남이 없고 멸함도 없습니다. 어찌 무상한 事相을 널리 논하고 허망한 과보를 반복하여 설하십니까?

답 : 진심은 자성을 지키지 않고 인연에 따라 여러 가지 존재를 이루니, 비록 있는 것 같으나 공하여 체성이 비어 事를 이룬다. 마치 나무 그림자가 비록 비었으나 그늘의 뜻이 있는 것과 같고, 간밤 꿈이 진실하지 않으나 또한 슬프고 기

쁜 정이 나는 것과 같이, 비록 作者가 하는 일이 없지만 인연의 과보를 잃지 않는다.

問. 諸法無體, 從緣幻生。衆緣無依, 還從法起。緣法無性, 心境俱虛, 無主無人, 無生無滅。如何廣論無常之事相, 復說虛妄之果報乎。

答. 以眞心不守自性, 隨緣成諸有。雖似有卽空, 乃體虛成事。如樹影雖虛, 而有陰覆之義。還同昏夢不實, 亦生憂喜之情。雖無作者之能爲, 不失因緣之果報。

講

緣起가 性空인 줄만 알고, 性空하기 때문에 緣起하는 줄은 알지 못하기 때문에 질문한 것이다. '제법이 체성이 없다'는 것은, 실재하는 불변의 물체가 없다는 것을 말한다. '인연으로 인하여 환생한다'는 것은, 제법이 인연으로 나고 제법이 인연으로 멸하는 것이다. '여러 가지 인연이 의지함이 없다'는 것은, 능히 제법의 인연법을 이루지만 또한 실재의 법체가 없다는 것을 말하였다. '도로 법으로 인하여 일어난다'는 것은, 일체 법이 여러 가지 인연법으로 인하여 생긴다는 표현이다. '연·법이 자성이 없다'는 것은, 제법의 能生인 인연과 所生인 제법이 모두 독립성과 실재성과 불변성이 없음을 말한다. '심·경이 모두 비었다'는 것은, '모든 법이 모두 그러하여 인연으로 일어났으나 자성이 공하니('俱虛'), 공하다면 無我(無主宰) 無人하며, 남이 없고 멸함이 없으며, 내지 중생도 없고 부처도 없는데, 어찌하여 이 책에서는 생멸 무상에 속하는 事相인 만선을 널리 닦을 것을 설하며, 또한 마치 꿈과 같고 환과 같은('虛妄') 과보를 설하는가?' 한 것이다.

답은, 비록 자성이 없으나 능히 제법을 연기하니, 그러므로 十如是가 있어 결코 허망하지 않으며, 비록 作者도 없고 受者도 없으나 相·用과 因·果가 있음을 설명하였다. 제법은 오직 하나의 진심뿐이고 마음은 자성이 없어 인연에 따라 능히 우주만유를 이룬다. 진심은 진금과 같아 결정성이 없어서 장인에 따라 능히 여러 가지 그릇을 만든다. '비록 있는 것 같으나 공하다' 한 것은, 제법이 모두 저 인연에 의해 일어나니, 있는 것이 있는 것이 아니다. '체성이 비어 事를 이룬다'는 것은, 반드시 연기지만 성공하니 이것을 '第一義諦'라 하고, 또한 '第一義空'이라고도 하니, 일심 이문인 제법 실상이다. 『법화경』 「방편품」에 "오직 부처님과 부처님만이 제법 실상을 끝까지 다 아시나니, 이른바 여시상과 내지 여시과·보와 구경본말등이다." 한 것이다. 이 '체성이 비어 事를 이룬다' 한 '事'가 구경등의 하나의 空性으로 돌아오는 것이다. '나무 그림자가 비록 비었으나' 한 아래 여섯 구절은, 먼저 그림자와 꿈이 실재하지 않는다는 비유를 들고, 후에 과보를 잃어버리지 않는다는 법에 합하고, 空·有가 무애한 원융의 바른 뜻을 결론지었다.

기 2. 인용하여 증명하고 설명함

集

그러므로 『정명경』에 "我가 없고 짓는 자도 없고 받는 자도 없으나, 선악의 업은 없지 않네."(대정장경 14권 537페이지 하) 하고, 또한 敎에서 밝힌 空은 얻을 수 없기 때문이며 實性이 없기 때문에 단멸의 無가 아니니, 어찌 거북 털이나 토끼 뿔과 같다는 마음을 내며, 뱀의 발이나 소금 향기와 같다는 견해를 내리오. 故淨名經云, 無我無造無受者, 善惡之業亦不亡。又敎所明空, 以不可得故, 無實性故, 不是斷滅之無。何起龜毛兔角之心, 作蛇足鹽香之見。

講

여기서 인용한 『정명경』은 『유마힐경』이라고도 한다. 두 구절 게송은 人·法에 나아가 有가 아니고 無가 아님을 밝혔으니, 我·人이 없기 때문에 有가 아니고, 업과를 잃지 않기 때문에 無가 아니다. '無我'는 실재한 진짜 主宰體가 없는 것이요, '無造作'은 능히 선악을 짓는 독립된 因이 없는 것이며, '無受者'는 화와 복을 받는 실재한 報體가 없음을 말하니, 체·용이 모두 있는 것이 아니기 때문에 '공'이라 하는 것이다. 비록 인·아가 없으나 業苦는 없지 않으니, 이것은 단·상 두 견해를 파하고 중도를 보였다. 아·인이 없기 때문에 定常에 집착한 것을 파하였고, 업과가 있기 때문에 단멸에 집착하는 것을 파했으니, 멀리 이변을 여의고 중도에 부합할 수 있다. 불법에서 설한 것은, 세속제로는 有지만 승의제로는 空이요, 비록 승의제로는 공이나 세속의 유를 파괴하지 않는다. 생사의 업연이 저 세속에 의해 假名이 있으니, 人과 法이 그 자성을 얻을 수 없기 때문에 '공'이라 한 것이지, 단멸 허무의 공이 아니다. 그러니 어떻게 불법을 공부하는 불자가 도리어 단멸 공견을 내어 제법을 '거북 털'이나 '토끼 뿔', '뱀 발'이나 '소금 향기'와 같이 단멸 허무한 것으로 보겠는가? 이것은 잘못되고 매우 잘못된 일이다.

기 3. 두 번째 질문과 답

집

문 : 초심인이 도에 들어가려면 말과 행이 서로 부합해야 하고 만선으로 資熏(資助熏起:영향을 끼침)해야 하니, 그런 이치가 없는 것은 (옳지 않은 것은) 아닙니다. (그러나) 果地는 궁극적인 것이라 큰일을 이미 마쳐 경계와 지혜가 조용하고 한가하다면, 어찌 여러 가지 행이 필요하겠습니까?

답 : 과덕은 부처의 지위라 궁극적으로 함이 없지만, 만약 끝없는 수행문이나

팔상으로 성도하는 경우는 모두 부처 후의 보현행에 속하니, 의심 없이 정상적으로 미래제가 다할 때까지 해야 한다.

問. 初心入道, 言行相扶, 萬善資熏, 不無其理。果地究竟, 大事已終, 境智虛閑, 何須衆行乎。

答. 果德佛位, 畢竟無爲。若無邊行門, 八相成道, 皆是佛後普賢行收, 任運常然, 盡未來際。

講

두 번째 물음은, "초심 입도한 보살은 말만 있고 행이 없거나, 이치에 집착해 사실을 폐해서는 안 되는 줄은 잘 알겠습니다. 반드시 만선 만행의 修德이 있어야 비로소 만덕 장엄의 과덕을 資熏(돕거나 영향을 끼침)할 수 있으니, 이야말로 인과가 필연한 도리라 하겠습니다. 그러나 하루아침에 聖果('究竟')를 증득하였으면, 나한이 스스로 '할 일을 이미 마쳤고 범행을 이미 세웠으며 後有를 받지 않는다(큰일을 이미 마쳐 경계와 지혜가 허한함)' 하고서, 어떻게 도로 닦을 것이 있으며, 서둘러 열반에 들어갈 것이 있겠습니까!" 한 것이다.

대답은, 이 책에서 밝히는 것은 순수한 대승이지 소승이 아니다. 비록 불과를 성취하여 복과 지혜가 원만하며, 五住煩惱를 궁극적으로 끊어 다했으며, 두 가지 생사도 마침내 영원히 없으나('無爲'), 도리어 끝없는 행문을 일으켜야 한다. 예를 들면 팔상 성도하여 광명이 대천세계를 비추고, 육도에 여러 가지 몸을 나투어 천백억 화신으로 시방에 나누어 응하며, 오신통을 보이고 삼륜으로 보시 교화하며, 두 손을 들어 독존임을 표하고, 일곱 걸음을 걸어 唯極임을 드러내었으며, 더 나아가서 마군을 항복 받고 도를 이루고, 법을 설하고 열반을 말한 것이 모두 성불 이후 보현행문에 속('收')하여 거리낌 없이 이렇게 하신 것이다. 천 강에 물이 있으면 천 강에 달이라, 이와 같지 않은 곳이나 이와 같지 않은 때가 없었으니, 미래가 다하도록 유정을 유익하게 하였던 것이다. 어찌 "성불한 다음에는 아무 할 일이 없으니, 어찌 여러 가지 수행이 필요하겠는가?" 하고 말하겠는가!

기 4, 인용하여 증명하고 설명함

集

『유마경』에 "비록 불도를 얻었으나 법륜을 굴리고, 열반에 들어갔으나 보살도를 버리지 않는 것이 보살행이다." 하고,

『화엄경』에는 "법계가 끝이 없으며, 일체 제법이 一相이고 無相임을 아니, 이를 '구경 법계에서 보살도를 버리지 않는다'고 한다. 비록 법계가 끝이 없음을 알지만, 일체 갖가지 異相(차별상)을 알아 대비심을 일으켜 여러 중생을 제도하되 미래가 다하도록 권태가 없으니, 이를 '보현보살'이라 한다." 하였다.

維摩經云, 雖得佛道, 轉于法輪, 入於涅槃, 而不捨於菩薩之道, 是菩薩行。

華嚴經云, 了知法界, 無有邊際。一切諸法, 一相無相。是則說名究竟法界, 不捨菩薩道。雖知法界無有邊際, 而知一切種種異相。起大悲心, 度諸衆生。盡未來際, 無有疲厭。是則說名普賢菩薩。

講

여기서 인용한 『유마경』은 「문수사리문질품」 경문이다. 비록 부처님 道果를 얻었으나 行因을 버리지 않음을 밝혔으니, 곧 果가 因行과 무애한 것이다. '법륜을 굴리고 열반에 들어갔으나' 한 것은, 비록 수승한 행을 능히 행하여 팔상성도의 불사를 보였으나, 수행이 낮은 보살행을 버리지 않음을 밝혔으니, 곧 수승한 것에 의해 낮은 수행을 버리지 않는 것이다. 예를 들면 본사께서 골탑

에 친히 예배하시고 눈병이 난 비구를 위해 바느질을 한 등이 좋은 예다.

'법계가 끝이 없으며 일체 제법이 일상 무상임을 안다'는 것은, 심진여문에 들어가 제법의 일상 무상의 總相을 아니, 곧 일체 법의 평등 공성을 안다는 것이다. '일체 갖가지 異相을 알아 대비심을 일으켜 일체중생을 제도한다'는 것은, 眞識(근본지)을 얻고 나서 俗識(심생멸문)을 증득하여 제법의 갖가지 차별상을 알아 국토를 장엄하고 중생을 제도하니, 일심 이문은 사람마다 모두 갖추어져 있지만, 범부중생은 이를 알지 못하여 진여를 미혹해 생멸을 쫓으니, 마치 눈덩이를 뭉치면 뭉칠수록 더욱 커지는 것과 같다. 제불 보살은 일심 이문이 곧 연기의 事相임을 분명히 알아 진여공성(법성)를 깨달으니, 마치 불로 얼음을 녹이면 당체는 곧 청정한 물이라 이 물로 시원하게 해갈할 수 있듯이, 생사를 알아 보리를 증득하므로 '구경법계'라 하였다. 본원을 어기지 않고 空으로 말미암아 假를 내어 미래가 다하도록 널리 중생을 제도하니, 이것을 '佛後 보현행의 보현보살'이라 하니, 그러므로 '보살도를 버리지 않는다' 하였다.

기 5. 세 번째 질문과 답

집

문 : (육바라밀 중) 다섯 바라밀은 눈먼 것과 같고 반야는 인도자와 같은데, 지금은 어찌 여러 가지 行만을 찬탄하고 산란한 善을 널리 밝힙니까?
답 : 지금 여기서 논한 여러 가지 선행은 다만 반야를 성취하기 위한 까닭이다. 교에서 有爲라고 꾸짖기도 하지만 이는 貪執을 타파한 것일 뿐이다. 만약 취하고 버리는 마음을 내지 않으면 모든 것이 상관없지만, 아직 반야를 밝히지 못했으면 만행으르 보조적 인연을 삼아야 한다.

問. 五度如盲, 般若如導, 今何偏讚衆行, 廣明散善乎。

答. 今所論衆善者, 祇爲成就般若故。敎中或訶有爲, 但是破其貪執。如若取捨不生, 一切無閡。若未明般若, 以萬行爲助緣。

講

세 번째 질문과 대답은, 만선과 반야가 서로서로 도와준다는 것을 설명하였다. '다섯 바라밀은 눈먼 것과 같다'는 것의 '다섯 바라밀'은 보시·지계·인욕·정진·선정 등이다. 범어 '바라밀pāramitā'은 우리말로 '건넌다'고 하고, 또는 '저쪽 언덕으로 건너간다'고 한다. 이 다섯 가지 행문이 만약 반야(二空의 지혜)와 상응하면 이를 '바라밀'이라 한다. 만약 人·法 이공의 지혜가 없으면 바라밀이라 하지 못하니, 능히 생사의 강을 건너 열반의 피안에 이르지 못한다. 그러므로 경에서 다섯 바라밀을 비유하여 맹인과 같다 했으니, 발이 있어도 눈이 없으면 능히 갈 곳에 이르지 못하니, 반드시 반야가 와서 인도하여야 비로소 바라밀의 공용이 있어서 삼승 성과를 성취할 수 있다.

　대소승 불법 가운데 모두 다섯 바라밀과 반야가 반드시 서로 의지하고 서로 보충하여 완성한다고 설했지, 반야만 필요하고 그 밖에 다섯 바라밀은 필요하지 않다고 설하지 않았다. 또한, 다섯 바라밀만 닦아야 하고 반야는 필요하지 않다고도 설하지도 않았다. 이 책에서 지금 설한 것은, 부처님 성언량에 의해 衆善(다섯 바라밀)를 닦아 반야를 성취하여 반야지혜로 탐집을 제거하게 한 것이다. 이렇게 하여 집착을 버리면 有를 취하지 않고, 선을 행하면 空에 치우치지 않아서, 공과 유에 무애한 것이 중도원융의 원교 보살행인 것이다. 만약 원교 법문인 一卽一切, 一切卽一인 서로 섭수하고 서로 들어감을 알지 못하여, 단지 반야를 깨닫는 것만이 필요하고 중선을 수행하는 것을 필요하지 않다고 오해하면, 이것은 원교 보살행이 아니다.

기 6. 인용하여 증명하고 설명함

集

『법화경』에 "부처님 명호 시방에 들려 널리 중생을 유익하게 하나니, 일체 선근을 갖춘 이에게 無上心을 도와주시네." 하고,

『화엄경』에 "비유하면 일체 법이 여러 가지 인연으로 일어나듯이, 부처님 뵙는 것도 이와 같아 반드시 여러 가지 善業을 빌려야 하네." 하였다.

만약 이미 반야를 밝혔으면 衆行으로 장엄하고 꾸며야 하니, 『법화경』에 "그 수레가 높고 넓되 여러 가지 보배로 장엄하고 꾸몄으며, … 또한 수많은 僕從(하인)이 이를 시위하니 …." 한 것과 같다. 그러므로 '만선이 똑같이 일심으로 돌아가는 책[萬善同歸集]'이라 한 것이다.

반야를 여의고는 다시 한 법도 없으니, 마치 여러 가지 강물을 바다에 던지면 모두 똑같이 한 맛이 되고, 여러 가지 새가 수미산에 가까이하면 다시 다른 색깔이 없는 것과 같다. 혹시 반야를 익히지 않고 有爲만을 익히면 다만 생사의 원인을 이룰 뿐이니 어찌 열반 과득을 얻겠는가? 만약 보시하되 반야가 없으면 오직 일세의 영화만을 얻어 나중에는 결국 재앙의 빚을 받으며, 만약 지계하되 반야가 없으면 잠시 上欲界에 태어나더라도 도로 지옥에 떨어지며, 만약 인욕하되 반야가 없으면 과보로 단정한 몸을 얻으나 寂滅忍을 증득하지 못하며, 만약 정진하되 반야가 없으면 한갓 생멸 공덕만을 일으킬 뿐 眞常의 바다에 나아가지 못하며, 만약 선정에 반야가 없으면 色界禪만을 행하고 金剛定에 들어가지 못하며, 만약 萬善에 반야가 없으면 공연히 有漏因만을 얻어 無爲果에 계합하지 못한다.

그러므로 반야는 험악한 길의 안내자와 같고, 어두운 방 안의 밝은 횃불과 같

으며, 생사의 바다 가운데 지혜 돛대와 같으며, 번뇌의 병에 훌륭한 의사며, 삿된 산을 부수는 큰바람이며, 마군을 깨부수는 맹장이며, 어두운 길을 비추는 밝은 태양이며, 혼미한 정신을 일깨우는 빠른 우레며, 눈먼 이의 눈병을 치료하는 금 수술 칼이며, 갈애를 없애는 감로며, 어리석음의 그물을 절단하는 지혜 칼이며, 가난한 이에게 공급하는 보주와 같음을 알 수 있으니, 만약 반야가 밝지 않으면 만행을 헛되게 베푸는 것이다.

조사가 "현묘한 뜻을 알지 못하고 생각을 고요히 하느라 헛수고하네." 하였으니, 찰나에도 비춤을 잊거나 경솔하게 서로 어겨서는 안 된다. 더 나아가서 성불의 구경위 가운데서도 정·혜의 힘으로 장엄하여 이것으로 중생을 제도하는 것이다. 그러므로 부처님이 "나는 한밤중에도 항상 반야를 설한다." 하신 것이다.

法華經云, 佛名聞十方, 廣饒益衆生, 一切具善根, 以助無上心。

華嚴經云, 譬如一切法, 衆緣故生起, 見佛亦復然, 必假衆善業。

若已明般若, 用衆行爲嚴飾。如法華經云, 其車高廣, 衆寶莊校, 乃至又多僕從, 而侍衛之。故云, 萬善同歸集。離般若外, 更無一法。如衆川投滄海, 皆同一味。雜鳥近妙高, 更無異色。或不習般若, 但習有爲, 祇成生死之因, 豈得涅槃之果。若布施無般若, 惟得一世榮, 後受餘殃債。若持戒無般若, 暫生上欲, 界還墜泥犁中。若忍辱無般若, 報得端正形, 不證寂滅忍。若精進無般若, 徒興生滅功, 不趣眞常海。若禪定無般若, 但行色界禪, 不入金剛定。若萬善無般若, 空成有漏因, 不契無爲果。故知般若, 是險惡徑中之導師, 迷暗室中之明炬, 生死海中之智楫, 煩惱病中之良醫。碎邪山之大風, 破魔軍之猛將, 照幽途之赫日, 驚昏識之迅雷, 抉愚盲之金鎞, 沃渴愛之甘露, 截癡網之慧刃, 給貧乏之寶珠。若般若不明, 萬行虛設。祖師云, 不識玄旨, 徒勞念靜。不可刹那忘照, 率爾相違。乃至成佛究竟位中, 定慧力莊嚴, 以此度含識。故佛云, 我於一夜中間, 常說般若。

講

여기서 인용한 『법화경』 문장은 「분별공덕품」에서 나왔다. '부처님 명성 시방에 들려 … 무상심을 도와주시네' 한 네 구절 게송은 대승 불법의 특색이다. 소승 법 가운데는 十方佛을 설하지 않고 석가불의 이름도 겨우 사바세계에 들릴 뿐이니, 당연히 시방세계 중생에게 모두 무상 보리심을 발하게 하지 못한다. 불법의 궁극적인 뜻은 대승에 있고, 대승의 궁극적인 뜻은 『법화경』이나 『화엄경』에 있다. 특별히 이 두 경전을 중시해야 한다.

『법화경』 「방편품」에 이미 "무릇 법을 듣는 자는 한 사람도 성불하지 못할 자가 없다." 하고서, 지금 다시 "부처님 이름 시방에 들려 널리 중생을 유익하게 하네." 하였으니, 이렇게 해야만 비로소 중생을 널리 제도하여 부처가 되게 할 수 있다. 세존과 미타의 본원이 이와 같고, 시방 삼세 제불의 원행도 이와 같다. 그러므로 정토법문은 중생에게 아미타불의 명호를 듣고 지극한 마음으로 칭념하면 갖가지 불가사의한 이익을 얻을 수 있게 하였다. 『무량수불경』에 법장보살이 발한 사십팔원이 이와 같다. 일체 선근 불종을 갖춘 중생에게 아미타불의 명호와 본원 공덕을 듣고 무상 보리심을 계발하게 하고, 사바세계를 버리고 정토에 왕생하기를 구하며, 보살행을 닦아 똑같이 불도를 이루게 하였으니, 이것이 제불이 세상에 나와 중생을 제도하신 본회인 것이다.

반야prajña는 범어인데 우리말로는 '지혜'라고 한다. 교에서 설한 반야에 實相, 觀照, 方便, 文字, 眷屬, 境界 등 여섯 가지가 있다. '실상'은 理體니 곧 지혜의 實性이다. '관조'는 能證인 실상의 實智이다. '방편'은 제법을 분별하는 權智이다. '문자'는 반야를 말하고 해석하는 言敎니, 모든 『반야경』이 모두 이것이다. '권속'은 다섯 바라밀과 내지 만행이 모두 여기에 속한다. '경계'는 권속으로 인하여 나오니 곧 제법이다.

'만약 이미 반야를 밝혔으면 중행으로 장엄해야 한다'는 두 구절은, 이미 여섯 가지 반야를 안 보살은 결코 실상반야의 체성에 집착하여 응당 있어야 하는 상·용이 없어서는 안 되고, 반드시 문자반야에서 설한 반야의 뜻에 의지하여 권·실 二智 반야의 상·용을 일으키고, 제법 반야의 경계에 반연하여 만선 반야의 행을 닦아 실상의 체를 장엄하고 꾸며야 한다는 것을 밝혔다. 『법화경』 「천수품」에 "미묘 청정한 법신(실상반야)이 32상과 80종호의 상을 갖추어 법신을 장엄하네." 한 것이다.

거듭 『법화경』 문장을 인용했으니, "그 수레가 높고 넓어 … 이를 시위하니," 한 네 구절 문장은 「비유품」에서 나왔다. '그 수레가 높고 넓다' 한 것은 원교 일승에 비유하였으니, 일심 이문의 위없는 佛果다. 심진여문은 지극히 높아 위가 없고, 심생멸문은 넓고 커서 끝이 없다. 만행 일심은 높고, 일심 만행은 넓다. 또한, 권·실 二智인 여섯 가지 반야에 비유하기도 하였다. 실지는 높고 권지는 넓으며, 실상반야는 높고 나머지 다섯 가지 반야는 넓다. '중보로 장엄하였다' 한 아래는, 만행으로 널리 닦은 因華로 만덕을 장엄하여 구족한 佛果에 비유하였다.

'또한, 많은 僕從이 이를 시위하니, …' 한 것은, 만행으로 心所의 使(하인)를 삼았음을 비유하였으니, 그러므로 '僕從'이라 하였다. 일심 이문이 갖춘 권·실 二智가 이미 큰 白牛車의 본체가 되어, 二智가 성취한 공덕이 곧 일심 이문의 복종이다. '많다'는 것은 이지의 작용이 시간적으로 다함이 없고, 공간적으로 끝이 없음을 비유하였다. '그러므로 『만선동귀집』이라 한다' 한 것은, 경전을 인용하여 증명한 후에, 만선으로 資薰한 수덕으로 똑같이 반야의 성덕에 나아가고, 만행을 널리 닦은 因華로 다 함께 만덕 장엄의 불과로 돌아감을 설명했으니, 온 세계의 차별이 똑같이 일심 이문의 차별 없는 곳으로 돌아간다. 그러므로 이 책을 『만선동귀집』이라 한 것이다.

'반야를 여읜 밖에' 한 구절 아래는, 圓宗의 性(반야)과 修(만행)가 둘이 아닌 까닭을 해석하였다. 우리 일념 심성의 본체가 바로 실상반야니 곧 大覺이요, 일심에 권·실 이지의 관조를 갖춘 것이 관조반야와 방편반야니 곧 大智며, 일심에 온 세계를 갖춘 것은 나머지 삼종 반야니 곧 大悲이다. 앞에 나온 「불교성수인과간요표」를 보시기 바란다. 이 대각과 대지와 대비를 합하여 '성덕'이라 하고 또는 '법계'라 한다. 이 법계로부터 흘러오지 않음이 없고, 이 법계로 도로 돌아가지 않음이 없어서, 性 전체가 修를 일으키고 修 전체가 곧 性이니, 그러므로 '반야를 여읜 밖에 다시 한 법이 없다' 하였다. 또한 '여러 가지 강이 대해로 돌아가고, 여러 가지 새가 수미산을 가까이 한다' 한 두 가지 비유는, 지혜가 있는 자에게 비유로 성·수가 둘이 아님을 알게 한 것이다.

'반야를 닦지 않고 유위만을 익힌다' 한 것은, 성으로부터 수를 일으키지 않음을 지적하였고, '생사의 인을 이룰 뿐이니 어찌 열반의 과득을 이루겠는가' 한 것은 삼승 성과를 성취하지 못함을 지적하였다. '만약 보시하되 반야가 없으면' 한 데서부터, '무위과에 계합하지 못한다' 한 모두 열여덟 구절은, 다섯 바라밀과 만선에 절대 반야가 없어서는 안 된다는 것을 예증을 들어 보였다. 그러므로 경에서 "반야는 佛母다." 하였다.

'그러므로 반야는 … 알 수 있다' 한 데서부터, '만행을 헛되게 베푼 것이다' 한 데까지 열다섯 구절은, 세상의 알기 쉽고 이해하기 쉬운 열두 가지 사물을 들어 반야의 부사의한 공용을 비유하였다.

(1) '험악한 길의 길잡이'는 『법화경』 「화성유품」에 "비유하면 오백 유순의

험난한 악도에 … 한 길잡이가 있는데 총명하고 명달하여 …"한 것이다.

(2) '어두운 방의 밝은 횃불'은 「화성유품」에 "대통지승불이 성불할 때(실상 반야를 증득할 때) 시방에 각기 오백만 억 세계가 있고, 그 나라의 어두운 곳이 모두 환하게 밝았다."한 것이다.

(3) '생사 바다의 지혜로운 배'는 지혜의 배가 있어야 능히 생사 피안을 건널 수 있음을 비유하였다.

(4) '번뇌 병의 훌륭한 의사'는 『법화경』 「여래수량품」에 "비유하면 훌륭한 의사가 … 여러 가지 병을 잘 치료한다."한 것이다.

(5) '삿된 산을 부수는 큰바람'의 '삿된 산'은 96종 외도가 가지고 있는 예순두 가지 사견이 높고 큰 것을 비유하였다. 『무량수경』 상권에 "삿된 그물을 찢고 삿된 견해를 소멸한다." 하고, 『마하지관』에 "삿된 산을 뒤집고 애정의 바다를 말리는 것이 모두 觀(관조반야)의 힘이다."한 것이다.

(6) '마군을 파하는 맹장'은 『대지도론』 5권에 "제법 실상과 그밖에 일체 법을 제거하는 것을 모두 '마'라고 부른다. … 지혜의 목숨을 빼앗고 도법의 공덕 선본을 파하기 때문에 '마'라고 한다. 나는 지혜의 칼로 지혜를 修定한 힘으로 너희들 마군을 깨뜨리노라." 하였다.

(7) '어둠의 길을 비추는 밝은 해'라고 한, '어둠의 길'은, 넓은 의미로는 삼계 육도를 모두 '어둠의 길'이라 하니, 생사 장야 가운데 처하기 때문이다. 좁은 의미로는 삼악도를 가리키고, 혹은 아귀도만을 가리켜 幽冥世界라고 한다. '밝은 해'는 광명이 성대한 것을 말한다. 그러므로 『심경』에서 반야를 '매우 크고 밝은 주문'이라 한 것이다.

(8) '어두운 생각을 깨우는 빠른 우레'의 '어두운 생각'은 곧 중생이니, 혼미하여 지혜가 없는 것이 마치 잠에 빠진 사람과 같다. 반야는 큰 우레와 같아서

능히 깨우쳐 깨닫게 한다. 속담에 "빠른 우레는 귀로 막을 수 없다." 한 것이다.

(9) '맹인의 눈을 낫게 하는 금비'는, 중생의 어리석음이 맹인이 해를 보지 못하는 것과 같다. 반야는 눈병을 치료하는 金錍(금 수술 칼)와 같으니, 『대일경』 권 2에 "응당 금비를 가지고 저의 앞에서 위로하고 깨우치며 기쁘게 한다. 불자여! 부처님이 너희를 위하여 無智의 막을 도려내리니, 마치 세상의 의사와 같이 금비를 잘 사용하노라." 하고, 『대반열반경』 권 8에 "어떤 맹인이 눈을 치료하기 위해 훌륭한 의사에게 갔다. 그때 훌륭한 의사가 금비로 그의 눈 막을 도려내었다." 한 것이다.

(10) '갈애를 없애는 감로'의 '감로'는 범어로 阿彌利多amṛta다. 그러므로 아미타불 화신을 '감로왕여래'라 한다. 꿀처럼 맛이 달아 천상 사람이 먹는 것인데, 이를 먹으면 장수하기 때문에 감로를 '불사약'이라 한다. 『법화경』 「보문품」에 "悲의 본체는 계율이라 우레로 울고, 인자한 마음 미묘하여 큰 구름 같아, 감로의 법 비를 내려, 번뇌의 불 끄네.[悲體戒雷震 慈意妙大雲 澍甘露法雨 滅除煩惱焰]" 하고, 『대집경』 34권에 "대비 모니왕이 자비한 마음으로 법을 설하시니, 듣고 나면 어리석음의 애정을 제거하고 감로 열반을 얻네." 하였으며, 『止觀輔行』 1권의 2에 "無(空)諦의 理를 보면 생사 법을 여의나니, 이를 '甘露滅'이라 하네." 하였다. '沃'은 물 댄다는 뜻이니, 중생의 갈애 번뇌에서 열반의 감로 법우를 물 대니, 곧 없앤다는 뜻이다.

(11) '어리석음의 그물을 절단하는 지혜 칼'의 '어리석음'은 무명이니 '미혹'이라고도 한다. 어리석고 어두운 마음은 체성이 지혜롭고 밝음이 없으니, 이를 무명이라 부른다. 여기에는 근본과 지말이 있는데, 理를 미혹한 것과 事를 미혹하는 通惑과 別惑 두 가지가 있다. 그 수가 한정 없으니, 그래서 그물에 비유하였다. 『중아함경』 29에 "영원히 아만을 버리고 무명의 그물을 찢는다."

하였다. 반야 지혜는 날카로운 칼과 같아서 능히 모든 의심의 그물을 절단한다. 얕은 의미에서 말하면 삼승은 共般若니 능히 삼계 내의 통혹을 끊고, 깊은 의미에서 말하면 대승은 不共般若니 능히 삼계 밖의 별혹을 끊는다. 『법화경』 「방편품」에 "여래가 세상에 오신 까닭은 佛慧(불공반야)를 설하기 위함이니, … 지금 내가 기쁘고 두려움 없이 여러 보살 가운데서 정직하게 방편을 버리고 무상도만을 설하나니, 보살이 이 법을 들으면 의심의 그물이 모두 이미 찢어졌네." 한 것이다.

(12) **'가난한 자에게 보급하는 보배 구슬'**의 '보배 구슬'은 곧 여의보주니, 능히 중생에게 모든 필요한 것을 급여하여 일체중생이 바라는 것을 만족하게 한다. 앞에서 한 열한 가지 비유는 고통을 제거[拔苦]하는 반야의 덕을 비유하였고, 지금 이 한 가지 비유는 즐거움을 베풀어주는[與樂] 반야의 덕을 비유하였다. **'반야가 없으면 만행을 헛되게 시설한 것이다'** 한 것은 총 결론짓는 말이다. '헛되게 시설하였다'는 것은 수고로울 뿐 공이 없음을 말했으니, 곧 육도만행을 여실하게 수행하지 않음을 말하였다. 마치 형체가 단정하지 않으면 그림자가 바르지 않듯이, 행이 진실하지 않으면 결과가 반드시 진실하지 않으니, 불과인 보리를 얻을 길이 없다.

'조사(四祖 道信의『신심명』)**가 말하기를'** 한 아래는, 후학은 응당 반야로 自心을 관조하고 살펴, 성·수가 서로 어긋나지 않게 할 것을 결론적으로 권한 것이다. '玄旨'는 일심 이문과 일심삼관을 가리키니, 만약 이를 알지 않으면 어떻게 偏空이 아닌 줄 알고 有에 집착한 줄 알겠는가? 그러므로 **'부질없이 고요함을 念(修)하는 것이다'** 하였다. 반드시 일심삼관이 매 순간 항상 앞에 나타나 있어야 하고 언제나 마음을 여의지 않아야 하니, 그러므로 **'찰라에도 비추는 것을 잊고 경솔하게 서로 어긋나서는 안 된다'** 하였다.

'더 나아가 성불 구경위 가운데서도' 한 데서부터, '이것으로 중생을 제도한다' 한 데까지 네 구절은, 『법화경』「방편품」 경문을 인용하여, 보살의 자리이타는 처음부터 끝까지 모두 정·혜(지·관) 等持와 성수불이의 대승 평등법을 벗어나지 않음을 증명하였다.

'그러므로 부처님이 나는 한밤중에도 항상 반야를 설한다' 한 것은, 밤중에도 항상 설한다면 낮에는 설하지 않을 때가 없다. 이로써, 불법은 지혜가 중심이 되면서 또한 연기성공의 진리로 불교 철학의 기초가 된다는 것을 알 수 있다. 연기이기 때문에 만행을 널리 닦고, 성공이기 때문에 집착을 내지 않으니, 이것을 '성수불이', '만선동귀'라고 한다.

무 4. 공덕과 만행이 앞뒤에서 함께 일어남
기 1. 첫 질문과 답

集

문 : 제법이 적멸한 모양은 말로 펴 보일 수가 없는데, 어떻게 그런 일을 바로 가리키지 않고 인연을 널리 언급하며 여러 가지 문답을 일으키십니까?

답 : 『능가경』에 부처님이 대혜에게 말씀하시되 "만약 일체 법을 설하지 않으면 교법이 무너지고, 교법이 무너지면 제불 보살과 연각 성문이 없으니, 만약 없다면 누가 설하며, 누구를 위해 설하겠는가? 그러므로 대혜여! 보살마하살은 언설에 집착하지 말고 적절한 방편에 따라 제법을 널리 연설해야 하느니라." 하였다. 그러므로 總持[진언]에는 문자가 없으나 문자로 총지를 밝힘을 알 수 있으니, 理를 여의고는 설함이 없고 설함을 여의고는 理가 없다. 眞性이 두루 미치기 때문에 설할 수 없는 것이[不可說] 설할 수 있는 것[可說]과 다르지 않

고, 緣修7가 자성이 없으므로 설할 수 있는 것이 설할 수 없는 것과 다르지 않다. 만일에 네 가지 實性과 제법 自相을 잡아 말하면 모두 설할 수가 없지만, 만일에 四悉檀과 제법 共相에 의거하면 모두 설할 수가 있다. 그러므로 제불은 항상 二諦에 의해 법을 설하시니, 圓旨를 얻기만 하면 설하더라도 아무 허물이 없다. 만약 오로지 말이 없기만 하면 무엇으로 인해 깨달아 알 것인가? 말을 좇아 이치를 구하게 해야 理圓을 알 수 있는 것이다. 말이 치우친 자를 위해 '언설로 미치지 못한다' 한 것이지, 말이 없는 것을 설하지는 않았다. 또한, 자성은 비록 말을 여의고 설할 수는 없지만, 반드시 말로 설해야 비로소 설할 수 없음을 알 수 있는 것이다.

만약 도의 근원을 몸소 행하여 佛種을 이으려면 먼저 반야를 밝히고 진심을 분별해야 한다. 반야는 萬行의 스승이며 千聖의 어머니며, 진심은 群生의 근본이며 衆法의 근원이다. 만약 반야를 통달하지 못했으면 진심은 이 때문에 어둡다. (그러니) 마땅히 일체삼보에 귀명하여 삼세의 허물을 참회하고, 계로 허물을 단속하고 잘못을 막으며, 선정으로 혼미함을 제거하고 어지러움을 섭수하라. 좋은 벗을 가까이하고 대승경전을 찬탄하고 외우며, 만선으로 훈습하고 다스리며 많이 듣고 닦고 익혀 진성이 드러나게 하면 보리에 바로 이를 수 있다. 장애가 다하면 妙定이 저절로 밝아지고, 지혜가 발휘되면 진심이 열려 깨끗하다.

이미 자신을 이롭게 하였으면 아직 듣지 못한 이를 불쌍히 여겨 福因을 널리

---

7 二修의 하나. '眞修'의 對稱. 修觀할 때 인연을 빌려 수행하는 것을 '緣修'라 하고, 인연을 빌리지 않고 수행하여 닦음 없이 닦는 것을 '眞修'라 한다. 천태의 別敎의 수행 계위 중, 앞에 것은 初地(歡喜地) 이전의 보살이 닦는 것이요, 후자는 初地 이상의 보살이 닦는 것이다.

지으며, 여러 가지 바라밀을 갖추 행하여 부처님 가업을 잇고 큰 법의 깃발을 세우라. 한 맛의 법 비를 내려 여러 가지 惑塵을 소탕하고, 함이 없는 지혜 등불을 밝혀 어둠을 비춰 열어라. 그러므로 공덕 만행을 처음과 마지막에서 아울러 일으켜야 하니, 부처님 가르침이 으레 이와 같다.

問. 諸法寂滅相, 不可以言宣。何不直指其事, 而廣涉因緣, 興諸問答乎。

答. 楞伽經云, 佛告大慧, 若不說一切法者, 教法則壞。教法壞者, 則無諸佛菩薩緣覺聲聞。若無者, 誰說, 爲誰。是故大慧, 菩薩摩訶薩, 莫着言說, 隨宜方便, 廣演諸法。故知總持無文字, 文字顯總持。離理無說, 離說無理。以眞性普遍故, 不可說不異可說。以緣修無性故, 可說不異不可說。若約四實性, 及諸法自相, 皆不可說。若依四悉檀, 及諸法共相, 皆是可說。是以諸佛常依二諦說法, 但得圓旨, 說卽無過。若一向無言, 何由悟解。令尋言求理, 而知理圓。但爲言偏, 故云言說不及, 不說無言。又性雖離言不可說, 要以言說, 方會不可說也。

若夫履踐道源, 紹隆佛種, 先明般若, 以辨眞心。般若乃萬行之師, 千聖之母。眞心是群生之本, 衆法之源。若般若未通, 眞心由昧。應須歸命一體三寶, 懺悔三世愆瑕。以尸羅而檢過防非, 用禪定而除昏攝亂。親近善友, 讚誦大乘。萬善熏治, 多聞修習, 助顯眞性, 直至菩提。障盡而妙定自明, 慧發而眞心豁淨。旣能自利, 復愍未聞, 廣作福因, 具行諸度, 紹佛家業, 建大法幢。注一味之法雨, 蕩諸惑塵。燃無作之智燈, 照開迷暗。是以功德萬行, 初後幷興, 於佛敎中, 法爾如是。

講

질문에 '제법 적멸상은 말로 설하지 못한다' 한 것은, 『법화경』에서 부처님께서 實敎로 말미암아 權敎를 시설함을 설명한 경문이다. 여기에다 "방편의 힘으로 다섯 비구를 위해 설하였다."고 한, 두 구절이 있는데, 심진여문은 '말로 설할 수 없다' 한 것이요, 심생멸문은 '방편으로 다섯 비구를 위해 설하였다' 한 것이다. 이렇게 일심 이문의 二諦가 융통하니, 실을 여의고는 권이 없고, 권을 여의고는 실이 없다. 부처님이 이미 실로 말미암아 권을 시설하셨으니, 삼보로 세상을 교화한 것은 고금이 모두 같다. 중생이 이러한 뜻을 모를까 봐 이러한 질문을 한 것이다.

답은 두 단락으로 나눈다. 첫 번째 단락은 『능가경』의 뜻에 의해 답하였다. 『능가경』은 5종의 역본이 있는데, 현존하는 것은 3종이다. 하나는 『楞伽阿跋多羅寶經』이라 하고, 둘째는 『入楞伽經』이라 하며, 셋째는 『大乘入楞伽經』이라 한다. 모두 대정장경 제16권에 편재하였는데, 지금 인용한 경문은 506페이지 하에 있다. 만약 여래의 설법이 설함이 없이 설한 줄을 알지 못하고, '부처님 설법은 文字法에 떨어졌다'라고 말하는 자는, 부처님을 비방하고 법을 비방하는 것이다. 문자의 자성이 공하기 때문에 설함이 없는 것이요, 중생을 유익하게 하기 위한 까닭에 설함이 있는 것이다. 이것은 理에 의거해 말을 끊었고 근기에 응해 설할 수 있어서 설함이 없이 설하니, 설함으로 교가 이루어진 것이다. 만약 교법을 들을 근기가 있는데 설하지 않으면 교법이 이루어지지 않고(壞), 교가 이루어지지 않으면 대소승 근기가 닦고 증득할 분수가 없다. 그러므로 '제불·보살·연각·성문이 없으니, 만약 없다면 누가 설하며, 누구를 위해 설할 것인가?' 하였다. 그렇다면 어떻게 제도하는 교와 제도받을 근기와 교가 이루어지겠는가?

'그러므로' 한 아래는, 부처님은 설함이 없이 항상 설하신다는 진정한 뜻을 바로 보였다. 중생의 욕망과 번뇌가 한 가지가 아니기 때문에, 부처님과 보살이 여러 중생의 갖가지 근기에 맞는 법을 설하신 것이다. 비록 설하지만 언설에 집착함이 없이 다만 적당한 방편에 따라 설하신 것이다. 그렇게 되면 敎道를 일으킬 수 있고 중생을 제도할 수 있다.

'그러므로 알지니, 총지는 문자가 없으나' 한 데서부터, '모두 설할 수 있다' 한 데까지 모두 열네 구절은, 說과 無說이 다르지 않다는 것을 설명하였다. 범어 다라니dhāraṇī는 우리말로 '총지'라고 번역한다. 네 가지 뜻이 있다. 하나는 法이니, 부처님 교법을 듣고 기억하여 잊어버리지 않는 것이다. 둘째는 뜻[義]이니, 제법의 뜻을 모두 기억하여 잊어버리지 않는 것이다. 셋째는 呪요, 넷째는 忍이니 법의 실상에 안주하여 동요하지 않는 것이다. 스님께서 설한 것은 실상을 가리키니, 실상을 여의고는 문자가 없으나 문자로 인해 실상을 밝히는 것이다. 실상은 설할 수 없지만 문자로는 설할 수 있다. 그러므로 '理를 여의고는 說이 없고, 설을 여의고는 이가 없다' 하였다. 理는 性이요, 說은 修니, 성·수가 서로 보완허 완성하여 서로 방애되지 않는다. 자성은 일체 법에 두루하기 때문에, 설할 수 없는 것(性)이 설할 수 있는 것(修)과 다르지 않고, 緣修가 자성이 없기 때문에 설할 수 있는 것이 설할 수 없는 것과 다르지 않다.

'네 가지 實性'이란, 태어나는 것(生)과, 태어나지 않는 것(不生)과, 태어나기도 하고 태아나지 않기도 하는 것(亦生亦不生)과, 태어나지도 않고 태어나지 않는 것도 아닌 것(非生非不生) 등의 네 구절 실성이다. '제법 自相'은 제법의 空相이니 '空性'이라고도 한다. 이는 진제에 속하니, 곧 『법화경』에서 말하는 "언어로 펴지 못한다." 한 것이다. '사실단'이란, 불법으로 중생에게 널리 보시하는 것을 실단이라 하는데, 世間, 爲人, 對治, 第一義 등 네 가지다. 이것은 속제에 속하니 모두 언어문자로 설할 수가 있다. '제법 共相'은, 『법화경』에서 설한 '십여시'니, 또한 모두 설할 수가 있다.

'그러므로 제불이 항상 이제에 의해 법을 설하시니' 한 데서부터, '비로소 설할 수 없음을 알 수 있다' 한 데까지 모두 열세 구절은, 제불을 들어 예로 삼았으니, 모두 이제가 원융하고 성·수가 다르지 않다는 것을 말하였다. '원지를

얻으면' 한 것은, 이 책에서 논한 것이 곧 '원지'이다. 만약 '圓修十義'에 의해 법을 설하면 아무 잘못이 없을뿐더러, 더 나아가 한없는 이익이 있다. 이것이 스님께서 눈썹으로 땅을 쓰는 것을 아까워하지 않고, 『종경록』과 본집 등을 찬집하여 중생에게 불법의 진의를 보고 듣고 이해하고 깨닫게 한 까닭이다. 삼장 십이분교가 모두 달을 가리키는 손가락에 불과하니, 반드시 문자에 따라 觀을 짓고 말을 찾고 이치를 구하여 최후에 청정심을 증오(理圓을 아는 것)하는 데 이른다는 것을 반드시 알아야 한다. 부디 손가락에 집착해 달이라 여겨, 언어문자에서 힘써 연구할 가치가 있다고 집착하는 견해를 내어서는 안 된다. 그러므로 경에서 "보는 것은 볼 것(볼 내용. 진짜 달)이 아니니, 언설이 미치지 못한다[見非所見 言說不及]." 하였고, 볼 수 없고[無見], 말하지 못한다[無言]고 설하지 않았다. 반드시 언설로써 만이 비로소 '설할 수 없음'을 알 수 있으니, 비유하면 손가락(언설)으로 인하여 비로소 달(설할 수 없음)을 볼 수 있는 것과 같다.

'만약 도의 근원을 실천하여' 한 아래는 물음에 대답한 두 번째 단락이다. 공덕과 만행이 처음과 마지막에서 함께 일어나야 하니, 성불의 도가 모두 여기에 있음을 바로 밝혔다. '도의 근원'은 대승 무상도를 가리킨다. 『법화경』에 "여래가 세상에 나오신 것은 부처님 지혜를 설하기 위해서니, … 정직하게 방편을 버리고 무상도만을 설하였다." 한 것이다. 이미 보살이라면 반드시 대승 무상도를 닦아야 하니, 이것이 성불의 본원이다.

그렇다면 응당 어떻게 닦을 것인가? '먼저 반야를 밝혀 진심을 가려야 한다'. 수행은 마음을 닦는 데 있으니 마음에는 진·망의 구별이 있다. 『능엄경』에 "두 가지 근본(마음)이 있다. 하나는 반연하는 마음으로 자성을 삼는 것이요, 둘은 능히 여러 가지 반연을 일으키지만 그 반연을 버리는 것이다." 한 것처럼,

앞의 것은 망심이요 뒤의 것은 진심이다. 진심은 능히 여러 가지 반연을 일으키니, 그러므로 '群生의 근본'이요 '衆法의 근원'이다.

보살도를 행하는 데는 먼저 반드시 이 진심의 체·상·용을 알아 수행의 근본으로 삼아야 한다. 그렇다면 무엇부터 깨달을 것인가? 오직 반야를 닦고 배워야 비로소 망심을 제거하고 진심을 밝혀 상을 파하고 성(진심)을 증득할 수 있다. '반야는 만행의 스승이며, 천성의 어머니다' 한 '반야'는 能證이요 '진심'은 所證이다. 경에 "如如智로 如如理에 합하니 이를 부처라 한다." 한 것과 같다. 천태의 十乘觀法에 제일 먼저 부사의 경계를 아는 것을 밝혔으니 곧 관조반야다. 만약 반야 二空의 지혜를 얻지 못하면 진심을 증오할 길이 없으니, 반드시 방편을 빌려야 한다. 그렇다면 방편이란 무엇인가? '응당 일체삼보에 귀명하여' 한 데서부터, '바로 보리에 이른다' 한 데까지다.

불·법·승 삼보에 주지, 별상, 일체 등 세 가지가 있다. 지금은 부처님이 돌아가신 후니 반드시 먼저 주지삼보에 귀명하여 여법하게 수행하여 事로부터 理에 들어간 후에 자심삼보(性)에 귀명해야 하니, 이를 또한 '일체삼보'라고도 한다. 마음과 부처와 중생이 동체여서 차이가 없으니, 이를 일체삼보라 하는 것이다. 이 가운데 『보현행원품』의 첫 번째부터 세 번째까지 발원이 포함되어 있다. '삼세의 허물을 참회한다'는 것은 곧 네 번째 '참회업장원'이다. 거듭 계와 정으로 반야를 도와 일으키니, 그러므로 '시라로 허물을 단속하고 잘못을 막으며, 선정으로 어둠을 제거하고 어지러움을 섭수한다' 한 것은 『행원품』의 제5부터 제7까지 원이다.

'선우를 가까이 하며' 한 데서부터, '다문으로 수습한다' 한 데까지는 『행원품』 제8부터 제9까지 원이다. 다시 '보개회향원'으로 事에 회향하고 理에 회향하니, 이를 '진성이 드러난다'고 하고, 因에 회향하고 果에 회향하는 것을 '바로 보리에 이른다'고 한다. 이와 같이 수행하면 능히 여래의 불가사의 공덕을 성취하여 성불할 수 있으니, 이것이 대승 무상도를 수습하는 처음과 마지막의 心要요, 또한 이 책에서 '공덕과 만행을 처음부터 마지막까지 함께 일으켜야 한다' 한 것이니, 성불의 도가 모두 여기에 있다.

'장애가 다하면 묘정이 저절로 밝아진다' 한 것부터, '으레 이와 같다' 한 데까지는 二利行의 수승한 이익을 결론지어 말하였다. '장애'는 혹·업·고 삼장과, 번뇌장과 소지장을 말한다. 空觀으로 능히 見思惑障을 타파하고, 假觀으로 塵沙惑障을 타파하며, 中觀으로 無明惑障을 타파하여 三止三觀이 원만히 갖추어지면 여러 가지 장애가 모두 제거되고 妙定을 저절로 얻을 수 있으며, 묘정으로 인하여 무루혜를 발휘하면 진심이 환하게 드러난다('豁淨'). 『화엄경』에 "일체중생이 여래의 지혜 덕상을 갖추었건만, 다만 망상 집착으로 (반야 二空의 지혜가 없기 때문에) 능히 증득하지 못한다. 만약 망상 집착을 여의면 無師智와 自然智(진심)가 바로 눈앞에 나타난다." 한 것과 같다.

당나라 규기대사의 『心經幽贊』에 "'마음'이란 견실하고 가장 미묘함을 지칭한 것인데, 廣文의 심오한 뜻을 채록하여 '진심'이라 부르고 표현하였다. … 여러 가지 障染을 여의면 경계에 유·무가 다하고, 知解는 삼장을 다하며, 뜻은 진·속을 다 알고, 업은 두 가지 因(緣因과 了因)을 갖추었으며, 깨달음과 지혜가 원만하다. 그러나 수행할 것은 반드시 일곱 가지 最勝을 갖추어야 하니, 첫째는 보살 種性에 안주하고, 둘째는 대보리심에 의지하며, 셋째는 중생을 불쌍히 여기고, 넷째는 事業(만선과 만행)을 갖추어 행하며, 다섯째는 無相智를 섭수하며, 여섯째는 보리에 회향하며, 일곱째는 二障(번뇌장과 소지장)에 섞이지 않는 것이니, 이 일곱 가지에서 하나라도 모자라면 피안에 이르지 못한다." 하였다.

이로 인하여 알 수 있는 것은, 대승을 닦으려면 반드시 대승 지관과 공덕만행을 닦아 처음과 마지막을 아울러 일으켜야 비로소 본래 청정한 마음에 회복하여 불과를 증득할 수 있다는 점이다. 공덕만행이 비록 많으나 전체적으로는 6바라밀에 지나지 않으나, 5바라밀은 장님과 같고 반야는 안내자와 같다. 그러므로 반드시 理·事로써 쌍으로 부축하고 반야와 5바라밀을 가지런히 닦아야 하니, 이를 '깊은 반야바라밀다를 행하여, 오온이 모두 공함을 자세히 살펴보고, 일체 고액에서 건널 수 있다' 하는 것이다.

기 2. 인용하여 증명함

集

그러므로 『화엄경』에 "보살마하살은 중생을 괴롭히는 물건을 만들지 말고, 세상을 유익하게 하는 일만을 설하라." 하고,

『법화경』에 "만약 사람이 이 경을 수지 독송하거나, 다른 사람을 위해 설하며, 스스로 쓰거나 다른 사람을 시켜 쓰게 하며, 또한 탑을 쌓거나 승방을 짓거나, 성문 스님들을 공양하고 찬탄하며, 또한 백천만 억 가지 찬탄하는 방법으로 보살의 공덕을 찬탄하거나, 또한 다른 사람을 위해 갖가지 인연으로 이 『법화경』을 수준에 맞게 해설하며, 또한 청정하게 계율을 지키며 부드럽고 화평한 자와 함께 머무르며, 인욕하며 화내지 않고 뜻이 견고하며, 항상 좌선을 귀히 여겨 깊은 定을 얻으며, 정진이 용맹하여 여러 가지 善法을 섭취하며, 利根 지혜로 질문에 잘 대답하며, … 이 사람(경전을 수지하거나 육바라밀을 행하는 보살)이 앉아 있거나 서 있거나 걸어가는 곳 중앙에 응당 탑을 세울지니, 일체 천상이나 인간이 모두 공양하되 부처님 탑과 같이해야 하느니라."(대정장경 9권 45페이지 하) 하였다.

故華嚴經云, 菩薩摩訶薩, 不作逼惱衆生物, 但說利益一切世間事。
法華經云, 若人受持讀誦是經, 爲他人說。若自書, 若敎人書。復能起塔, 及造僧坊, 供養讚歎, 聲聞衆僧。亦以百千萬億讚歎之法, 讚歎菩薩功德。又爲他人種種因緣, 隨宜解說此法華經。復能淸淨持戒, 與柔和者, 而共同止。忍辱無瞋, 志念堅固。常貴坐禪, 得諸深定。精進勇猛, 攝諸善法。利根智慧, 善答問難。乃至是人若坐若立若行處, 此中便應起塔。一切天人 皆應供養, 如佛之塔。

講

『법화경』「분별공덕품」 문장은, 경전을 수지하거나 육바라밀을 행하는 보살은 수승한 공덕을 갖추었으므로, 응당 탑을 세워 공양하여야 한다는 것을 밝혔다.

기 3. 설명함

集

대체로 善法에 네 가지가 있다. 하나는 自性의 선법이니, 탐·진·치 등 세 가지가 없는 선근이다. 둘은 相應한 선법이니, 선심이 일어날 때 심왕 심소가 일시에 모두 일어나는 것이다. 셋은 發起 선법이니, 身·語 業을 내어 내심에서 생각한 것을 표현하는 것이다. 넷은 第一義 선법이니, 체성이 청정한 것이다. 또한 대략 두 가지가 있다. 하나는 理善이니 곧 제일의 선법이요, 둘은 事善이니 곧 육도만행이다. 요즘은 理善에 의거하는 자가 많은데, 만약 이선을 말한다면 천제도 갖추고 있으니 어찌 성불하지 못하겠는가? 그러므로 모름지기 事善을 행해야 理를 장엄하여 밝히고, 큰 복덕을 쌓아야 비로소 妙身을 이룰 수 있다. 마치 광석이 금을 포함하고 있고, 산이 옥을 간직하고 있으며, 돌이 불을 간직하고 있고, 땅에서 샘이 나오지만, 인연을 만나지 못하면 작용을 이루지 못하는 것과 같다. 비록 본래부터 갖추고 있으나 (드러나지 않으면) 있더라도 또한 없는 것과 같다. 중생의 三因도 마찬가지다. 무릇 '마음이 있다'고 말하는 것은 正因을 모두 갖추고 있는 것이요, 緣因과 了因을 얻지 못하면 법신을 이루지 못한다. 요인은 지혜로 장엄하고 올바른 이해로 관찰하는 것이요, 연인은 복덕으로 장엄하고 묘행으로 도와 발휘하는 것이다. (이렇게) 삼인이 구족해야 열 가지 명호가 분명하니, 자리와 이타가 여기서 이치가 다한다.

大凡善法, 略有四種。一自性善, 無貪瞋癡等, 三種善根。二相應善, 善心起時, 心王心所一時俱起。三發起善, 發身語業, 表內心所思。四第一義善, 體性清淨。又略有二種, 一理善, 卽第一義善。二事善, 卽六度萬行。今時多據理善。若是理善, 闡提亦具, 何不成佛。是以須行事善, 莊嚴顯理。積大福德, 方成妙身。如礦含金, 似山藏玉, 若石蘊火, 猶地生泉。未遇因緣, 不成濟用。雖然本具, 有亦同無。眾生三因, 亦復如是。凡曰有心, 正因悉具。未得緣了, 法身不成。了因, 智慧莊嚴, 正解觀察。緣因, 福德莊嚴, 妙行資發。三因具足, 十號昭然, 自利利他, 理窮於此。

講

이 문장은 먼저 善法의 종류를 열거했으니, 문장은 쉽게 이해할 수 있다. '요즘은 理善에 의거하는 자가 많다' 한 데서부터, '비로소 妙身을 이룬다' 한 데까지 모두 여덟 구절은, 性에 집착하여 修를 폐하거나 理善만 있고 事善은 없어서는 안 된다는 것을 바로 보였다. '천제icchantika, ecchantika'는 범어인데 번역하면 '선근을 끊는다'고 하거나, 혹은 '성불하지 못한다'고 한다. 큰 사견을 내고 인과를 부정하여 일체 선근을 끊은 자를 '斷善闡提'라 하고, 보살이 대비심이 있어 중생을 제도하기 위해 자신은 성불하지 않기를 서원하는 것을 '大悲闡提'라 한다. 이것은 『능가경』에서 설한 것이다.

'광석이 금을 포함하고 있고' 한 데서부터, '있더라도 또한 없는 것과 같다'

한 데까지 모두 여덟 구절은 비유를 들었다. 理善을 비록 갖추었으나 드러나지 않으면 있더라도 없는 것과 같다는 말이다. '중생의 삼인도 마찬가지다' 한 데서부터, '여기서 이치가 다한다' 한 데까지 모두 열여섯 구절은 合法이다. 정인불성은 理善에 속하고, 요인불성과 연인불성은 事善에 속하니, 반드시 삼인이 구족하여 이·사가 서로 도와야 비로소 삼덕 불과를 증득하여 십호의 존칭을 얻고, 자신을 이롭게 하고 남을 이롭게 하는 것이 모두 여기에서 나오니, 그러므로 '여기에서 이치가 다한다' 하였다.

集

그러므로 『법화경』에 "나는 형상으로 몸을 장엄하며 광명으로 세상을 비추어 모든 대중에게 존경을 받으며 實相印을 설하였네." 하고, 또한 "덕이 박하고 복이 적은 사람은 이 법을 감수하지 못하네." 하니, 대저 선근은 잃기 쉽고 악업은 제거하기 어렵다.

『열반경』에 "비유하면 돌에 그림을 그리면 문양이 항상 있지만, 물에 그림을 그리면 속히 없어져 형세가 오래 머무르지 않나니, 화를 내는 마음은 돌에 그림을 새기는 것 같고, 여러 가지 선행의 근본은 물에 그림을 그리는 것 같으니, 그러므로 이 마음은 조복하기 어렵다." 하였다. 그러므로 좋은 일은 잊기 쉽고 사람 몸은 얻기 어려운 줄 알 수 있으니, 이럭저럭 지내서는 안 된다. 찰나에 다른 세상이다.

『제위경』에 "마치 한 사람은 수미산 꼭대기에서 가는 실을 내리고, 한 사람은 아래서 바늘을 가지고 그것을 맞이하는데, 중간에 회오리바람이나 사나운 바람이 실을 마구 흔들면 바늘구멍에 들어가기 어려운 것과 마찬가지로, 사람 몸 얻기 어려운 것은 이보다 더하다." 하였다.

또한 『보살처터경』에 "눈먼 거북이 떠다니는 나무 구멍을 때때로 만날 수는 있지만, 사람은 한번 생명을 잃으면 억겁에도 다시 얻기 어렵다. 바닷물이 깊고 광대하기 삼백삼십 여섯 자나 되는데, 바늘 하나를 바다 밑에 던져 이것을 찾는 것은 오히려 가능한 일이지만 (사람 몸 다시 얻기는 이보다 어렵다.)" 하고, 또한 "나는 무수겁 동안 생사의 길에 왕래하며 몸을 버리고 다시 몸을 받아 잉태하는 법을 여의지 않았다. 내가 지나온 것을 헤아려보면 하나는 기억해도 나머지는 기억하지 못하는데, 순수하게 흰 개 몸이 되어 쌓인 뼈만 하여도 수억 개의 수미산만큼이나 되어, 바늘을 땅에 꽂으면 나의 몸을 만나지 않을 때가 없거든, 더욱이 잡색의 개도 그 수를 헤아릴 수가 없음이랴. 내가 그래서 내 마음을 거두어 탐착하고 게으르지 않았노라." 하였다.

그러므로 잠시 사람 몸을 얻었으니, 하루 중에 잠깐이라도 선행을 잊거나 찰나에도 악을 기르지 말아야 한다. 이 몸은 만나기 어려우니 어찌 헛되게 보내는 것을 용납하겠는가?

故法華經云, 我以相嚴身, 光明照世間, 一切衆所尊, 爲說實相印。又云, 薄德小福人, 不堪受此法。夫善根易失, 惡業難除。涅槃經云, 譬如畵石, 其文常在。畵水速滅, 勢不可住。瞋如畵石。諸善根本, 如彼畵水。是故此心, 難得調伏。故知善事易忘, 人身難得, 不可因循, 刹那異世。提謂經云, 如有一人, 在須彌山上, 以纖縷下之。一人在下, 持針迎之。中有旋嵐猛風吹縷, 難入針孔。人身難得, 甚過於是。又菩薩處胎經云, 盲龜浮木孔, 時時猶可値。人一失命根, 億劫復難得。海水深廣大, 三百六十六。一針投海底, 求之尙可得。又云, 吾從無數劫, 往來生死道, 捨身復受身, 不離胞胎道。計我所經歷, 記一不記餘, 純作白狗身, 積骨億須彌。以針刺地種, 無不値我體。何況雜色狗, 其數不可量。吾故攝其心 不貪着放逸。是以暫得人身, 於十二時中, 不可頃刻忘善, 刹那長惡, 此身難逢 豈容空過。

講

스님은 자비심이 간절하여, 사람 몸 얻기 어렵고 생명은 참으로 고귀하니 잠시도 덤벙대지 말고 이생을 헛되이 보내서는 안 된다고 우리를 권하고 인도하였다. 먼저 『법화경』「방편품」 송문을 인용하였다. 부처님이 妙相莊嚴을 구족한 것은, 모든 것을 아는 자며, 모든 것을 보는 자며, 도를 여는 자며, 도를 설하는 자며, 평등하게 교화하는 자이기 때문이다. 九法界 중생을 위하여 보이신 것은 연기·성공과 성공·연기며, 일심 이문이며, 이사무애며, 만선이 모두 성불하는 하나의 實相印이니, 이야말로 眞語며 實語니 응당 신수봉행해야 한다. 만약 복이 박하고 덕이 적은 중생이면 감히 이 미묘 법문을 받아들이지 못한다. 왜냐하면 '선근은 잃기 쉽고 악업은 제거하기 어렵기' 때문이요, '좋은 일은 잊기 쉽고 사람 몸은 얻기 어렵기' 때문이다. 특히 『열반경』과 『위제위경』과 『보살처태경』에서 설한, 사람 몸 얻기는 어려우나 잃기는 쉬우며, 한 번 사람 몸 잃으면 만겁에 회복하기 어렵다는 것을 인용하여, 우리에게 경각간에도 선행 닦는 것을 잊어버리지 말고 찰나에도 악심을 내지('長') 말기를 권하였다. 마지막에 '이 몸은 만나기 어려우니 어찌 헛되이 보내랴' 하고 결론지었으니, 그러므로 응당 여러 가지 악은 짓지 말고 여러 가지 선행은 봉행해야 한다.

集

또한 무상이 신속하여 순간마다 변천하니, 돌을 쳐서 튀는 불똥이나, 바람 앞에 등불, 흘러가는 물결이나, 석양, 꽃잎에 묻은 이슬이나, 번개로도 족히 비유할 수 없다. 『법구경』에 부처님이 범지에게 말씀하시기를 "세상에는 네 가지 일이 있으니, 영구할 수 없다. 첫째, 有常한 것은 반드시 無常하고, 둘째, 부귀한 이는 반드시 가난하며, 셋째, 만나면 반드시 이별하고, 넷째, 건강하더라도 반드시 죽는다는 것이다." 하시고, 또한 경에 "허공이 아니고 바다 속도 아니며, 산에 들어가거나 바위 속도 아니니, 어떤 곳에서든 이를 벗어나 죽음을 받지 않을 수 없다." 하였다.

위와 같이 밝힌 것은, 만덕의 여러 가지 선행은 보리의 자량이거니와, 두 법만은 능히 장애를 이룬다. 하나는 믿지 않는 것이요, 둘은 성내는 것이다. 믿지 않는 것은 아직 선을 행하지 않는 것과 선을 행하고자 하는 것을 장애하고, 화를 내는 것은 이미 선을 행한 것과 현재 선을 행하는 것을 없앤다. 왜냐하면, 믿지 않기 때문에 썩은 종자와 같이 영원히 선근을 끊어 正宗을 파괴하고 사견을 증장하며, 화를 내기 때문에 공덕을 불태우고 보리를 장애하며 악취의 문을 열고 인천의 길을 폐쇄하기 때문이다.

또한, 화내지 않는 것은 자비스러운 마음으로부터 일어나고, 큰 믿음은 지혜로 인하여 이루어지니, 지혜의 칼날을 휘두르면 의심의 뿌리가 단박에 끊어지고, 자비의 구름이 이미 윤택하면 성냄의 불길이 사그라진다. 그러므로 지혜로 인하여 고해의 나루를 건널 수 있고, 믿음으로 인하여 보리의 문에 들어갈 수 있다. 자비로 인하여 대각의 방에 머무르고, 인욕으로 인하여 여래의 옷을 입을 수 있다.

『화엄경』에는 "믿음은 도의 근원, 공덕의 어머니, 일체 모든 선근을 기르네. 믿음으로 반드시 여래의 땅에 이를 수 있고, 믿음은 여러 근기가 청정하고 명리하게 하며, 믿음의 힘은 견고하여 능히 파괴할 것이 없고, 믿음으로 번뇌의 근본을 영원히 없앨 수 있으며, 믿음으로 오로지 부처님 공덕에 향할 수 있고, 믿음은 공덕의 적지 않는 종자요, 믿음으로 능히 보리수를 생장할 수 있으며, 믿음으로 가장 수승한 지혜를 더할 수 있고, 믿음으로 모든 부처님을 시현하게 할 수 있네." 하였다.

『대장엄법문경』에 "화내고 원망하는 것은 백 겁에 지은 선업을 능히 없앨 수 있다." 하고, 『화엄경』에는 "보살이 한번 진심을 내면 백만 가지 장애의 문이 열리게 하네." 하고, 또한 경(『유교경』)에 "공덕을 강탈하는 도적이 화내는 것보다 더한 것이 없다." 하였으니, 또한 마음에 화를 내는 것은 大道의 원수다.

又無常迅速, 念念遷移, 石火風燈, 逝波殘照, 露華電影, 不足爲喩. 法句經云, 佛告梵志, 世有四事, 不可得久. 一者, 有常必無常. 二者, 富貴必貧賤. 三者, 合會必別離. 四者, 强健必當死. 又經云, 非空非海中, 非入山石間, 無有地方所, 脫之不受死. 如上所明, 萬德衆善是菩提資糧, 唯除二法, 能成障礙. 一者, 不信. 二者, 瞋恚. 不信, 障未行善, 欲行善. 瞋恚, 滅已行善, 現行善. 以不信故, 如同敗種, 永斷善根, 隳壞正宗, 增長邪見. 以瞋恚故, 焚燒功德, 遮障菩提, 開惡趣門, 閉人天路. 又不瞋從慈而起, 大信因智而成. 智刃纔揮, 疑根頓斷. 慈雲旣潤, 瞋火潛消. 是以因智, 度苦海之津, 因信, 入菩提之戶. 因慈, 住大覺之室. 因忍, 披如來之衣. 華嚴經云, 信爲道元功德母, 長養一切諸善根. 信能增長智功德, 信能必到如來地, 信令諸根淨明利, 信力堅固無能壞, 信能永滅煩惱本, 信能專向佛功德, 信爲功德不壞種, 信能生長菩提樹, 信能增長最勝智, 信能示現一切佛. 大莊嚴法門經云, 瞋恨者, 能滅百劫所作善業. 華嚴經云, 菩薩起一瞋心, 能生百萬障門. 又經云, 劫功德賊, 無過瞋恚. 又意地起瞋, 大道怨賊.

講

이어서 우리에게 불교를 배우고 수행하려면 無常觀이 확립되지 않으면 안 된다는 것을 보였다. 인광 대사께서 말씀하시기를 "항상 죽을 '死'한 자를 머릿속에 붙여놓으면 道業이 저절로 이루어진다." 하였으니, 또한 이 뜻이다. 먼저 '石火' 등의 일을 들어 무상이 신속함을 비유하였다. 돌을 쳐서 나오는 불은 잠시 있다가 없어지고, 바람 속에 등불은 오래 견디지 못하니, 그러므로 고인이 늙은 사람을 형용하여 '바람 앞에 등불같이 남은 나이'라 하였다. 급히 흐르는 물결은 잠시도 머무를 때가 없으니, 그러므로 공자도 강물에 빗대어 "흘러가는 것이 이처럼 밤낮을 가리지 않구나![逝者如斯, 不捨晝夜]" 하고 개탄하였다. 저녁 노을은 눈을 돌리면 금방 사라진다. 꽃 속의 이슬, 공중의 번갯불은 홀연히 있다가 홀연히 없어진다. 명나라 때 나장원은 "인간 부귀는 꽃의 이슬이요, 세상 공명은 물 위의 거품이네." 하였다.

거듭 『법구경』의 四無常偈를 들어 일체 유위법은 모두 무상으로 돌아간다는 것을 설명하였다. 『법화경』「약초유품」에 "여래는 一相 一味의 법을 아시나니, 이른바 異相과 滅相이니 마침내 공으로 돌아간다." 하였다. '이상에서 밝힌 것은' 한 데서부터 '인천의 길을 폐쇄한다' 한 데까지는, 믿음을 가지고 선을 닦을 것을 권하였다. 이미 사람 목숨이 무상함을 믿었으면 반드시 노력하여 선행을 행하여 공덕과 선근을 쌓아 성불(보리)의 자량(밑천)을 지어야 한다. '두 법만이 능히 장애가 된다'고 한 구절은, 응당 두 법을 여의어야 하니 곧 不信과 화를 내는 것은 보살이 아님을 가르치고 경계하였다.

'또한, 화를 내지 않는 것은 자비로부터 일어나니' 한 데서부터 '여래의 옷을 입는다' 한 데까지는, 응당 자비와 지혜를 닦아 화내는 것과 불신을 대치할 것을 보였다. 『법화경』「법사품」에서 설한 "응당 어떻게 설해야 하는가? (선을 닦는 것도 마찬가지다) 여래의 방에 들어가고, 여래의 옷을 입으며, 여래의 자리에 앉는 것이다. 여래의 방이란 일체중생 가운데 대자비심이요, 여래의 옷이란 유화하고 인욕하는 것이며, 여래의 자리란 일체 법이 공한 것이다." 한 것과 같다.

다시 『화엄경』「현수품」의 게송을 인용하여, 무릇 이 책을 보고 듣는 인연 있는 사람은 반드시 '원수십의'를 깊이 믿고 발심하여 여법하게 수행할 것을 권했으니, 그러면 부처님의 공덕이 있다. 그러면 어떻게 하는 것이 깊이 믿는 것이며 청정히 믿는 것인가? 모든 事·理와 삼보의 청정한 공덕을 깊이 알고 좋아하며, 깨끗한 마음으로 본성을 삼으며, 또한 세간이나 출세간의 선법에 역량과 능력이 있음을 깊이 믿는 것이다.

『유가사지론』에 보살이 처음 신심을 낼 때 네 가지 因과 네 가지 緣과 네 가지 힘[力]이 있음을 밝혔다. (1) 네 가지 因이란, 첫째는 보살의 종성(종자와 성분)을 구족하고, 둘째는 불보살과 좋은 벗을 맺을 수 있고, 셋째는 자비심을 많이 일으키고, 넷째는 행하기 어려운 고행을 겁내고 두려워하지 않는다. (2) 네 가지 緣이란, 첫째는 부처님의 신통 변화와 위신력을 보게 되고, 둘째는 미묘한 법을 들으며, 셋째는 부처님 법이 멸하려 하는 것을 보고, 넷째는 중생이 혹·업·고 받음을 본다. (3) 네 가지 힘이란, 첫째는 자력이요, 둘째는 타력이요, 셋째는 因力이니 숙세에 익힌 것으로 해서 그런 것이다. 넷째는 加行力이니, 선우를 가까이하고 법을 듣고 선행을 닦으며 힘을 더하기 때문이다. 이것으로 믿음과 자비와 지혜 세 가지 인과, 삼보와 중생 네 가지 연을 모두 섭수할 수 있다.

'믿음은 도의 근원[道元], 공덕의 어머니'라 한 구절은, 믿음의 수승한 공능을 전체적으로 밝혔다. '道'는 인을 잡아 말하면 삼현과 십성이 행하는 도를 말하고, 果를 잡아 설하면 불과인 보리 열반을 말한다. '元'에 두 가지 뜻이 있다. 첫째는 근본의 뜻이니 믿음이 보리의 근본이기 때문이다. 둘째는 우선된다는 뜻이니 믿음이 모든 선행의 최우선이기 때문이다. '어머니'에 두 가지 뜻이 있으니, 첫째는 생장이요, 둘째는 양육이다. '일체 모든 선법을 장양한다' 한 것과, '믿음은 능히 지혜 공덕을 증장한다' 한 것은, 도의 인의 뜻을 따로 밝혔다.

'믿음으로 반드시 여래의 땅에 이를 수 있다' 한 것은, 도의 果의 뜻을 따로 해석한 것이다. 五根과 五力이 모두 믿음으로 시초가 되니, 그러므로 '믿음은 여러 근기가 청정하고 명리하게 한다' 하고, 바른 믿음이 견고해야 해탈을 얻으니, 그러므로 '믿음의 힘이 견고하여 능히 파괴할 것이 없다' 하였다. 믿음의 근본에 미혹이 없어야 비로소 미혹의 근본을 끊을 수 있으니, 그러므로 '믿음은 능히 번뇌의 근본을 영원히 멸할 수 있다' 하였다.

믿음이 청정한 보살은 다섯 가지 일을 구하지 않고 오로지 부처님 공덕만을 구하니, 그러므로 '믿음은 오로지 부처님 공덕에 향할 수 있게 한다' 하였다. 구하지 않는 다섯 가지는 어떤 것인가? 첫째는 인천의 오욕을 구하지 않는다. 오욕은 능히 탐심을 기르니, 귀신의 인이기 일쑤다. 둘째는 왕위를 구하지 않는다. 왕위는 능히 진심을 기르니, 지옥의 인이기 일쑤다. 셋째는 부유함을 구하지 않는다. 부유는 능히 어리석음을 기르니, 축생의 인이기 일쑤다. 넷째는 큰 이름을 구하지 않는다. 이름은 승부심을 많이 일으키니, 대체로 아수라의 인이다. 다섯째는 自樂을 구하지 않는다. 자락은 이승의 인이다.

'믿음은 공덕의 썩지 않는 종자다' 한 것은 因을 잡아 설한 것이다. 『기신론』에서 "신성취발심을 하고 나면 정정취에 들어 필경 퇴보하지 않고(壞) 부처님 종성에 들어 勝因과 상응한다. 신성취발심에 세 가지가 있으니, 첫째는 정직한 마음을 내니, 진여법을 이치와 같이 올바르게 생각하기 때문이다. 둘째는 深重한 마음을 내니, 일체 여러 가지 선행 모으기를 좋아하기 때문이다. 셋째는 대비심을 내니, 일체중생의 고통을 뽑아주기 원하기 때문이다." 한 것이다.

'믿음은 능히 보리수를 생장하고, 믿음은 능히 가장 뛰어난 지혜를 증익한다' 한 두 구절은, 자비와 지혜 두 행을 가지고 설했으니, 이미 심중한 마음을 내었으면 여러 가지 선행 모으기를 좋아하므로 능히 가장 훌륭한 지혜를 증익할 수 있고, 이미 대비심을 내었으면 중생의 고통을 뽑아주기 원하므로 능히 보리수를 생장할 수 있다. 『보현행원품』에서 설한, "생사 광야의 보리수왕이 일체중생으로 나무뿌리를 삼고, 제불 보살로 꽃과 열매를 삼으며, 대비의 물로 중생을 이롭게 하여, 능히 제불 보살의 지혜의 꽃과 열매를 이룬다." 하였다. '믿음은 능히 모든 부처님을 시현하게 한다' 한 것은 果를 잡아 설했으니, 『기신론』에서 말한, "보살이 이와 같이 신성취 발심을 할 때, 작으나마 부처님 법신을 보고 능히 원력에 따라 팔상성도를 시현한다." 한 것이다.

다시 『대장엄법문경』과 『화엄경』과 『유교경』 등 경문을 인용하여, 화내는 마음은 맹렬한 불보다 심하니 항상 막고 보호하여 들어오지 못하게 해야 함을 보였다. 만약 마음대로 화를 낸다면 스스로 도를 방애하고 공덕의 이익을 잃으니, 그러므로 '마음에 화내는 마음을 일으키는 것은 大道의 원수다' 하고 권하고 경계하였다.

기 4. 두 번째 질문과 답

集

문 : 무릇 만선을 닦아 모두 보리를 돕습니다. (그런데) 어찌하여 질질 끌며 이루지 못하는 이가 있고, 또한 원만함을 속히 얻는 이가 있습니까?

답 : 방일하고 게으르기 때문에 이루지 못하고, 용맹정진하기 때문에 속히 이루는 것이다.

問. 凡修萬善, 皆助菩提。云何有稽滯不成, 復云何速得圓滿。

答. 因放逸懈怠故無成, 因勇猛精進故速辦。

講

질문은, '무릇 만선을 닦는 이는 누구나 성불할 수 있는 것은 의심할 여지가 없습니다. 그런데 어찌하여 어떤 이는 선행을 닦았으나 도리어 성취하지 못합니까?' 한 것이다. 답은, 정진하느냐 게으르냐 하는 것은 이루고 이루지 못하는 것의 관건이다. 저울로 비유할 수 있다. 이쪽이 높으면 저쪽은 낮아지는 것은 당연한 이치다.

『유교경』에 "너희들 비구여, 낮에는 부지런한 마음으로 善法을 닦고 익혀 때를 놓치지 말고, 초저녁과 새벽에도 그만두지 말며, 밤중에는 경을 읽으며 편히 쉬어, 잠자는 인연 때문에 일생을 아무 소득 없이 헛되이 보내지 마라. 무상의 불길이 온 세상을 불태우고 있다는 것을 깊이 생각하여 빨리 자신을 제도할 길을 찾을 것이요, 부디 잠만 자지 마라. … 부끄러움이 있는 사람은 善法이 있거니와, 만약 부끄러움이 없다면 금수와 다를 바 없느니라." 하고, 또 "모든 공덕을 얻기 위해 항상 일심으로 닦아, 마치 원수나 도둑을 버리듯이 게으름을 버릴지니라. … 항상 스스로 힘써 정진하여 이를 닦아야 한다. 전혀 한 일도 없이 헛되이 죽는다면 뒷날 뉘우침이 있을 것이다. 나는 훌륭한 의사와 같아 병을 알고 약을 설하지만, 먹고 먹지 않고는 의사의 허물이 아니며, 또한 훌륭한 인도자와 같아 사람을 좋은 길로 인도하지만, 듣고 행하지 않는 것은 인도자의 잘못이 아니다." 하고, "세상은 모두 무상하여 만난 것은 반드시 이별이 있나니, 반드시 부지런히 정진하여 하루빨리 해탈을 구하라." 하였다.

또한 『사십이장경』에 "대저 도를 닦는 것은 비유하면 한 사람이 만 사람과 싸우는 것과 같다. … 응당 마음을 단단히 먹고 용맹스럽고 예리하게 정진하며 앞 상대를 두려워하지 말고 여러 마군을 파멸하라. 그러면 도과를 얻느니라." 하였다.

과거 인도에 한 국왕이 있었는데, 옥에 갇힌 사형수에게 명령하기를 "그릇에 기름을 가득 담아 손에 들게 하고, 네 명의 백정이 칼을 들고 뒤따라가서 오락하는 장소에 구경하고 놀게 하라. 만약 한 방울이라도 흘리지 않으면 죄를 사면하겠지만, 한 방울이라도 쏟으면 목을 베라." 하였다. 결과는 한 방울도 흘리지 않아 그들의 죄를 사면하였다. 국왕이 이들을 불러 물었다. "너희들이 이리저리 구경하며 놀 때 무엇을 보았느냐?" "저희는 그때 오직 한 방울 기름을 흘릴까만 두려워했을 뿐, 목숨도 없었나이다. 그래서 오로지 그릇 속 기름만을 주시하고 그밖에 아무것도 보고 들은 것이 없나이다." 하였다. 보살도 이처럼 해야 한다. 무상도를 사랑하고 아끼기를 목숨보다 더한다면 어찌 한때의 게으름과 방일을 용납하겠는가? 부처님은 사람을 저버리지 않건만 사람이 부처님을 저버려 衆善을 닦지 않으면 참으로 슬프고 탄식할 일이 아니겠는가!

기 5. 인용하여 증명하고 설명함

集

『비유경』에 "한 비구가 있었는데, 배불리 먹고 방에 들어가 문을 닫아걸고 잠에 빠져 몸의 쾌락을 즐겼다. 이레 후에 목숨이 다하려 할 때, 부처님이 그를 측은히 여겨 비구에게 말씀하였다. '너는 維衛佛 때 일찍이 출가하여 경전과 계율을 공부하지 않고 배불리 먹고 잠만 자더니, 죽어서 魂神이 지네 가운데 태어나 5만 세를 살았고, 목숨이 다하고는 다시 조개가 되고, 나무속 좀 벌레가 되어 각기 오만 세를 살았다. 이 네 가지[8] 벌레는 어둠 속에서 살며 몸을 탐하고 목숨을 아끼고, 어둡고 음침한 곳에 있기를 좋아해 그것으로 집을 삼고 광명을 좋아하지 않았다. 한 번 잠이 들면 백 세 만에 깨어나나 죄의 그물에 얽혀 벗어

---

8   네 가지라 하였으나, 지네, 조개, 좀 벌레, 세 가지 아닌가?

나기를 구하지 않았다. 금세에 죄가 다해 사문이 되었으나, 어찌 잠만 자며 만족할 줄을 모르느냐?' 하니, 비구가 이 말씀을 듣고는 부끄럽고 두려워 스스로 책망하여 五蓋가 없어져 아라한을 이루었다." 하였다. 『대보적경』에는 "비유하면 비단을 머리 위에 둘렀는데 불이 나 비단을 태웠으나 불 끌 여가가 없듯이 하라. 왜냐하면, 진실한 이치를 구명하는 것이 급하기 때문이다." 하였다.

　　이상에서 낱낱이 친히 教行을 밝혔으니, 어찌 감히 잠시라도 공연한 말로 여기겠는가? 바라건대, 간절한 말을 따르고 지키며 궁극의 말씀을 어기지 마라.

譬喩經云, 有一比丘, 飽食入室, 閉房靜眠, 愛身快樂. 却後七日, 其命將終. 佛愍傷之, 告比丘言. 汝維衛佛時, 曾得出家, 不念經戒, 飽食卻眠. 命終魂神生蜿蚰蟲中, 積五萬歲. 壽盡復爲復爲螺蜯之蟲. 樹中蠹蟲, 各五萬歲. 此四品蟲, 生在冥中, 貪身愛命, 樂處幽隱爲家, 不喜光明. 一眠之時, 百歲乃覺. 纏綿罪網, 不求出要. 今世罪畢, 得爲沙門. 如何睡眠, 不知厭足. 比丘聞已, 慚怖自責, 五蓋卽除, 成阿羅漢. 大寶積經云, 佛言, 譬如綵帛, 繫在頭上, 火來燒綵帛, 無暇求火. 何以故, 究實理急.

此上一一親明敎行, 豈敢造次輒有浪陳. 願遵艱苦之言, 不違究竟之說.

講

여기서 인용한 『비유경』과 『대보적경』은 모두 부처님께서 직접 가르치고 경계하신 사실을 말씀한 것이다. '유위불'은 곧 비바시불이니, 과거 칠불 가운데 제1불이니 거금 91겁의 먼 예전이다. 그때 출가한 사람이 게으름과 수면으로 지금까지 여태 벌레 가운데 있었으니, 이 말을 듣고 어찌 송연하여 깨닫고 정진하지 않겠는가? '五蓋'는 탐욕, 노여움, 수면, 후회, 법을 의심하는 것이다. 이 다섯 가지가 능히 심성과 지혜를 덮어 선법이 나지 못하게 하니, 이는 수도인의 가장 큰 장애다. 대소승에서는 모두 오개를 제거할 것을 바라니, 그러므로 천태 조사는 저것을 지관을 닦는 25방편[9] 가운데 나열하였다.

'實理를 구명하는 것이 급하다' 한 것은, 보살은 일심 이문의 제법 실상의 도리를 구명하여, 법에 따라 행하는 것이 가장 시급하고 중요한 일이라, 머리에 붙은 불을 끄는 것보다 급하다는 것을 말하였다. 왜냐하면, 머리 위에 큰불이 붙는 것은 겨우 한때 색신의 수명을 상실할 뿐이지만, 만약 제법 실상을 깨닫지 못하고 만선을 널리 닦지 않으면 법신의 혜명을 상실하기 때문에 이것을 급하게 여기는 것이다.

'이상으로 낱낱이 교행을 친히 밝혔다'고 한 아래 네 구절은, 스님이 스스로 오장육부에 담긴 말씀을 꺼내 보여, 보고 듣는 자는 응당 이처럼 간절하게 가르치고 인도한 금옥과 같이 훌륭한 말씀을 준수하고 행하여, 절대 부처님의 본성에 부합하는 궁극의 가르침을 위배하지 말기를 권한 것이다.

무 5. 遍計를 파할 뿐, 依他는 버리지 말라
기 1. 묻고 답함

집

문 : 자비와 만선은 부처님의 일이요 조사의 가르침임은 잘 알겠습니다. (그런데 경전이나 어록에서 자비와 만선을) 비방하기도 하고 혹 찬탄하기도 합니다. 그

---

9 天台家의 관심수행법. 方便과 正修 두 종류로 나누는데, 방편에는 25종이 있고 正修에는 十乘觀法이 있다. 25종 方便行은 五科로 나눈다. (1) 五緣을 갖춤 : 持戒淸淨, 衣食具足, 閒居靜處, 息諸緣務, 近善知識. (2) 五欲을 꾸짖음 : 色·聲·香·味·觸 다섯 가지를 꾸짖는 것. (3) 五蓋를 버림 : 棄貪欲, 瞋恚, 睡眠, 掉悔, 疑 등 五法을 버리는 것. 五法이 心神을 덮어 定慧를 발하지 못하게 하기 때문에 '蓋'라 함. (4) 五事를 조정함 : 調心不沈不浮, 身不緩不急, 息不澁不滑, 眠不節不恣, 食不飢不飽. (5) 五法을 행함 : 欲, 精進, 念, 巧慧, 一心 등 五法을 행하는 것.

래서 의심을 하게 됩니다. 위에서 비록 자세히 밝혔으나 아직도 남은 의혹이 있습니다. 궁극적인 부처님 뜻은 어떤 것입니까? 다시 指南을 바라나니, 쌓이고 막힌 것을 영원히 없애 주시기 바랍니다.

답 : 조사는 말의 자취를 세웠고 부처님은 교의 자취를 베풀었으나, 다만 변계소집을 파했을 뿐 연기 법문은 파하지 않았다. 변계성은 생각[情]으로는 있고 理로는 없으니, 마치 새끼에서 뱀이라는 생각을 내고 나무 그루터기에서 귀신을 보는 것과 같아서, 없는 것을 터무니없이 계교하니 전체가 완전히 공하다. 의타성은 곧 인연이니, 만약 청정한 연을 따르면 성인을 이룰 수 있지만, 오염된 연을 따르면 범부다. 그러므로 인연을 따르는 것은 자성이 없으니, 그러므로 '圓成'이라 한다.

問. 慈悲萬善, 深知是佛業祖教。但或毀或讚, 所以生疑。上雖廣明, 猶懷餘惑。未審佛旨, 究竟所歸。更希指南, 永袪積滯。

答. 祖立言詮, 佛垂教跡, 但破遍計所執, 不壞緣起法門。遍計性者, 情有理無。如繩上生蛇, 杌中見鬼, 無而橫計, 脫體全空。依他性者, 卽是因緣。若隨淨緣, 卽得成聖。若隨染緣, 卽乃爲凡。是以從緣無性, 故號圓成。

講

질문은, '자비와 만선을 닦는 것은 부처님 말씀이요 조사의 가르침이긴 하다. 그러나 간혹 찬탄하기도 하고 비난하기도 하니, 부처님의 궁극적인 주된 뜻은 어떤 것인가?' 하는 것이다. 답은 '부처님의 궁극적인 뜻은 제법의 三性에서 다만 변계소집성를 타파한 것일 뿐 의타기성은 타파하지 않았고, 원성실성을 깨닫게 한 것이다' 하였다.

'말씀'과 '가르침'은 모두 삼장 십이부를 가리킨다. 이것들(삼장십이부)의 궁극적 뜻은, '三性으로 인해 三無性에 들어가고, 또한 삼무성도 얻을 수 없다' 한 데 있다. 그러므로 선종에서 "마음이 공하여 급제하여 돌아간다." 하고, 蓮宗[정토종]에서는 "이 마음이 부처를 이루고(淨緣), 이 마음이 부처다." 하였으며, 천태종에서는 "三觀으로 말미암아 三諦에 증입한다." 하며, 유식종에서는 "의타기에 의해 원성실에 들어간다." 하였다. 새끼는 뱀이 아니고, 나무 그루터기는 귀신이 아닌데, 사람이 환상 가운데서 뱀이고 귀신이라고 보니, 이것은 모두 '생각(情)으로는 있고 理로는 없다'. 없는 것을 헤아리고 집착하여 있다고 여기는 것을 '터무니없이 계교한다[橫計]'고 한다.

    제법은 본래 자성이 없어서 모두 인연으로 일어난 가상이니, 그러므로 '**전체가 완전히 공하였다**' 하였다. 그러나 중생이 갖가지 제법의 이름과 모양을 분별하여 실재하다고 집착하니, 이것은 변계성에 속하니 또한 '분별성'이라고도 한다. 이것은 반드시 空觀을 닦아 버리고 제거해야 하니, 根·身·器界가 있는 것이 아니면서 있어서 가명 무실함을 관해야 한다. 또한, 제법이 인연으로 말미암아 난 것임을 관해야 하니, 이것을 '의타성'이라 하고 또는 인과율이니, 『법화경』에서 '십여시'라고 한 것이다. 이것은 假觀을 닦아 청정 인연을 수순해야 한다. 그러므로 '**만약 청정한 연을 따르면 곧 성인을 이루고, 오염된 연을 따르면 육도 범부가 된다**' 하였다.

    제법이 성공이지만 연기하고, 연기하지만 성공하여 空이고 假며 不一不異임을 관해야 하니, 이것을 '중관'이라 부르니, 곧 제법 실상을 본다. 이는 또한 '원성실성에 깨달아 들어갔다'고도 한다. 三觀의 지혜는 관조반야니, 원성실성에 증입해야 비로소 실상반야다. 관조반야는 모름지기 제법 삼성에 반연해야 하고, 실상반야는 제법 삼성이 없으니 이것이 삼성으로 말미암아 삼무성에 들어가는 것이며, 또한 삼무성(空性)도 얻을 수가 없다. 이것을 '부처님 지견에 깨달아 들어가 一境 三諦를 증득하였다'고 하니, 이것이 불법의 궁극적 뜻이다.

또한, 제불의 설법과 조사의 말씀이 모두 '연기가 곧 성공'임을 들었으니, 遮詮과 表詮 양 방면으로 나누어진다. 차전의 설은 一法이 空함을 들었으니, 만법이 모두 空하니 『반야경』에서 설한 것이다. 표전의 설은 一法이 有임을 들었으니, 소승에서 귀납한 75법과 대승의 백법이 모두 이것이다.

'궁극적인 뜻'은, 그 理는 지극히 현묘(圓成實)하고, 그 事는 지극히 평상(依他因緣生)하다. 현묘하면서도 평상하고, 진이면서 속이며, 유이면서 공인 것이 대승 불법의 궁극적인 뜻이다. 만약 절대 唯心(空)임을 말한다면 옳지 않다. 理 한쪽에만 치우쳐 있기 때문이다. 설령 절대 唯色(有)임을 설하여도 옳지 않으니, 事 한쪽에만 치우쳐 있기 때문이다. 오직 이 책에서 설한 '圓宗十義'와 같이, 이·사가 무애하고, 공·유가 서로 보완하여 이루어지며, 더 나아가서 인·과가 차이가 없어야 비토소 대승 불법의 구경 주된 뜻인 不二法門이다.

이 열 가지 뜻(원종십의)은 權實二智와 一心二門으로 귀납할 수 있으니, 오직 이 中道智만이 능히 中道門에 들어갈 수 있기 때문이다. 거기에서 보인 부처의 뜻이 궁극적으로 돌아갈 곳은, "너희가 지금 부지런히 정진하면 반드시 모두 寶所에 이를 것이다." 한 것의 '보소'가 바로 體구경이요, "부처님에게서 법을 듣고 구경에 모두 일체종지를 얻는다." 한 것의 '일체종지'가 곧 권실이지의 相구경이며, "무릇 법을 듣는 자는 한 사람도 성불하지 않는 자가 없다." 한 것은 주된 뜻의 果구경이며, "너희들이 행하는 것이 보살도니, 점점 수학하면 모두 반드시 성불할 것이다." 한 것은 주된 뜻의 因구경이며. "다시 여러 가지 방편으로 제일의를 드러나게 하니, 한번 '나무불' 하고 부르면 모두 이미 불도를 이루었다." 한 것은 주된 뜻의 伴구경이며, "이른바 제법의 여시상과 내지 여시구경본말등이다." 한 것은 주된 뜻의 境구경이며, "무량 제불을 친견하고 제불의 무량 도법을 모두 행하며 용맹정진하여 명칭이 널리 들린다." 한 것은 주된 뜻의 行구경이다. 이와 같이 체·상·인·과·경·행·반이 모두 구경이니, 이것이 부처님의 궁극적 주된 뜻이다.

나는『법화경 강의』에서 일찍이 이런 게송을 쓴 적이 있다.

이름이 없고 모양이 없어 필경 空하고
일곱 곳에서 마음을 물은 것이 아득하여 종적이 없네.
方便과 隨緣으로 만법이 나고
삼승과 일승이 이 마음임은 같네.

이 마음이 부처를 지어 삼승을 나누지만
부처가 곧 마음이라 일승마저 없네.
부처를 배우되 만약 집착을 여읠 수 있으면
언제나 단정히 법왕궁에 앉으리.

차별이 없는 것이 불심이요
차별이 있으면 곧 중생이네.
부처와 중생이 원래 한 몸이니
미친 마음만 쉬면 곧 보리네.

불법은 一味라 곧 空이니
공임을 관하여 득도하면 삼승이 똑같네.
空에서 假를 내어 불사를 행해
널리 중생을 제도하는 이를 大雄이라 하네.

의심을 끊고 믿음을 내어 이 마음이 견고할 뿐
정토와 법화를 바꾸지 마라.
임종에 다다라 극락에 왕생할 수 있으면
한 걸음도 옮기지 않고 제집에 이르리.

기 2. 인용하여 증명하고 설명함

集

『법화경』에서, "제불 양족존은, 법이 항상 자성이 없고 부처 씨앗이 인연으로 인하여 일어남을 아시니, 그러므로 일승을 설하셨네." 하고, 『지도론』에 "만약 인연법을 보면 이를 '부처를 본다'고 한다." 하였다.

그러므로 一塵이 이·사가 (무애)하여 합하여 않음이 없고, 一法이 佛乘 아닌 것이 없음을 알 수 있다. 모두 萬法의 初源과 一塵의 自性을 알지 못하여, 마침내 情執을 내어 모양에 막히고 이름에 미혹하여 망령되이 자·타를 나누고 억지로 離·合을 내어 결국 이·사로 하여금 물과 불이 다투어 일어나 각기 二邊에 집착하여 一味를 이루지 못하게 하는 것이다.

눈병이 난 눈으로 보면 밝은 구슬에 흠집이 있고, 집착하는 마음으로 관하면 만선에 티가 생기거니와, 음·노·치 성과 사견인 道 아닌 것이 도리어 해탈문이니, 삼보를 존숭하고 남을 이롭게 하는 여러 가지 선행이 어찌 장애의 일을 이루겠는가?

그러므로 이를 통달하면 기와 조각이나 자갈이 금덩이요, 이것에 집착하면 묘약이 독이 된다. 그러므로 경에 "허망이 진실한 말인 것은 삿된 집착을 제거하기 때문이요, 진실한 말이 허망을 이루는 것은 말의 견해를 내기 때문이다."

하였으니, 버리고 취하는 마음만 제거하면 모두 현통의 도를 실천할 수 있다. 見의 그물이 이미 찢어졌으면 오직 하나의 眞心뿐이요, 塵의 눈병(육진경계)이 소멸하면 불국토 아닌 데가 없다. 그러므로『대반야경』에 부처님이 "나는 제법에 집착함이 없기 때문에 곧 반야바라밀다라 하노라." 하였으니, 우리가 이 집착함이 없는 데 주하기 때문에 곧 능히 진금 색신을 얻어 常光이 한 자 만큼이나 될 수 있는 것이다. 만약 허물이 없고자 하면, 다만 이·사에 융통하고 행·원이 서로 따르며 자비와 지혜를 함께 행할 뿐이다.

法華經云, 諸佛兩足尊, 知法常無性, 佛種從緣起, 是故說一乘。

論云, 若見因緣法, 則名爲見佛。

故知無有一塵, 不合理事(無礙) 未有一法, 非是佛乘。 皆是不了萬法之初源, 一塵之自性, 遂生情執, 滯相迷名。 妄分自他, 强生離合。 致令理事, 水火競生。 各執二邊, 不成一味。 自翳眼見, 明珠有纇。 以執心觀, 萬善生瑕。 婬怒癡性, 邪見非道, 尙爲解脫之門。 尊崇三寶, 利他衆善, 豈成障碍之事。 是以達之則瓦礫爲金, 取之則妙藥成毒。 故經云, 虛妄是實語, 除邪執故。 實語成虛妄, 生語見故。 但除去取之情, 盡履玄通之道。 見網旣裂, 惟一眞心。 塵翳若消, 無非佛國。 故大般若經云, 佛言, 我以諸法無所執故, 卽名般若波羅蜜多。 我等住此無所執故, 便能獲得眞金色身, 常光一尋。 若欲無過, 但理事融通, 行願相從, 悲智兼濟。

講

여기서 인용하여 증명하고 설명한 문장은, 먼저『화엄경』과『대지도론』을 인용하여, 연기에 의해 성공을 얻고 事로 말미암아 理에 들어감을 밝혔으니, 이것이 불법의 궁극적 요점이다.

'그러므로 일진이 …' 한 데서부터, '불승 아닌 것이 없음을 알 수 있다' 한 데까지 모두 네 구절은, 三乘의 요점이 일불승임을 설명하였다. 『법화경』「방편품」에 "오직 이 하나의 사실 뿐이고 나머지 두 가지는 진실이 아니다." 하고, "비록 갖가지 도를 보였으나 사실은 불승을 위한 것이다." 하였다. '일진이 이·사에 합하지 않음이 없다'는 것은 '理一'이요, '일법이 불승 아닌 것이 없다'는 것은 '教一'이다. 教와 理가 이미 오직 일승뿐이고 수행과 사람도 삼승이 없으니, 이 교·리·행·인의 네 가지 一을 합하여 부처님 지견이라 하니, 이것이 불법의 궁극적 요점이다.

'모두 만법의 초원과 …을 알지 못하여' 한 데서부터, '만법이 허물을 낸다' 한 데까지 모두 열네 구절은 궁극적인 요점을 알지 못하는 잘못을 들었다. 불교를 배우면서 만약 일심 이문이 원융무애한 것이 제법 자성의 근원임을 알지 못하고, 有에 집착하거나 空에 집착하며, 인·아나 자·타를 나누거나 진·속 二諦가 합하고(同) 여읜다(異)고 집착하면, 모두 제법 실상에 깨달아 들어가지 못한다. 또한, 이·사가 물과 불과 같이 서로 용납하지 않게 하고 공과 유를 二邊으로 나누게 하면, 一味(本旨)를 이루지 못한다. 이것은 눈에 눈병이 나 청정한 구슬에 흠집이 있다고 보는 것과 같고, 또한 마음이 공견에 집착하여 善法과 善行이 허물이 있으니 아무 쓸 곳이 없다고 여기는 것과 같으니, 이는 법이 사람을 그르치는 것이 아니라 사람이 스스로 그르치는 것이다!

'음·노·치 성이' 한 데서부터, '집착하면 묘약이 독이 된다' 한 데까지 모두 여덟 구절은, 만법은 허물이 없고 득실은 사람에게 있음을 예를 들어 설명하였다. '음·노·치(탐·진·치)'는 번뇌장이요, '**사견은 도가 아니다**' 한 것은 소지장이다. 만약 장·통·별교 보살이면 각기 해탈도를 닦아 대치하고 단제해야 하지만, 원교 보살인 경우에는 미혹이 곧 반야며, 업이 곧 해탈이며, 고가 곧 법신이라, 중생의 三道가 곧 제불의 三德이다. 그러므로 '**오히려 해탈의 문이다**' 하였다. 일체 상구보리하고 하화중생하는 여러 가지 선행이 어찌 보살의 二利의 공덕행을 장애하는 일이 있겠는가? 이는 절대 있을 수 없는 일이다. 그러므로 만약 '원수십의'를 아는 보살이면 妄이 곧 眞이다.

'기와 조각이나 자갈이 금덩이다' 한 것은, 『화엄경』「입법계품」에서 설한 것이다. 『영가 증도가』에서 "무명의 실성이 곧 불성이요, 幻化의 空身이 곧 법신이다." 하고, 천태덕소(891~972)[10] 대사가 "통현봉 꼭대기에선 인간이 아니네. 마음밖에 법이 없으니 눈에 가득 청산이네." 하였으니, 모두 이런 뜻이다. 『능가경』 게송에 "경계가 유심임을 알지 못하여, 갖가지 분별을 내거니와, 경계가 유심임을 알고 나면 분별이 나지 않네. 이미 경계가 유심임을 알아 바깥의 경계를 버렸으면, 이로부터 분별을 쉬고 평등 진여를 깨닫네." 하였다. 얻고 잃는 것은 다만 심성은 본래 청정하고 제법은 오직 일심뿐임을 아느냐 알지 못하느냐 하는 데 있고, 마음 밖에 법이 있음에 집착하느냐 집착하지 않느냐에 있다. 만약 마음 밖에 법이 있다고 집착하면 황금이 기와 조각이나 자갈이 되고, 묘약이 독약이 되는 것이다.

'그러므로 경에' 한 아래 네 구절은 대승경에서 밝힌 것을 인용하였으니, 만약 변계집이 없고 의타기를 따른다면 일체 인연으로 난 제법이 비록 있지만 있는 것이 아니고('虛妄') 도리어 진실로 십여시('實語')가 있어서, 범부 외도와 내지 이승과 권교 보살의 갖가지 삿된 집착을 능히 파제할 수 있다. 『법화경』에서 설한 십여시(實語)가 비록 인연으로 난 것이지만 곧 실상이니, 만약 말에 따

---

10   宋代 스님. 법안종 제2조. 處州龍泉(浙江龍泉) 사람이니, 일설에는 縉雲(浙江縉雲) 이라고도 한다. 속성은 陳. 15세에 출가하고, 18세에 구족계를 받았다. 일찍이 明師 54인을 두루 참방하고 나중에는 臨川 法眼文益의 제자가 되었다. 吳越王 錢弘俶이 스님을 존경하여 國師를 삼았다. 그때 천태산의 螺溪義寂이 천태의 敎籍이 散佚한 것을 개탄하더니, 고려에 천태의 교적이 남아있다는 말을 듣고 스님과 상의하니, 스님이 錢弘俶에게 부탁하여 사신을 보내 가지고 돌아왔다. 나중에는 천태 般若寺로 옮겨 도량 수십 소를 세웠다. 宋太祖 開寶 5년에 入寂하니 世壽는 82다. 제자에 永明延壽, 長壽朋彦, 大寧可弘 등 백여 명이 있다.

라 집착을 내어 변계의 집착을 버리지 않고, 혹시 공견에 집착하여 십여시의 인과율마저 제거한다면 진실한 말이 또한 허망한 것이 되니, 이것이 '만법은 허물이 없고 얻고 잃는 것은 사람에게 있다' 한 것이다.

'버리고 취하는 마음을 제거하기만 하면' 한 데서부터, '불국토 아닌 것이 없다' 한 데까지 모두 여섯 구절은, 불법에서 설한 것은 다만 병을 제거했을 뿐 법은 제거하지 않았음을 설명하였다. 불법을 배우는 이는 반드시 집착하는 마음(情)을 제거해야 하니, 이것은 변계집성에 속한다. 의타기성을 잘 취하여 청정한 연에 수순하여 만행을 닦으면, 心念은 비록 버리고 취하는 것이 다른 공용이 있으나, 그 심성은 분별이 없으니 (여여부동하여 버리고 취함이 없음) 그 당체가 곧 원성실성인 것이다. 이와 같이 제법 삼성에 부합하여 수도하는 것을 '모두 현통의 도를 실천한다'고 한다.

'見의 그물'은 곧 마음의 분별이다. 이미 '찢어졌다'면 곧 분별이 없다. '眞心'은 곧 이 분별망심의 본체니, 분별이 없는 것이다. 그러므로 진심이라 부른다. '경계의 눈병'은 마음 밖의 일체 육진경계다. 마음밖에 법이 없음을 아는 것을 '만약 소멸한다면' 한 것이다. 그렇다면 산하대지가 모두 법왕신이니, 그러므로 '불국토 아닌 것이 없다' 하였다. '그러므로 『대반야경』에' 한 아래 두 구절은 경을 인용하여, 만법은 마음으로 돌아가고 마음밖에 법이 없으니, 집착하지 않고 취하지 않으면 그 자리에서 해탈하여 피안에 도달한다는 것을 증명하였다.

'우리가 이 집착이 없는 데 주하기 때문에' 한 데서부터, '자비와 지혜로 함께 행할 뿐이다' 한 데까지 모두 일곱 구절은, 응당 마음에 주하는 바 없이 할 것을 결론지어 권했으니, 『금강경』에서 설한 "응당 주하는 바 없이 그 마음을 내어야 한다." 한 것과 같다. 그렇게 하면 능히 허물을 버리고 선을 내어 복·혜장엄을 성취할 수 있으니, '진금 색신'은 복덕장엄에 속하고, '상광이 한 길이나 된다' 한 것은 지혜장엄에 속한다. 부처님의 상광이 곧 지혜상이기 때문이다. '원수십의'에 의해 행·원이 서로 돕고('從'), 비·지를 함께 행('兼濟')한다면 가히 보살의 일체 허물을 멀리 버리고 불과를 속히 이룰 수 있으니,『화엄경』「이세간품」에서 설한 대로다.

集

그러므로『화엄론』에 "理만을 치우쳐 닦으면 고요에 막히고, 智만을 치우쳐 닦으면 자비가 없다. 자비만을 치우쳐 닦으면 染習이 증가하고, 발원만 하면 有爲의 정이 일어난다. 그러므로 보살은 법을 융통하여 버리지 않고 취하지도 않아야 한다." 하였다.

규봉 선사가 "스승과 제자가 전하고 받을 적에 모름지기 약과 병을 알아야 한다. 위의 방편을 받아 모두 먼저 본성을 보여야 비로소 性에 의해 禪을 닦게 할 수 있다. 성을 쉽게 깨닫지 못하는 것은 대체로 상에 집착하기 때문이다. 그러므로 성을 밝히고자 하면 먼저 집착을 타파해야 한다. 집착을 타파하는 방편은 모름지기 범부나 성인을 모두 없애고 공덕이나 업장을 다 같이 제거하여 마음에 집착하는 바가 없게 해야 비로소 禪을 닦을 수 있다. 後學 淺識은 이 말을 구경의 도로 삼아야 한다. 또한, 修習하는 문에 사람들이 방일하기 일쑤다. 그래서 좋아하고 싫어해야 하는 것을 널리 설하고, 탐내고 화내는 것을 꾸짖으며, 마음과 힘을 다해 애쓰는 것을 찬탄하고, 몸을 균형 있게 하고 호흡을 조절하게 하였으니, 이것이 도에 들어가는 차제다. 후인이 이 말을 듣고도 본각의 작용에 미혹하여 한결같이 相에 집착하기만 하면 敎에 막히고 宗을 어기게 된다."(대정장경 48권 402페이지 상) 하고, "또한 배움이 얕은 사람은 단지 離垢淸淨과 離障解脫만을 아니, 그러므로 선문의 '마음이 곧 부처다' 하는 것을 비방한다. 혹은 단지 自性淸淨과 性淨解脫만을 아니, 그러므로 敎相이나 계율을 지키는 것이나 좌선이나 조복 등의 수행을 우습게 여기니, 반드시 자성청정과 성정해탈을 돈오하고 점점 닦아 원만청정을 얻게 하는 것이 구경 해탈이어서 몸과 마음이 막힘이 없음을 알지 못하였다." 하고, 또 "空宗은 단지 遮詮만을 설하여 범부도 아니고 성인도 아니어서 모든 것을 얻을 수가 없다 하고, 性宗은 차전도 있고 표전도 있다. 요즘 사람들은 모두 '遮言은 깊고 表言은 얕다'고 하면서, 오직 '마음도 아니고 부처도 아니다' 한 것만을 소중히 여긴다. 참으로 덮어 가리는 遮非를 미묘하게 여기고 자신의 법체를 직접 증득하려 하지 않기 때문에 이와 같은 것이다." 하였다.

故華嚴論云, 偏修理則滯寂, 偏修智則無悲. 偏修悲則染習便增, 但發願則有爲情起. 故菩薩以法融通, 不去不取.

圭峰禪師云, 師資傳授, 須識藥病. 承上方便, 皆須先開示本性, 方令依性修禪. 性不易悟, 多由執相. 故欲顯性, 先須破執. 破執方便, 須凡聖俱泯, 功業齊祛, 使心無所着, 方可修禪. 後學淺識, 便執此言, 爲究竟道. 又以修習之門, 人多放逸, 故復廣說欣厭, 毁責貪瞋, 讚歎勤苦, 調身調息, 入道次第. 後人聞此, 又迷本覺之用, 便一向執相, 滯敎違宗.

又學淺之人, 或祇知離垢淸淨, 離障解脫, 故毁禪門, 卽心是佛. 或祇知自性淸淨, 性淨解脫, 故輕於敎相, 持律坐禪, 調伏等行. 不知必須頓悟自性淸淨, 性淨解脫, 漸修令得圓滿淸淨, 究竟解脫. 若身若心, 無所雍滯. 又云, 空宗但述遮詮, 非凡非聖, 一切不可得. 性宗有遮有表. 今時人, 皆謂遮言爲深, 表言爲淺, 故惟重非心非佛. 良由以遮非之辭爲妙, 不欲親證自法體, 故如此也.

講

인용한 『화엄론』은 모두 40권인데, 당나라 이통현 장자가 지은 것이다. 이른바

'버리지도 않고 취하지도 않는다' 한 것은 곧 중도원융 행을 닦는 것이다. 지혜가 있기 때문에 법에 집착('取')하지 않고, 자비가 있기 때문에 중생을 버리지('去') 않는다. 그러므로 보살은 응당 자비와 지혜를 쌍으로 행하고 법으로 융통하여 치우친 집착을 멀리 여의어야 한다.

규봉 선사(780~841)[11]는 화엄종 제5조다. 속성은 何씨요, 果州(지금의 廣西省 果德縣) 사람이다. 집은 본래 부유하였고 일찍이 진사에 올랐으나, 나중에 세속을 버리고 출가하여 법명을 宗密이라 하였다. 구족계를 받은 후에 당시 불문의 대덕에게 두루 참예하다가, 나중에 장안에 가서 청량국사를 뵙고 『화엄경』과 『원경각』의 요지를 깊이 얻었다. 섬서성 圭山 草堂寺에 살 때, 누차 임금이 궁으로 불러 법을 설하였고, 회창 원년(841) 정월 엿샛날 흥복탑원에서 좌탈하니, 용모가 평시와 같았다. 이월 열 사흗날 다비에 붙여 사리 수십과를 얻었다. 밝고 맑고 윤이 나고 커서 규봉에 탑을 세우고 모셨다. 세속 나이는 62요 승납은 34였다.

배휴 상국이 일찍이 "스님의 도는 知見으로 妙門을 삼고 寂靜으로 바른 맛의 미를 삼으며, 자비로 갑주를 삼고 慧斷으로 劍矛를 삼았다. 三乘(교)을 일으키지 않고 四分(계율)을 떨치지 않는 것을 우리 스님은 부끄럽게 여겼고, 충과 효를 아울러 따르지 않고 임무를 맡아 책임을 다하지 않는 것을 우리 스님은 부끄럽게 여겼으며, 이름을 피하면서 형상에 막히고 이름을 숨기면서 아만이 더한 것을 우리 스님은 부끄럽게 여겼다. 그러므로 중생을 구하기에 바쁘고 깨우쳐 이끌기에 급급하였다. 하나의 행으로 스스로 잘난 척하지 않고 하나의 덕으

---

11   이름은 宗密이니 세칭 圭峰禪師, 圭山大師라 한다. 시호는 定慧禪師이다. 자세한 행적은 『불광사전』 p3158-中.

로 스스로 자랑하지 않았다. 귀의하는 사람이 있으면 청하기를 기다리지 않고 찾아갔고, 이익을 구하는 자가 있으면 묻기를 기다리지 않고 설하였다.

무릇 스님을 가까이 한 자는 탐심이 있는 자는 베풀고, 난폭한 자는 절제하며, 강직한 자는 따르고, 사나운 자는 순화되며, 어리석은 자는 깨우치고, 게으른 자는 분발하며, 오만 한 자는 겸손하고, 사사로운 욕망이 있는 자는 공적인 자가 되었다. 참으로 여래가 부촉한 보살이며 중생의 청하지 않는 좋은 친구이다. 그는 四依의 사람인가? 十地의 사람인가?" 하고 찬탄하였다. 당 선종황제가 시호를 추서하여 定慧禪師라 하고, 탑호를 青蓮이라 하였다.

규봉 선사가 보인 것은, 性으로부터 修를 일으키고 수로 말미암아 성을 증득하여 성·수가 둘이 아니라는 가르침이다. 그러므로 '모두 모름지기 먼저 본성을 보여야 비로소 性에 의해 禪을 닦게 할 수 있고, 반드시 자성청정과 성정해탈을 돈오하고, 점수하여 원만청정을 얻게 하는 것이 구경 해탈이다' 하였다. 조사가 말한 '자성청정'이나 '성정청정'은 性德이요, '점수'는 修德이며, '원만'과 '구경'은 果德이다.

'요즘 사람들은 모두 차언이 깊고 표언은 얕다고 하면서, 오직 비심비불만을 중하게 여긴다. 참으로 遮非의 말을 미묘하게 여겨 자신의 법체를 친증하려 하지 않으니, 그러므로 이와 같은 것이다' 한 몇 구절은, 일반 修禪人의 통폐를 지적한 것이다. 입으로는 '비심비불'을 말하면서 마음속에는 아치와 아만으로, 어떻게 닦아야 하는지와 어떤 방법으로 본래면목('자신의 법체')을 증오하는지를 모르니, 참으로 개탄스럽다. 당나라 때는 중국 불교의 전성기인데도 그런데, 때는 지금 말세에 다다라 대처식육하며 大乘禪에 공이 있는 자라 자칭하는 자도 있고, 初果나 혹은 二果나 三果를 이미 증득했다고 자찬하는 자도 있으며, 자신의 사명은 불교를 세상에 전하는 것이다 하는 자도 있으며, 신통을 얻었다고 대중을 불러 모으는 자도 있으니, 모두 얻은 것이 있는 마음으로 기이한 것을 보여 중생을 미혹하는 것이다.

集

위에서 인용한 바와 같이 조사의 말씀과 경전의 말씀이 분명하다. 다만 비난하는 것은 性을 여읜 相에 집착하여 常見을 내고, 상을 여읜 성에 집착하여 단멸을 이루는 것을 타파한 것이다. 혹은 찬탄하는 것은 성에 의한 상을 알아 작용이 본체를 여의지 않으며, 상에 의한 성을 알아 본체가 작용을 여의지 않기 때문이다. 그러므로 상은 성의 작용이며 성은 상의 본체임을 알 수 있으니, 만약 성을 찬탄하고자 하면 곧 상을 찬탄하고, 만약 상을 비방하고자 하면 다만 성을 비방할 뿐이니, 어찌 망령되게 취사심을 내어 두 가지 견해를 내겠는가? 만약 차별 없는 법문[一際法門]에 들어가려면 비방하고 찬탄하는 것을 모두 쉬어야 한다.

如上所引, 祖教了然。但以所非(毀)者 破其執離性之相, 而生常見。離相之性, 成其斷滅。或有所讚者, 乃是了卽性之相, 用不離體。卽相之性, 體不離用。故知相是性之用, 性是相之體。若欲讚性, 卽是讚相。若欲毀相, 祇是毀性。云何妄起取捨之心, 而生二見。若入一際法門, 則毀讚都息。

講

여기서 인용하여 증명한 후에 설명한 문장은, 부처님 경전과 조사의 가르침에서 찬탄하기도 하고 비방하기도 한 것은, 모두 중생이 집착을 버리고 단·상 二見에 떨어지지 말고, 성·수가 둘이 아닌 것과 동·이가 차별 없는 원교 법문에 들어가게 한 것이다. 후학에게 가르치고 경계한 것은, 조사의 언교에 대하여 망령되게 취사의 마음을 내지 말게 하였으니, 두 가지 견해를 내면 圓宗에 계합하지 못한다는 것이다.

무 6. 옛 성현들은 이·사를 함께 행하다
기 1. 첫 질문과 답

集

문 : 위에서 질문한 뜻은 다만 지금 이 시대에 의거한 것입니다. (그것들은) 理通을 많이 취하고 事彳䗝은 적게 따르면서, 모두 物(사물)을 여의고 塵(세속)을 초월한 玄學이라 일컫습니다. 佛果도 오히려 천하게 여기고 닦지 않는데, 조그만 선행을 어찌 근원으로 삼아 반드시 짓겠습니까? 예전에도 일을 모두 그렇게 했는지 궁금합니다. 다시 의심을 풀어 삿된 그물에 떨어짐을 면하게 해 주십시오.

답 : 예전 성현은 뜻이 크고 마음이 순박하여 진리를 탐구하느라 촌음도 잊지 않았고, 가만히 행하여 귀신도 헤아리지 못하였다. 아침저녁으로 깊은 물가에 다다른 듯 얇은 얼음을 밟는 듯하며, 깨달음을 구할 적에는 발등이나 머리에 붙은 불을 끄듯이 하였다. 진실한 것을 소중히 여기고 헛된 것을 소중히 여기지 않았으며, 실천을 귀하게 여기고 말하는 것을 귀하게 여기지 않았다. 有에 걷더라도 유에 머물지는 않았고 空을 행하나 공에 빠지지는 않았다. 작은 선근에 의해 수승한 공덕을 쌓았고 조그만 인행에 의지해 큰 과보를 이루었다.

요즘은 겁은 탁하고 시대는 거짓투성이라 뜻은 미약하고 근기는 둔하며, 아만의 때가 무거우며 게으름의 장애가 깊어, 하나의 행도 이루지 못했으면서 백 가지 잘못을 항상 익힌다. 乘(정혜법문)·戒(삼취정계)를 모두 상실하고 이·사를 모두 잃었으며, 무지의 구덩이에 빠지고 어둠의 감옥에 앉아있다. 事가 곧 理인 뜻을 알지 못하고서 공연히 집착을 타파하고 병을 타파하라는 말만 생각하니, 지혜로운 분은 매우 걱정하고 어리석은 자는 이를 본받는다. 이미 풍속이 되고 말았으니 금방 벗어나기는 몹시 어려운 일이다.

그러므로 불조의 깊은 마음을 널리 인용하고 경론의 대의를 고루 밝혀, 예전의 집착을 버리고 앞의 잘못을 고쳐 똑같이 옛 성인의 유적을 밟고 함께 각왕의 자비스러운 가르침을 받아 근본 뜻을 손상하지 않고 네 가지 은혜 등짐을 면하고, 다 같이 해탈의 문에 올라 모두 離生의 도를 천양하고 제불의 업을 이루어 대보리를 만족하며, 삿된 길을 막고 올바른 길을 열며 믿음의 뿌리가 견고하고 의심의 가시를 뽑아 바라밀 지혜의 배를 갖추고 대반야의 자비의 배를 저어 삼유의 고해를 넘고 보현의 원해에 들어가, 법계의 바람에 날리고 물에 빠진 자들을 건져 열반의 大城에 두며, 塵勞에 오가고 五趣에 내왕하며 멈추지도 쉬지도 않으며 시작도 처음도 없기를 바라나니, 미래가 다하더라도 다하지 않고 허공이 다하나 다함이 없다.

우러러 바라건대, 이 조그만 정성으로 널리 일체중생을 위하여 공경히 이 책을 지었음을 부처의 눈으로 증명해 주소서.

問. 如上問意, 祇據今時。多取理通, 少從事習。皆稱玄學, 離物超塵。佛果尙鄙而不修, 片善豈宗而當作。未審上古, 事總如然。請更決疑, 免墮邪網。

答. 前賢往聖, 志大心淳。究理而晷刻不忘, 潛行而神靈罔測。曉夕如臨深履薄, 剋證似燃足救頭。重實而不重虛, 貴行而不貴說。涉有而不住有, 行空而不證空。從小善而積殊功, 仗微因而成大果。今時則劫濁時訛, 志微根鈍。我慢垢重, 懈怠障深。一行無成, 百非恒習。乘戒俱喪, 理事雙亡。墮無知坑, 坐黑暗獄。不達卽事卽理之旨, 空念破執破病之言。智者深嗟, 愚人倣效。旣成途轍, 頓奪尤難。是以廣引祖佛之深心, 備彰經論之大意。希悛舊執, 庶改前非。同躅先聖之遺蹤, 共稟覺王之慈勅。無虧本志, 免負四恩。齊登解脫之門, 咸闡離生之道。成諸佛業, 滿大菩提。塞邪徑而關正途, 堅信根而拔疑刺。備波羅蜜之智楫, 駕大般若之慈航。越三有之苦津, 入普賢之願海。渡法界之飄溺, 置涅槃之大城。往返塵勞, 周旋五趣。不休不息, 無始無終。未來窮而不窮, 虛空盡而無盡。仰惟佛眼, 證此微誠, 普爲群靈, 敬述玆集。

講

여기서는 어찌하여 본집을 찬술하였는가 하는 본회를 첫 번째로 묻고 답한 것이다. '다만 이 시대에 의거하였다' 한 것은, 당 말 五代와 송 초 시대를 말한 것이다. '理通을 많이 취하고 私習을 적게 따른다' 한 것은, 부처님 제자가 흔히 理에 집착하고 事를 폐한 것을 말한다. '物을 여의고 塵을 초월한 玄學이라 말한다' 한 것은, 일반 禪을 닦는 사람들이 높은 것을 좋아하고 먼 것을 추구하며 실제적인 것을 절실히 여기지 않고, 고인이 대답한 機鋒語[12]를 칭찬하고 찬탄하며 현묘하다고 여기며, 닦을 것도 없고 증득할 것도 없다는 것에 집착하여 단멸공의 실상이 없는 말을 과장하여 말한다. 예를 들면 '부처님도 오히려 닦지 않았는데, 어찌 修習에 힘쓰랴' 하거나, '삼장 십이부는 고름 닦는 종이다' 하거나, '마음이 곧 부처인데 어찌 굳이 밖으로 닦아 자신의 부처를 실각하랴' 하거나, '선·악의 자성이 공했는데 어찌 선행을 지을 필요가 있겠는가?' 하니, 이러한 무리는 실로 슬프고 불쌍하다. '상고의 일도 모두 그와 같았는지 궁금하다' 한 것은, 예전에 도 닦은 사람도 모두 이와 같았을까? 하고 의심하여 질문한 것이다.

답은 세 단락으로 나눌 수 있다. 첫 번째는 '앞의 현인과 지나간 성인도' 한

---

[12] '機'는 수행으로 인해 얻은 마음의 작용, 즉 禪機를 말하고, '鋒'은 선기를 활용하는 도구로서 선승이 사용하는 교화 수단. '語'가 여기에 해당한다.

데서부터, '조그만 因에 의지해 큰 果를 이루었다' 한 데까지는, 부처님 당시와 수·당 시대의 대덕('賢聖')들이 진실하게 닦아 실제로 증득한 정황을 든 것이다.

'뜻은 크고 마음은 순박하다'는 것은,『능엄경』에서 "이 몸과 마음으로 먼지 같은 국토를 받들면 이를 '부처님 은혜를 갚는다'고 한다." 하고,『행원품』에서 "삼세 일체 모든 여래의 가장 훌륭한 보리인 여러 가지 행원을 내가 모두 공양하고 원만히 닦아 보현보살 행원으로 보리를 깨달으리다. 바라건대, 내가 목숨이 다하려 할 때 모든 장애 모두 제거하고, 저 부처님 아미타불을 뵙고 금방 안락찰에 왕생하여 지이다. 내가 이미 저 나라에 왕생하고 나서는 지금 이 원을 성취하고 모든 것이 원만하여 남김없이 다하여 모든 중생계를 유익하게 하리다." 한 것이다.

예를 들면 천태지자대사는 항상 법화삼매를 닦아 삼매 전 방편을 깨닫고 육근이 청정한 작용을 얻어 직접 영산회상에 참예하여 부처님의 설법을 들었다. 진나라와 수나라 두 왕조의 임금이 보살계사를 삼았으며,『사교의』를 지어 일심삼관을 보여 일가의 교관을 건립하니, 만대가 추앙하였다. 절을 짓고 부처님 형상을 조성하며, 경전을 베끼고 스님들을 제도하며, 방생지를 시설하는 등, 무릇 복업이란 복업은 주창하고 숭상하지 않음이 없었다. 일생 강술하고 경전과 계율을 저술하고 해석하는 일은 잠시도 그만둘 때가 없었으니, 촌음도 버리지 않았던 것이다. 임종에 부처님 명호를 부르고 정토를 찬탄하였으며, 또한 몸으로 시범을 보여 보고 듣는 자가 空見에 집착하지 말고 함께 정업을 닦아 똑같이 극락에 태어나 함께 불도를 이루게 하였다.

또 현장대사는 서역에서 경전을 가져와 번역하고 유통하여 앞을 빛내고 뒤를 넉넉하게 하니, 사중이 공경하였다. 백장선사는 하루 일하지 않으면 하루 먹지 않았고, 청량국사는 열 가지 일로 자신을 다스리고 스스로 힘썼다. 혜원

대사는 여산에서 나가지 않고 연꽃을 심었으며, 관행을 닦고 단체를 만들어(白蓮社) 여러 어진 이들을 모았다. 이것이 뜻이 크고 마음이 순박한 가장 좋은 모범이다. 그 외는 역대『高僧傳』에 실려 있는 대로다.

'진리 궁구하기를 잠시도 잊어버리지 않는다'에서, '진리를 궁구한다'는 것은 불법의 이해나 행에 대하여 진리를 찾고 탐구하는 것이다. '몰래 행하여 귀신도 헤아리지 못한다'에서 '몰래 행한다'는 것은 마음속으로 고행을 닦아 깨달음을 얻는 것이다.『법화경』「오백제자수기품」에 "안으로 보살행을 숨기고 밖으로는 성문을 드러내 욕심이 적고 생사를 싫어하였으나, 사실은 불토를 청정히 하려는 것이네. 삼독이 있음을 대중에게 보이고 또한 사견의 모양을 보이니, 나의 제자들도 이와 같은 방편으로 중생을 제도하라. 만약 내가 갖가지 現化의 일을 제대로 설한다면 이 말을 들은 중생은 마음에 의혹을 낼 것이네." 한 것과 같다.『고승전』에 실린 수많은 신기하고 기이한 사적이 모두 이런 것이다.

'아침저녁으로 깊은 강가에 다다른 듯, 얇은 얼음을 밟는 듯하다'는 것은, 수행할 적에 밤낮으로 경계하여 삼가고 두려워하며, 한 번 발을 헛디뎌 법신 혜명을 상실할까 두려워함을 말한다. '깨달음을 구할 적에는 발등이나 머리에 붙은 불을 끄듯이 한다'는 것은, 깨달음을 구할 적에는 먹는 것이나 잠자는 것을 잊고 촘촘하고 세밀하게 한 것이다. 예를 들면 염불할 때는 오로지 일념으로 들고 온갖 인연을 내려놓았으며, 참선할 때는 큰일을 밝히지 못한 것을 부모가 돌아가신 것처럼 하는 것이다.

'實을 소중히 여기고 虛를 소중히 여기지 않는다'는 것은, 진실하게 닦고 증득한 사례를 들었다. '실을 소중히 여긴다'는 것의 '실'은 성실한 것을 말하니, 염불할 때는 성실하게 염불하여 반드시 정토에 왕생하여야 그만두고, 참선할 때는 성실하게 의정을 일으켜 참구하여 반드시 크게 사무치고 크게 깨달은 후에야 그만두는 것이다. '허를 소중히 여기지 않는다'고 한 '허'는 성실하지 않는 것을 말하니, 염불할 때는 엄벙덤벙 입만 있고 마음은 없는 것이요, 참선할 때는 바람을 잡고 그림자를 쫓듯이 숨어있는 것을 찾고 괴이한 것을 행하며, 기봉을 자랑하고 필묵을 희롱하는 것이다.

'행을 귀히 여기고 설을 귀히 여기지 않는다'는 것은, 趙州茶나 雲門餠, 臨濟喝이나 德山棒의 선풍이 모두 이런 것이다. 또한, 청량국사의 임종게에 "반드시 부처님을 믿고 사람을 믿지 마라. 眞界가 玄微하여 언설로 능히 드러낼 수 없으니, 반드시 깊은 마음으로 체달하여 분명히 눈앞에 있게 하고, 경계에 무심하고 인연을 만나 동요하지 마라. 그러면 나를 저버리지 않는 것이다." 한 것이다.

'有에 걷더라도 유에 머물지 않았고, 공을 행하나 공에 빠지지 않았다' 한 것은, 이 책에서 설한 것이 모두 이것이다. 또한, 현장대사 『심경서』에 "유를 관하나 유에 머물지 않고 공을 관하나 공에 머물지 않으며, 이름을 들으나 이름에 미혹하지 않고 모양을 보나 모양에 매몰되지 않는다. 마음이 동요하게 하지 못하고 경계가 따르게(轉) 하지 못하니, 동요하고 따르는 것이 그 眞心을 어지럽게 하지 못하는 것이 곧 걸림 없는 大智이다." 한 것이다.

'작은 선행으로부터 수승한 공덕을 쌓았고, 미미한 인에 의해 큰 과를 이루었다' 한 것은, 『법화경』「방편품」에서 설한, "손을 들거나 머리를 숙일 적에 한 번 '나무불' 하고 부르면 이것은 작은 선행이나 미미한 일이 아니다. 이것들이 모두 쌓여 불과를 이룬다." 한 것이다.

두 번째 단락인 '지금은 겁이 탁하고 시대는 거짓투성이라' 한 데서부터,

'금방 없어지기 더욱 어렵다' 한 데까지는, 요즘 불문이 쇠퇴한 모습을 들었다. '겁'은 범어로는 겁파kalpa인데 長時라 번역한다. 겁탁은 오탁 가운데 하나니, 減劫 중 사람의 수명 2만 세 이후를 겁탁이라 한다. 小三災와 그 밖에 네 가지 탁은 시대와 환경이 탁악한 세태이다. '시대가 거짓투성이다' 한 것은, 인심이 예스럽지 않고 세상 풍속이 태양 아래 외로운 등불 같아서 사람은 거짓되고 진실하지 않은 것을 말하였다.

'뜻은 미약하고 근기는 둔하다'는 것은, 『법화경』「방편품」에 "내가 부처의 눈으로 관찰하여 육도 중생을 보니, 빈궁하고 복과 지혜가 없어 大勢佛이 고통 끊는 방법을 주신 것을 구하지 않으니, 이런 무리를 어떻게 제도할 수 있겠는가?" 하고, "여래가 세상에 출현하신 것은 부처님 지혜를 설하기 위함이니, 근기가 둔하고 지혜가 적은 사람과 상에 집착해 교만한 사람은 능히 이 법을 믿지 못한다." 하며, "오탁악세에 여러 가지 욕망에 집착하기만 하니, 이런 중생은 결코 불도를 구하지 않는다." 한 것이다. 또한「비유품」게송에 "만약 근기가 예리한 자가 지혜가 밝고 다문박식하여 불도를 구하는 자나 … 또한 일찍이 외도 전적을 생각한 적이 없으면 이런 자에게는 설할 수가 있네." 한, 이 한 단락 경문의 앞모습은 정법이 성대한 것이요, 뒷모습은 지금과 같은 이 시대 말법에 불도가 쇠퇴한 모습이다.

'아만의 때가 무겁고, 게으름의 장애가 깊다'는 것은, 『법화경』에「방편품」에 "겁탁이 어지러울 때 중생의 때가 무겁고 간탐과 질투로 여러 가지 不善根이 이루어졌다." 한 것처럼, 얼마 전에 어느 스님께서 나에게 "현재 출가한 대중은 대부분 세 가지 병에 걸려 있다. 간탐과 아만과 나태다." 하고 말씀한 적이 있다. 사실 여부는 그만두고 깊이 생각해볼 여지가 분명하다.

'하나의 행도 이루지 못했으면서 백 가지 잘못을 항상 익힌다' 한 것은, 출가인은 응당 한가한 곳에 거처하여 聖道를 닦되, 참선을 하든지 염불을 하든지 지관을 닦든 상관없지만, 출가하고 나서 이렇게 하지 않고 산에 들어가는 것을 두려워하거나 고통 받는 걸 두려워하며, 몸을 아끼고 명리를 탐하며 계·정·혜에 하나의 행도 이루지 못했으면서 반대로 풍수, 지리, 관상, 운명을 점치는 것을 배우고, 부적을 그리거나 주술을 하고 사특한 기운을 몰아내거나 귀신을 쫓으며, 창기처럼 노래하고 춤추며 바둑 두고 연극하며, 기공이나 단공을 하고, 담배 피우고 술 마시며, 더 나아가 經懺(신도의 청에 응해 경문을 낭송하며 그들을 위해 참회하거나 복을 빌어 망령의 왕생을 구하는 의식)에 응하고, 장사하고 주식하는 등, 이런 것은 백 가지 잘못된 것을 항상 익히는 것이다.

'乘과 戒를 모두 상실한다' 한 데서부터, '공연히 집착을 타파하고 병을 타파하라는 말만 생각한다' 한 데까지 모두 여섯 구절은, 삼학을 닦지 않는 잘못을 말하였다. '乘'은 지관인 정혜 법문이요, '戒'는 삼취정계다. '모두 상실하였다' 한 것은 삼학을 닦지 않는 것이요, '理亡'은 지혜를 닦지 않는 것이며, '事亡'은 복덕을 닦지 않는 것이니, 복과 지혜를 쌍수하지 않기 때문에 '이사쌍망'이라 하였다. '무지의 구렁텅이에 떨어진다'는 것은 癡毒의 모양을 말하고, '어둠의 지옥에 떨어진다'는 것은 탐·진의 과보를 말하였다. 이처럼 삼학을 닦지 않고 삼독이 치성한 것은 모두 해태와 방일과 아만과 집착의 소치이다. '事가 곧 理인 뜻을 알지 못한다'는 것은, 중도 원융의 뜻을 알지 못하는 허물이다. '집착을 타파하고 병을 타파해야 한다는 말만 공연히 생각한다'는 것은, 공견에 치우쳐 집착하여 아만과 사견을 일으키는 것이다.

'지혜로운 자는 매우 걱정하고' 한 데서부터, '금방 벗어나기는 또한 어려운 일이다' 한 데까지 모두 네 구절은 애석해하는 말이다. 지혜가 있는 사람은 이 법문이 쇠퇴하는 모습을 보고 깊이 애석한 마음을 갖지만, 무지하고 어리석은 사람은 맹종하고 부화하며 이를 본받아 행하니, 이러한 쇠퇴하고 패망한 현상은 이미 풍속('途轍')를 이루었으니, 아마도 한 번 바꿀 수는 있겠지만 그것은 매우 어려운 일이다.

세 번째 단락은 '그러므로 조사와 부처님의 깊은 마음을 널리 인용하여' 한 데서부터, '삼가 이 책을 지은 것이다' 한 데까지는, 스님이 그러한 생각을 차마 그만두지 못하여 이 책을 찬술하여 만선 닦기를 권하여 시폐를 구하고자 하는 고심을 든 것이다. 이 책의 일자 일구가 모두 불조의 성언량에서 나와서 정지·정견 아님이 없으니, 그러므로 '불조의 깊은 마음을 널리 인용하고, 경론의 대의를 자세히 밝혔다' 하였다. 이것은 보살이 법륜을 굴려 부처님을 대신하여 널리 교화함을 전체적으로 밝혔으니, 반드시 집착 없는 마음으로 공덕을 자기 것으로 하지 않고, 복[福]과 계율[戒]과 널리 들음[博聞]과 변재[辯才]와 깊은 지혜[深智] 등, 다섯 가지 조건을 갖추어야 비로소 큰 법의 사명을 지는 것을 감당하고, 비로소 부처님 뜻에 부합하여 잘못이 없다.

'예전의 집착을 그만두고' 한 것의 '그만둔다'는 것은 개혁을 말한다. '예전의 집착'이란, 理에 집착하여 事를 폐하고 空에 집착하고 有를 버리는, 삼승 정법에 합하지 않는 치우친 집착이다. 이 책을 보고 듣기를 바라는 보살은 모두 이런 것을 바꾸어 집착하지 말고 개혁하여 올바른 것을 쫓을 수 있으니, 위에서 설한 '백 가지 옳지 않은 것을 항상 닦는' 정황을 고쳐 바르게 해야 하니, 그러므로 '앞의 잘못을 고쳐 바르게 하기 바란다' 하였다.

'다 같이 先聖이 남긴 발자국을 밟는다' 한 것의 '선성'은 불보살이나 조사나 고덕을 가리키니, 무릇 불자들은 반드시 선성의 마음으로 나의 마음을 삼고, 고덕의 행으로 나의 행을 삼아야 하고, 우매하여 깨닫지 못하거나 혹은 기이한 것을 드러내 대중을 미혹되게 하지 말아야 한다. '함께 각왕의 자비스러운 가르침을 받아' 한 것은, 함께 부처님의 교법을 받는 것을 말한다. 부처님은 法王이시고 보살은 法臣이시니, 존중하고 소중히 여겨야 할 분은 오직 여래뿐이시다. 부처님이 이미 멸도 하셨으니 그분이 남기신 언교를 '자비스러운 가르침'이라 한다. 이왕 보살이라면 응당 부처님의 유교를 준수하고 신수 봉행하여 조금도 어긋남이 없어야 한다.

'本志에 어긋남이 없고 네 가지 은혜 등짐을 면한다' 한 것의 '본지'는 넓은 뜻으로는 상구보리하고 하화중생하는 보리심을 말하고 좁은 의미로는 출가한 처음 마음을 말하니, 생사를 마쳐 중생을 제도하는 것이다. '네 가지 은혜'는 삼보와 부모와 중생과 국왕의 은혜다. 이 두 구절은, 불자는 처음 뜻을 잊지 말고 은혜를 저버리는 사람이 되지 말 것을 가르치고 경계한 것이다.

'모두 해탈의 문에 올라, 함께 離生의 도를 천양한다' 한 것은, 위 구절은 自行을 말하니 열반을 구하는 것이요, 아래 구절은 化他를 말하니 중생을 교화하여 생사를 벗어나게 하는 것이다. 범어 목차vimokṣa는 해탈이라 번역한다. 또한, 범어 열반nirvāṇa을 해탈이라 부르기도 한다. 삼매를 얻어 법에 자재한 것을 또한 '해탈'이라고도 한다. 또한 五分法身의 하나를 해탈법신이라 한다. 종합적으로 말하면 삼무루학(계·정·혜 삼학)이 모두 원만한 것을 '해탈문에 오른다'고 한다. '離生의 도'는 생사를 벗어난 三乘 正道를 말한다. 이 두 구절은 반드시 먼저 자신을 제도한 후에 다른 사람을 제도해야 함을 말했으니, 본말이 거꾸로 되어서는 안 된다. 『지도론』에 "자신을 제도하지 못했음에도 능히 다른 사람을 제도한다는 것은 있을 수 없는 일이다." 한 것이다.

'제불의 행업을 이루어 대보리를 원만 성취한다'는 것은, 위 구절은 因行을 닦는 것을 말했으니, 반드시 육도 만행으로 만선을 널리 닦아 복·혜를 장엄해야 하니, 이것을 '제불의 행업을 이룬다'고 한다. 아래 구절은 果德를 증득함을 말했으니, 작은 것을 얻은 것으로 만족하여 化城이나 草庵에 막히지 말고, 반드시 바로 寶所에 이르러 무상 대보리과를 원만 성취하는 것이다.

'삿된 길을 막고 바른 길을 열며, 信根을 견고하게 하여 의심의 가시를 뽑는다' 한 것은, 위 구절은 마음을 내고 원을 세우는 것을 말했으니, 원이 서면 중생을 제도할 수 있고, 마음을 내면 불도를 이룰 수가 있다. 그러나 '마음'과 '원'의 차별이 매우 많으니, 보살은 응당 삿되고 거짓되고 작고 편벽된 마음을 버리고, 바르고 진실하고 크고 원만한 원을 세워야 한다. 자세한 것은 성암대사의 『권발보리심문』에서 설한 것을 보라. 이것이 삿된 길을 막고 바른길을 연 것이다. 아래 구절은 깊이 믿어 의심이 없는 것을 말했으니, 앞에서 인용한 『화엄경』「현수품」 경문과 같고, 또한 『기신론』에서 설한 信成就發心과 같으니, 그렇게 하면 의심을 끊고 믿음을 내되 견고하여 변하지 않을 수 있다. 이 믿음과 원을 합한 것이 보살행을 닦는 근본이다. 그런 후에 '바라밀의 지혜 노를 저어 대반야의 慈航에 타서' 권·실 두 지혜로 육도 행문을 닦을 수 있다.

신·원·행 세 가지가 이미 원만 구족하면 능히 '삼유의 고통의 나루를 건너고, 보현의 원의 바다에 들어갈 수 있다.' '삼유'는 곧 삼계니, 생사윤회의 큰 고통을 '고해(津)'라 한다. 이것은 시간과 공간에 다함없는 보살의 행원이 광대무애 함을 말하니, 그러므로 바다에 비유하였다. 이 두 구절은 자리행이 원만하고 궁극에 다다름을 설한 것이다. '법계의 바람에 날리고 물에 빠진 중생을 건져 열반의 대성에 둔다'는 이 두 구절은, 다른 사람을 교화하는 행이 원만하고 궁극에 다다랐음을 설하였으니, 『금강경』에서 설한 "일체중생을 내가 모두 무여열반에 들어 멸도하게 하리라." 한 것이다. '법계'는 九法界의 일체 중생을 말한다. 구법계 중 六凡(지옥·아귀·축생·수라·인간·천상)은 강과 바다에 빠진 사람과 같고, 三聖(성문·연각·보살)은 허공에 자유롭게 날아다니는 새와 같으니, 내가 모두 이들을 제도하여 대열반에 들어 그곳에 안주하게 하는 것이다.

'진로에 가고 오고' 한 데서부터, '허공이 다하나 다함이 없다' 한 여섯 구절은, 우리가 만선을 원만히 닦아 함께 보현보살 행문으로 돌아갈 것을 격려하고 힘쓰게 하니, 부처님 이전의 보현행이나 부처님 이후의 보현행을 막론하고 모두 시간적으로나 공간적으로 두루하여 생각생각 상속하여 끊어짐이 없고, 몸과 말과 뜻이 피로하고 싫어함이 없는 것이 「행원품」에서 설한 것과 같다.

또한, 부처님의 七大回向文에 "일 찰나에 오탁을 버리고 팔을 구부렸다 펴는 사이에 연지에 이르며, 연꽃이 핀 후에는 부처님을 뵈옵고 직접 법을 분명히 듣네. 듣고 나서는 무생법인을 깨달아 안양을 여의지 않고 사바세계에 돌아와, 방편을 잘 알아 중생을 제도하고 교묘히 塵勞를 잡아 불사를 행하네." 하였으니, 이것은 淨業行人이 진로에 오가고 오취에 내왕하는 원행을 표현한 것이다. '진로'는 중생의 혹·업·고니, 진로에서 나왔으나 진로에 들어가 住相과 還相을 구족하여 회향하는 것을 '진로에 가고 온다'고 한다. 또한 七住 이상 보살은 미혹에 머물러 중생을 제도하니, 관음보살이 중생을 어떤 몸으로 제도하고 어떤 몸으로 나투어야 할지에 따라 법을 설하고, 지장보살은 '지옥이 비지 않으면 성불하지 않으리니, 중생을 모두 제도해야 비로소 보리를 얻으리라' 하고 서원한 것과 같다. 이것이 진로에 가고 오는 것이고, 오취에 가고 오는 가장 좋은 모습이다. '오취'는 곧 五道 중생이다.

'우러러 바라건대' 한 데서부터, '佛眼으로 증명해 주소서' 한 데까지 네 구절은, 스님이 자신의 본회를 결론적으로 말하였다. '佛眼'에 총·별 두 가지가 있다. 총불안은 부처님이 갖추신 육안, 천안, 법안, 혜안을 '불안'이라 하고, 별불안은 앞의 네 가지 눈과는 다르다. 오직 부처님만이 가지고 있는 것을 '불안'

이라 한다.『법화경』「약초유품」에 "지금 시대나 후세의 일을 여실히 아시니, 부처님은 모든 것을 아시는 자며 모든 것을 보시는 자며, 도를 아시는 자며 도를 여시는 자며, 도를 설하시는 자니라. 오직 여래만이 이 중생들의 種相과 體性을 아시나니, 어떤 일을 생각하는지 어떤 일을 사유하는지 어떤 것을 닦는지를 아신다. 생각한다는 것은 무엇이며 사유한다는 것은 무엇인가? 어떤 법을 생각하고 어떤 법을 사유하며 어떤 법을 닦고 어떤 법으로 어떤 법을 얻을지이다. 중생이 갖가지 땅에 머무는데, 오직 여래만이 여실하게 그들을 보되 분명하여 걸림이 없다." 하였다.

'이 조그만 정성을 증명하사' 한 것은 오직 부처님만이 내가『만선동귀집』을 지은 뜻을 증명할 수 있으니, 이는 한 조각 남을 위하고 법을 위하는 성심에서 나온 것이지, 자신의 명리를 구하기 위함이 아니다. 널리 일체중생을 위하여 길을 가리키는 사람이 되어, 일체중생을 인도하여 함께 깨달음의 언덕에 오르는 것임을 말하였다.

기 2. 두 번째 물음과 답

集

문 : 上上根人이 자심을 돈오하고서도 여전히 만행을 빌려 도를 도와 익히고 닦아야 합니까?

답 : 규봉 선사의 사료간이 있다. "첫째, 점수돈오는 마치 나무를 벨 적에 조각조각 점차로 찍어 한꺼번에 넘어지는 것과 같다. 둘째, 돈수점오는 마치 활쏘기를 배우는 사람과 같으니, '돈'이란 화살을 과녁에 온 주의를 기울이는 것이요, '점'이란 오래오래 하여 비로소 적중하는 것이다. 셋째, 점수점오는 마치 구 층 누각을 오를 적에 걸음이 점점 높아질수록 보이는 것도 점점 먼 것과 같다. 넷째,

돈오돈수는 한 타래의 실을 물들일 적에 만 가닥이 한꺼번에 물드는 것과 같다. 위의 네 구절은 다분히 證悟를 잡았으나 오직 돈오점수만이 解悟를 잡았으니, 마치 해는 단번에 떴으나 서리와 이슬은 점차 없어지는 같다." 한 것이다.

『화엄경』에 "처음 발심할 때 곧 정각을 이루고, 그런 후에 지위에 올라 차례대로 닦고 증득한다. 만약 아직 깨닫지 못했으면서 닦는다면 (이는) 진정한 수행이 아니다." 하였으니, 오직 이 돈오점수만이 이미 佛乘에 합하였고 圓旨에 어긋나지 않는다. 돈오점수는 또한 다생에 점점 닦아 금생에 단박 익은 것이니, 이것은 그 사람이 시절인연에서 스스로 경험하는 데 있다. 만약 말하는 것이 행하는 것과 같고 행하는 것이 말하는 것과 같으면, 量(如量智)이 법계의 가장자리까지 다하고 마음이 허공의 理(如理智)에 합하며, 八風에 동요하지 않고 三受에 고요하며, 종자와 현행을 둘 다 소멸하고, 근본무명과 수번뇌가 모두 다한다.

만약 자리를 잡는다면 어찌 만행을 빌려 훈습하고 닦을 필요가 있겠는가? 병이 없으니 약을 먹을 필요가 없지만, 만약 이타를 잡는다면 또한 폐해서는 안 된다. 만약 자신이 짓지 않으면 어떻게 다른 사람에게 권하겠는가. 그러므로 경에 "만약 자신이 지계한다면 다른 사람에게 지계하기를 권하고, 만약 자신이 좌선한다면 다른 사람에게 좌선하기를 권하라." 했으며,『대지론』에 "백 살 먹은 늙은이가 翁舞를 추는 것은 손자를 가르치기 위해서니, 먼저 자신이 단단히 움켜쥔 후에 남을 佛智에 들어가게 해야 한다." 하였다. 만약 현행을 끊지 않았으면 번뇌 습기도 농후하니, 눈여겨보고 마음을 내어, 觸塵에 막히면 비록 무생의 뜻을 알더라도 그 힘이 충분하지 않으니, "나는 이미 깨달았으니 번뇌의 자성이 공하다. 만약 마음을 내어 닦는다면 도리어 전도가 되고 만다." 하며 고집해서는 안 된다. 그러면 번뇌의 자성이 비록 공하였으나 능히 업을 받게 하니, 업과는 자성이 없으나 또한 고통의 원인이 되고, 고통은 비록 비었으나 여전히 참기 어렵다. 마치 중병이 들었으나 병도 완전히 공했으니 어찌 의사를 찾아 두루 약을 먹을 필요가 있겠는가? 그러므로 말과 행이 서로 어긋나면 거짓과 참을 경험할 수 있으니, 근기와 능력을 헤아려 자만하지 말고, 부디 자세히 생각을 살피고 잘못을 방비하라.

問. 上上根人, 頓悟自心, 還假萬行, 助道熏修否。

答. 圭峰禪師有四句料簡。一漸修頓悟, 如伐樹, 片片漸斫, 一時頓倒。二頓修漸悟, 如人學射, 頓者箭箭直注在的, 漸者久久方中。三漸修漸悟, 如登九層之臺, 足履漸高, 所見漸遠。四頓悟頓修, 如染一綟絲, 萬條頓色。上四句, 多約證悟。唯頓悟漸修, 此約解悟。如日頓出, 霜露漸消。華嚴經說, 初發心時, 便成正覺, 然後登地, 次第修證。若未悟而修, 非眞修也。惟此頓悟漸修, 旣合佛乘, 不違圓旨。如頓悟漸修, 亦是多生漸修, 今生頓熟。此在當人, 時中自驗。若所言如所行, 所行如所言, 量窮法界之邊, 心合虛空之理。八風不動, 三受寂然, 種現雙消, 根隨俱盡。若約自利, 則何假萬行熏修, 無病不應服藥。若約利他, 亦不可廢。若不自作, 何以勸他人。故經云, 若自持戒, 勸他持戒。若自坐禪, 勸他坐禪。智論云, 如百歲翁翁舞, 爲敎授兒孫故。先以欲鉤牽, 後令入佛智。如或現行未斷, 煩惱習氣又濃。寓目生情, 觸塵成滯。雖了無生之義, 其力未充。不可執云, 我已悟了, 煩惱性空。若起心修, 却爲顚倒。然則煩惱性雖空, 能令受業。業果無性, 亦作苦因。苦痛雖虛, 祇麼難忍。如遭重疴, 病亦全空, 何求醫人, 遍服藥餌。故知言行相違, 虛實可驗。但量根力, 不可自護。察念防非, 切宜仔細。

講

스님의 대답은 인광 대사가 "염불하는 사람은 종문(禪門)에 참가하여 선정쌍수의 그럴듯한 이름을 도모하지 마라. 본래면목을 돈오함만으로 생사에서 벗어나기는 정말 매우 요원한 일이다. 만약 업이 다하고 마음이 공한 경지에 도달하지 않으면 결코 생사를 해결하지 못한다. 또한, 자신의 믿음과 원력으로 부처님 힘에 의지하여 서방에 왕생하기를 구하지 않으면, 능히 생사를 해결하지 못한다. 그러므로 염불하는 사람이 종문의 소식에 집착하면 이득을 얻는 것은 적고 이익을 잃는 것은 더욱 많다." 한 것과 비슷한 뜻이다. 어떤 이는 스님(영명연수 스님)이 선정쌍수의 창시자인 줄 알지만, 이것은 사실과는 다르다. 우리가 여기서 스님이 대답한 말씀을 읽어보면 그는 간곡히 "근기와 역량을 헤아려 자만하지 말고 부디 자세히 생각을 살피고 잘못을 막으라." 하며 가르치고 경계하였다.

염불은 생각을 가지는 것이 중요하고, 참선은 생각을 비우는 것이 중요하다. 그러므로 '부디 자세히 생각을 살피고 잘못을 막으라!' 한 것이니, 절대 자신은 물론 다른 사람을 가르칠 때도 '선정쌍수'라고 알아서는 안 된다! 그는 임종 전에 대중에게 "생각생각 미타를 부르고, 생각생각 백호를 생각하라. 이렇게 퇴전하지 않는 마음을 가지면 반드시 안양에 왕생할 것이다." 하고 가르쳤다. 이를 보고 증명할 수 있는 것은, 그는 오로지 정토를 닦을 것을 주장하였고 禪과 淨土를 쌍수하기를 주장하지 않았다.

질문에서 말한 '상상근인'은 조사선을 배우는 사람을 말한다. 자기는 상상근인이라 심성을 깨닫는 것이 중요하지 일체 助行을 빌릴 필요가 없다고 오인하므로, 이러한 질문을 한 것이다.

대답은 먼저 규봉 선사의 저술인 『선원제전집도서』 가운데 돈점 四料簡을 들었다. 이 사료간 가운데서 말한 '돈'은 證悟를 잡아 설했으니, 解悟의 '돈'은 理를 깨닫는 것을 말하였고 '점'은 事修를 들어 설하였다. 『능엄경』에 "理는 돈오('解悟')할 수 있으나, 사는 점수를 빌려 차례대로 깨끗이 한다." 한 것이다. 비유하면 아침 해가 한꺼번에 뜨는 것은 해오의 '돈'이요, 서리나 이슬이 점차 녹는 것은 오후점수의 '점'이다. 부처님은 대소승경 가운데서 먼저 見道를 설하시고 난 후에 修道를 설하셨는데, 견도는 '돈'이요 수도는 '점'이니, 신·해·행·증은 三乘 成道를 닦는 필연적인 차례다. 『화엄경』에서 설한 것도 먼저 해오가 있고, 그런 후에 차례대로 닦고 증득한다. 그러므로 석가세존이 "만약 아직 깨닫지 못했으면서 닦는 것[未悟而修]은 진정한 수행이 아니다[非眞修]." 하고 가르쳐 경계하였다.

'오직 이 돈오점수만이' 한 데서부터, '시절인연 가운데서 스스로 경험한다' 한 데까지 모두 여덟 구절은, 스님이 질문한 뜻에 대답하면서 올바르게 닦는 길은 오직 이 '돈오점수' 뿐이라는 것을 밝혔다. 이미 부처님의 뜻에 부합하고, 또한 원교의 종지에 어긋나지 않는다면 이·사가 무애하다.

'또한, 다생에 점점 닦아 금생에 단박 익었다' 한 것은, 돈오점수가 또한 점수돈오이기도 한 것임을 말하였다. 비유하면 밥을 먹을 적에 먼저 여러 번 끊임없이 입을 통해 음식을 뱃속에 넣었다가, 마지막 한 숟가락으로 비로소 배가 부른 것과 같다. 이를 보면 돈과 점은 하나도 아니고 다르지도 않다. 사람이 물을 마셔 찬지 더운지 스스로 알듯이, 이는 완전히 수행인('當人')이 수행하는 과정에서 자신이 분명하고 명백히 밝히는 데('自驗') 있다.

'만약 말한 것이 행하는 것과 같으며' 한 데서부터, '어떻게 남에게 권하겠는가' 한 데까지 모두 열다섯 구절은, '마음을 밝혀 성품을 본 자리행만으로도 자심을 돈오하여 만행을 빌리지 않는다고 말할 수 있다'고 한 것이니, 선종 조사가 "만약 마음을 알면 대지에 한 주먹 흙도 없다." 한 것과 같다. 그러나 하화중생의 이타행에서 보면 理가 事를 폐하지 않으니, 반드시 만행을 익히고 닦아야 한다. '만약 자신이 짓지 않으면 다른 사람에게 권하지 못하기 때문이다'

한 것은, 반드시 언행이 일치하고 안팎이 한결같아야 비로소 진정한 수행이고 실제적인 깨달음이니, 구두선과는 다르다.

'量이 법계의 가장자리까지 다한다' 한 것은, 如量智로 심생멸문을 증득하는 것이요, '마음이 허공의 理에 합한다' 한 것은, 如理智로 심진여문을 증득하는 것이다. 禪을 참구하여 깨달음을 얻어 여량지와 여리지를 개발하는 것을 또한 '권·실 두 가지 지혜'라고 하는데, 그런 후에 일심 이문을 직접 증득하여 비로소 마음을 밝히고 성품을 보아 識을 돌려 지혜를 이룬다. 이미 청정한 마음을 깨달았으면 자연히 八風(利·衰·毁·譽·稱·譏·苦·樂)에 동요되지 않으며, 또한 고·락·사 세 가지를 받아 사랑하고 미워하는 마음을 일으키지 않는다.

'종자와 현행을 쌍으로 소멸하였다' 한 것의 '종자'는 惑을 말하고, '현행'은 業을 말하니, 이것은 업이 다하고 情이 공함을 말한 것이다. '근·수가 모두 다하였다' 한 것에서 '근'은 대승 백 법 가운데 여섯 가지 근본번뇌(탐·진·치·만·의·악견)요, '수'는 스무 가지 수번뇌(忿·恨·覆·惱·嫉·慳·誑·害·憍·無慚·無愧·掉擧·昏沈·不信·懈怠·放逸·失念·散亂·不正知)다. 이것들을 모두 끊어 없어지면 이를 '근·수가 모두 다 하였다'고 한다. 만약 이런 경계에 이르지 않으면 진정으로 깨달은 사람이 아니다.

'그러므로 경에' 한 것과, '대지론에서' 한 것은, 경론을 인용하여 자신을 위하거나 남을 가르치려면 모름지기 만행을 널리 닦아, 理에 집착하여 事를 폐해서는 안 된다는 것을 증명하였다. 천태종에서 설한 十乘觀法[13] 가운데 첫 번째로 '부사의 경계를 아는 것[識不思議境]'을 밝힌 것은 돈오에 속하고, 나머지 아

---

13 위에서 十乘觀法에 대해 누차 언급했으므로 여기서 『불광사전』에 의해 그 뜻을 다시 자세히 적는다.
  역자— 십승관법은 천태종에서 圓頓止觀을 닦는 데 대한 예비 조건인 25方便을 닦아 마친 후에 正觀의

홉 가지 행법은 모두 점수에 속한다. 조사선에서도 깨달은 후에 事를 거쳐 마음을 수련하니, 자명초원(986~1039)¹⁴ 선사가 전좌(원주) 소임을 맡았고, 설봉의존(822~908)¹⁵ 선사가 반두(공양주) 소임을 맡은 것은 모두 점수의 사례다.

대상에 모범적인 열 가지 관법이다. 이 열 가지 법을 사용하여 因으로 말미암아 果에 이르기 때문에 '十法으로 觀法을 이룬다'고 하고, 약칭하여 '十乘觀法'이라 한다. 이 十乘이 능히 중생의 마음을 安住하게 하기 때문에 앉는 자리에 비유하여 '十乘床'이라 하고, 또한 觀法으로 능히 미망을 제거할 수 있어서 마치 바람이 능히 재나 먼지를 날려버릴 수 있는 것과 같기 때문에 '十乘風'이라고도 한다. 지의의 『摩訶止觀』 권5 아래에 이에 대해 상세한 설명이 있다. 곧, 이른바 '十乘'은 '觀不思議境' 등 열 가지 법으로 수행자를 태워 보리과에 이르게 한다는 뜻이니, 원교의 관법은 반드시 이것에 의해야 한다. 열 가지 법 중에 '觀不思議境'이 관법의 본체이자 정관이니, 上根은 이것에 의지하는 것만으로 충분하지만, 아직 공을 이루지 못했거나 혹은 中根은 더욱 정진하여 제2부터 제7까지 관법을 닦아야 하고, 下根은 다시 제8 아래의 관법을 닦아야 한다.

　　십종관법은 다음과 같다. (1) 부사의경을 관함[觀不思議境] : 凡夫가 일상에서 일어나는 일념의 마음 가운데 인생의 모든 것을 구비하여 三諦와 서로 일체화되어 부사의한 妙境이 있음을 관하는 것이다. 이 관법에 대하여 趙宋의 天台山家派(정통파)의 知禮 법사는 『十不二門指要鈔』 권 상에서 '방망이와 다듬잇돌[槌砧]'이라고 설하며 순박하게 비유하였다. '觀'은 관하는 주체니 三觀은 '槌(방망이)'에 해당되고, '부사의경'은 所觀의 客體니 所觀인 三諦는 '砧(다듬잇돌)'에 해당한다. 이 三諦와 三觀이 비록 능·소의 관계에 있으나 모두 觀慧의 내용이 되기 때문에 不思議境을 관하는 것으로 지혜의 방망이와 다듬잇돌이 되어 범부가 일상에서 일어나는 무기 六識心을 단련하는 것이다. 三千의 三諦가 妙體가 되어 六識心을 관하고, 三諦와 三觀은 소관이니 이로써 양중의 능소관계가 성립된다. 이에 대하여 山外派에서는 부사의경은 진여본신인 진심이라 한다. (2) 진정인 보리심을 발함[發眞正菩提心] : 또한 '자비심을 일으킴[起慈悲心]'이라고도 한다. 수행자가 初觀의 공을 아직 이루지 못했을 때 원교 無作의 보리심을 내어 보리를 구해 중생을 구제하기 위해 사홍서원을 세우는 것이다. (3) 교묘하게 지관에 안심함[善巧安心止觀] : 또는 '교묘하게 지관에 안주함[巧安止觀]'이라 하니, 마음이 진실한 본성에 안주하게 하는 것이다. (4) 법이 두루함을 관함[破法遍] : 일체 제법에 두루 집착하는 마음을 파제하는 것이다. (5) 通塞을 앎[識通塞] : 能破의 觀으로 통하고 막힌 것을 알고 正智의 득실을 식별하는 것. (6) 도품을 조적함[道品調適] : 또는 '도품을 닦음[修道品]'이라 한다. 낱낱이 37도품을 검토하여 그중에 수행자의 능력이나 성질에 적합한 것을 닦는 것. (7) 대치하고 보조하여 엷[對治助開] : 또는 '조도하여 대치함[助道對治]'이라 한다. 매우 가깝고 구체적인 善法을 닦아 장애를 제거하는 데 도움을 삼는 것. 곧 삼해탈문을 열어 장애를 대치하는 것이다. (8) 차위를 앎[知次位] : 비록 범부의 위치에 처하나 이미 성인의 지위에 올랐다는 아만심을 내지 않고 자기 수행의 계단을 아는 것. 곧 스스로 修證의 한계를 분별하여 아는 것이다. (9) 잘 安忍함[能安忍] : 안팎의 장애에 대해 마음이 동요하지 않고 잘 安忍하여 道事를 성취하는 것. (10) 법애가 없음[無法愛] : 또한 '법애를 여읨[離法愛]'이라 한다. 곧 진정한 보리가 아닌 집착을 제거하고 진정한 보리 위에 진입하는 것.

14　　석상초원 선사를 말한다. 송나라 때 선승. 불광사전 p5484-上.
15　　唐代의 禪僧. 곧 義存眞覺 禪師이다. 德山宣鑑의 法嗣.『불광사전』 p4831-上

'만약 현행을 아직 끊지 않았으면서' 한 데서부터, '부디 자세히 하라' 한 데까지는, 스님이 자비심으로 자신이 닦고 증득한 경험을 들어 후학에게 '반드시 이해와 행동이 서로 맞게 하여 절대 배 속은 텅텅 비었으면서 마음은 잘난 척하지 마라' 하고 가르치신 것이다.

유식종에서는, 세간이나 출세간 만법이 종자와 현행이 서로 훈습하여 유식으로 변한 것임을 설하였다. 禪을 닦는 사람이 만약 오직 그림자에서만 이 소식을 얻는다면, 탐·진·치의 현행을 끊지 못하고 번뇌 습기의 종자가 원형을 유지한 채 변화가 없어서('濃'), 삼업이 경계를 대하는 것이 완전히 情識 작용이라 마음에 맞으면 탐심을 내고 마음에 거슬리면 진심을 내어 육진 경계에 굴러 넘어진다. 비록 제법이 공('無生')한 도리를 알았으나 事 위에 모든 것이 있으니, 밥을 말로 해서 배부르지 않으니 어떻게 생사를 알아 보리를 깨달아 얻겠는가? 아마도 참선인의 십중팔구는 이런 모양일 것이다. 만약 공부가 이미 집에 이르러 깨달았다고 자인한다면, 곧 번뇌가 곧 보리요 자성이 본래 공하다는 것을 잘못 알았음을 알고, 마음을 내어 갖가지 수행문을 닦고 익혀 갖가지 번뇌를 끊어야 한다. 이것을 '전도 사견'이라 하니, 대망어계를 범한 증상만인이다.

'번뇌가 비록 성이 공하나' 한 아래서는 혹·업·고를 보였다. 비록 모두 인연으로 난 것이라 자성이 없으나, 본래부터 이와 같은 인과와 역용이 있다. 본래 청정한 마음의 경지에 돌아간 이가 아니면 누가 능히 마음에 동요가 없이 모든 것을 참을 수 있고 有와 無가 같을 수 있겠는가? 반드시 자신의 근기와 능력을 헤아려 자만해서는 안 된다! 자만은 자신을 속이고 남을 속이는 것이다.

무 7. 불교는 더없이 거룩하고, 儒·道는 세상 풍속을 흠모함
기 1. 첫 질문과 답

集

문 : 노자도 수행문을 설하였고, 중니도 크게 일으키고 바르게 이끌었는데, 어찌 불교만을 찬탄하여 '유독 아름답다' 할 수 있습니까?

답 : 노자는 성스러움을 끊고 지혜를 버리며, 하나(道)만을 안고 유약함을 지키면서 청정 담박한 것으로 주인을 삼았고, 선에 힘쓰고 악을 미워하는 것으로 가르침을 삼았으며, 보응은 한 생 내에 있어서 오직 일신의 목숨을 지킬 뿐이었다. 이것들은 모두 인간 세상에 가까운 노래이지, 세상 밖의 먼 이야기는 아니다. 뜻은 兼濟(나와 남을 이롭게 함)의 도에 어긋나, 은혜를 베풀고 이익을 주는 것이 없었다.

중니는 忠을 행하고 孝를 세우며 德을 천양하고 仁을 베풀어, 오직 세간의 선행만을 펼 뿐, 능히 말을 잊고 신비롭게 이해하지 못했으니, 그러므로 대각이 아니다. 그러므로 중니가 계로에게 답하기를 "태어나는 것과 사람의 일은 그대도 오히려 알지 못하고, 죽음과 귀신을 내가 어찌 잘 알겠는가?" 하였다.

이 위의 두 가르침은 모두 세속의 기둥을 넘지 못하고 오히려 진로의 그릇에 국한하였으니, 어찌 법계의 玄宗을 꿰뚫고 한없는 妙行을 운용할 수 있겠는가?

問. 老子亦演行門, 仲尼大興善誘. 云何偏讚佛敎, 而稱獨美乎.

答. 老子則絶聖棄智, 抱一守雌, 以淸虛憺泊爲主, 務善嫉惡爲敎. 報應在一生之內, 保持惟一身之命. 此幷寰中之近唱, 非象外之遐談. 義乖兼濟之道, 而無惠利也. 仲尼則行忠立孝, 闡德垂仁, 惟敷世善, 未能忘言神解, 故非大覺也. 是以仲尼答季路曰, 生與人事, 汝尙未知。死與鬼神, 余焉能事。

此上二教, 幷未逾俗柱, 猶局塵籠。豈能洞法界之玄宗, 運無邊之妙行乎。

講

이 첫 번째 문답은 불·유·도 삼교를 들었다. 이들은 본래 얕고 깊은 차이가 있으니 똑같다고 생각해서는 안 된다. 『사기』에 의하면, 노자는 楚나라 때 苦縣 厲鄕 曲仁里 사람이다. 성은 李요 이름은 耳며 자는 伯陽이다. 태어나자 능히 말을 할 줄 알았고, 얼굴은 누렇고 머리는 하얗기 때문에 '노자'라 하였다. 저서에 『도덕경』 2권이 있는데 역대 학자들이 수많은 주소를 내었다. 後漢 환제가 고현에 처음으로 사당을 세웠다. 唐朝에 와서 고종이 '太上玄元皇帝'라는 호를 추서하고, 현종은 '大聖祖'라 하였으며, 송나라 진종은 '太上老君混元上德皇帝'라 호를 더했으니, 중국 도가의 시조. 그의 저서 『도덕경』 중에 상권은 道體를 논하고, 하권은 德行을 논하였다. 그러므로 '수행문을 연설하였다' 하였다.

『사기』에 의하면, 중니는 공자의 자다. 노나라 襄公 22년(서기 전 551년)에 태어났다. 태어날 때 머리 꼭대기가 평평하기 때문에 '丘'라 하였다. 성은 孔이요 자는 중니다. 그는 춘추 시대 노나라 사람이니 지금 산동 사람이다. 일찍이 노자에게 예를 물었고, 詩·書를 산정하고, 禮·樂을 바로잡았으며, 『주역』을 찬하고, 『춘추』를 지었다. 제자는 3천이요, 그중에 성인에 들어간 자는 72인이었다. 그러므로 '크게 일으켜 바르게 이끌었다' 하였다. 후세에 그를 '至聖先師'라 존칭하니, 유가의 시조이다. 춘추 때 魯 哀公이 처음으로 곡부에 공자묘를 세웠고, 당나라 정관 때 조칙을 내려 각 주현에 모두 공자묘를 세우게 하여 전국에 퍼지게 되었다. 명·청 시대에는 '文廟'라 개칭하였고, 민국에 와서는 원래 이름대로 '공자묘'라 하였다.

'어찌하여 불교만을 칭찬하여 유독 아름답다 할 수 있는가?' 한 것은, 스님은 일대 대종사라 하기에 부끄럽지 않아서, 이미 불전의 삼장에 정통하고 또한 유·도의 입법에도 통명하였다. 그러므로 대답한 말씀에서 능히 유교의 심요를 들어 몇 구절 말씀을 할 수 있었다.

기 2. 두 번째 질문과 답

集

문 : 佛行(불도)은 더없이 거룩하여 수많은 철인이 존중해 마지않았고, 유교와 도교 두 교는 흠모와 풍격이 이미 한계에 다다랐습니다. (그런데) 어떻게 후대에 (불교를) 훼방하고 불신하는 자가 있는 것은 무슨 까닭입니까?

답 : 유·도의 先宗들은 모두 보살이 열등함을 보여 현양하고 교화한 분들이라 똑같이 불승을 찬탄하였다. 노자는 "나의 스승의 이름은 부처인데, 모든 백성을 깨우쳤다." 하였다.『西昇經』에 "나의 스승은 몸을 바꾸어 천축에서 노닐다가 열반에 들어가셨다." 하였다.『符子』에는 "노 씨의 스승은 이름이 석가문이다." 하고,『열자』에 "상나라 太宰 嚭(비)가 공자에게 묻되 '부자께서는 성인이십니까?' 하니, 공자가 '丘는 널리 듣고 잘 기억할 뿐, 성인은 아니다' 하고 대답하였다. 또 물었다. '三王은 성인입니까?' '삼왕은 지혜와 용기를 잘 썼을 뿐 성인은 아니다' 또 물었다. '五帝는 성인입니까?' '오제는 인의를 잘 썼을 뿐, 또한 丘가 아는 바는 아니다.' 또 물었다. '三皇은 성인입니까?' '삼황은 시대의 상황에 맞게 맡은 일을 잘했을 뿐, 구가 아는 바가 아니다.' 태제 비가 깜짝 놀라 말하였다. '그렇다면 누가 성인입니까?' 공자가 감동하여 말하였다. '구가 듣기에 서방의 성자는, 다스리지 않아도 어지럽지 않고, 말하지 않아도 스스로 믿으며, 교화하지 않아도 스스로 행하여, 넓고 커서 백성 가운데 그보다 유능하다

는 평판이 있는 자가 없다 한다" 하였다. 『吳書』에는 "오주 손권이 尚書令 闞澤에게 묻기를 '공구와 노자를 부처와 비교할 수 있는가?' 하니, 감택이 '만약 공자와 노자 두 분을 먼 곳의 불법과 비교하면 멀다면 멉니다! 왜 그런가 하면, 공자나 노자의 가르침은 하늘의 제도를 본받아 쓰고 감히 하늘을 어기지 못했습니다만, 부처의 가르침은 여러 천신들이 받들어 모시어 감히 어기지 못했습니다. 이렇게 보면 실로 비교할 수 없다는 것은 분명한 사실입니다' 하였다. (그러자) 오주가 매우 기뻐하며 감택을 태자태부로 삼았다." 하였다. 『기세계경』에 "부처님이 말씀하시되 '내가 두 성인을 보내 중국에 가서 교화를 행하게 하였으니, 한 분은 노자니 가섭보살이요, 한 분은 공자니 유동보살이다' 하였다" 하였으니, 예로부터 지금까지 인간을 유익하게 하는 자는 모두 비밀리 교화하는 보살이니, 오직 보살만이 알 바요 일반 생각으로는 헤아릴 바가 아닌 줄 분명히 알 수 있다.

그리하여 과문천식한 자가 연기를 피우듯이 비방을 일으키니 모두 本宗을 알지 못하고 망령되게 愚執을 낸 것이다. 老君을 섬기는 자는 부적이나 도장으로 조화를 부리고, 돌을 단련하고 금을 태우며, 누린내 나는 醮祭(제단을 만들고 하는 제사)를 베풀고, 신선의 허무맹랑한 것을 익힌다. 孔門에 들어간 자는 뜻하는 것은 순박한 것을 어기고, 지향하는 것은 겉치레만 화려한 것을 숭상하며, 앵무새 같은 분방한 재주를 다하고, 거미와 같은 조그만 재주를 마음대로 하니, 이런 것들은 모두 선덕을 위배하고 스스로 본종을 잃는 것이다. 이런 사람이 비방하지 않으면 어찌 그 깊은 것을 드러내며, 보잘것없는 선비가 비웃지 않으면 어찌 그 도를 이루겠는가?

그러므로 불법은 바다와 같아 포함하지 않음이 없고, 지극한 이치는 허공과 같으니 어떤 문엔들 들어가지 않겠는가? 여러 철인이 깊이 알고 수많은 성인이 서로 귀의했으며, 진·속이 모두 행하고 어리석은 자나 지혜로운 이가 한데 어울려 빛났다. 속제를 열 적에는 신하에게 충성을 다할 것을 권하고, 자식에게는 효도를 행할 것을 권하며, 나라에는 후계를 이을 것을 권하고, 집안에는 화목할 것을 권하였다. 선행을 널리 권할 때는 천당의 즐거움을 보였고, 잘못을 징계할 때는 지옥의 고통을 밝혔다. 한 글자로 기리고 장려할 뿐만이 아니니, 어찌 다섯 가지 형벌로 계율을 정한 데 그치겠는가? 진제를 펼 적에는 옳고 그른 것을 모두 버리고 능·소를 모두 비웠다. 만상을 거두어 一眞을 삼고 삼승을 모아 圓極으로 돌아가니, 二諦와도 같은 것이 아닌데 어찌 百家가 미치겠는가?

問. 佛行無上, 衆哲所尊。儒道二教, 旣盡欽風。云何後代之中, 而有毀謗不信何。
答. 儒道先宗, 皆是菩薩示劣揚化, 同讚佛乘。老子云, 吾師號佛, 覺一切民也。西昇經云, 吾師化遊天竺, 善入泥洹。符子云, 老氏之師, 名釋迦文。列子云, 商太宰嚭問孔子曰, 夫子聖人歟。孔子對曰, 丘博聞强記, 非聖人也。又問, 三王聖人歟。對曰, 三王善用智勇, 非聖人也。又問, 五帝聖人歟。對曰, 五帝善用仁義, 亦非丘所知。又問, 三皇聖人歟。對曰, 三皇善任因時, 亦非丘所知。太宰嚭大駭曰, 然則孰爲聖人。夫子動容有言曰, 丘聞西方聖者焉, 不治而不亂, 不言而自信, 不化而自行, 蕩蕩乎民無能名焉。吳書云, 吳主孫權問尙書令闞澤曰, 孔丘老子, 得與佛比對以不。闞澤曰, 若將孔老二家, 比較遠方佛法, 遠則遠矣。所以言者, 孔老設敎, 法天制用, 不敢違天。諸佛設敎, 諸天奉行, 不敢違佛。以此言之, 實非比對明矣。吳主大悅, 用闞澤爲太子太傅。器世界經云, 佛言, 我遣二聖, 往震旦行化。一者老子, 是迦葉菩薩。二者孔子, 是儒童菩薩。明知自古至今, 但有利益於人間者, 皆是密化菩薩, 惟大士之所明, 非常情之所測。

遂使寡聞淺識, 起謗如煙。幷是不了本宗, 妄生愚執。事老君者, 則飛符走印, 鍊石燒金。施醮祭之腥羶, 習神仙之詿誕。入孔門者, 志乖淳樸, 意尙浮華。騁鸚鵡之狂才, 擅蜘蛛之小巧。此皆違背先德, 自失本宗。斯人不謗, 焉顯其深, 下士不笑, 寧成其道。

是以佛法如海, 無所不包。至理猶空, 何門不入。衆哲冥會, 千聖交歸。眞俗齊行, 愚智一照。開俗諦也, 則勸臣以忠, 勸子以孝, 勸國以紹, 勸家以和。弘善, 示天堂之樂。懲非, 顯地獄之苦。不惟一字以爲褒, 豈止五刑而作戒。敷眞諦也, 則是非雙泯, 能所俱空。收萬像爲一眞, 會三乘歸圓極。非二諦之所齊, 豈百家之所及。

講

여기 문답에서는 먼저 유교와 도교 두 교의 선현과 선성이 모두 보살의 응화요, 오직 부처님 한 분만이 하늘 가운데 하늘이요 성인 가운데 성인임을 밝혔다. 그러므로 '佛行(불도)은 무상하고, 유교와 도교 두 교는 흠모와 풍격이 이미 한계에 다다랐다' 하며, 거듭 이치에 의해 삼교의 얕고 깊은 것과 얻고 잃은 것을 비교하였다.

'佛行은 無上하다' 한 것의 '불행'은 곧 불도니, 부처님이 얻은 위없는 正徧智의 과덕이니, 이것이 불도가 더없이 거룩한 것이다. 현명하고 지혜로운 자를 '철인'이라 한다. 불교는 모든 세상의 성현이나 지혜가 있는 선비들의 존중을 받으니, 그러므로 '여러 철인이 존중한다' 하였다. '유·도 이가'의 '유'는 학자나 혹은 도덕이 있는 자를 말한다. 공자를 宗奉하는 학자를 儒家 혹은 儒人이라 한다. 유가에서 시설한 가르침을 유교라 한다. 도가는 본래 도교라는 이름이 없었는데, 北魏 寇謙之가 노자를 받들어 '道敎 敎主'라 하였고, 이때부터 도교라는 이름이 비로소 이루어지게 되었다. 당나라 성씨가 이 씨였으므로, 노자를 부각하여 도교가 비로소 전국에 성행하게 되었다. 또한, 어떤 이는 "도교는 본래 黃帝로부터 비롯되었는데, 노자가 그의 말을 본받아 서술하여 밝혔기 때문에 도교를 '황노의 학문'이라 부른다." 하였다.

질문한 뜻은 '중국 역사와 불교사에서 보면 어찌하여 三武一宗[16]과 같이 훼방하고 불신하는 이가 출현하여 교가 어려움에 처한 일이 있었는가?' 하는 것이다. 대답은 세 가지 단락으로 나눈다. 첫째 단락은 공자나 노자는 보살의 응화라, 일반 사람들은 능히 알 수가 없음을 인용하고 설명하였다. 두 번째 단락은 후세의 유·도 두 교가 불교를 비방하는 까닭을 밝혔다. 세 번째 단락은 불교는 위없는 큰 조리임을 설명하였다.

'유·도의 先宗이' 한 데서부터, '일반적인 생각으로 헤아릴 것이 아니다' 한 데까지는 첫 번째 단락이다. '선종'은 가장 앞의 종사를 말하니, 곧 교주다. '모두 보살이 열등한 것을 보여 현양하고 교화하였다' 한 것은, 보살은 세상을 벗어난 성인이시지만 세간의 성인으로 시현하시니, 이것이 '열등을 보인' 것이

---

16 불교의 네 차례 법난을 말한다. 중국 역사상 황제가 불교를 박해한 가장 엄중한 네 차례 사적이다. (1) 北魏 太武帝가 사도 崔浩와 도사 寇謙之의 말을 믿고 불교를 압박하였다. 太平眞君 7년(446)에 장안의 사문을 모두 죽이고 모든 경전이나 圖像을 모두 파괴하니 北魏 佛敎과 마침내 毁滅을 만났다가, 文成帝가 부흥함에 이르러 마침내 불교의 지위를 회복하였다. (2) 北周 武宗는 도사 張賓과 衛元嵩의 말을 듣고 불교를 폐할 뜻이 있었는데, 그때 甄鸞·道安·僧勔·靜靄 등이 불교를 변호하였다. 건덕 2년(573)에 천자가 칙령을 내려 불교와 도교 두 교를 폐하고 경전과 불상을 파괴했으며, 아울러 사문과 도사를 환속하게 하고 名德者 120인을 뽑아 겨우 通道觀에 안치하였다. 6년에, 北周가 北齊를 멸하니 그때 비록 慧遠 법사를 따르는 무리들이 항변했으나 武宗은 北齊의 땅에 여전히 배불정책을 시행하다가 다음 해에 임금이 죽자 불교와 도교가 6년만에 부흥하였다. (3) 당 武宗 때, 재상 李惠裕 등이 불교를 배척하더니, 회창 5년(845)에 임금이 칙령을 내려 약간의 절과 스님 30명 만을 남기고 나머지는 폐기하고 아울러 승니를 환속하게 하였다. 그리고 불상과 종, 경쇠 등을 녹여 돈이나 농기구 등을 만드니 이를 '會昌法難'이라 한다. 다음 해에 임금이 죽자 宣宗 때 불법이 재홍하였다. (4) 後周 世宗 현덕 2년(955)에 임금이 배불정책을 실행하고, 법령을 내려 사원 3만 336개 소(『佛祖統紀』에는 3천 336개 소라 하였음)를 폐지하고, 또한 조칙을 내려 불상을 부수고 종·경쇠·바라·풍경 등을 거두어 돈을 만들었다. 그때 鎭州에 觀音銅像이 있었는데 자못 영험이 있어 비록 조칙을 내렸으나 아무도 가까이 하는 이가 없었다. 임금이 이 말을 듣고 그 절에 직접 가서 도끼로 동상의 얼굴을 파괴하니 보는 자는 전율하지 않는 자가 없었다. 현덕 6년에 임금이 북정 도중에 얼굴에 종기가 나서 죽었다. 그 후에 송 태조가 천하를 통일하고 조칙을 내려 절을 다시 짓고 관음상을 세우니, 불교가 비로소 다시 소생하였다. 위에서 말한 네 차례 법난 중에 앞에 두 번은 사상적인 원인 때문에 일어났고, 뒤에 두 번은 경제적 이유로 일어났다. 송나라 志磐의 『佛祖統紀』 권 42에 이것을 '네 번의 큰 법란'이라 하고, 혹은 '三武一宗의 난'이라 하였다.

다. '揚化'는 宣揚(널리 알리거나 설명함)하고 敎化하여 중생을 유익하게 하는 것이다. '똑같이 불승을 찬탄하였다' 한 것은, 모두 다 불교를 찬탄하였다는 말이다. 이 세 구절은 總標요, 이 아래는 인용하여 증명하였다. '노자가 말하기를' 한 것은 노자『도덕경』에서 설한 것을 가리킨 것이다.

'나의 스승의 이름은 부처니 모든 백성을 깨우친다' 한 것은, 부처님은 깨달은 분이시며 일체중생을 능히 깨닫게 하신다. '符子'는 제자백가 중 책 이름이다. '열자'도 책 이름인데 모두 8권이다. 주나라 때 列禦寇가 지었다. 당나라 때 이르러『열자』를 「沖虛尊經」이라 개칭하였다. '태재'는 관직 이름이다. 은나라 때 설치했는데, 三公 가운데 하나다. 백관을 통솔하였다. 주나라 무왕 때 주공도 역시 태재를 역임하였다. '상나라 태재 비'는 춘추 시대 초나라 사람이다. 나중에 오나라로 달아나 오왕 부차의 태재가 되었다. '聖人'은 품덕과 지혜가 일반 사람을 초월한 분을 말한다. 또한 '聖'이란, 通이고 道이다. 도는 통하지 않는 것이 없고, 밝음은 비추지 않는 것이 없어서 소리를 듣고 뜻을 알며 천지와 덕이 합하고 일월과 함께 밝은 것이 합하며, 사시에 질서가 합하고 귀신과 길흉이 합하니, 이를 성인이라 부른다. 불법에서 말하는 성인은 대소승의 見道 이상을 말하니, 미혹을 끊고 진리를 증득한 자다. 예를 들면 소승의 初果 이상과, 대승 별교의 初地와, 원교의 初住 이상을 모두 '성인'이라 한다.

'삼왕'은 하나라 禹王과 상나라 湯王과 주나라 文王이다. '오제'는 상고의 黃帝軒轅과 顓頊高陽과 帝嚳高辛과 唐堯와 虞舜 오제다. '삼황'은 네 가지 설이 있다. 하나는 伏羲, 女媧, 神農을 말하고, 둘은 祝融, 無女媧, 나머지는 같다. 셋은 燧人과 나머지는 같다. 넷은 황제와 나머지는 같다. 『기세경』은 모두 10권인데, 또한『기세인본경』이라고도 한다.『장아함경』가운데 「기세경」과 동본이다. 모두 대정장경 제1권에 편재하였다.

'서방 성자는 다스리지 않아도 어지럽지 않고 …' 한 것의 '서방'은 인도를 말한다. 오직 부처님만이 성자라 부른다는 것을 말하였다. '다스리지 않아도 …' 한 등 네 구절은 부처님의 덕을 찬탄하였다. '다스리지 않아도' 한 것과, '말하지 않아도' 한 것은 희·사의 덕이요, '교화하지 않아도 스스로 행한다' 한 것은 자·비의 덕이다. 이렇게 부처님은 사무량심을 갖추었기 때문에 '넓고 커서 백성 가운데 그보다 유능하다는 평판이 있는 자가 없다' 하였다. 이로 인하여 알 수 있는 것은, 공자나 노자는 일찍이 부처님을 비방한 적이 없고 오히려 찬탄하였다는 점이다. 진정한 유자는 참으로 도가 있는 선비이며, 또한 불교를 비방하지 않는다.

감택이 말하기를, … '그렇게 말하는 까닭은' 한 데서부터, '실로 비교할 수 없는 것은 분명한 사실입니다' 한 데까지 모두 아홉 구절은, 대략 三敎의 얕고 깊은 정도를 비교하였다. '하늘이 제정한 작용을 본받았다' 한 것은, 세상 천지만물의 생성 인과와 규율을 본받아, 그 자연에 수순하여 사람이 修身하고 齊家하고 治國하는 원칙을 삼았다. '감히 하늘을 어기지 못한다' 한 것은, 감히 천신의 상벌을 범하지 못하고 인과율을 위배하지 못한다는 것이다.

'제불이 설한 교는 제천이 봉행하고 감히 불교를 어기지 못한다' 한 것은, 부처님이 설한 법에서는 사제와 십이인연의 二重 三世因果를 자세히 밝혀, 천인이 봉행하지 않음이 없었고 감히 이 우주 인생의 진리를 어기지 못한다는 것을 말하였다. '예로부터 지금까지, … 분명히 알 수 있다' 한 아래는, 중국 불교 역사상에서 수많은 보살이 이 나라에서 응화한 사례를 결론적으로 말했으니, 문수, 보현, 관음, 지장 등 보살이 응화한 사대 명산 도량이 있다. 이를 보면 공자나 노자는 보살이 응화한 유력한 방증이다. 다만 이는 오직 보살만이 스스로 알 뿐, 일반인은 능히 헤아리고 짐작할 바가 아니다.

둘째 단락은 '마침내 과문천식한 자가' 한 데서부터, '어찌 그들의 도를 이루겠는가' 한 것은, 그렇다면 유·도 두 교가 어찌하여 불교를 비방하였는가? 그것은 후세의 일부분 과문천식한 자들이 다른 이를 억누르고 자신을 치켜세운 것이니, 그러므로 무릇 훼방한 것은 모두 허망한 말이라, 마치 구름이나 연기가 하늘을 둥둥 떠다니는 것과 같이 사실이 아니다. '본종을 알지 못하고' 한 것은, 어떻게 하는 것이 유교를 위하고 도교를 위하는 종지인지를 알지 못한다는 것을 말하였다. '망령되이 우집을 낸다'는 것은, 아무 근거 없이 변계를 내어 어리석고 집착한다는 것을 말했으니, 새끼는 본래 뱀이 아닌데 망령되이 뱀이라는 생각을 내는 것과 같다.

'노군을 섬기는 자'는, 일반적인 旁門左道(비정통 유파)를 말한다. '飛符走印' 아래 네 구절은 과문천식한 자가 함부로 터무니없는 일을 하는 모습을 말하였다. '孔門에 들어간 자'란, 스스로 유가라고 자부하는 자를 가리키니, 진실한 유자가 아니다. 공자가 편 교의 종지를 알지 못하고, 선성과 선현의 언행과 德範을 위배하며, 뜻이 실속 없이 겉만 화려하여 순박하지 못하며, 크게 공을 구하고 이름을 탐하고 이익을 좇으니, 아마도 이런 것은 眞儒와 眞道의 인사가 아닐 것이니, 그런 이가 불교를 훼방하지 않으면 어떻게 유·도가 고명(深)한 것임을 밝히며, 다른 사람이 도가 없다고 비웃지 않으면 어떻게 그가 도가 있다고 증명할 수 있겠는가? 고금에 불교를 비방하는 것은 모두 여기에서 나온 것이다.

세 번째 단락은 '그러므로 불법은 바다와 같다' 한 데서부터, '어찌 백가가 미치겠는가' 한 데까지는, 불교는 종지를 밝히고 뜻을 세운 것임을 밝혔으니, 이른바 '진금은 불을 두려워하지 않는다' 한 것이다. 『사십이장경』에 "어떤 사람이 내가 도를 지키고 큰 仁慈를 행한다는 말을 들었으므로 부처를(나를) 비방하였으나 부처는 묵묵하고 상대하지 않았다. 그가 매도하기를 그만두자, 그에게 물었다. '그대는 예로써 사람을 대한다는데, 그 사람이 받아주지 않으면 예가 당신에게 돌아가지 않는가?' '그렇습니다' 부처가 말하였다. '지금 그대가 나를 매도하였으나 나는 지금 받지 않나니, 그대가 스스로 화를 가져 그대 몸으로 돌아갈 것이다. 마치 메아리가 소리에 응답하는 것과 같고, 그림자가 행을 따르는 것과 같이 결코 면할 수가 없으니, 악(불교를 비방함)을 저지르지 마라'"하고, 또한 "악인이 어진 자를 해치면 마치 하늘을 우러러 침을 뱉으면 침이 하늘에 이르지 않고 도로 자기에게 떨어지고, 바람을 거슬려 먼지를 날리면 먼지는 거기에 이르지 않고 도로 자기에게 날리는 것과 같다. 어진 이는 훼손할 수가 없으니, 화는 반드시 자기를 파멸하느니라." 하였다. 『역경』에도 "화와 복은 문이 없으니, 오직 사람이 스스로 부를 뿐이다." 하였다. 그러므로 제불이 모두 "여러 악행은 짓지 말고 여러 선행은 봉행하라." 하고 가르치고 경계하신 것이다. 불교를 비방하는 자는 죄가 반드시 자신에게 돌아간다는 것은 역사적 사실이 이를 증명한다.

'불법은 바다와 같으니' 한 데서부터 '어떤 문으로든 들어가지 않겠는가' 한 네 구절은 종지를 밝히고 뜻을 세웠다. 종지와 뜻은 무엇을 말하는가? 불법은 곧 心法이며 도한 중생법이니, 『화엄경』에 "마음과 부처와 중생 세 가지가 차별이 없다." 하였으니, 세 가지 법이 모두 미묘하니 이것이 종지와 뜻이다. 一心에 두 문을 갖추었으니, 심생멸문은 능히 십법계의 제법을 연기하니, 그러므로 바다가 포함하지 않는 것이 없는 것과 같고, 심진여문은 이름도 없고 모양도 없어 필경 공적하니, 그러므로 마치 허공이 어느 곳에나 두루한 것과 같아서 한 법도 마음을 여의고 있는 것이 없다. 그러므로 '어떤 문에 선들 들어가지 않겠는가' 한 것이다.

　일체중생이 모두 마음이 있으니, 이미 마음이 있다면 반드시 二門을 갖추어 미묘 불가사의하니, 그러므로 중생도 미묘하다. 부처님이 증득하시고 설하신 법은 곧 중생의 心法이니, 그러므로 불법이 모두 미묘 불가사의한 것이다. 경에는 "부처님이 설하신 법은 가운데나 가장자리가 모두 달다." 하고, 『법화경』 「방편품」에는 "그만두어라! 그만두어라! 구태여 다시 말할 필요 없나니, 나의 법은 미묘하여 생각하고 의논하기 어려우니라." 한 것과 같다.

　당역 『기신론』에는 "뜻을 세운다[立義]는 것은 무엇을 말하는가? 이를테면 마하연에 대략 두 가지가 있으니, 有法과 法이다. 유법이라 말한 것은 일체중생의 마음이니, 이 마음은 일체 세간 출세간의 법을 섭수하니, 이것에 의해 마하연의 뜻을 보인다. 이 심진여상이 곧 대승의 본체를 보이기 때문이요, 이 심생멸인연상이 능히 대승의 체·상·용을 보이기 때문이다. 말한바 '법'이란 대략 세 가지가 있으니, 하나는 體大니 일체 법의 진여를 말하니, 더러운 데 있든 깨끗한 데 있든 자성이 항상 평등하여 증·감이 없고 별·이가 없기 때문이다. 두 번째는 相大니 여래장에 본래 무량무변한 성공덕을 구족했기 때문이다. 셋째는 用大니 능히 일체 세간 출세간의 善因果를 내기 때문이니, 일체 제불이 본래 탔던 것이기 때문이며, 일체 보살이 모두 이것을 타고 불지에 들어가기 때문이다." 하였다.

　제불 법신은 중생의 정인불성이니 곧 체대요, 제불의 보신은 중생의 요인불성이니 곧 상대며, 제불의 화신은 중생의 연인불성이니 곧 상대다. 일심의 체대를 '大覺'이라 하고, 일심의 상대를 '大智'라 하며, 일심의 용대를 '大悲'라 한다.

　'여러 철인은 깊이 아시고' 한 데서부터, '어리석은 자나 지혜로운 이가 한 데 어울려 빛났다' 한 네 구절은 자리와 이타다. 二利란 무엇인가? 자리를 가지고 말하면, 무릇 마음이 있는 자는 반드시 부처를 이루니, 『법화경』에서 "무릇 법을 들은 자는 한 사람도 성불하지 않는 자가 없다." 하고, 『관경』에는 "이 마음이 부처를 이루니 이 마음이 부처다." 하며, 『열반경』에 "일체중생이 모두 불성이 있다." 한 것이다. 유가에서는 "사람들이 모두 요순이다." 하고, 『三字經』에는 "사람의 시초는 성품이 본래 선하니, 성은 서로 가깝고 습관은 서로 멀다." 하였다. 그러므로 '여러 철인이 깊이 알고 모든 성인이 서로 귀의하였다' 하였다.

利他를 들어 말하면, 부처님은 일체중생을 마치 외아들과 같이 보시고, 근기를 살펴 교를 시설하시고 평등하게 이롭게 하신다. 『법화경』「비유품」에 "부처님도 이와 같아서 여러 성인 가운데 가장 높고 세상의 아버지이다. 일체중생이 모두 나의 아들이건만 이 아들들이 세상 즐거움에 깊이 집착하여 지혜의 마음이 없고, 삼계가 편안하지 않아 마치 불난 집과 같아 여러 가지 고통이 충만하니 매우 두렵다. 지금 이 삼계가 모두 나의 소유요 그 가운데 중생은 모두 나의 아들들인데, 지금 이곳에서 여러 가지 환난이 많으니 오직 나 한 사람만이 능히 그들을 구호할 수 있다." 하였으니. 부처님이 중생을 위하여 실교로 인하여 권교를 베풀고, 일승을 가지고 삼승을 여시며, 진제에 의해 속제를 설했으니, 이것이 事 위에서 '진속을 가지런히 행하는' 것이요, 갠지스강 모래 같은 법문을 연설했으나 주된 뜻은 일심이다. 집착을 버렸을 뿐 그 眞은 상실하지 않았고, 닦음을 두지만 또한 그 상은 망실하지 않으니, 眞은 俗의 체요 속은 진을 빌려 이루어진다. 성과 상이 모두 원융하고 하나와 다른 것이 둘이 아니니, 이것은 理 위의 '진과 속이 나란히 행하는 것'이다.

'어리석은 자나 지혜로운 자가 한데 어울려 빛났다' 한 것은, 「약초유품」에

"내가 일체중생을 보니, 널리 모두 평등하여 피·차나 애·증의 마음이 없다. 나는 탐착이 없고 또한 한계와 장애가 없어 항상 모든 이를 위해 평등하게 법을 설하나니, 귀한 이나 천한 이, 높은 이나 낮은 이, 지계한 자나 파계한 자, 정견이나 사견, 근기가 둔한 이나 예리한 자에게 평등하게 法雨를 내리되 게으름이 없다." 한 것이다.

'속제를 열 적에는' 한 데서부터, '어찌 백가가 미칠 바이겠는가' 한 데까지는, 불법의 二諦가 원융함을 밝혔다. 원융하다는 것은 무엇인가? 『법화경』 「법사품」에서 설한 "방편문을 열어 진실상을 보인다." 한 것이니, 그러므로 '속제(방편)를 열 적에는 … 어찌 五刑으로 계율을 정할 뿐이겠는가' 하였다. 군신, 부자, 부부, 형제, 붕우를 유가에서는 '오륜'이라 하는데, 이것은 세간에 반드시 있는 인간관계니, 그러므로 불법에서 사람마다 응당 돈독히 해야 하는 인륜을 보여 분수를 다하게 하였다. 군자는 반드시 백성을 사랑해야 하고, 신하는 반드시 임금에게 충성을 다해야 하며, 어버이는 반드시 자비해야 하고, 아들은 반드시 효를 다하여 청결하게 몸을 닦고 화목하게 집안을 다스리며, 공공하게 나라를 다스려야 하니, 이것들이 비록 세속제에 속한 일이지만, 우주 인생에 어기거나 범할 수 없는 진리(실상)이다.

'선을 널리 펴고 잘못은 벌준다'라는 것은, 곧 제불이 공동으로 가르치시고 경계하신 '제악막작, 중선봉행'이니 이것은 因에 속하고, '**천당의 즐거움과 지옥의 고통**'은 果에 속한다. 불법은 인과를 여의지 않으니, 인과의 일은 비록 속제에 속하나 인과의 이치는 진제에 속한다. 진제를 잡아 설하면 으레 이와 같으니, 부처가 있건 부처가 없건 영원히 변하지 않는다. 부처님이 설한 세간이나 출세간의 인·과와 사·리가 一字 一句도 과대 포장하거나 진실하지 않은 것(褒)이 없고, 또한 일반적인 윤리 도덕이나 정치 법률이 능히 가질 수 있는 것이 아니다.

'어찌 오형으로 作戒하는 데 그치겠는가' 한 것은, '오형'은 중국의 고대 다섯 가지 형법이다. 부처님이 설한 五戒法은 악의 인을 끊는 데서 비롯하였고, 세간의 五刑法은 악의 과를 다스리는 데서 착안하였다. 악과를 없애려면 반드시 먼저 악인을 없애야 하니, 오형에 어찌 오계의 공능이 있겠는가? 그러므로 불법은 비록 세간법을 함섭했으나, 또한 세간법을 초월하였다.

'진제를 펼 적에는' 한 데서부터, '삼승을 모아 원극으로 돌아간다' 한 모두 다섯 구절은 진실의 뜻을 밝혔다. '진제'는 심진여문이니 또한 제법 실상이라고도 한다. 실상은 무상이요 무상이기 때문에 공이니, 그러므로 '시·비가 쌍민하고 능·소가 모두 공하다' 하였다. 실상은 무상하지 않으니 심생멸문이 비록 연기하여 만상이 있으나 마침내 공으로 돌아가니, 그러므로 '만상을 거두어 일진이 된다' 하였다. 『법화경』에서 설한, '권교를 열어 실교를 밝히고, 세 가지를 모아 하나로 돌아간다' 한 것이 '삼승을 모아 원극으로 돌아간다' 한 것이다. 방편에 여러 가지가 있으나, 근원으로 돌아가면 두 가지 길이 없으니, 이를 '원극으로 돌아간다'라고 한다. '원극'은 『법화경』에서 설한, '敎가 하나요, 理가 하나며, 行이 하나요, 사람이 하나다' 한 것이다.

'二諦와도 같은 것이 아닌데, 어찌 百家가 미치겠는가?' 한 두 구절은, 총결하는 말이다. 불법은 비록 바다가 깊고 넓어 끝이 없는 것과 같으나, 진·속 이제로 귀납한다. 그러나 일심 이문이 미묘하고 생각으로 꾀하기 어려워, 또한 이제의 名相이나 言說로 능히 표현할 것이 아니다. 그러므로 부처님이 "그만두어라, 그만두어라! 구태여 굳이 말할 필요 없다. 나의 법은 미묘하여 생각으로 꾀하기 어렵다." 하고, 『기신론』에는 "마음을 여의면 육진 경계가 없다." 한 것처럼, 마음 밖에 법이 있으면 생사에 윤회하고, 마음 밖에 법이 없으면 해탈 열반이다. 불교가 유·도 두 교와, 더 나아가서 제자백가와 세간의 일체 과학, 철학,

신학을 초월하는 이유는, 모두 일심 이문이어서 마음 밖에 법이 없고, 마음이 공하면 급제하여 돌아가며, 마음이 청정(空)하면 중생이 청정하기 때문이다.

기 3. 세 번째 질문과 답

집

문 : 도는 없는 데가 없고 진성은 변하지 않으니, 부처가 있거나 없거나 간에 본성과 현상은 항상 머뭅니다. 이것이 일체삼보여서 항상 세간에 나툽니다. 그런데 어찌 金檀에 형상을 새기고, 竹帛에 경전을 쓰며, 머리를 깎고 세속을 벗어난 것을 삼보라 합니까?

답 : 上根은 깊이 이해하니 어찌 형상을 빌려 시설할 필요가 있을까만, 중·하근기나 둔기는 반드시 事에 의해 발휘하니, 正相을 보지 않으면 邪宗에 물들 뿐이다. 우리나라에 像敎가 오기 전에는 오직 외도만이 흥성하여 진짜인지 가짜인지를 알지 못하고 신령한지(성인) 자취인지(범부)를 구별하지 못한 것과 같다. 삼가 한나라 명제의 꿈에 金身이 나타났고, 오나라 황제에게 사리가 상서롭게 드러났으니, 그로부터 국왕이나 장자가 비로소 귀경할 문을 알았고, 총명한 선비나 명사가 정신을 깃들 곳을 단박에 알게 되었다.

이로써 자취로 능히 근본을 드러낼 수 있고, 모양으로 진리에 통할 수 있으며, 통발로 인하여 물고기를 잡으니, 이와 사를 폐해서는 안 됨을 알 수 있다. 그러므로 나무로 만든 어머니가 얼굴빛을 변하였고, 쇠로 만든 형상에서 광명을 놓았던 것이다. 도는 사람으로 인해 널리 전하고, 사물은 청정으로 말미암아 감동하니, 능히 淨種을 낼 수 있다면 假像을 공경하여 마음을 열고, 믿음의 인연을 맺지 않으면 참모습을 만나더라도 보지 못한다.

그러므로 이를 미혹하면 근본이나 지말을 모두 상실하고, 이를 알면 진짜나 가짜에 모두 통한다. 만약 이 글을 경험한다면 어찌 취하고 버리는 마음을 내겠는가? 공양을 널리 일으키고 큰 정성을 내면, 意業의 공이 깊고 修因의 힘이 크다. 그러므로 가난한 여인이 쌀뜨물과 음식 찌꺼기를 바치고 벽지불의 지위에 올랐고, 동자가 흙으로 만든 미숫가루를 올리고서 전륜성왕의 복을 받았던 것이다.

問. 道無不在, 眞性匪移, 有佛無佛, 性相常住. 此卽一體三寶, 常現世間. 何用金檀刻像, 竹帛書經, 剃髮出塵, 以爲三寶.

答. 上根玄解, 何假相施. 中下鈍機, 須憑事發. 不覩正相, 但染邪宗. 祇如此土, 像敎未來, 唯興外道. 罔知眞僞, 莫辨靈蹤. 伏自漢明夢現金身, 吳帝瑞彰舍利, 以後國王長者, 方知歸敬之門. 哲士明人, 頓曉棲神之地.

是知跡能顯本, 相可通眞. 因筌得漁, 理事無廢. 是以木母變色, 金像舒光. 道藉人弘, 物由情感. 能生淨種, 敬假相而開心. 不結信緣, 遇眞儀而不見.

是以迷之則本末咸喪, 了知則眞假俱通. 若驗斯文, 奚生取捨. 或廣興供養, 發大志誠, 意業功深, 修因力大. 是以貧女獻潘潑而位登支佛, 童子進土麪而福受輪王.

講

질문한 글에서 '도는 없는 곳이 없고' 한 데서부터, '성·상이 상주하다' 한 데까지 네 구절은, 『법화경』에서 설한 "이 法이 法位에 주하고 世間相이 항상 주한다.[17]" 한 것과 같은 뜻이다. 이것은 '일체삼보여서 항상 세간에 나툰다' 한

---

17 이 두 구절을 『법화경 강의』에서 발췌하면 다음과 같다. 中觀에서는 "'이 法이 法位에 住한다'는 것의 '이 법'은 十法界 十如是 연기의 染淨諸法을 말하고, '法位'는 空性의 異名이다. 이 平等空性에 의지(住)하는 것을 또한 '法位'라 하고 또는 '법성으로 본체를 삼는다'고 한다. 그러므로 세간의 제법 연기(世間相)의 당체가 제법 상주의 법성공성이다. 연기를 보면 법성공성을 보니, 성의 常住相이 곧 常住이다." 하였다. 이것은 『중론』

것은, 일심 이문이 동체이기 때문에 일체삼보라 하고, 심진여문은 一心의 體大니 이를 一體佛寶라 한다. 심생멸문은 一心의 相大니 이를 一體法寶라 하니, 경에 "마음이 나면 갖가지 법이 난다." 한 것이다. 두 문이 화합하여 하나도 아니고 다르지도 않아서 제법을 구족하게 짓는 것이 一心의 用大니, 이를 一體僧寶라 한다. 또한, 마음이 본래 靈覺한 것이 불이요, 마음이 능히 軌持한 것이 법이며, 불과 법이 두 가지가 없어서 화합한 것이 승이니, 이를 일체삼보라 한다. 『화엄경』에서 "마음은 화가와 같아서 능히 여러 세간을 그린다." 한 것과 같으니, 이것이 '항상 세간에 나툰다' 한 것이다.

'어찌 금단에 형상을 조각하며' 한 데서부터, '삼보라 합니까?' 한 데까지 모두 네 구절은, 앞에서 설한 '불교는 더없이 지극한 이치니, 곧 일심 이문이며 일체삼보다' 한 것을 이어서, '그렇다면 어찌 세간의 주지삼보가 필요하며, 어찌 군더더기가 아니겠는가?' 한 것이다.

대답한 글은 세 단락으로 나눈다. 첫 번째 단락은 '상근은 현묘하게 이해하니' 한 데서부터, '정신이 깃들 곳을 단박에 안다' 한 데까지는 불교를 교화할 근기를 잡아 설했으니, 중·하 근기는 모름지기 주지삼보에 의지해야만 비로소 귀경할 줄 안다는 것이다. 두 번째 단락은 '자취로 능히 근본을 드러낼 수 있고' 한 데서부터, '참모습을 만나더라도 보지 못한다' 한 데까지는 불법을 교화하는 공을 잡아 설했으니, 자취로 말미암아 근본을 나타내고 형상을 공경하여 마음을 여니 이사가 무애하다. 세 번째 단락은 인용하여 증명하고 설명하였으니, 곧 '그러므로 이를 미혹하면 본·말을 모두 상실하고' 한 데서부터,

---

에서 설한 "空義에 의해 일체 법이 이루어질 수 있으니, 세속제(緣起)에 의지하지 않으면 第一義(空性)을 얻지 못한다."하며, 『아함경』에는 "연기를 보면 法을 보고, 법을 보면 佛을 본다." 한 것과 같은 뜻이다.

'동자가 흙으로 만든 미숫가루를 드리고 전륜왕의 복을 받았다' 한 데까지다.

'상근은 현묘하게 이해한다'는 것의 '상근'은 利根이니, 대승에서는 '智增上菩薩'이라 하고, 소승에서는 '法行人'이라 한다. '현묘하게 이해한다'는 것은 인·법 二空의 도리를 아는[了解] 것이지 證得은 아니다. '어찌 형상의 시설을 빌리겠는가?' 한 것의 '시설'은 방편으로 시설한 것이요, '형상'은 주지삼보의 事相이다. '어찌 … 빌리겠는가' 한 것은 필요 없다는 말이다. '중·하와 둔기'는, 대승은 '悲增上菩薩'이요 소승은 '信行人'이다. '모름지기 事에 의지하여 발휘하여야 한다'는 것은, 모름지기 삼보 事相에 의지하여 증상연을 삼아야 비로소 신앙심을 내기도 하고, 더 나아가서 출리심(삼계를 벗어나고자 하는 마음)과 보리심을 낸다는 의미다. '正相을 보지 않으면 邪宗에 물들 뿐이다' 한 것은, 중·하근은 만약 별상삼보나 혹은 주지삼보의 正道의 形相을 보지 않으면, 신앙을 일개 삿되고 올바르지 않은 종교 학설로 이해하여 사견의 총림에 잘못 들어가 여기에서 벗어나기가 매우 어렵다. 춘추전국 시대에 불법이 아직 전입하기 전에는 제자백가의 분분한 이설이 모두 마음 밖에서 법을 구하였으니, 이를 '외도'라 한다.

'眞·僞를 알지 못하고 靈·蹤을 구분하는 이가 없다' 한 것은, 옳고 그른 것을 판별하지 못하고 범부와 성인의 차별을 알지 못하는 것이다. 후한 효명황제 영평 3년(서기 6C)에 황제가 꿈에 부처님을 보았는데, 목에 원광이 있는 금신이 궁전 뜰에 날아오는 꿈을 꾸었다. 다음날 군신에게 물으니, 태사 傅毅가 "신이 듣건대 서역에 신이 있는데, 이름을 부처라 한다고 합니다. 폐하가 꿈꾸신 것은 반드시 이분일 것입니다." 하고 대답하였다. 박사 王遵도 『주서이기』를 살펴보니, 부처가 주나라 소왕 26년에 태어났다고 실려 있습니다. 그때는 강이 범람하고 대지가 모두 진동하였으며 오색 광명이 태미성을 꿰뚫었다 합니다."

하고 아뢰었으며, 태사 蘇由가 "점을 쳐보니, '건괘의 95를 얻어 비룡이 하늘에 있다' 하였으니, 이는 서방 성인이 출생한 것이다." 하였다. 1천 년 후에 聲教가 우리나라에 전하니 왕명으로 돌에 새겨 기록하여 남쪽 교외에 묻었다. 그 후 周 穆王 때 하늘과 땅이 진동하니, 태사 扈多가 점을 쳐보고, "이는 서방 대성인이 입멸한 상이다." 하였다.

효명제가 영평 7년에 낭중 채암, 중랑장 진경, 박사 왕준 등 열여덟 사람에게 칙명을 내려 서역에서 불법을 찾게 하니, 인도에 이르러 가섭마등과 축법란을 청하여 백마에 경전을 싣고, 아울러 부처님 사리와 화상을 모시고 영평 10년에 낙양으로 돌아왔다. 임금이 기뻐하며 白馬寺를 짓고 조칙으로『사십이장경』을 번역하였다. 14년 정월 열 닷샛날, 오악 도사 褚信善 등을 모아 백마사 남문에 壇殿을 세우고 부처님 경전과 도교의 글을 두고 함께 시험했더니, 결과는 도교의 글은 모두 불타버리고 부처님 경전은 아무 손상을 입지 않았으며, 부처님 사리 광명이 공중으로 뻗어 올라 마치 수레 덮개같이 선회하며 해를 가렸다. 마등이 신족통으로 허공에 비행하며 앉고 누우니, 하늘에서 보배 꽃이 내리고 여러 가지 음악이 연주하였다. 이것은 불법이 중국에 전입한 처음 정황이다.

'사리śarīra'는 범어인데, 또는 '실리라'라고도 한다. 영골, 혹은 遺身이라 번역한다.『금강명경』에 "사리는 계·정·혜를 닦아 얻어진 것으로, 매우 얻기 어려운 최상의 복전이다." 하였다. 삼국 시대 오나라 황제 손권이 부처님 사리의 서응을 보고 불교를 신앙하였다. 이렇게 불교가 주지삼보로 세상을 교화함으로 인하여 중국에 날로 점차 보급하여 국왕이나 장자나 총명한 자나 지식인에 이르기까지 모두 불문에 귀경하여 정신을 불법에 깃들였다.

두 번째 단락에 '자취로 능히 근본을 드러낼 수 있고, 相이 眞에 통할 수 있다' 한 것의 '자취'는 事相을 말하고, '근본'은 理體를 말한다. 事는 理로 말미암아 이루어지고, 이는 사로 말미암아 드러난다. 예를 들면 '밥을 먹고 배고픔을 면할 수 있다' 했을 때, 밥은 事요 배고픔은 理다. 또한 부처님이 삼승법을 설한 것은 '드러난 것'이요, 일승법은 '근본'이다. 부처님의 법신은 '근본'이요 화신은 '자취'니, 법신과 일승은 반드시 화신과 삼승으로 말미암아 드러난다. 만약 화신이나 삼승이 없으면 법신과 일승을 설할 수가 없다. '상'은 속제요 '진'은 제일의제니, 세속제에 의하지 않으면 제일의를 얻을 수 없다. 그러므로 '상으로 진에 통할 수 있다' 하였다.

'통발로 인하여 고기를 잡으니, 이와 사를 폐할 수 없다' 한 것은, 사람이 통발을 사용하여 물고기를 잡는 것과 같으니, 주지삼보에 귀경하는 것은 통발을 사용하는 것과 같고, 일체삼보에 증입하는 것은 고기를 얻는 것과 같으니, 이러한 방편이 없어서는 안 된다. 먼저 有相三寶인 事에 귀경함으로 말미암아 無相三寶인 理에 증입할 수 있으니, 이와 사를 폐해서는 안 된다.

'나무로 만든 어머니가 얼굴빛이 변하였다' 한 아래는 예를 들어 증명하였다.
(1) 후한 시대에 丁蘭은 매우 효성스러웠다. 어머니가 돌아가신 후에 나무를 조각해 어머니 형상을 만들고 아침저녁으로 살아계실 때와 똑같이 공경하고 봉양했더니, 나무 형상이 기뻐하는 모습을 띠었다. 나무나 흙은 변하는 물건이 아닌데, 오직 효심으로 감동하였던 것이다. 나무 조각에 공경하고 봉양한 것은 '事相'이요, 어머니 얼굴에 기뻐하는 모습을 띤 것은 '眞에 통한' 것이다. (2) 지극한 마음으로 불상에 공양하는 자는 매양 불상에서 광명을 놓는 것을 볼 수 있으니, 이것도 지성심으로 감득한 것이다. (3) '도는 사람을 빌려 널리 전하고, 사물은 정으로 말미암아 감동한다'는 것은, 제불은 思議하기 어려운 일심을 증득하여 성불하시고, 거듭 마음으로부터 갖가지 교법을 열어 연설

하시니, 마음으로 말미암아 도를 널리 전하고 마음으로 인하여 사람을 제도한 것이다. 만약 마음을 여읜다면 모든 불법도 없고 또한 感應道交[18]의 일도 없다. 그러므로 경에 "마음이 나면 갖가지 법이 난다." 하였다. (4) '**假像을 공경하여 마음을 연다**'는 것은, 불상은 비록 진불이 아니지만 사람이 정성과 공경심으로 공양하고 받들면 반드시 불가사의한 이익을 얻으니, 불문 중에 이러한 사례가 매우 많다. 인광 대사가 설하기를 "염불로 비로소 숙세의 악업을 소멸할 수 있으니, 정성을 다하면 범부의 마음을 돌릴 수가 있다." 한 것과 같으니, 숙세의 악업이 소멸했다는 것은 능히 淨種에 태어날 수 있다는 것이요, 범부의 마음을 돌린다는 것은 불심을 여는 것이다. (5) 만약 삼보의 문에 善緣을 맺지 않으면, 비록 부처님과 동시대에 세상에 태어났거나, 혹은 부처님이 돌아가셨으나 삼보가 세상에 머물던 장소가 있을 때 태어났더라도 또한 삼보를 보지 못한다. 석가세존 당시에 수많은 사람이 부처님을 뵙고 법을 듣지 못했으며, 또한 현재 지구상에 수십억 인이 능히 주지삼보를 볼 수 있는 이는 많지 않다.

　세 번째 단락에 '**그러므로 이를 미혹하면 본·말을 모두 상실하고, 알면 진·가에 모두 통한다**' 한 것은, 삼보는 허물이 없고 얻고 잃는 것은 사람에게 있음을 말하였다. 만약 미혹하여 믿지 않으면 본심을 상실하고 자기 영성을 매몰하여 업에 따라 과보를 받아 생사가 무궁하지만, 만약 이를 알고 공경하고 믿으면, 妄을 되돌려 '眞'으로 돌아오고, 識('假')을 돌려 지혜를 이루며, 번뇌를 끊고 보리를 증득하여 생사를 마치고 열반을 얻는다.

　'**만약 이 글을 경험한다면 어찌 취사심를 내겠는가**' 한 것은, 만약 인연이

18　感은 중생, 應은 부처님. 중생이 圓機로 부처님을 감동시키면 부처님은 妙應으로 중생에 응하니, 마치 물은 위로 올라가지 않고 달은 아래로 내려가지 않으나 하나의 달이 여러 가지 물에 널리 나타나는 것과 같다.

있어 이 책에서 설한 이·사가 무애한 것과, 더 나아가서 인·과가 차이가 없는 「원수십의」를 보고 들을 수 있으면, 어떻게 취하거나 버리는 편견을 낼 수 있 겠는가! 반드시 상구보리 하화중생의 대보리심을 내고, 만선 모으기를 좋아하는 지성심을 갖추며, 보현보살의 십대행원을 닦아 제불에게 예경하고 널리 공양을 일으키는 등의 일을 할 것이다. 이와 같이 발심(意業)하여 보살행을 닦으면(修因), 공덕이 크고 힘이 커서 반드시 성불함을 얻을 것이다.

이어서 두 항목의 경에서 설한 인연 고사를 인용하여, 세상에서 만약 삼보로 세상을 교화함이 없으면 마치 긴 밤이 캄캄하여 걱정되고 불안한 것과 같고, 만약 삼보가 세상에 머무르면 밝은 태양과 봄바람으로 만물이 윤택해지는 같음을 증명하였다. (1) 한 가난한 여인이 쌀뜨물(潘)과 음식 찌꺼기(澱)로 걸식하는 어떤 출가인(벽지불)에게 공양하고 벽지불 과보를 얻었다. (2) 『아육왕경』에 "부처님 재세시에 부처님이 왕사성에 들어가 걸식하노라니, 이름을 德勝이라 하고 無勝이라 하는 두 아이가 흙을 매만지며 장난하다가, 흙을 뭉쳐 城舍와 창고를 만들고 흙으로 미숫가루를 만들어 창고 안에 두더니, 부처님 상호를 보고는 덕승 동자가 기뻐하며 창고 안에 둔 미숫가루 흙을 손에 쥐고 세존에게 받들어 올리며 발원하기를 '제가 장래에 천하에 왕 노릇 하여 널리 공양을 베풀게 하여지이다' 하니, 이렇게 선근 발원한 인연 공덕으로 부처님이 열반에 드신 지 백 년 후에 전륜왕이 되어 염부제에 왕이 되었다." 하였다. 양무제는 과거 생에 나무꾼이었는데, 하루는 길을 가다 한 낡은 절에 불상이 비를 맞고 젖어있는 것을 보고는, 곧 자기 머리 위에 쓴 떨어진 갓을 벗어 불상 머리 위에 덮어 비를 막았다. 이 인연으로 제왕이 되니, 후인이 "머리에 쓴 떨어진 갓으로 산하와 바꾸었다." 하고 찬탄하였다. 이것이 사실을 증명할 수 있는 일 가운데 하나다.

무 8. 性·修가 둘이 없어야 一心을 깨닫는다
기 1. 첫 질문과 답

集

문 : 인·연은 뜻이 공하고 자·타는 자성이 없어서 열반과 생사가 하나의 몸이라 다름이 없습니다. (그런데) 어찌 자비를 행하고 섭화(섭수교화)를 널리 베풀 필요가 있겠습니까?

답 : 비록 인·법이 본래 空하고 피·아가 비어 고요하지만, 중생이 미혹하여 꿈에서 얻은 것과 같이 도무지 깨달아 알지 못하니, 보살이 자비를 일으켜 진실을 보여야 한다.

問. 因緣義空, 自他無性。涅槃生死, 一體無殊。如何行慈, 廣垂攝化。
答. 雖人法本空, 彼我虛寂。而衆生迷, 如夢所得, 都不覺知。菩薩興悲, 而示眞實。

講

질문한 말에 '**인연의 뜻이 空하다**' 한 것은, 불법에서 설한 '제법이 모두 공하다'는 것이니, 완전히 '일체 법이 인연을 여의지 않고 있다' 한 것에 의해 하는 말이다. 이미 인연으로 말미암아 난 것이라면 반드시 독립성이 없고 불변성이 없고 실재성이 없으니, 이러한 뜻을 '공'이라 한다. 인연으로 난 법이 이와 같이 공하고, 공으로 난 것이 곧 能生의 인연이니, 나는 인에 속하고 남은 연에 속하는 것도 마찬가지다. 그러므로 '자·타가 자성이 없다' 하였다.

'열반과 생사가 하나의 몸이어서 다름이 없다' 한 것은, 제법이 모두 공하여 일심의 연기로 말미암아 있으니, 그러므로 생사와 열반, 중생과 제불이 똑같이 이 일심으로 체를 삼고 연기로 상과 용을 삼아, 마음과 연기가 모두 한 몸이어서 다름이 없다. '어찌 자비를 행하고 섭화를 널리 행할 필요가 있겠습니까'

한 것은, 이미 동체라면 자·타와 능·소를 나눌 수가 없는데, 어떻게 도리어 불보살이 중생을 섭수하고 교화할 필요가 있겠는가? 한 것이다.

대답한 글은, 正因으로는 중생과 부처가 동체이지만, 중생은 미혹에 있고 제불은 이미 깨달았다. 마치 한 사람은 아직 꿈속에 있고 한 사람은 이미 잠에서 깨었다면, 깬 사람은 반드시 방편을 써서 꿈속에 있는 사람을 깨워야 하는 것과 같다. 이른바 '先覺이 後覺을 깨운다'는 것이다. 그러므로 불보살이 자비로 중생을 섭화하는 일이 있는 것이다. 미몽한 중생으로 하여금 미혹을 돌이켜 깨달음으로 돌아오게 하는 것은, 꿈에서 깨어 변계의 망집에서 벗어나 인연의 뜻이 공한 진실에 들어가게 하는 것이니, 그렇게 해야 비로소 꿈꾸는 사람이 아니니 이를 '각자'라 한다.

'인·법이 본래 공하고 피·아가 허적하다' 한 두 구절은, 질문한 말인 '인·연의 뜻이 공하고 자·타가 자성이 없다' 한 것이다. 중생이 중생인 까닭은, 여러 가지 인연으로 나서 자성이 없음을 알지 못하고, 망상 분별을 일으켜 아·법에 집착하여 항상 있다고 생각하기 때문이니, 마치 꿈속에 얻은 것은 없는 것인데 있다고 여기는 것과 같으니, 이것을 변계소집성이라 한다. 이것이 있는 이상 생사업을 지어 생사고를 받으니, 불보살이 이를 보고 불쌍히 여겨 중생의 고통을 차마 못 본 척하지 못해 연기의 대비심으로 진실 법을 설해 보리를 얻게(覺者) 하신 것이다.

기 2. 인용하여 증명하고 설명함

集

『대반야경』에 "부처님이 말씀하시되, '선현(수보리)이여! 유정은 비록 자성이 공하여 여러 가지 모양을 멀리 여의었으나, 더러운 것이나 깨끗한 것을 얻을 수가 있음을 응당 알아야 하느니라'" 하고,

『기신론』에는 "비록 제법은 결국에는 나지 않음을 생각해야 하지만(性德, 止), 또한 인연이 화합한 선악의 업과 고락 등의 과보를 잃어버리지도 않고 파괴하지도 않음을 생각하여야 하며(修德, 觀), 비록 인연인 선악 등의 업보를 생각하지만(修德, 觀), 또한 생각하는 자성은 얻을 수 없다(性德, 止)." 하였다.

그러므로 연기를 관함으로써 열반에 머무르지 않고, 성이 공함을 앎으로 생사에 머무르지 않는다.

大般若經云, 佛告善現, 應知有情, 雖自性空, 遠離衆相, 而有雜染淸淨可得。
起信論云, 雖念諸法畢竟不生, 而復卽念因緣和合, 善惡之業, 苦樂等報, 不失不壞。雖念因緣善惡等報, 而亦卽念性不可得。
是以觀緣起, 而不住涅槃。了性空, 而不住生死。

講

여기서 인용한 경론에서는 모두 性空이나 緣起하고, 緣起하나 性空함을 설명하였다. 그러므로 "성공하나 연기하기 때문에 열반에 주하지 않고, 연기하나 성공하기 때문에 생사에 머무르지 않는다." 하고 설명하였다. '그러나 **雜染**이나 **淸淨을 얻을 수가 있다**' 한 것은, 의타기에 의해 染分과 淨分이 있음을 말했으니, '얻을 수 있다'면 폐하고 버려서는 안 된다. 이로 인하여 알 수 있는 것은, 어떤 사람은 淨分인 의타연기(修德)를 버리는 자가 있는데, 이는 空見을 더한 것이라 性空의 올바른 견해가 아니다.

기 3. 두 번째 질문과 답

集

문 : 서천의 96종 외도가 각기 수행문을 세워 조심하고 신중하게 마음과 힘을 다해 애써 닦았으니, 善業이 없는 것이 아닙니다. 그런데 어떻게 과보가 다하고 도로 윤회에 들어가 해탈을 얻지 못했습니까?

답 : 無生의 올바른 이치를 깨닫지 못하고 오직 생멸의 有因만을 닦아, 탐착하는 마음을 일으키고 희망하는 뜻을 품어, 고통으로 고통을 버리고 미혹으로 인하여 미혹을 쌓았기 때문에, 오르내림에 포복하고 윤회를 그치지 않으니, 모래를 쪄서 밥을 짓는다는 비유로 족히 이를 밝힐 수 있으리라.

問. 西天九十六種外道, 各立修行之門, 勤苦競競, 非無善業。云何報盡, 還入輪回, 不得解脫。

答. 未達無生正理. 惟修生滅有因, 起貪着之心, 懷希望之意, 以苦捨苦, 從迷積迷。匍匐昇沈, 輪回莫己。蒸砂之喩, 足可明之。

講

여기 문답은, 수행은 반드시 性·修가 둘이 아니어서 본래 깨끗한 마음으로 돌아가야 비로소 생사를 해탈하고 불과인 보리를 증득할 수 있음을 밝혔다. 삼가 「불교성수인과간요표」를 보시기 바란다. 인도(西天)의 '96종 외도'가 비록 수행이 있으나 해탈을 얻지 못한 것은, 성을 미혹하고 닦는 허물에 있다. '무생의 올바른 이치를 알지 못한다' 한 것은 性德을 알지 못함을 말하였고, '오직 생멸의 유인만을 닦는다' 한 데서부터, '미혹으로부터 미혹을 쌓는다' 한 데까지는 修德에 합하지 않음을 밝혔다. '오르내림에 포복하고 윤회를 그치지 않는다' 한 것은 해탈의 과덕을 얻지 못함을 말하였다. 이로써 알 수 있는 것은, 불교를 배우고 수행하면서 만약 성·수의 인과를 알지 못하고, 이해하지 못하고 합하지 않으면, 모두 눈먼 수련에 속한다는 점이다. 비유하면 모래를 쪄서는 결코 밥이 될 수 없는 것과 같으니, 어찌 황당하지 않은가!

기 4. 세 번째 질문과 답

集

문 : 비단 외도가 善을 닦아 해탈을 얻지 못할 뿐만 아니라, 內敎에 의해 닦아도 또한 도를 얻지 못하는 자가 있는데, 그건 무엇 때문입니까?
답 : 모두 내(我)가 있기 때문이니, 그러므로 結(혹·업·고)을 끊지 못한다. 무릇 수행할 때 모두 "나는 수행자다." 하며, 경계에서 얻은 것에 따라 인과에 집착한다. 만약 두 가지 無我의 이치를 안다면, 一心을 證解하여 번뇌에 동요하지 않고 이 자리에서 당장 해탈할 것이다.
問. 非惟外道修善 不得解脫 依內敎修 亦有不得道者 何耶
答. 皆爲有我 故不得斷結 凡作之時 皆云我能作 隨境所得 住着因果 若了二無我理 證解一心 不動塵勞 當處解脫

講

이번 문답은 앞의 문답에서 왔다. '외도가 수행은 있으나 증득이 없는 것은 그럴 수 있겠으나, 불교('內敎')에서 수행하는 이도 도과를 얻지 못하는 것은 무슨 까닭인가?' 한 것이다.

스님이 대답한 글은 화통·점정의 필법으로, 一心을 깨달았는지 못깨달았는지에 주안점을 두었다. 수행하더라도 一心에 二門이 있음을 알지 못하면 심진여문을 미혹하여 내가 있음에 집착하여 번뇌를 끊지 못한다. '결'이란 혹·업·

고의 연결을 끊지 못함을 말한다. 무릇 수행할 때 심생멸문만을 따라 心·境과 能·所의 갖가지 분별을 일으켜 거기에 탐착하여 마음 밖에서 법을 취하면 본래 청정한 마음으로 돌아가지 못하니, 어떻게 해탈할 수 있겠는가? 반대로, 人·法이 無我임을 알면 일심이문의 심성이 본래 청정(眞如)하여 생사와 열반, 중생과 제불이 모두 일심으로 지었다는 것을 깨닫는다. 비록 지었으나 당체가 空하고, 비록 공하나 만법을 緣起하니, 공은 性이요 연기는 修다. 이렇게 성과 수가 둘이 아니어서, 지으나 지음이 없고 지음이 없으나 지으니, 그렇게 하면 일심 이문을 수순하여 청정한 일심을 증득한다. '塵勞에 동요하지 않고 바로 이 자리에서 해탈한다' 한 것은, 경에서 설한 "하나가 청정하면 모든 것이 청정하고, 하나를 해탈하면 모든 것을 해탈한다." 한 것이다.

무9. 인연으로 나서 性이 없고, 性이 없으나 인연으로 남기 1. 처음 질문과 답

集

문: 수행할 때 어떻게 無我임을 알 수 있습니까?

답: 어떤 행동을 할 때 (모든 행위는) 인연에 의해 일어난 것이라, 비록 하는 일이 있으나 주재가 없어서, 거기서 나온 음성은 마치 풍탁과 같고, 근기에 따라 구르고 움직이는 것은 오직 木人과 같을 뿐이다. 다만 業力에 의해 할 뿐이라서 자성을 얻을 수가 없어서, 사대가 모였다 흩어지고 나고 멸하는 것이 인연을 따르며, 더 나아가 육취에서 몸을 받는 것도 마찬가지다. 실로 능히 오고 갈 사람이 없다.

問. 正作之時, 云何了無我。

答. 所作之時, 從緣而起, 雖有施爲, 而無主宰。所出音聲, 猶如風鐸。隨機轉動, 惟似木人。但依業力所爲, 而無我性可得。四大聚散, 生滅隨緣。乃至六趣受身, 亦復如是。實無有人, 而能來往。

講

이번 문답은 앞에서 답한 '만약 무아임을 알면 일심을 깨닫는다' 한 데서 이어서 왔다. '正作(수행)'은 緣生이요 緣生은 無性이어서 다만 업력(인연)에 의해 하는 것이라 我性(자성)을 얻을 것이 없음을 밝혔다. 人과 法이 모두 나고 멸하는 인연을 따른 것이라, 온 곳이 없고 또한 가는 곳도 없다. '풍탁'은 탑의 사방 처마 끝에 달려있는 풍경이다. '목인'은 나무로 조각한 사람 형상이다.

기 2. 인용하여 증명함

集

『화엄경』에 "마치 작동하는 기계 장치를 한 나무 사람 같이, 능히 갖가지 소리를 내지만 저것은 내(我)가 없고 내 것이 아니니, 業性도 또한 이와 같네." 하고
　『지도론』에서는 "인연으로 하늘에 태어나고 인연으로 지옥에 떨어진다. 만약 내(我)가 그렇게 하고(내가 하늘에 태어나고 지옥에 떨어진다), 인연이 아니라고 말한다면(인연으로 하늘에 태어나지 않고 지옥에 떨어지지 않는다고 한다면), 악을 저지르고서 어찌하여 하늘에 나지 않고 지옥에 떨어지며, 내가 어찌 저 지옥에서 고통 받는 것을 싫어하는가? 내가 이미 악을 저지르고서 즐거움을 받지 않았다면 선악으로 과보를 받는 것이 오직 인연뿐이고 내(我)가 아님을 알 수 있다. 그러나 중생은 내가 없고(無我) 지음이 없는(無作) 가운데서 망령되게 내가 있고 내가 짓는다고 알며 억지로 그 주인으로 삼으면서, 인식이 하는 것이라 결

코 짓는 자가 없음을 알지 못한다. 외도는 모두 '어떤 일을 하는 것은 모두 神我가 있기 때문이니, 만약 신아가 없다면 누가 일을 하겠는가?' 하고 말하니, 『대지론』에서는 이를 타파하여 '마음은 識相이니 그러므로 스스로 능히 몸을 부릴 수 있고 神을 기다리지 않는다. 마치 火性이 능히 사물을 불태우고 사람을 빌리지 않는 것과 같다'" 하였다.

『유식론』에는 "여러 가지 집착하는 것이 실제로 我體가 있다면 사려가 있기도 하고 사려가 없기도 하다. 사려가 있으면 응당 無常한 것이니 어느 때나 사려가 있는 것은 아니기 때문이다. 사려가 없으면 마치 허공과 같아서 능히 업을 짓지도 않고 또한 과보를 받지도 않기 때문에, 집착하는 나(我)라는 것이 이치에 모두 성립되지 않는다. 그러므로 정녕코 實我가 없고 다만 諸識만이 있어서 까마득한 예로부터 앞에서 멸하고 뒤에서 나서 인과가 상속하며, 거짓으로 말미암아 훈습하여 나(我)라는 형상이 나타나는 것 같건만, 어리석은 자는 그 가운데서 망집하여 나라고 여기는 줄 알 수 있다. 또한, 無我라는 것은 곧 無性이니, 性은 곧 본체요 본체는 主質의 뜻이다. 무릇 하나의 법은 모두 여러 가지 인연으로부터 이루어져서 실로 본체가 없고, 본체가 없기 때문에 空이다. 그러므로 중생은 性空 가운데서 實有하다고 집착하여, 안으로는 굴레에 매이고 밖으로는 번뇌에 묶이니, 그러므로 수행이 心·境에서 벗어나지 않고 심지어 과덕을 얻는 것도 원인을 여의지 않으니, 오르고 내리는 것이 비록 다르나 항상 諸有에 얽매여 서로 올라가고 내려와 시종 윤회하니, 여러 가지 고통이 나는 것이 내(我)가 근본이 된다." 하였다.

華嚴經云, 如機關木人, 能出種種聲, 彼無我非我, 業性亦如是.

論云, 因緣故生天, 因緣故墮地獄. 若言是我, 非因緣者, 作惡何不生天, 乃墮地獄耶. 我豈愛彼地獄受苦耶. 我旣作惡而不受樂者, 故知善惡感報, 惟是因緣, 非是我也。而眾生於無我無作之中, 妄認我作, 强爲其主。不知是識所爲, 決定無有作者。外道皆稱執作悉有神我, 若無神我, 誰爲所作。智論破云, 心是識相, 故自能使身, 不待神也, 如火性能燒物, 不假人。

唯識論云, 諸所執實有我體, 爲有思慮, 爲無思慮。有思慮, 應是無常, 非一切時有思慮故。無思慮, 如虛空, 不能作業, 亦不受果故。所執我, 理俱不成。由此故知定無實我, 但有諸識, 無始時來, 前滅後生, 因果相續。由妄薰習, 似我相現。愚者於中, 妄執爲我。又無我者, 卽是無性, 性卽是體, 體是主質義。凡有一法, 皆從衆緣所成, 實無本體。以無體故空。是以衆生於性空中, 執爲實有。內則爲我所羈, 外則爲塵所局。所以修行不出心境, 及至得果, 不離所因。昇降雖殊, 常繫諸有, 互爲高下, 終始輪廻。衆患所生, 我爲其本。

講

여기서는 『화엄경』 게송과 『지도론』과 『유식론』의 논문을 인용하여, 제법이 자성이 없건만 망집으로 인·아가 있고, 여러 가지 고통이 나는 것은 내(我)가 근본이 됨을 증명하였다.

기 3. 두 번째 물음과 답

集

문 : 이미 만법이 체성이 없어서 본래부터 空하다면, 어찌하여 또한 제법이 건립합니까?

답 : 체성이 空無하여 인연으로 인하여 나기 때문이다. 만약 자체가 있다면 인연을 빌려 나지 않고, 이미 인연으로 인하여 나지 않는다면 곧 만법이 그 고정의 체성이 있다. 만약 고정의 모양을 세운다면 곧 변함없다는 과실[常過]이 이

루어져서 선과 악이 바뀔 수가 없어서 인과 과가 마침내 착란을 이룬다. 그래서 악을 저질러 응당 하늘에 태어나고 선을 행하여 응당 깊은 못에 빠지니 인이 없기 때문이요, 선을 지어도 응당 복이 없고 악을 지어도 응당 죄가 없으니 과가 없기 때문이다. 그러므로 만법이 體性이 없고 定性이 없어서 다만 인연으로 인하여 나타날 뿐이다. 인연으로 나기 때문에 자성이 없어서 제법이 모두 공하고, 자성이 없기 때문에 인연으로 나서 제법이 건립한다. 그러므로 『화엄경』에 보살이 자성이 없는 가운데서 모든 불사를 건립함을 밝혔다. 그러므로 空으로 인하여 有를 세워 有와 無가 스스로 이름 붙였고, 有로 인하여 空을 밝히니 자체가 공무하다.

問. 旣萬法無體, 本來自空, 云何復有諸法建立。

答. 祇爲空無體性, 而從緣生。若有自體, 卽不假緣生。旣不從緣生, 卽萬法有其定體。若立定相卽成常過。善惡不可改移, 因果遂成錯亂。爲惡應生天, 爲善應沈淵, 以無因故。作善應無福, 作惡應無罪, 以無果故。是以萬法無體無定, 但從緣現。以緣生故無性, 諸法皆空。以無性故緣生, 諸法建立。故華嚴經, 明菩薩於無自性中, 建立一切佛事。是以因空立有, 有無自名。從有辨空, 空無自體。

講

이번 문답은 中觀의 중요한 뜻이다. 일반인은 모두 有는 空이 아니요, 空은 有가 아닌 줄 알기 때문에, '이미 만법이 본래 空(無體)이라면 어찌하여 도리어 제법이 있는가?' 한 것이다.

대답은, 먼저 올바른 원인[正因]을 전체적으로 보였으니, 제법이 공하여 체성이 없기 때문에 비로소 緣生의 제법이 있는 것이다. 마지막은 결론적으로 답하였다. 空으로 인하여 有를 세우고 有로 인하여 空을 밝히니, 공과 유가 서로 보충하고 서로 장애하지 않는다. 이것이 불법의 중관철학이다. 그러나 일체중생은 人·法에 확정된 본체가 있다고 잘못 알고, 세상의 일반 종교도 神我가 실재하다고 잘못 아니, 이것들은 모두 우주 인생의 진실한 모습이 아니다. 오직 부처님이 설한 緣起 正見만이 제법의 실상인 우주 철리니, 緣生이기 때문에 無性이요 무성하기 때문에 연생이라, 이야말로 제법 실상이요 우주의 진리임을 보이신 것이다. 세간이나 출세간의 인과보응이 이로 인하여 건립하고, 일체중생이 범부를 바꾸어 성인을 이루는 것이 이로 인하여 달성할 수 있다.

'공으로 인하여 인을 세운다'는 것은, 『법화경』에서 설한 여시상과 내지 여시본말이 모두 구경 평등하여 空으로 인하여 연기하여 有인 것과 같다. '유와 무가 스스로 이름 붙였다'는 것은, 인연을 따라 생긴 여시상 등이 결정성의 자기 이름이나 모양[名相]이 없으니, 비유하면 물이 열기의 인연을 만나 수증기라는 이름이나 모양, 체성이나 힘이나 작용, 과·보 등을 이루고, 찬 기운의 인연을 만나 얼음이라는 이름이나 모양, 체성 등으로 변화하는 것과 같으니, 인연으로 난 제법의 이름이나 모양이나 힘이나 작용이 모두 인연에 따라 다르게 있는 것이지, 제법이 결정적으로 이러한 명칭이나 이러한 모양 등이 있는 것이 아니다. 그러므로 불법에서 설한 空은 반드시 연기의 有法에 깊이 들어가 '자성이 없고 정체가 없지만, 인연으로 인하여 나타난다' 한 것을 관찰해야 한다.

'緣生하기 때문에 無性하다' 한 것은, 인연에 따라 난 유법은 독립성이 없고 불변성이 없으며 실재성이 없음을 밝혔으니, 이것이 '유로부터 공을 밝혀 제법이 모두 공하다' 한 것이다. 이 공은 자성이 없고 정체가 없으니, 그러므로 '공하여 자체가 없다' 하였다. '무성이기 때문에 연생이다' 한 것은, 제법이 모두 자성이 없어야만 비로소 능히 인연에 따라 생기하여 여시상과 여시성과 여시체 등의 '제법 건립'이 있을 수 있는 것이다. 이것이 공과 유가 서로서로 인연하여 이루어지는 중도정견이니, 외도 邪執의 단멸한 공이나 완고한 공이 아니요, 또한 이승의 事를 버리고 理를 보는 편벽된 공이 아니다.

기 4. 세 번째 물음과 답

集

문 : 현전에서 제법이 발생하는 것을 보는데, 어찌 자성이 없다 하십니까?
답 : 태어나지만 태어남이 없으니, 그래서 자성이 없다. 만약 태어남이 있다고 하면 저절로 태어나는 것이 되고[自生], 다른 것에 의해 태어나는 것이 되며[他生], 공동으로 태어나는 것이 되며[共生], 원인 없이 태어나는 것이[無因生] 된다.

만약 자생이라 한다면, 비유하면 자신의 몸이 부모가 아니면 어떻게 태어날 수 있겠는가? 그러므로 "이 몸은 부모가 남겨준 몸이다." 한 것이니, 과거 업으로 內因이 되고 부모의 몸에 의탁하는 것이 外緣이 되어 안팎의 인연이 화합하여 있으니, 그러므로 자생이 아니다.

혹은 타생이라 한다면, 만약 숙업의 自因이 없으면 마침내 태에 의탁하지(태어나지) 않으니, (중생이) 모두 자기 업으로 인하여 있다. 비유하면 밖으로 물과 흙을 갖추었지만, 만약 종자가 없으면 반드시 나지 않는 것과 같다.

만약 공생이라 한다면, 인은 연을 빌려 이루어지니 어찌 자체의 작용이 있으며, 연은 인으로 인해 일어나 外助의 공능이 없으니, 인과 연이 각기 없다면 화합이 어찌 있겠는가? 예를 들면 하나의 모래에 기름이 없으면 여러 가지 모래를 화합하더라도 있는 것이 아니요, 한 사람의 맹인이 보지 못하니 여러 사람의 맹인을 모은들 어찌 보겠는가?

만약 원인이 없이 난다면, 석녀가 아이를 낳고 거북 털로 불자를 만들 것이니, 인이 있더라도 오히려 없는데 인이 없이 어찌 있겠는가? 또한, 有因으로 인하여 無因이 성립되는데, 유인이 이미 없다면 무인도 또한 끊어지는 것이다.

다만 자·타 두 구절이 태어남이 없음을 알면 네 구절이 모두 파괴되니, 이미 자·타가 없다면 누구와 화합(공생)하며 無因으로 나겠는가? 有 등 네 구절은 자연히 고요하다.

이로써 알 수 있는 것은, 태어남이 없이 태어나는 것은 환상임이 분명하고, 태어나는 것이 태어남이 없는 것이야말로 眞性이 분명하다는 점이다. 그러므로 『금강삼매경』에 "인연으로 났다는 뜻은 滅이지 生이 아니라는 뜻이요, 여러 가지 생멸이 멸하였다는 뜻은, 생이지 멸이 아니라는 뜻이다." 하였다.

問. 現見諸法發生, 云何無性。

答. 卽生無生, 所以無性。若云有生, 爲復自生, 爲他生, 爲共生, 爲無因生。

若云自生者, 譬如自身, 若非父母, 云何得生, 故云此身卽父母之遺體。以過去業爲內因, 託父母體爲外緣, 內外因緣和合而有, 卽非自生。

或云他生者, 若無宿業自因, 終不託胎, (衆生)皆從自業而有。譬如外具水土, 若無種子, 決定不生。

若云共生者, 因假緣成, 何有自體之用。緣從因起, 而無外助之能。因緣各無, 和合豈有。如一砂無油, 和衆砂而非有(油)。一盲不見, 聚衆盲而豈觀(見)。

若云無因生者, 卽石女生兒, 龜毛作拂, 有因尙無, 無因豈有。又從有因, 而立無因, 有因旣無, 無因亦絶。

但了自他二句無生, 則四句皆破。旣無自他, 將誰作和合(共生), 及以無因(所生)。有等四句, 自然宴寂。

是知, 無生之生, 幻相宛爾。生卽無生, 眞性湛然。故金剛三昧經云, 因緣所生義, 是義滅非生。滅諸生滅義, 是義生非滅。

🔲講

여기 일단의 문답은, 인연으로 태어난 것은 자성이 없음을 해석하였다. 먼저 '태어나는 것은 태어남이 없으니, 그러므로 자성이 없다' 한 것은 전체적으로 대답한 것이다. '태어남이 없다'라거나, '자성이 없다'라는 것은 空을 말하고, 자성이 있고 태어남이 있는 것은 色을 말한다. 그러므로 『반야심경』에서 "색이 공과 다르지 않고 공이 색과 다르지 않아서, 색이 곧 공이요 공이 곧 색이다." 한 네 구절은, '태어나는 것은 곧 태어남이 없다' 한 것의 가장 좋은 주해이다.

'만약 태어남이 있다고 한다면' 한 아래 다섯 구절은 질문한 말이다. 만약 태어남이 있다고 말한다면 自, 他, 共, 無因 등 네 가지 태어남에서 벗어나지 않으니, 이는 옳지 않다. '만약 저절로 태어난다[自生]고 말한다면' 한 것부터, '無因도 또한 끊어진다' 한 데까지는, 네 가지 태어남을 모두 얻을 수 없음을 해석하였다. 네 단락으로 나누니, 매 단락마다 모두 먼저 법으로 설하고, 거듭 비유와 법합을 들어 매우 분명하게 설명하니 거듭 강해할 필요가 없다.

'다만 자·타 두 구절이 태어남이 없음을 알면' 한 데서부터, '자연히 고요하다' 한 데까지 모두 일곱 구절은, 만약 네 가지 태어남을 얻을 수 없음을 안다면, 일반인의 네 구절 집착인 이른바 유, 무, 역유역무, 비유비무 등 네 구절이 저절로 없어지니, 이야말로 모든 執見의 근본이기 때문에, '자연히 고요하다' 한 것이다.

'이로써 알 수 있는 것은, 무생의 생은 환상임이 분명하고, 생이 곧 무생임은 진성이 담연하다' 한 것은, 중관 정견이야말로 불법의 기본 철리임을 결론지었다. 용수보살의 『중론』에 "제법은 저절로 나지도 않고, 또한 다른 것으로 인하여 나지 않으며, 공동으로 나지 않고, 원인 없이 나지도 않으니, 그러므로 無生임을 알 수 있다." 하고, 저기에서 또 해석하기를 "'저절로 나지 않는다'는 것은, 만물이 저 홀로 태어남이 없어서 반드시 여러 가지 인연을 기다린다. 또한, 만약 저 홀로 태어난다면 하나의 법에 두 가지 체성이 있으니, 하나는 태어나는 것[生]이라 하고 둘은 태어나게 하는 것[生者]라 한다. 만약 다른 인연 없이 제 홀로 난다면 因이 없고 緣이 없다. 또한, 生에 다시 生이 있다면 태어남이 무궁하여 自가 없기 때문에 他도 또한 없다. 왜냐하면, 自가 있기 때문에 他가 있기 때문이니, 만약 自로부터 나지 않는다면 또한 他로부터도 나지 않는다. 공생이라면 두 가지 허물이 있으니, 저절로 나기도 하고 다른 것으로부터 나기도 하기 때문이다. 만약 원인 없이 만물이 있다면 이는 늘 존재하는 것(常)이니 만사는 그런 이치가 없다. 인이 없으면 과가 없기 때문이다. 만약 인이 없이 과가 있다면, 보시·지계 등으로 응당 지옥에 떨어지고, 십악과 오역으로 응당 천상에 태어나야 한다. 인이 없기 때문이다."(대정장경 30권 2페이지 중) 하였다. 그러므로 저 『중론』에서 실마리를 열어 "나지도 않고 멸하지도 않으며, 常도 아니고 斷도 아니며, 하나도 아니고 또한 다르지도 않으며, 오지도 않고 또한 나가지도 않네. 이 인연을 설하여 모든 희론을 잘 소멸하나니, 나는 부처님께서 여러 가지 중도 제일의를 설한 것에 머리 조아려 예배하네.[不生亦不滅 不常亦不斷 不一亦不異 不來亦不出 能說是因緣 善滅諸戲論 我稽首禮佛 諸說中第一]"(동상 1페이지 중) 하였다.

　스님은 또 『금강삼매경』에서 설한 것을 인용했으니, '**인연으로 났다는 뜻은, 멸이지 생이 아니라는 뜻이요**' 한, 두 구절은, 『중론』에서 설한 "여러 가지 인연으로 난 법을 나는 곧 공이라 설하노라."(동상 33페이지 중)한 것이요, '여러 가지 생멸이 멸하였다는 뜻은, 생이지 멸이 아니라는 뜻이다' 한 두 구절은, 『중론』에서 설한 "自體로부터 멸하는 것이 아니요, 他體로부터 멸하는 것이 아니다."(동상 12페이지 상) 한 것이다. '무생의 생'은 性空이지만 緣起하니 이는 의타기성이기 때문에 '환상임이 분명'하고, '생이 곧 무생'은 연기하지만 성공하니 이는 원성실성이므로 '진성이 담연'하다. 이는 일심 이문이니, 제법의 실상이다.

기 5. 네 번째 물음과 답

集

문 : 이미 일체 제법이 자성이 없고 태어남이 없다면, 어찌하여 중생이 경계와 인연에 집착하여 實報를 받습니까?

답 : 자성이 없음을 알지 못하고 實有라고 미혹하기 때문에 그러한 實報를 받는 것이다. 만약 자성이 空임을 통달하면 탐착을 내지 않고, 이미 탐착을 내지 않았으면 자유롭게 행하여 그 원인에 주하지 않아 마침내 과보를 받지 않는다. 그러므로 경에 "마음이 나면 갖가지 법이 난다." 하고, 또한 "모든 것이 오직 마음이 지었을 뿐이다." 하였으니, 만약 마음이 일어나지 않으면 바깥 경계가 항상 텅 비고, 경계의 자성이 공함을 알면 그 마음이 저절로 고요하니, 망심이 이미 고요하면 환상이 어찌 나겠는가? 마음과 경계에 모두 깊이 합하면 자연히 도에 합한다.

問. 旣一切諸法, 無性無生, 云何衆生, 執着境緣, 而受實報。
答. 祇爲不了無性, 迷爲實有, 所以受其實報。如達其性空, 卽不生貪着。旣不耽着, 任運施爲, 不住其因, 終不受果。故經云, 心生種種法生。又云, 一切唯心造。若心不起, 外境常虛。了境性空, 其心自寂。妄心旣寂, 幻相何生。心境俱冥, 自然合道。

講

이번 문답은 법성이 비록 공적하지만 과보는 털끝만치도 없어지지 않는다는 것을 천명하였다. 왜 그런가? 스님의 해답은 '空함을 미혹하고 有에 집착하기 때문에 과보를 받으니, 만약 자성이 공한 줄 알면 마침내 과보를 받지 않는다' 하였다.

그렇다면 어떻게 공임을 알아 집착이 없을 수 있는가? 그것은 반드시 일심삼관을 닦아야 한다.

空임을 관[空觀]하기 때문에 일체 경계에 대하여 탐착을 내지 않고, 이미 愛(耽)着하지 않는다면 取가 있음을 알지 못하니, 이 愛와 取 두 가지 마음이 육도 중생이 생을 받는 원인이다. 이미 애·취가 없으면 삼계에 生을 받는 원인이 멸하니, 그러므로 '자유롭게 행하고 그 원인에 주하지 않는다' 하였다. 태어나는 원인이 이미 없다면 마침내 삼계의 과보를 받지 않으니, 이것이 있으므로 저것이 있고, 이것이 없으므로 저것이 없으니, 이것이 12인연법의 연기와 환멸 인과이다.

假임을 관[假觀]하기 때문에, 일체 법이 有가 아니지만 有여서 모두 일심이 연기한 환상임을 안다. 만약 諸根이 환과 같고 경계가 꿈과 같다는 관념을 마음속에 항상 잘 지키고 지탱하면 갖가지 분별과 받아들임[領受]이 없으니, 마치 새가 장공을 날아가지만 조금도 흔적이 없는 것과 같아서 자연히 일체 경계에 애·취를 분별하는 마음을 내지 않는다.

중도임을 관[中觀]하기 때문에, 根이나 경계나 식이 모두 서로서로 인연으로 이루어지고 인연으로 태어나 자성이 없고, 오직 하나의 자성청정심뿐이어서 고요하지만 항상 비추고 비추지만 항상 고요함을 깨달아, 마음에 망상이 없고 경계에 愛·執(取)하지 않아서 마음과 경계에 깊이 합하여 똑같이 청정하여 자연히 본심의 근원에 회복한다('合道').

일심삼관을 수행하는 것을 '이 마음이 부처가 된다[是心作佛]'라고 부르니,

부처가 됨[作佛]으로 말미암아 '이 마음이 부처다[是心是佛]' 하는 것을 증득하니, 이것이 곧 修德으로 말미암아 性德을 드러내 비로소 佛果 菩提의 과덕을 이룬다. 이러한 '성수의 인과'는 부처님이 있든 부처님이 없든 간에 본래부터 이와 같다.

기 6. 인용하여 증명함

集

『화엄경』에 "안, 이, 비, 설, 신과 心意의 여러 가지 情根[19]인 일체가 공하여 자성이 없고, 망심 분별만이 있네." 하고, 또한 "세간 일체 법은 오직 마음이 주인이니, 여러 가지 모양을 알고 취하는 데 따라 전도하여 여실하지 않네." 하였다.
華嚴經云, 眼耳鼻舌身, 心意諸情根, 一切空無性, 妄心分別有。又云, 世間一切法, 但以心爲主, 隨解取衆相, 顚倒不如實。

講

여기서 인용한 『화엄경』 偈語는 일심삼관을 닦는 것이다. 앞의 네 구절은 空觀이니, 그러므로 '일체가 공하여 자성이 없네' 하였다. 뒤에 네 구절은 假觀이니, 그러므로 '전도하여 여실하지 않네' 하였다. 空이기도 하고 假이기도 하여 하나도 아니고 다르지도 않은 것이 中觀이다. 『화엄경』 각림보살 게송에 "만약 삼세 일체불을 알고자 하면 응당 法界性을 관하라. 모든 것이 오직 마음뿐이네." 한 것이다. 일심 이문이 공이기도 하고 가이기도 한 것이 '법계성'이니, 또

---

19 안·의·비·설·신은 '根'이고, 心意는 '情'을 말한 것인가?

한 법계의 대총지문이다.

기 7. 의심을 널리 풀어줌

集

문 : 이미 實報를 받았다면, 어찌 일체가 空하다 할 수 있습니까?
답 : "중생은 스스로 잘못 알고 實이라 여기지만, 그 자성은 항상 공하다." 하고 분명히 말한다. 비록 고통과 즐거움을 받아 싫어하고 만족하는 마음이 나지만, 人·法이 모두 공하여 하나도 얻을 것이 없다. 마치 꿈에서 좋아하는 것을 보면 기뻐하고 미워하는 것을 보면 슬픈 마음이 가슴에 가득하지만, 잠을 깨고 나면 환하게 아무 일도 없는 것과 같다. 깨고 나면 있는 것이 아니지만[非有] 꿈속에서는 없지도 않으니[非無], 이미 전도된 因을 익혔으면 허망한 果가 없지 않다.
문 : 妄心과 幻境이 본래부터 없었습니까? 지금부터 없습니까?
답 : 마음과 경계가 본래부터 없다.
문 : 본래부터 없었다면 중생은 어찌 해탈을 얻지 못했습니까?
답 : 본래 얽매임이 없는데 어찌 푸는 것을 말하는가? 다만 본래부터 없었음을 알지 못하여 망령되게 지금은 있다는 생각을 내는 것이다. 까마득한 예로부터 훈습한 힘으로 깨닫지 못하고 알지 못하여 업에 따라 구르니, 비록 업의 구속에 있으나 자성은 항상 청정하다.
문 : 어떻게 하면 궁극적인 청정을 얻을 수 있습니까?
답 : 여기에 두 가지 뜻이 있다. 하나는 본래부터 없음을 알면 自性淸淨을 얻을 수 있고, 둘은 그 妄染을 깨끗하게 하면 離垢淸淨을 얻을 수 있다. 본성이 이미 깨끗하면 妄念이 나지 않고, 二障이 모두 소멸하면 三輪이 확철하여, 근본에 계

합하고 근원에 명합하여 종자와 현행이 모두 고요하다.

問. 旣受實報, 云何言一切空.

答. 分明云衆生, 自妄認爲實, 其性常空. 雖受苦樂, 厭愛情生, (然)人法俱空, 一無所得. 猶如夢見好惡, 欣戚盈懷. 及至覺來, 豁然無事. 覺來非有, 夢裡非無. 旣習顚倒之因, 不無虛妄之果.

問. 妄心幻境, 爲復本無, 從今日無.

答. 心境本無.

問. 旣是本無, 衆生云何不得解脫.

答. 本來無縛, 云何稱解. 祇爲不達本無, 妄生今有. 從無始際, 薰習之力, 不覺不知, 隨業而轉. 雖任業拘, 性常淸淨.

問. 如何得究竟淸淨.

答. 此有二義, 一者了其本無, 得自性淸淨. 二者淨其妄染, 得離垢淸淨. 本性旣淨, 妄念不生. 二障雙消, 三輪廓徹. 契本冥源, 種現俱寂.

講

스님은 다시 네 번의 문답으로 의심을 풀어주었다.

첫 번째는 모든 것이 모두 공하다는 의심을 풀어주었다. 이른바 '중생'이란, '여러 가지 인연으로 태어난 것[衆緣所生]'이라는 뜻으로, 인연으로 난 것은 진실한 것이 없어서 그 자성이 항상 공하다. 그러나 중생은 잘못 알고 진실하다고 여기니, 그러므로 '중생'이라 한다. 범부 중생은 자성이 공함을 알지 못하기 때문에 고통을 받으면 싫어하는 마음을 내고 즐거움을 받으면 좋아하는 마음을 내니, 이것이 중생의 모습이다. 참으로 人이나 法(고·락 등)이 모두 인연으로 난 것이라 자성이 없으니(空), 이것이 제법의 실상이다.

중생의 모습은 마치 사람이 꿈속에서 보는 것과 같고, 제법 실상은 꿈을 깨고 본 것과 같다. 꿈속에서는 있고('非無'), 깨었을 때는 없으니('非有'), 이것은 매우 자연스러운 일이다. 중생이 잘못 알고 사실이라 여겨 전도된 원인을 익히면 생사에 윤회하는 허망한 결과가 없지 않다. 영가 스님의 『증도가』에 "꿈속에서는 분명히 六趣가 있으나, 깨고 나면 텅 비어 大千이 없네." 한 것이다.

일체중생이 예로부터 일념이 妄動하여 업식이 망망하고 그 업력에 따라 육도에 유전하니, 모두 탐·진의 애욕의 물이 고통의 싹을 적심으로 말미암아 한결같이 망심에 따라 육진경계에 취착하여 근본으로 돌아갈 줄을 모르니, 이것이 중생의 모습이다. 그러므로 '꿈속에서는 분명히 육취가 있다' 하였다. 지금 三觀의 지혜로 수행하되, 空觀으로 견사혹을 끊고, 假觀으로 진사혹을 끊으며, 中觀으로 무명혹을 파하여 三惑이 이미 空하면 육도 중생의 모습이 공할뿐더러, 더 나아가서 삼천대천세계의 일체 존재가 모두 공하지 않음이 없으니, 이것이 제법 실상이다. 그러므로 '깨고 나면 텅 비어 대천이 없다' 하였다.

두 번째는 '妄心과 幻境이 본래 없었는데 왜 지금은 있는가?' 하는 의심을 풀어주었다. 妄心은 안에서 분별하는 뜻이요, 幻境은 밖에서 더러워진 뜻이다. 중생의 자성 청정심은 본래 안으로 망심과 밖으로 환경이 없었는데, 무시 무명이 있음으로써 일념이 망동하여 있고, 있으나 있는 것이 아니기 때문에 본래부터 없다.

세 번째는 '중생이 어떻게 해탈을 얻지 못하는가?' 하는 의심을 풀어주었다. 묶임이 있어야 풀어줌이 있는데, 본래 묶임이 없는데 어떻게 해탈을 설할 수 있겠는가? 다만 중생이 본래부터 없음을 알지 못하고 엉뚱하게 실제로 있다는 집착을 낼 뿐이다. 예를 들면 새끼줄에는 본래 뱀이 없는데 엉뚱하게 뱀이라는 생각을 내는 것과 같다.

까마득한 예로부터 오늘에 이르기까지 모두 안으로는 망심이 있고 밖으로는 환경을 가지고 있으면서, 서로 훈습하는 가운데 미혹을 일으키고 업을 지으며 과보를 받아 업에 따라 유전하여 깨닫지 못하고 알지 못한다. 마치 누에가 고치를 지어 거기에 스스로 묶여 능히 벗어나지(해탈) 못하는 것과 같으니, 만약 고치를 짓지 않으면 본래 묶임이 없어 자성이 항상 청정하니, 어찌 해탈을 구할 필요가 있겠는가?『능엄경』에 "부처님이 말씀하시되, '선재라, 아난아! 일체중생이 무시이래로 생사에 상속함은 모두 常住하는 眞心인 자성이 淨明한 당체[性淨明體]를 알지 못하고 여러 가지 망상을 쓴 탓이니, 이 망상이 참되지 않으므로 윤회하게 되는 줄을 알아야 하느니라.'" 한 것과 같다. 이로 인하여 알 수 있는 것은, 자성이 미혹하지 않으면 묶이거나 풀어주는 일이 없다는 점이다.

네 번째는 '어떻게 궁극적인 청정을 얻을 것인가?' 하는 의심을 풀어주었다. 스님은 두 가지로 나누어 설명하였다. 하나는 理를 깨닫는 것이니, '본래 없음을 알면 자성청정을 얻는다' 한 것이다. 이것은 본래부터 있는 자성청정심을 깨닫는 것이니, 이른바 眞이 본래부터 있음을 아는 것이다. 둘은 事로부터 닦는 것이니, '망념을 깨끗이 하면 이구청정을 얻는다' 한 것이다. 이것은 안팎의 妄染과 熏習을 제거하는 것이니, 이른바 妄이 본래부터 공함을 깨닫는 것이다. 이와 같이 理와 事를 쌍수하여 성과 수가 둘이 아니어서 眞이 본래부터 있음을 알고 妄이 본래부터 공함을 깨달아 본래 청정한 심성에 회복하면('근본에 계합하고 근원에 합함'), 모든 망념이 나지 않고 번뇌장과 소지장이 모두 소제하여 삼류의 체가 공('廓徹')하고, 종자와 현행이 모두 淨心의 일심 이문에 수순하여 작용을 일으켜, 고요하면서도 항상 비추고 비추면서 항상 고요하니, 이것이 궁극적으로 청정한 모습이다.

정 10. 인·과가 어긋남이 없음 (圓修十義 중 제10)
무 1. 감·응의 도가 교차하니, 어둡고 맑은 것이 차별이 있음
기 1. 처음 물음과 답

집

문 : 불도는 오랫동안 융창하여 범부나 성인이 똑같이 믿고 받았는데, 어찌하여 흥하고 쇠퇴함이 일정하지 않고 훼손함이 있었습니까?

답 : 대저 만물은 변천이 있으나 삼보는 항상 머무나니, 고요히 동요하지 않으나 감응이 통하면 교화한다. 왕궁에서 처음으로 태어난 것이 아니요, 사라쌍수에서 영원히 가시지 않았다. 만약 중생이 복이 희박하면 佛事가 얼음 녹듯하고, 국토에 인연이 깊으면 梵刹이 구름처럼 솟는다. 사람이 스스로 얻고 잃는다는 생각을 내는 것이지, 법이 성하고 쇠퇴한 것이 아니다. 그러므로 『법화경』에 "중생은 겁이 다함을 보지만, 큰불이 불태울 때 나의 이 국토는 편안하여 천상이나 인간이 항상 충만하다." 하였다.

問. 佛道邈昌, 凡聖同禀, 何乃興替不定, 而有隳壞者乎。

答. 夫萬物有遷, 三寶常住。寂然不動, 感通而化。非初誕於王宮, 不長逝於雙樹。若衆生福薄, 則佛事冰消。若國土緣深, 則梵刹雲聳。在人自生得喪, 非法而有盛衰。故法華經云, 衆生見劫盡, 大火所燒時, 我此土安穩, 天人常充滿。

강

여기서부터는 '圓修十義' 가운데 열 번째 '인·과가 어긋남이 없다' 한 것이다. 세간이나 출세간의 제법에 필연적인 인과가 있으니, 『법화경』에서 설한 십여시인데, 십여의 도리를 알면 인과가 어긋남이 없다는 것을 확신할 수 있다. 『화엄경』에서 "因은 果의 바다를 포함하고, 果는 因의 근원에 사무친다."한 것이나, 『열반경』「사자후품」에서 "因位의 因이 果位의 果요, 果位의 果가 因位의 因이다[因因果果, 果果因因]"[20] 하고, 현수종(화엄종)에서 세운 '육상과 십현문'이 모두 인과 과가 서로 연관되어 이루어진 眞相은 반드시 상응하여 어긋남이 없음을 설명하였다. 그러나 업보는 삼세에 통하여 감응하면 어둡고 밝은 것이 있어서, 법의 궁극을 사무친 佛眼이 아니면 능히 알지 못한다. 그러므로 『법화경』에 "오직 부처님과 부처님만이 능히 제법 실상을 완전히 이해할 수 있다."하고, 『아함경』에는 "연기(인과)가 깊고 깊어 연기를 보면 법을 보고 법을 보면 부처를 본다." 하였다.

스님은 자비가 깊어 우리를 위해 인과가 어긋나지 않음을 자세히 분석하고 밝혀, 모든 사람이 능히 因을 알고 果를 알아 인과를 깊이 믿어 대승의 신심을 성취하게 하였으니, 그렇게 되면 능히 자신을 이롭게 하고 남을 이롭게 하여 불종이 끊어지지 않게 할 수 있다.

스님께서 먼저 감응도교(중생의 感과 부처님의 應이 서로 화합함)하여 어둡고 밝은 것이 차별이 있음을 보였다. 이 가운데 두 번의 문답이 있는데, 첫 번째 질문은 '불교(道)는 2천5백여 년 동안 오래도록(遐) 창성하여 범부와 성인이 똑

---

20 果位의 果를 말한다. 南本『열반경』 권25 「사자후품」과 『法華玄義釋籤(會本)』 권5에 "무명이 因이면 제행은 果며, 諸行이 因이건 識이 果며, 무명을 상대한 것이 因의 因이면 識은 果의 果다."한 것에 따랐다. 佛性도 또한 그러하여 因이 있으면 因의 因이 있고 果가 있으면 果의 果가 있으며, 십이인연(理性의 三因)이 因이면 보리(佛果의 智德)는 果이며, 보리가 因이면 열반(佛果의 斷德)이 果이며, 지혜(因緣을 觀한 智慧)를 상대한 것이 因의 因이면 열반은 果의 果다. 또한 『법화경현의』 권5에 "등각은 묘각에서 바라보면 因이고 보살을 바라보면 果다. 아래로 내려갈수록 또한 因이고 또한 因의 因이며, 또한 果이고 또한 果의 果이다." 하였다. 보살이 수행한 여러 가지 지위로 말미암아 妙覺位에 이르러 피차 상대하여 바라보면 거급거듭된 因果가 있으니, 이것을 因因果果라 한다.

같이 믿고 받아들였다. 그런데 어찌하여 불교 역사에서 흥하기도 하고 쇠퇴하기도 하여 일정하지 않으며, 혹은 불법이 멸하는(隳壞) 현상이 있는가?' 한 것이다.

대답은, 흥하기도 하고 쇠퇴하기도 하는 것은 인연에 따르는 것이지 법에 있는 것이 아님을 설명하였다. 세상의 만사 만물이 인연에 따라 변천하지만, 법성(자성삼보와 일체삼보)은 항상 머물러 변하지 않고 고요히 동요하지 않는다. 삼보는 인연의 감응에 따라 세상을 교화하는 작용을 일으켜 흥하고 쇠하지만, 본체는 더하거나 덜한 차별이 없다.

스님은 부처님께서 팔상으로 성도하신 예를 들었으니, 이것은 고요하여 동요하지 않고 감응함에 마침내 통하며, 오는 것도 없고 또한 가는 것도 없다. 그러므로 '**처음 왕궁에서 탄생한 것이 아니요, 쌍림에서 영원히 가신 것도 아니다**' 하였다. 『법화경』「여래수량품」에 "나는 부처를 얻은 이래 한없는 아승지겁에 중생을 제도하기 위해 방편으로 열반을 보였으나, 사실은 멸도하지 않았다." 한 것처럼, 본사께서는 2천5백여 년 전에 인도 정반왕의 왕궁에서 태자로 탄생한 후에 출가 수행하여 성불한 것이 아님을 알 수 있다. 사실은 무량겁 전에 이미 성불하시고 법을 설하였건만, 중생이 부처님을 뵙는 인연이 없기 때문에 뵙지 못한 것이다. 또한, 단지 80여 년 동안 세상에 머무시다가 인도의 구시라성 밖 사라쌍수 동산에서 열반한 것이 아니다. 본사의 일생 생멸은 인연에 따라 나타내셨지만, 사실은 태어난 적이 없고 돌아가신 적도 없다. 그러므로 지자대사는 부처님이 열반하신 천여 년 후에 부처님이 영산회상에서 법을 설하신 모습을 친견한 것이다.

'**만약 중생이 박복하면**' 한 아래 여섯 구절은, 불교가 흥하고 쇠퇴한 것은 인연을 따랐음을 설명하였다. 예를 들면 중국은 수십 년 전에 문화대혁명을 실행하는 시기를 만나, 전국의 절은 거의 훼손되어 다르게 바뀌거나 다른 용도로 사용되었고, 경전도 또한 대부분 불타 폐지가 되고 말았으며, 승니는 대부분 박해를 받아 환속하거나 혹은 싸우다 죽임을 당했다. 이것은 중국 역사상 일찍이 없었던 불교를 훼멸한 사건이다. 이런 것들을 어떻게 볼 것인가? 중생이 박복하여 공업으로 얻은 것이다!

• 반면 보배섬인 대만 寶島는 불연이 매우 깊어 근 50여 년 이후 불교가 날로 더욱 흥성하여, 절은 갈수록 더욱 많이 지어질 뿐만 아니라 더욱 장엄하고 웅장하며, 출가 승니는 양적이나 질적으로 엄청나게 증가하였다. 모든 불사는 사회 각 방면에 보급되니 이런 일들은 여러분이 모두 공인하는 사실이다. 대륙과 대만은 다 같은 중국이어서 지역적으로 다름이 없고 시간적으로도 또한 선후가 없으니, 믿는 삼보도 또한 양쪽이 다를 수 없다. 그러나 현재 이렇게 극단적으로 흥하고 쇠퇴한 차이가 분명하니, 그것은 완전히 사람으로 인한 것이지 법이 그런 것은 아니다.

스님이 인용한 『법화경』 「여래수량품」 게송은 만물은 변천이 있으나 삼보는 상주함을 증명하였다. 앞의 두 구절은 중생과 무상을 들어 설하였고, 뒤의 두 구절은 부처님과 상주함을 들어 설하였다. 중생과 부처님 두 가지는 다 같은 인과지만 방편으로 나누어 설한 것이니, 사실은 우주 인생은 하나의 크나큰 연기인과의 그물이다. 그러나 천차만별하고 변화하고 무상하여 홀연히 있다가(顯) 홀연히 없어서(冥), 보이기도 하고 보이지 않기도 한다. 다만 결정적인 것은, 삼계 인과가 상속하고 화와 복이 정해진 것이 없어서 오직 사람이 자초하는 것이니, 누가 능히 이 인과의 그물에서 벗어날 수 있겠는가!

인광 대사의 말씀에 "세상일은 모두 인연이 있으니, 그 일이 이루어지고 실패하는 것은(興과 衰) 모두 그 인연으로 그렇게 되는 것이다. 비록 성공하고 실패하는 사람이 있으나, 그 실제적인 권력은 나의 과거 因에 있고 저의 현재 緣에 있지 않다. 이런 점을 분명히 알면 천명을 잘 알아 원망하지도 탓하지도 않는다. 만약 앞뒤의 인과를 알면 궁하고 통하고 얻고 잃는 것이 모두 내가 스스로 취하는 것이다."(『文鈔正篇』周群錚 거사에게 답장한 편지 5) 하였다. 이를 보면, 중국 대륙에서 일시적으로 불교가 쇠멸한 것은 예전의 因으로 보면 宋儒가 斷滅論을 견지하고 인과윤회를 부정하였으며, 가까운 緣으로 보면 유물주의 독소에 중독되어 이와 같은 인과 연이 화합하여 그런 일이 있었음을 알 수 있다. 이를 보완하여 만회하는 방법은 먼저 전국의 위아래 사람이 모두 삼세인과를 깊이 믿어 악을 버리고 선행을 행하며, 자신이 짓고 자신이 받는다는 생각과, 공동으로 짓고 공동으로 받는다는 생각으로 개인이나 더 나아가 가정이나 국가가 모두 삼세인과에 대한 신념이 있어야 비로소 중국불교가 유물론과 단멸론의 피해에서 벗어나 진정으로 부흥할 수 있는 희망이 있다.

기 2. 두 번째 물음과 답

集

문 : 이미 여러 가지 선행을 찬탄하였고, 보응은 허망한 것이 아니라면, 어찌하여 힘을 다해 애써 구하는 자가 있으나 증득한 자는 전혀 없습니까?

답 : 선행을 닦는 사람에게는 숨어있고[冥] 드러난[顯] 두 가지 이익이 있다. 『법화현의』에 '네 구절 구별[四句料簡]'이 있다. 첫째는, 숨어있는 근기와 숨어있는 이익이다. 만약 과거에 三業을 잘 닦았으면 현재 몸과 입을 사용하지 않아도 과거의 선근의 힘을 빌리니, 이것을 '숨어있는 근기'라 한다. 비록 신령한 감응을 보지 못하더라도 가만히 법신의 이익을 얻으니, 보지 못하고 듣지 못하며

느끼지 못하고 알지 못하기 때문에 이를 '숨어있는 이익'이라 한다. 응신의 감응은 드러난 감응이요, 법신의 감응은 숨어있는 감응이다.

둘째는, 숨어있는 근기와 드러난 이익이다. 과거에 선근을 심어 숨어있는 근기가 이미 이루어졌으면, 곧 부처님을 뵈옵고 법을 듣고 눈앞에서 이익을 얻으니, 이를 '드러난 이익'이라 한다. 부처님이 처음 세상에 나와 최초로 제도한 사람과 같으니, 현재 어찌 일찍이 수행한 적이 있기에 제불이 그의 숙세의 근기를 살펴보고 스스로 가서 제도했겠는가?

셋째는, 드러난 근기와 드러난 이익이다. 현재 몸과 입으로 부지런히 힘써 게으르지 않아, (부처님이) 세상에 나신 것에 감동하고, 도량에 예참하고 신령한 상서에 감동하는 것이다.

넷째는, 드러난 근기와 숨어있는 이익이다. 사람이 비록 일생에 부지런히 고행하여 현재 선행을 쌓아 감응을 얻음이 드러나지 않으나, 그 이익은 숨어있다.

만약 이 네 가지 뜻을 알면 머리를 숙이거나 손을 들어 합장하는 어떤 복이든 헛되지 않아, 종일 감득이 없더라도 종일 후회할 것이 없다!

問. 旣讚衆善, 報應非虛。云何有勤苦求者, 全無剋證。

答. 修善之人, 自有冥顯二益。法華玄義四句料簡。一, 冥機冥益。若過去善修三業, 現在未運身口, 藉往善力, 此名爲冥機。雖不見靈應, 而密爲法身所益, 不見不聞, 非覺非知, 是名冥益。應身應, 是顯應。法身應, 是冥應。二, 冥機顯益。過去植善, 而冥機已成, 便得値佛聞法, 現前獲利, 是爲顯益。如佛初出世, 最初得度之人。現在何曾修行, 諸佛照其宿機, 自往度之。三, 顯機顯益。現在身口, 精勤不懈, 而能感(佛)降(生)。道場懺悔, 能感靈瑞。四, 顯機冥益。如人雖一世勤苦, 現善濃積, 而不顯(得)感(應), 冥有其利。若解四意, 一切低頭擧手, 福不虛棄。終日無感, 終日無悔矣。

講

질문한 뜻은, '선과 악의 보응과 인과가 어긋나지 않는다면, 어찌하여 여러 가지 선행을 부지런히 닦았는데도 결과는 전혀 깨닫는 일이 없는가?' 한 것이다.

스님은 지자대사의 『법화현의』 가운데 사료간을 인용하여 대답하였다. 문장은 쉽게 이해할 수 있다. 만약 이러한 뜻을 알면, 종일 선행을 닦아 비록 드러난 감응을 얻지 못하더라도 반드시 숨어있는 이익이 있으니, 결코 퇴보하거나 후회해서는 안 된다.

무 2. 업은 삼세에 통하고, 과보는 인연을 따름
기 1. 첫 질문과 답

集

문 : 어떤 경우에는 일생 선행을 닦았으나 현재 악보를 받기도 하고, 종일 악을 짓고도 길상한 것을 눈으로 직접 봅니다. 그건 무엇 때문입니까?

답 : 업은 三世에 통하나 설은[生] 것과 익은[熟] 것이 일정하지 않고, 또한, 三報에 통하나 두텁고 얇은 것이 서로 기울어진다. 서천 제19대 조사 鳩摩羅多가 "전생에 공덕을 닦았더라도 강한 절반의 공덕만 이른다. 다소 파괴된 것이 있기 때문이니 마음을 돌이켜 악행을 닦은 것이다. 죄업이 작은 공덕도 또한 죽어 먼저 복을 받고, 한창 쾌활(복락)을 받을 때 마음이 안락을 얻은 것 같으나 홀연히 여러 가지 쇠약함과 괴로움이 와서 그 집안은 점차 손상되고 파괴되어 저 선세의 악업을 받는데, (그것은) 상속하여 여기에 이른 것이지 지금 복을 닦아 이러한 악보를 초래하는 것이 아니다." 하고, 또한 "전세에 악업을 지었으면 강한 절반의 공만 죄가 된다. 홀연히 한 보살이 복덕을 닦도록 가르쳐 주는 것

을 만나 복덕을 비록 닦았으나, 그 선은 저것(악보)을 지나가지 않는다. (그러므로) 공덕이 죄보다 작으면 또한 죽어서 빈궁한 가정에 태어나 마음으로 부처님을 敬信하지 않고 또한 삼보를 소중히 여기지 않는다. 이와 같이 반을 지나고 나면 그 집안이 점차 부유해지고 생활에 필요한 재물과 비단이 많아진다. (이것은) 저 선세의 선업을 이어 상속하여 여기에 이른 것이지, 지금 악업을 지어 이 善報를 초래하는 것이 아니다." 하였다.

問. 或有一生修善, 現縈惡報。終日造惡, 目睹吉昌者何。

答. 業通三世, 生熟不定。又通三報, 厚薄相傾。西天第十九代祖師, 鳩摩羅多云, 前生修功德, 而致强半功。有少破壞故, 廻心修惡行。罪業少功德, 亦死先受福, 正受快活時, 心似得安樂。忽降諸衰惱, 其家漸殘破。承彼先惡業, 相續致於此。非是今修福, 而招斯惡報。又曰, 前世作惡業, 其罪强半功。忽遇一智者, 而教修福德。福德雖修已, 其善未過彼。功德少於罪, 亦死生貧窮。心不敬信佛, 亦不重三寶。如是過半已, 其家漸富有, 資生多財帛。承彼先善業, 相續致於此。非是今作業, 而招斯善報。

[講]

질문한 뜻은, '어떤 사람은 선행을 닦으나 악한 과보를 얻고, 악을 지으나 반대로 길상한 과보를 얻는 것을 보는데, 선행을 지으면 선한 과보를 받고 악행을 지으면 악한 과보를 받아야 하는 것 아닌가?' 하는 의심을 하게 된 것이다.

대답에서 '업은 三世에 통하지만 선 것과 익은 것이 일정하지 않고, 또한 三報에 통하나 두텁고 얇은 것이 서로 기울어진다' 한 것에서 '삼세'는 과거, 현재, 미래이고, '삼보'는 現報, 生報, 後報[21] 이다. 業은 원인이고 報는 결과니, 인·과가 모두 삼세에 관통한다. 업을 짓고도 아직 과보를 받지 못한 것을 '설다[生]'고 하고, 업을 지어 현재 과보를 받는 것을 '익었다'고 한다. '일정하지 않다'는 것은 '後報'를 말하는데, 정해진 과보가 일정하지 않고 정해진 때도 일정하지 않다. '두텁다'는 것은 무거운 과보를 말하고, '얇다'는 것은 가벼운 과보를 말한다.

　'서로 기울어진다'는 것은, 과보는 마음에 따라 변하여 무거운 과보가 변하여 가벼운 과보가 될 수 있고, 가벼운 과보가 변하여 무거운 과보가 될 수도 있다는 뜻이다. 『금강경』에 "만약 어떤 사람이 이 경을 수지하여 다른 사람의 천시를 당했다면, 이 사람의 선세 죄업으로는 응당 악도에 떨어져야 하지만 금세 사람이 천시했기 때문에 선세 죄업이 즉시 소멸하여 반드시 무상 보리를 얻는다." 한 것과 같은 것이다. 악도는 무거운 과보요, 천시를 당했다는 것은 가벼운 과보니, 이것은 가벼운 과보가 무거운 과보를 뒤집어 뺏은 사례이다. '**업과 과보가 모두 삼세에 통한다**' 한 것은, 경에서 설한 "설사 백천 겁을 지나더라도 지은 업은 없어지지 않나니, 인연을 만날 때 과보를 도로 자신이 받는다." 한 것이다.

　스님은 다시 선종 제19대 조사의 법어를 인용하여 업보와 인과는 삼세에 통한다는 것을 증명하였다. 구마라다 존자는 제18대 조사인 伽耶舍多가 行化하면서 저의 집에 이르러 문밖에서 문을 두드리니, 구마가 "이 집에는 아무도 없습니다." 하였다. 가야가 "그렇게 말하는 자는 누구인가?" 하니, 구마라다가 이 말을 듣고 깨닫고 문을 열어 영접하고 조사의 자리를 이었다.

　'**강한 것이 반쯤 공덕에 이른다**'는 것의 '강'이란 업이 강한 것을 말하니, 다만 중간에서 폐하므로 '반쯤의 공덕'이라 하였다. '다소 파괴하는 것이 있기

21　과보를 받는 시간에 세 가지 차이가 있다. (1) 現報 : 현세에 지은 선악업을 현신에서 선악의 과보를 받는 것. (2) 生報 : 이번 생에 지은 선악업을 내생에 비로소 선악의 과보를 받는 것. (3) 後報 : 과거 무량생 중에 지은 선악업을 이번 생에 그 과보를 받거나, 혹은 미래 무량생 중에 비로소 고락의 선악 과보를 받는 것.

때문에'라고 한 것은, 선행을 닦는 信心이 부분적으로 파괴를 입음을 말하니, 그러므로 선행을 짓는 것이 시작은 있으나 끝은 없다. 선심이 이미 파괴를 입었기 때문에 내생에는 악심과 악행을 일으킨다. 다만 이 악행을 지은 죄업은 예전에 닦은 공덕보다 작기 때문에, 죽은 후에 선업 공덕이 먼저 익어 먼저 복락의 과보를 받는다. 이 사람이 한창 복락('快活')을 받을 때 홀연히 악보가 이르러 쇠약하고 괴로우며 손상되고 파괴되는 것은, 먼저 지은 악업의 과보를 받는 것이다. 업과 과보가 상속하는 것은 과보를 받지 않음이 없는 것이며, 또한 지금 바로 복을 닦아 즐거움을 누리거나 악보를 초래하는 것이 아니다. 이른바 선행에는 선보가 있고 악행에는 악보가 있어서 인과가 털끝만큼도 어긋나지 않는다.

集

『지도론』에 "지금 내가 병들고 고통을 겪는 것은 모두 과거 때문이다. 금생에 복을 닦으면 과보는 미래에 있다. 만약 살생을 좋아하면서도 장수하는 이를 보거든 가난한 이들에게 보시하기를 좋아할지니, 이 말을 잘 믿고 사견을 내지 마라. 만약 이것을 이해하지 못하면 이치에 어긋난다고 상심하고 후회하며 '한갓 공만 들일 뿐 아무 계책이 없으니, 선악은 근거가 없다' 하고 말한다." 하였다.
선을 닦을 때 일심으로 하고 퇴보하지 마라. 잠시도 그만두거나 끊어짐이 없으면 복덕과 과보는 날로 새로울 것이다. 다만 중간에 장애물이 날까 염려된다. 식견이 있고 사리에 밝은 어진 이들은 이러한 뜻을 잘 알기 바란다.

論云, 今我疾苦, 皆由過去。今生修福, 報在當來。若見喜殺長壽, 好施貧窮, 能信斯言, 不生邪見。若不解此, 憂悔失理, 謂徒功喪計, 善惡無徵。

但修善之時, 一心不退。旣不間斷, 福果長新。祇慮中途, 自生遮障。識達賢士, 曉斯旨焉。

講

인용한 『대지도론』 문장은 쉽게 이해할 수 있다. '다만 선행을 닦을 때' 한 아래는, "'여러 가지 악을 짓지 말고 여러 가지 선을 봉행하라' 하신 말씀을 온전하게 잘 지켜 퇴보하지 말고 끊어지게 하지 마라. 그러면 반드시 복락의 과보가 날로 새롭고 또한 새로울 것이다." 하고 결론지은 것이다.

기 2. 두 번째 질문과 답

集

문 : 악이 선을 가릴 수 있으면 재앙이 일어나 복은 기울고, 선이 악을 물리칠 수 있으면 장애는 소멸하고 도가 나타납니다. (그런데) 어떻게 어떤 이는 태어나면서부터 선행을 쌓았는데 도리어 많은 재앙을 받습니까? 蕭 梁武帝[22] 같은 이는 삼보에 귀의하였으나 하루아침에 곤경을 당하고 죽어, 신령한 도움을 전

---

[22] 양무제(464~549)는 南朝 蘭陵(江蘇武進) 사람이니 姓은 蕭 이름은 衍, 자는 叔達이다. 원래 南齊 雍州 刺史였으나 齊나라 왕이 잔인무도하여 그의 형 懿를 죽이니, 蕭衍이 군사를 일으켜 建康을 함락하고 따로 和帝를 세웠고, 中興 2년(502)에 왕위를 찬탈하여 국호를 梁이라 하였다. 재위 기간동안 文敎를 정비하니 국세가 이로 인해 크게 번성하였다. 무제는 불교를 독실하게 믿어 '황제보살'이라 칭하기도 하였다. 天監 3년(504)에 도교를 버리고 불교에 귀의할 것을 선포하고, 16년에는 천하의 道觀을 폐하고 道士를 환속시켰다. 18년에 鍾山 草堂寺 慧約에서 보살계를 받았다. 당시 名僧인 승가파라·법총·승천·승민·법운·혜초·명철 등이 모두 그에게 예경을 받았다. 수도 建康에 큰 절은 7백 여소, 僧尼와 강의를 듣는 대중은 항상 만 명이나 모였다. 大通 원년(527)에 同泰寺가 낙성되니 無遮大會, 平等大會, 盂蘭盆會를 열어 평등 자비의 정신을 널리 만민에게 보급하고, 또한 수륙법회를 열어 은혜가 수륙 중생에게도 미치게 하였다. 무제는 일생 불교 교리를 정밀히 연구하고 계율을 굳게 지키며 네 차례나 동태사에서 몸을 버리고 涅槃·般若·三慧 등 경전을 스스로 강의하였다. 저서에 『涅槃經』·『大品經』·『淨名經』·『三慧經』 등의 「義記」 수백 권이 있다. 나중에 侯景이 군사를 일으켜 반란하여 建康을 공격하여 함락하니, 太淸 3년에 臺城에서 굶어 죽었다. 재위 48년, 세수는 86이었다.

혀 받지 못했던 것은 무엇 때문입니까? 온 세상이 모두 의심하고 있으니, 나머지 판단하기 어려운 점을 없애 주시기 바랍니다.

답 : 앞에서 '업은 삼세에 통한다'고 밝힌 것으로 사실은 이미 분명하다. 지금 거듭 의심을 풀어준다면 거기에 세 가지 뜻이 있다.

첫째는, 제불 보살이 행동을 보여 세상에 따라 그들과 고락을 함께한 것이다. 끊임없는 변화로 근심하는 중생을 유인하여, 어떤 때는 안락한 경계에 살게 하다가 홀연히 위태롭게 하여 사물이 극도에 이르면 원래의 위치로 되돌아간다는 것을 보였고, 어떤 때는 부귀영화에 처하다가 몰록 괴로움을 당하여 무성하면 반드시 쇠한다는 것을 나타내어 영화에 집착하는 자에게 세상이 무상한 것임을 깨닫게 하였으며, 봉록을 믿는 자에게 태어난 것은 한정이 있음을 알게 하여 가만히 탐욕의 때를 소멸하고 교묘하게 정욕의 먼지를 씻어주며, 바른 것을 보이고 삿된 것을 보이되 어떤 때는 역행으로 하기도 하고 혹은 순행으로 하였으니, 이것은 비밀리 교화하는 교묘한 술책이라 범부나 소인이 알 바가 아니다.

둘째는, 선악은 정해진 것이 없고 과보는 인연을 쫓으며 업력은 생각하기 어렵고 세력은 막을 수가 없다. 그러므로 『열반경』에 "업에 세 가지 과보가 있다. 하나는 現報니 현재 선악을 지어 현재 고락을 받는 것이다. 둘은 生報니 금생에 업을 지어 내생에 과보를 받는 것이다. 셋은 後報니 금생에 업을 지어 백천 생을 지나 비로소 그 과보를 받기도 하는 것이다." 하고, 또한 경에 "어떤 업은 현재 苦報를 받고 나중에도 苦報를 받으며, 어떤 업은 현재는 苦報를 받으나 나중에는 樂報를 받기도 하며, 어떤 업은 현재 樂報를 받고 나중에도 樂報를 받으며, 어떤 업은 현재는 樂報를 받으나 나중에는 苦報를 받는다." 하였다. 혹은 남은 복이 아직 다하지 않았으면 악이 더하지 않고, 혹은 숙세의 재앙이 아직 남아 있어도 선의 인연이 곧 발휘하기도 한다. 또한, 만약 선이 많고 악이 적으면 먼저 즐거움을 받고 나중에 고통을 받으니, 곧 복이 다하고서 재앙이 나는 것이다. 혹은 선이 적고 악이 많으면 먼저 고통을 받고 나중에 즐거움을 받으니 곧 재앙이 소멸하고서 경사가 모이는 것이다. 이것은 모두 後報니 선악의 업이 성숙하면 금생의 善力을 배제하기 어렵다. 맺힌 것(번뇌, 미혹)을 끊고 성과를 증득하여도 오히려 묵은 빚은 돌려주어야 하니, 마치 師子비구(?~259)[23]와 一行선사(683~727)[24] 등과 같다. 현업이 범부를 얽어매거든 어찌 이러한 재난에서 도망할 수 있겠는가?

셋째는, 선근이 깊고 두텁고 수행과 정진이 견고하며 지향하는 바에 의혹이 없고 서원이 금석보다 뛰어나다면, 현재 가벼운 과보를 받고 능히 깊은 허물을 끊을 수 있다. 그러므로 경에 "금생에 악을 지은 것이 적고 선행을 행한 것

---

23 사자비구는 梵名으로 Siṃha라 하고 巴利名도 같다. 선종 상승 계보 서천28조 중 제24조다. 중인도 사람으로 바라문 출신이다. 학륵나 존자에게서 법을 얻은 후에 사방을 여행하다 계빈국에 이르러 波利迦·達磨達 등 사람들을 교화하고, 아울러 미리 파사사다에게 법을 전하고 그에게 남천국으로 가서 교화하도록 하고는 자신은 계빈국에 혼자 남았다. 그때 그 나라가 불교를 박해하여 惡王에 의해 죽임을 당했다. 그때는 위나라 高貴鄕公 甘露 4년(259)이다.

24 일행선사는 一行 아사리라 한다. 密敎 고승이며 天文曆算家이다. 密敎 5조 가운데 한 분이다. 당대 鉅鹿(河北鉅鹿縣) 사람이니 속성은 張이다. 대대로 현의 벼슬아치 출신이었으나 본래부터 經史를 좋아하였다. 처음에는 荊州 景禪師에 의해 출가하였으나 나중에는 嵩山 普寂禪師에게 禪를 배우고, 또한 當陽 眞纂에게서 律을 익혔다. 일찍이 律部와 여러 경론 가운데 중요한 것을 모아 『攝調伏藏』 10권을 만들었다. 스님은 일찍이 인도 고승 善無畏·金剛智에게 사사하여 善無畏와 밀교 근본 성전인 『大日經』을 공역하고, 金剛智에게 祕密灌頂을 받았다. 이밖에 禪·道·數學·曆法 학문에 정통하였다. 開元 9년(721)에 임금이 전통 曆法을 정정하여 천하에 반포하게 명하니, 이것이 스님의 저술인 「大衍曆」 모두 50권이다 (이 曆法은 763년부터 지금까지 일본에서 널리 채용되고 있다). 그 후 梁令瓚과 함께 「黃道游儀」를 지어 150여 개의 항성의 위치를 새로 측정하고, 아울러 子午線에 상당한 위도의 長度를 산출하였다. 또한, 그의 筆錄으로 「大日經疏」 20권을 편찬하니 지금까지 밀교계의 중시를 받고 있다. 開元 15년에 돌아가시니 나이는 45, 시호는 大慧禪師였다. 다른 저서에 「宿曜儀軌」, 「梵天火羅儀軌」, 「七曜星辰別行法」, 「藥師琉璃光如來消災除難念誦儀軌」 등 각 1권이 있고, 제자 慧覺과 「華嚴經海印道場懺儀」 42권을 함께 지었다.

이 많으면 지옥의 무거운 과보를 돌려 현세에 가벼운 과보를 받는다. 혹은 선을 지은 것은 적고 악을 지은 것이 많으면 현세의 가벼운 과보를 돌려 지옥의 중한 과보를 받는다. 심지어 純善만을 수행하는 사람은 현세에 잠시 두통을 앓으면 백천만 겁의 지옥의 고통을 멸한다." 하였다. 그러므로 보살 발원[25]에 "금생의 몸으로 빚을 갚고, 악도에 들어가 고통을 받지 말기를 바라나이다." 하였으니, 악을 짓는 사람은 비록 현재는 안락하더라도 과보는 아비지옥에 있어서 오랫동안 불태워지고 고통 받는 것이 끊임이 없다. 또한, 수행의 힘이 지극하여 장차 윤회에서 벗어나려면 임종할 때 비록 미세한 고통을 받으나 먼 과거의 악업을 한꺼번에 갚아 다한다. 당 삼장법사(현장법사)는 아홉 생에 걸쳐 인도의 승려가 되어 복덕과 지혜가 항상 제일이라 칭찬하였고, (중국에 태어나서는) 거룩한 가르침을 크게 넓히고 불교를 널리 펴 한없는 중생을 이롭게 하였으니, 자못 그 공덕을 헤아리기 어렵다. 遷化(멸도)할 때 병들어 누워있는 방에 간병스님인 明藏 선사가 보니, 각기 키가 一丈(3m)이나 되는 두 사람이 하나의 흰 연꽃을 함께 들고 법사 앞에 이르러 "스님은 먼 과거부터 중생에게 손해를 끼치고 괴롭힌 모든 악업을 지금 자그만 병으로 인해 모두 소멸하고 응당 欣慶(정토)에 태어날 것입니다." 하니, 법사가 이를 바라보고 합장하고는 마침내 오른쪽으로 누웠다. 제자가 "화상께서는 반드시 미륵보살 내원궁에 태어나실 것입니까?" 하니, "태어날 것이다." 하고 대답하고는, 말을 마치자 숨이 점점 가늘어지더니 문득 죽었다.

  만약 위와 같은 세 가지 뜻에 분명하면 비로소 원인을 알고 결과를 아는 사

---

25   천축 제25조 婆舍斯多 존자의 발원문이다.

람이 될 것이요, 혹은 이 글에 어두우면 끝까지 의심과 비방을 낼 것이다.

問. 惡能掩善, 則禍氣而福傾。 善能排惡, 則障消而道現。 何乃或有從生積善, 反受餘殃。 及蕭梁武帝, 歸憑三寶, 一朝困斃, 全無靈祐者何。 擧世咸疑, 請消餘滯。

答. 前明業通三世, 事已昭然。 今重決疑, 有其三義。 一者, 是諸佛菩薩示現施爲, 隨順世間, 同其苦樂。 千變萬化, 誘引勞生。 或居安而忽危, 示物極即反。 或處榮而頓弊, 現盛必有衰。 令耽榮者, 悟世無常。 使恃祿者, 知生有限。 潛消貪垢, 巧洗情塵。 示正示邪, 或逆或順, 斯乃密化之祕術, 非凡小之所知。 二者, 善惡無定, 果報從緣, 業力難思, 勢不可遏。 故涅槃經云, 業有三報。 一現報, 現作善惡, 現受苦樂。 二生報, 今生作業, 來生受果。 三後報, 或今生作業, 過百千生, 方受其報。 又經云, 有業現(在)苦, (後)有苦報。 有業現苦, 有樂報。 有業現樂, 有樂報。 有業現樂, 有苦報。 或餘福未盡, 惡不即加。 或宿殃尙在, 善緣便發。 又若善多惡少, 則先受樂而後受苦, 則福盡禍生。 或善少惡多, 則先受苦而後受樂, 則災消慶集。 此皆並是後報, 善惡業熟, 今生善力難排。 斷結證聖, 尙還宿債, 如師子比丘, 一行禪師等。 豈現業繫凡夫, 寧逃此患。 三者, 或善根深厚, 修進堅牢, 決志無疑, 誓過金石, 則現受輕報, 能斷深怨。 故經云, 今生作惡少, 爲善多, 則廻地獄重(報), 而現世輕(報)。 或作善少, 爲惡多, 則廻現世輕, 而地獄重。 乃至純善修行之人, 現世暫時頭痛, 則滅百千萬劫地獄之苦。 是以菩薩發願云, 願得今身償, 不入惡道受苦。 作惡之人, 雖現(在)安樂, 果在阿鼻(地獄), 積劫燒燃, 受苦無間。 又復修行力至, 將出輪廻, 臨終之時, 雖受微苦, 無始惡業, 一時還盡。 如唐三藏法師, 九世支那爲僧, 福德智慧, 常稱第一。 大弘聖敎, 廣演佛乘, 利濟無邊, 殊功罕測。 及至遷化(滅度)之時, 臥疾房中。 瞻病僧明藏禪師, 見有二人, 各長一丈, 共捧一白蓮華, 至法師前云, 師從無始已來, 所有損惱有情, 諸有惡業, 因今小疾, 並得消殄(除滅), 應生欣慶。 法師顧視合掌, 遂右脅而臥。 弟子問云, 和尙決定得生彌勒內院不。 報云, 得生。 言訖,氣息漸微, 奄然神近。 若明如上三義, 方爲知因識果之人。 或昧斯文, 終生疑謗。

講

이 문답은, 업은 삼세에 통하고 과보는 인연을 좇아 나는 까닭을 자세히 설명하였다. 질문은, 양무제와 같이 선행을 행했으면서도 재앙을 얻으니 선악과 보응은 믿을 것이 못 된다고 온 세상이 모두 의심하니, 의심을 풀어주고 막힌 것을 소멸하여 인과에 대한 바른 믿음을 견고하게 해 줄 것을 청한 것이다.

대답은, 앞에서 설한 대로 '업보는 삼세에 통하여 인·과와 사·리가 매우 분명하다' 한 것이다. 지금 다시 세 가지 평이하면서 분명한 이치로 상세하게 해석하였다.

첫째, 우리들이 지금 보는 세상 인과가 서로 부합하지 않은 것은 불보살의 방편으로 시현한 행위이니, 그 목적은 중생이 악을 그치고 선을 행하며, 더러운 것을 돌려 깨끗하게 하며, 고통을 버리고 즐거움을 얻으며, 태어남을 알고 죽음에서 벗어나 함께 삼승의 보리열반을 증득하게 하려는 것이다. 그러므로 '**천변만화로 힘들어하는 중생을 유인한다**' 하였다. '**혹은 안락한 환경에 살다가도 홀연히 위태롭기도 하다**' 한 것은, 중국의 과거 정권을 좌지우지하던 사인방이 하룻저녁에 섬돌 아래 죄수가 되어 역사의 죄인으로 판결되어 사형을 받은 경우라 할 것이다. 이 네 사람도 보살이 역행을 시현하여 중생을 교화한 것일까? 세상에는 "즐거움이 다하면 슬픔이 나고, 사물이 극진하면 반드시 반대로 된다."는 속담이 있으니, 굳이 오욕의 즐거움을 추구할 것이 뭐가 있겠는가!

'**혹은 부귀영화에 처하다가 몰록 폐하기도 한다**' 한 것은, 전 장총통 같은 이는 일생 공명이 혁혁하고 일본에 항전 승리하여 환도할 때 만백성이 노래하고 칭송하였으니 이것은 영화가 빛난 것이요, 불과 몇 년 만에 산하가 변색하여 한번 패하여 땅에 떨어지고 말았으니, 이것이 부귀영화에 처하였다가 몰록 폐한 것이 아닌가? 성한 것은 반드시 쇠하고 만다는 가장 좋은 사례이자 증거가 아니겠는가!

'영화를 탐하는 자에게 세상이 무상함을 깨닫고, 녹봉을 믿는 자에게 생긴 것은 한정이 있음을 알게 하였다' 한 것은 진시황과 같은 인물이니, 후인이 그를 형용하여 "장생을 구하려다 빨리 죽었고, 진나라가 6국을 병탄하였으나 한나라가 제왕의 자리에 올랐네." 한 것은 한편 세상의 무상함을 일깨워주니, 세상에 태어난 것은 반드시 죽고 만다는 거울이 아닌가!

'가만히 탐욕의 때를 소멸하고 교묘하게 정욕의 먼지를 씻어준다'는 것은, 관음보살이 시현으로 고기 파는 여자가 되어 방편으로 중생을 제도하다가, 홀연히 죽어 순식간에 부패하였으니, 이것은 여색을 탐애하는 중생에게 음욕을 쉬고 부지런히 범행을 닦아야 함을 보여준 좋은 사례이다.

'바른 것을 보이고 삿된 것을 보인다' 한 것부터, '범부나 소인이 알 바가 아니다' 한 데까지 모두 네 구절은, 『법화경』「오백제자품」에 "중생에게 삼독이 있음을 보이고 또한 사견의 모양을 보였으니, 나의 제자들도 이와 같이 방편으로 중생을 제도하라. 만약 내가 갖가지 現化의 일을 구족하게 설한다면 이를 듣는 중생은 마음에 의혹을 품을 것이다." 한 것이다.

둘째, '선악은 정한 것이 없고, 과보는 인연을 좇으며, 업력은 사의하기 어렵고, 기세는 막을 수가 없다' 한 것은, 『열반경』에서 설한 "업에 세 가지 과보가 있으니 현보와 생보와 후보이다." 한 것을 인용하였다. '혹은 남은 복이 다하지 않으면 악이 더하지 못한다' 한 것은, 『무량수경』하권에 "이와 같은 여러 가지 악은 천신이 기억했다가, 전생에 얼마만한 복덕을 쌓았는지를 고려하여 금생에는 작은 선으로도 보살펴 도와주고 보호하고 구원한다." 한 것과 같으니, 그러므로 악이 더하지 못하는 것이다.

'혹은 숙세의 재앙이 아직 남아 있지만 선의 인연이 곧 발휘한다' 한 것은, 지금 감옥에서 형을 받는 사람이, 감옥에서 법을 널리 전하는 포교사가 오셔서 불교의 신앙을 개찰하여 삼귀와 오계 받기를 요구하는 것을 보는 경우다. 또한 『무량수경』 하권에 "선과 악의 변화로 재앙과 복을 받는 처소가 달라서, 숙세에 지은 대로 엄즈하게 기다렸다가 반드시 홀로 나아가야 하니, 저 곳에 다다르면 아무도 아는 자가 없느니라." 하였다.

'매듭을 끊고 성과를 증득하여도 오히려 숙세의 빚은 갚아야 하니, 사자비구와 일행선사 등과 같다' 한 것에서, '사자존자'는 선종 제24대 조사이다. 23조 학륵나존자에게 "저는 도를 구하고자 합니다. 반드시 어떻게 용심하리까?" 하고 물으니, 학륵나가 "용심할 필요 없다." 하였다.

"용심할 것이 없다면 누가 佛事를 짓습니까?"

"그대가 만약 용심함이 있다면 그것은 공덕이 아니요, 만약 함이 없으면 이야말로 불사이다. 경에 '내가 지은 공덕은 내 것이 없다' 하였기 때문이다." 하고, "내가 죽은 오십 년 후에 반드시 난이 일어날 것이요, 이 난은 반드시 너의 몸에 있을 것이다." 하고 예언하였다. 그때가 되어 계빈국(지금의 카슈미르 일대) 왕이 정말 불법을 결하려 마음먹고 사자존자 앞에 다가와 물었다.

"스님은 오온이 공함을 얻었소?"

"이미 얻었습니다."

"생사에서 벗어났소?"

"이미 생사에서 벗어났습니다."

"이미 생사에서 벗어났다면 나에게 머리를 보시할 수 있겠소?"

"몸뚱이는 내 소유가 아닌데, 어찌 머리를 아까워하겠습니까?"

그러자 왕이 칼을 휘둘러 존자의 머리를 베니 흰 젖이 몇 자 높이로 솟구쳤고, 왕의 팔도 떨어져 이레 만에 죽었다. 존자는 난이 있으면 반드시 묵은 빚을 갚아야 할 줄 미리 알고, 난이 있기 전에 信衣(가사)를 25조 파사사다 존자에게 몰래 전해 주었다. 자세한 것은 『경등전등록』에 실려 있다.

'일행선사'는 당나라 때 고승이니 하북성 鋸鹿 사람이다. 성은 張, 이름은 遂니 하남 숭산 普寂禪師에게 출가하였다. 기억력이 비범하고 역수와 산법의 비결을 얻었다. 당 현종 개원 9년(721)에 『開元大衍曆』52권을 지었고, 11년에 『黃道儀』를 지었다. 일찍이 善無畏, 金剛智 삼장으로부터 밀교를 배웠고, 『대일경소』와 『화엄해인참의』, 『북두칠성호마법』 등의 저술이 있다. 개원 15년 초에 화엄사에서 큰 병을 앓다가 점차 나았다. 10월 8일에 현종을 따라 신풍에 이르러, 몸에는 아무 병이 없었으나 입으로 한마디 말도 하지 못하다가, 홀연히 목욕하고 옷을 갈아입고 단정히 앉아 죽었다. 시호는 大慧禪師라 하였다. 자세한 것은 『송고전』에 실려 있다.

이 두 분 고승은 모두 이미 번뇌를 끊고 성과를 증득한 분이었으나, 한 분은 목숨으로 빚 갚음을 보였고 한 분은 몸에 중병을 얻음을 보여서, 세상 사람에게 반드시 인과를 깊이 믿어 업을 지으면 반드시 갚아야 한다는 것을 경고하였다. 더욱이 살·도·음·망 등 십악업은 반드시 미리 금하여 끊어야 하고, 그렇지 못하면 악업에 얽매여 서로 과보를 갚아야 하는데, 어찌 이런 병을 도망할 수 있겠는가!

셋째는, 선근이 깊고 두텁고 원행이 견고하면, 미래의 중한 과보가 바뀌어 금생의 가벼운 과보가 된다는 것을 말하였다. 그러므로 경에서 설한 것을 인용하여 이와 같이 진실하다는 것을 증명하였다. 또한 현장대사의 예를 들었다. 그는 만고의 한 고승으로 만 세에 아름다운 이름을 남겼던 분이다. 그는 임종

전에 병들어 누의 고통에 신음하는데, 두 보살이 앞에 나타나 위로하는 것을 보고, 중한 과보를 바꾸어 가볍게 받을 줄 알고 기뻐하며 과보를 버리고 도솔천에 왕생하였으니, 이것으로 족히 분명한 증거로 삼을 만하다. 현장대사의 사적에 대해서는 『고승전』을 참조하라.

'만약 이상과 같은 세 가지 뜻을 분명히 알면 비로소 …' 한 네 구절은, 스님이 의문에 대해 결론적으로 답한 것이다. 세상 사람들이 만약 위에서 설한 세 가지 도리를 분명히 알지 못하면 그는 因을 알고 果를 아는 사람이 아니라서, 반드시 결국 의혹을 내거나 더 나아가서 인과는 근거 없는 것이라고 비방하고 인과를 부정하며 큰 사견을 내거니와, 만약 이 세 가지 평이하고 명백한 뜻을 알면 능히 인과를 깊이 믿고 악을 그치고 선을 행하여, 단지 논밭을 갈고 김매는 것만 물을 뿐, 수확하는 것은 묻지 않을 것이다(방법만을 물을 뿐, 결과는 묻지 않는다).

어떤 사람은 『구량수경』 하권에서 설한 三毒·十惡과 五痛·五燒의 경문에 대해 갈등하며, 정토에 왕생하는 것은 불필요한 것이라 여겼다. 그래서 몇 가지 會集本[26]은 요약하는 것이 아니라 완전히 없애버렸으니, 이것은 경전의 뜻과 부처님의 뜻을 위반한 것이다. 반드시 알라! 인과가 어긋나지 않음을 깊이 믿는 것은 곧 『관경』에서 설한 세 가지 복업 가운데 하나이고, 또한 삼세 제불의 淨業의 正因이며, 또한 스님께서 설한 '圓修十義' 가운데 하나이다. 정토에 왕생하기를 생각하면 반드시 원교보살이 되어야 하고, 불도를 원만 성취하고자 하

---

26 이 경의 한역본은 극히 많아서 고래로 '다섯 가지는 남아 있고 일곱 가지는 결함이 있다' 하는, 12종 역본이 있다. 이 역본에 의해 각종 語文版本이 계속 간행되고, 이 異語版本을 가지고 대조 연구한 결과 다음과 같은 제본을 발견하였다. 전체 경전의 章段이 이랬다저랬다 하는 것, 願文이 많고 적은 것, 會에 참석한 대비구 대중의 숫자, 보살 대중의 이름과 숫자, 법장보살이 본 佛刹土의 숫자. 더 나아가서 경문 중 '미타가 입멸하신 것과, 관음 보처'의 설, '三惡段'의 문장, 과거불과 十二光佛의 수, 게송의 유무, 위치의 차이 등, 각 역본과 범본에 똑같이 차이가 있다.

면서 만약 인과에 어둡다면, 이런 일은 결코 있을 수 없고 불가능한 일이다.

무 3. 악을 그치고 선을 행하는 것이, 나라를 바로잡고 집안을 보전하는 일임
기 1. 첫 질문과 답

집

문 : 대저 선을 닦는 것은 응당 순수해야 하는데, 어찌 (되풀이하여) 악을 지으며, 이미 악을 지었으면 선을 닦은들 무슨 소용이 있겠습니까? 만약 선과 악을 나란히 행한다면 혹시 공력이 허망할까 두렵습니다.

답 : 만약 출가보살이라면 여러 가지 장애가 없어서 응당 순수하게 선행만을 닦아 바로 보리에 이를 수 있겠지만, 재가보살인 경우에는 사업에 얽매여 순수한 청정만을 얻을 수 없으니, 곁으로 善道를 일으켜 대치해야 한다. 대저 업은 한꺼번에 변화하기 어렵고 악은 완전히 끊을 수 있는 것이 아니니, 점차 공덕을 쌓아야 보리에 나아갈 수 있다. 만약 되풀이하여 거듭 악을 쌓고 (선을) 닦지 않으면 악이 다함이 없으니, 모름지기 善業을 행해야 惡因을 뺏을 수 있다.

問. 夫修善應純, 云何(再去)造惡。既能造惡, 何用(修)善乎。若善惡齊行, 恐虛功力。

答. 若出家菩薩, 無諸障碍, 應純修善, 直至菩提。如在家菩薩, 事業所拘, 未得純淨。傍興善道, 以爲對治。夫業難頓移, 惡非全斷, 漸積功德, 以趣菩提。若更積惡不修(善), 惡無有盡。須行善業, 以奪惡因。

강

선을 행하고 악을 행하는 것은 전적으로 일심에 달려있다. 『유교경』에 "이 五

根은 마음이 근본이 된다. 비록 이 마음이 사람의 좋은 일을 상하게 하더라도 이를 한 곳에 억제하면 이루지 못할 일이 없다." 하고, 또한 『화엄경』에 "마음은 마치 훌륭한 화가와 같아서 능히 여러 가지 세간을 그리나니, 오온이 모두 이를 따라 나서 법을 짓지 않음이 없네." 한 것이니, 부처와 중생이 심체는 하나지만 작용은 같지 않다.

부처님은 자비로써 마음을 삼아 선을 행하고 사람들을 이롭게 해 마침내 인·아와 피·차의 마음이 없었고, 중생은 오직 자신의 이로움만 꾀하고 국가나 사회의 일에는 관심이 없으니, 비록 선을 행하더라도 인·아와 피·차의 모양이 없지 않아서 티록 인천의 즐거운 곳에 태어나더라도 복이 다하면 도로 타락하니, 이것을 '삼세 원수'라 한다. 이치에 의해 설하면, 출가나 재가를 막론하고 이미 부처님 제자라면 응당 부처님 마음으로 자기 마음을 삼고 부처님 행으로 자기 행을 삼아 종일 선을 행해 중생을 제도하더라도 能度와 所度가 없어야 한다. 이것이 『금강경』에서 설한 "응당 주하는 바 없이 그 마음을 내어야 한다." 하고, 또한 "我가 없고 人이 없이 모든 선법을 닦으면 곧 무상정등정각을 이룬다." 한 것이니, 오직 이와 같이 해야만 비로소 純善이고 至善이라 할 수 있다.

여기서 묻고 답한 것은, 세간의 일반적인 선을 행하고 악을 그치는 것에만 의해 말했으니, 곧 각자의 선근 환경이나 역량을 살펴보고 말한 것이다. 비록 선과 악이 섞였더라도 또한 그 공덕과 이익이 있으니, 중요한 것은 반드시 먼저 인과를 깊이 믿어야 한다. 만약 인과에 대한 관념이 없으면 누가 기꺼이 부지런히 선행을 닦겠는가? 그러면(인과를 깊이 믿지 않으면) 선행 닦기를 권해 주는 사람이 없고 악은 징계하는 사람이 없으니, 사람이 어떻게 악을 그치고 선을 행하겠는가? 곧 공허한 이야기나 무의미한 말장난이 되고 만다.

기 2. 인용하고 증명함

集

『비유경』에 "예전에 한 국왕이 있었는데, 사냥을 나갔다가 돌아오는 길에 절을 지나다 탑을 돌며 사문에게 예배하니, 군신이 모두 비웃었다. 왕이 이를 알고 군신들에게 물었다.

'금덩이가 가마솥에 있는데, 가마솥에는 물이 펄펄 끓고 있다. 손으로 금덩이를 건질 수 있겠는가?'

'못하옵니다.'

'냉수를 가마솥에 부으면 건질 수 있겠는가?'

'그럴 수 있겠습니다.'

그러자 왕이 '내가 왕의 일을 행하느라 사냥하는 짓은 마치 펄펄 끓는 물과 같고, 향을 피우고 등을 밝히며 탑을 돈 것은 냉수를 펄펄 끓는 물에 붓는 것과 같다' 하였으니, 왕이 한 일은 선·악의 행이 있으니, 어찌 악만 있고 선은 없겠는가?" 하였다.

譬喩經云, 昔有國王, 出射獵還。過寺繞塔, 爲沙門作禮, 群臣共笑之。王乃覺知, 問群臣曰, 有金在釜, 釜中湯沸, 以手取金可得否。答曰, 不可得。王言, 以冷水投(釜)中, 可取得否。臣白王言, 可得也。王言, 我行王事射獵, 所作如湯沸。燒香燃燈繞塔, 如持冷水投沸湯中。夫作王有善惡之行, 何可但有惡無善乎。

講

인용한 것은 예전『잡비유경』문장이다. 세상 사람이 비록 악업을 완전히 끊지는 못하지만 또한 자신의 분수나 역량에 따라 선업을 겸행해야 함을 밝혔다.

기 3. 두 번째 질문과 답

集

문 : 재가보살도 순수하게 善만 닦을 수 있겠습니까?

답 : 만약 뜻을 급박히 하고 마음을 견고히 하여 한결같이 삼보에 귀명하여, 사슴이 그물에 걸린 것 같고 불이 머리를 태우는 것 같더라도 오직 벗어날 문만을 찾고 인간의 일은 돌아보지 않아야 한다. 예로부터 지금까지 또한 이런 일이 많았다.

問. 在家菩薩, 亦許純修善不。

答. 若志苦心堅, 一向歸命。如鹿在網, 若火燒頭。惟求出離之門, 不顧人間之事, 自古及今, 亦多此等。

講

여기서 묻고 답한 것은 스님이 재가보살을 격려하였으니, 반드시 세상에 살면서도 세상에서 벗어나 인간의 일을 돌아보지 않으며, 자신을 제도하고 남을 제도하는 것이 옳다는 것을 말하였다. '예로부터 지금까지 또한 이런 일들이 많았다' 한 것은, 부처님 당시의 유마힐[27]이나 급고독장자[28] 같은 이는 말할 필요도 없겠고, 중국에서도 고금에 이러한 거사가 매우 많았다. 이런 이들을 몇 분

---

[27] 維摩Vimalakīrti 거사를 말한다. 음역으로 毘摩羅詰利帝, 또는 毘摩羅詰, 維摩詰이라 하고, 無垢稱, 淨名, 滅垢鳴이라고 번역한다. 부처님 재가 제자로서, 중인도 비사리성Vaiśālī의 장자이다. 비록 속진에 있었으나 대승불교의 교의에 정통하고 수행이 고매하여 비록 출가제자라도 능히 미칠 자가 없었다.

[28] 須達Sudatta을 말한다. 須達多, 蘇達哆라고도 하고, 善授, 善與, 善施, 善給, 善溫이라고 번역한다. 중인도 사위성의 장자로서 파사익왕의 대신이었다. 성품이 인자하고 고독한 이를 불쌍히 여겨 보시하기를 좋아하였다. 부처님께 귀의한 후에 기원정사Jetavana를 지어 부처님께 공양하였다.

소개할까 한다.

(1) 당나라 龐蘊 거사는 湖北 襄陽縣 사람이다. 집안의 재물이 수만금이나 되었으나 이것들을 모두 동정호 속에 버리고, 마조대사에게 참예하여 오도하였다. 그의 게송에 "아들은 장가가지 않고 딸은 시집가지 않아, 온 집안이 빙 둘러앉아 함께 無生話를 말하네." 한 것은, 세속에 있으면서도 세속에서 벗어나 인간의 일을 돌아보지 않은 가장 훌륭한 모범이다. 그는 죽음에 다다라 딸 靈照에게 "밖에 나가 한낮이 되었는가 보아라." 하고, 영조가 돌아와 "한낮이 기는 한데, 일식이 되었습니다." 하자, 그가 밖에 나가 보는 순간 딸이 아버지 자리에 올라가 합장하고 죽었다. 그는 이레 동안 더 머물다가 자사 于公이 와서 병문안하자, 우공에게 "여러 가지 있는 것을 비우기만을 원하고, 모든 없는 것을 채우려 하지 말게. 잘 있게. 세상은 모두 그림자나 메아리 같네." 하고는, 말을 마치자 우공의 무릎을 베고 죽었다.

(2) 당나라 李翶[29] 거사는 朗州(지금 후난성 常德縣) 자사였을 때, 澧州(지금 후난성 澧縣)의 약산유엄 선사의 도풍을 사모하여 산에 들어가 뵈니, 약산이 그를 돌아보지 않았다. 翶가 소매를 떨치며 가버리니, 산이 불러 다시 돌아와 대답하니 뜻에 맞았다. 그래서 고가 곧 예를 올리고 게를 말기를 "몸을 단련하여 학 모양 같고, 천 그루 소나무 아래 두 함의 경전이 있네. 내가 와서 도를 물으니 딴 말씀이 없으시고, '구름은 하늘에 물은 물병에 있다' 하시네." 하였다. 고가 작별을 알리니, 산이 "태수께서는 이 일을 보임하되 높고 높은 산꼭대기에 앉

29　李翶는 당나라 때 儒者로 생졸년은 자세하지 않다. 國子監博士 겸 國史修撰, 戶部尙書, 山南東道節度使를 역임하였다. 그는 비록 폐불주의자 韓愈의 학문을 따랐으나 불교사상에 깊이 침잠하여 '心性' 설인 『復性書』를 새롭게 詮釋하니 현재 세상에서 중요하게 여긴다. 약산유엄 선사와의 문답은 유무명한 공안이다.

아 있고, 깊고 깊은 바다 밑으로 걸어가시오. 부녀자와의 일을 버리지 못하면 곧 손실이 크오." 하고 부촉하였다. 이것이 곧 '오직 벗어나는 문만을 구하고 인간의 일은 돌아보지 않는다' 한 것을 가장 잘 보인 것이다. 재가보살은 반드시 음행을 끊어야 한다. 수많은 죄악 가운데 음행이 첫째니, 출세간의 선행을 닦으려면 반드시 음행을 끊어야 한다.

(3) 당나라 李通玄 거사는 이미 앞에서 소개한 적이 있다. 참으로 세속에 살면서도 세속을 벗어나 자신을 제도하고 남을 제도한 모범이라 할 것이다.

(4) 東晉의 劉遺民 거사는 지금 강소성 銅山縣 사람이다. 어려서 아버지를 잃고 어머니를 효성을 다해 모셨다. 처음에 府의 參軍이 되어 위엄과 부귀가 눈앞에 있으나 마치 뜬구름과 같이 여기며 돌아보지 않았다. 어머니가 돌아가시자 관직을 버리고 여산에 들어가 혜원대사에 의지해 15년 동안 정업을 닦았다. 일찍이 定 중에서 부처님 광명이 땅을 비추는데 모두 금색인 것을 보았고, 또한 아미타불을 보고 간구하기를 "바라건대 여래의 손으로 저의 이마를 어루만져주시고, 옷으로 저의 몸을 덮어주소서." 하니, 부처님이 이마를 만져주고 가사를 끌어 그를 덮어주었다. 임종할 때 스님들에게 『법화경』을 독송해 줄 것을 청하고 향을 사르고 축원하기를 "이 향을 본사(석가모니불)와 아미타불과 『묘법화경』에 공양하나니, 내가 정토에 왕생할 수 있는 것은 이 경전의 공덕입니다. 바라건대, 일체 유정이 모두 정토에 왕생하기 원하옵니다." 하고, 말을 마치자 서쪽을 바라보고 합장하고 단정히 앉아 염불하며 죽었다. 나이는 쉰아홉 살이었다.

연지대사가 찬미하기를 "『관경』에 '정업의 正因은 부모에게 효양하는 것이 제일이다' 하고 설하였다. 그러므로 불효한 사람은 종일 염불하더라도 부처님이 기뻐하시지 않음을 알 수 있다. 지금 유민 거사는 어려서는 효성을 다하고, 다시 염불삼매에 깊이 들어 누차 瑞相을 감득하였으니, 그의 왕생 품위가 높았

을 것을 알 수 있다. 재가에서 정업을 닦는 자는 그를 만대의 師法으로 삼아야
한다." 하고 찬탄하였다. 재가보살은 온갖 인연을 내려놓고 오로지 정업만을
닦아야 정토에 왕생할 수 있다. 이야말로 만선 가운데 지극한 선행이니, 여러
蓮友와 함께 힘쓰기를 바라노라.

　(5) 東晋의 雷次宗(386~448)[30] 거사는 지금 강서성 南昌 사람이다. 여산에
들어가 蓮社에 참가하고 동림사 동쪽 別館에 혼자 머물며 20여 년 동안 정업을
닦았다. 나중에는 임금의 부름을 받들어 給事 관직을 맡았으나, 오래지 않아
관직을 버리고 집으로 돌아가 농사짓고 독서하며 염불하였다. 아들 侄에게 편
지를 보내 "나는 약관에 여산에 몸을 의탁하여 20여 년 동안 도에 노닐고 바람
을 마셨다. 원공(혜원법사)께서 가신 후에 너희들과 선영으로 돌아가 농사지으
며 산속에 살고 골짜기 물을 마시며 홀연히 다시 십 년이 흘렀다. 지금은 아직
늙지는 않았으나 오히려 마음을 돈독히 하여 西歸의 나루를 이루었다. 지금부
터는 집안의 크고 작은 일에만 힘쓰고 한 번도 큰 권세 따위는 바라보지 마라."
하였다. 나중에 병 없이 염불하며 죽으니, 나이는 예순 셋이었다. 이분은 뜻이
돈독하고 마음이 견고하며, 한결같이 미타에 귀명하며 오직 생사에서 벗어나
기만을 구하고 집안일을 돌아보지 않은 가장 모범 되는 재가거사이시다.

　(6) 양나라 庾銑[31] 거사는 지금 하남성 新野縣 사람이다. 성품이 산림을 좋
아하여 열 이랑의 집에 산중의 연못은 반을 차지하고 거친 밥과 베옷으로 생

30　雷次宗은 남북조 劉宋 豫章 南昌 사람으로 자는 仲倫이다. 젊어서 廬山에 들어가 慧遠大師에게 사사하여
　　그에게 『三禮』와 『毛詩』를 배우고 아울러 淨業을 닦았다. 나중에 東林寺 동쪽에 별관을 지으니 東林十八賢 가운
　　데 한 분이다. … 『불광사전』 p5699-下.
31　양나라 유선은 신야 사람이다. 무제가 불러 황문시랑을 삼으려 했으나 나아가지 않고 염불에만 전념하
　　였다. 어느 날 저녁, 자칭 원공(혜원법사)이라는 도인이 나타나 유선을 '상행선생'이라 부르고는 향을 주고 가

업에 힘쓰지 않았다. 불교를 독실하게 믿어 六時에 미타에게 禮念하고, 겸하여 『법화경』을 독송하였다. 나이 일흔여덟에 부처님이 와서 영접하는 꿈을 꾸고 곧 앉아서 죽었다. 그러자 공중에서 "上行先生은 이미 아미타불 국토에 태어났다." 하는 말이 들려왔다. 양무제가 그를 공경하여 '貞節處士'라 시호하였다.

(7) 당나라 白居易(772~846)[32] 거사는 지금 섬서성 渭南縣 사람이다. 시문에 능해 누차 대관을 맡았다. 나이 들어서는 집을 버려 香山寺를 만들고 '香山居士'라 자호하였다. 侍妾을 모두 내보내고 절에 머물며 염불삼매를 닦으며 극락에 왕생하기를 간절히 구하였다. 하루 저녁에는 자리에 앉아 한창 염불하다가 홀연히 죽었다. 일찍이 이런 염불게를 썼다. "내 나이 일흔둘, 다시는 詩歌를 일삼지 않으리. 경을 보느라 눈을 허비하고, 복을 짓느라 분주할까 두렵네. 어떻게 心眼을 기울여 한 소리 아미타불을 염할까? 걸을 때도 아미타불, 앉아 있을 때도 아미타불, 설령 날아가는 화살처럼 바쁘더라도 아미타불을 버리지 않으리.[余年七十二 不復事吟哦 看經費眼力 作福畏奔波 何以度心眼 一聲阿彌陀 行也阿彌陀 坐也阿彌陀 縱饒忙似箭 不廢阿彌陀]" 하였으니, 이것이 온갖 인연을 모두 내려놓고 일심으로 염불한 가장 좋은 모범이다.

(8) 송나라 때 王日休(?~1173)[33] 거사는 지금 안휘성 舒城縣 사람이다. 비록 세속에 살았으나 아내를 들이지 않았다. 송나라 高宗 때 國學進士에 천거되

면서, 4년 뒤에 다시 오겠다고 하였다. 죽는 날, 공중에서 "상행선생은 이미 안양에 태어났다." 하는 말이 들려왔다. - 운서주굉 엮음, "왕생집』에서 전재
32 『불광사전』p2086-下.
33 王日休는 南宋 龍舒(安徽舒城) 사람으로 자는 虛中, 호는 龍舒居士라 하였다. 원래 國學進士로서 그가 지은 『六經訓傳』은 수십만 언에 달했으나 이것들을 모두 버리고 西方淨土의 업에 전수하며 布衣蔬食으로 일과로 불전에 千拜를 하였다. 紹興 30년(1160)에 『大阿彌陀經』을 校輯하여 3년이 걸려 완성하였다. 全書는 모두 56분이니 현재 장경에 있다. 『불광사전』p1509-上.

었으나 관직을 버리고 나아가지 않았고, 經史에 박학하였으나 이를 버리고는 "이는 모두 業習이니 궁극적인 법이 아니다. 나는 반드시 서방으로 돌아가리라." 하고, 일생 염불을 정진하여 나이 육십에 베옷과 나물밥으로 하루에 천 배의 절을 하였다. 임종 사흘 전에 친구들과 두루 이별하며 "다시는 보지 못할 것이네." 하였다. 때가 되어 제자들에게 경을 강론하고 나서 평소와 같이 예송하고는, 삼경에 이르러 홀연히 큰소리로 "아미타불!"을 몇 소리 부르고는 "부처님이 오셔서 나를 맞이하신다." 하고는 우뚝 서서 죽으니, 마치 나무를 심어놓은 것 같았다. 저서에 『정토문』 10권이 있는데, 처음 배우는 사람을 이끌어 다 함께 극락에 왕생하기를 인도하는 글로서 유통이 매우 넓다. 이것이 세속에 있으면서도 능히 자신을 제도하고 남을 제도했던 좋은 본보기이다.

(9) 명나라 莊嚴[34] 거사는 지금 강소성 松江 華亭 사람이다. 평생 의식이 넉넉하여 항상 사람들에게 보시하였다. 집안에 아들 하나와 며느리 한 사람이 있었으나 이들을 담박하게 보며, 정토에 독실하게 뜻을 두어 서방에 왕생하기만을 구하였다. 천개 4년(1624)에 병 없이 그의 친구 花園에서 죽었으니 그는 재가보살로서 깊이 살피고 내려놓아 도업을 성취해 생사에서 벗어난 가장 좋은 모범이다.

일찍이 '뜰에 가득 핀 꽃을 보고[滿庭芳詞]'라는 글에서 이렇게 읊었다.

| 인간의 일생 육십여 년 | 六十餘年 |
| 잠시 춘몽이니 | 片時春夢 |

---

34 莊平叔을 말한다. 이름은 嚴이니 華亭 사람이다. 만년에 불법에 깊이 귀의하여 사람들을 만나면 불법 믿기를 권하였다. 간혹 시나 간단한 詞를 적었는데, 모두 淸遠하고 운치가 있었다. 여기서 소개한 시사도 그 중 하나다. 天啓 4년에 그의 친구 鬍子灝의 동산에서 죽었다. 崑山 王弱生이 그의 글을 기록하고 '수년 중에 본 學道人 가운데 平叔이 제일이다' 하였다. - 明末居士列傳(48~51)

잠에서 깨니 막 조밥이 익으려 하네.	覺來剛熟黃粱
물에 뜬 꽃잎이요 허깨비 그림자니	浮花幻影
무슨 좋아할 경치 있으랴.	有甚好風光
냉정한 눈으로 가볍게 바라보고	冷眼輕輕覷破
서둘러 몸을 뒤집어 단단히 해야 하리.	急翻身蹬斷絲韁
兒孫은 장난치며 저희 나름대로 배역을 맡으니	兒孫戲從他搬演
꼭 終場을 볼 필요 있으랴.	何必看終場
청산에 띳집 한칸 지어놓고	青山茅一把
노후 살림살이를	殘生活計
따로 생각해보네.	別作商量
인연 따라 날을 보내고	但隨緣消遣
발우 씻고 향 사르리.	洗鉢焚香
먼저 마음을 보내 극락으로 돌아가	先送心歸極樂
자유롭게 소요하니	恣逍遙
보배 나무 싱그럽네.	寶樹清涼
슬프구나!	堪悲也
머리 돌려 바라본 곳	回頭望處
業海가 진정 망망하네.	業海正茫茫

(10) 청나라 周夢顏(1656~1739)[35] 거사의 호는 思仁이요 자는 安士며, 자호

---

35   周夢顏 거사는 經藏에 박통하고 정토법문을 돈독하게 믿었다. 중생이 죄를 짓는 것은 대부분 淫·殺二業으로 인하여 일어남을 깨닫고, 「萬善先資集」 4권과 「慾海回狂」 3권을 지어 살생과 음욕을 경계하고, 「西歸直

는 懷西居士라 하니, 지금 강소성 곤산 사람이다. 경사에 박통하고 정토를 깊이 믿었다. 『萬善先資』와 『欲海回狂』 등을 저술하여 살생을 경계하고 음행을 경계하는 좋은 책을 권하여 많은 사람을 교화하였다. 건륭 4년(1739) 정월에 가족과 이별하며 "西方으로 돌아가려 한다." 하였다. 가족이 향탕에 목욕하기를 권하니, 이를 물리치며 "나는 향탕에 목욕한 지 오래되었다." 하고 웃으며 이야기하며 죽으니, 기이한 향기가 방에 가득하였다. 그때 나이는 여든네 살이었다.

평생 사당을 지날 때마다 반드시 축원하기를 "바라건대 尊神께서는 세상을 벗어나는 마음을 내어 육식을 받지 말고 일심으로 항상 아미타불을 염하며 정토에 왕생하는 길을 구하십시오. 思仁이 지금부터 죽을 때까지 만약 한 번이라도 작은 물고기나 새우를 죽이거나, 더 나아가서 집안 권속이 만약 한 사람이라도 한 마리 모기나 개미를 죽이면, 원컨대 존신께서 벼락으로 내리쳐 제가 지은 書判을 깨부수십시오. 사인은 지금부터 죽을 때까지 꿈속에서라도 살생하는 사람을 보고 지극한 마음으로 부처님 명호를 부르며 그들을 구원할 마음을 내지 않고 도리어 기뻐하는 마음을 내면, 또한 이 서원과 같이하십시오." 하였으니, 이것은 재가보살이 여러 가지 선행을 수행하며 살생을 경계하고 음행을 경계하는 것으로 우두머리를 삼으며, 자신을 제도하고 다른 이를 제도하는 가장 좋은 사례이다.

(11) 청나라 楊文會(1837~1911)[36] 거사는 지금 안휘성 석강현 사람이다.

指」 4권을 지어 정토 교리의 중요 학설을 삼았다. 후세에 그가 지은 세 책을 편집하여 『安士全書』라 하였다.
36　楊文會 거사는 자가 仁山으로, 청말에 중국불교를 부흥한 중추적 인물이다. 성정이 호협하고 기서 읽기를 좋아하며 명리를 담박하게 여기고 과거를 비천하게 여겨 벼슬길에 나아가지 않았다. 태평천국의 난이 일어나자 난리를 피해 항주에 갔다가 우연히 어느 책방에서 『대승기신론』을 읽고는 불학에 잠심하였다. 일찍이 두 번 유럽에 여행하였는데, 런던에서 스리랑카 거사 達磨波羅와 일본 불교학자 난죠오 분유우南條文雄

『금강경』과 『기신론』을 읽다가 불교에 신앙심을 내어 도우 몇 사람과 남경에 '금릉각경처'를 단들고, 낮에는 남경의 工程(공사에 관련된 지출 명세나 재료 구매 등을 맡은 직책) 사무를 보고 밤에는 印經을 교감하거나 혹은 정좌 염불하였다. 쉰세 살 후에는 다시 정치에 관계하지 않고 일심으로 불교 공부를 하였다. 그의 어머니가 죽고 복을 마치자 그의 세 아들에게 "나는 스물여덟 살 때 불법을 듣고 그때 출가하고 싶었으나, 노모가 살아계셔서 원하는 대로 하지 못했다. 지금 노모께서 돌아가셨으나 나이 들고 쇠약하니 능히 출가의 율의를 지킬 수가 없다. 너희들은 모두 이미 장성하였으니, 응당 각기 스스로 살아갈 길을 도모하여라. 가지고 있는 집은 영원히 공공기관에 희사하고 이후로는 세상일로 나를 귀찮게 하지 마라." 하였다.

일찍이 사람에게 "나는 세상에 있으면서 조그만 시간이라도 있으면 반드시 불법을 위해 힘을 다하였다." 하였다. 나이 75세, 8월 17일에 몸에 조그만 한기를 느끼더니, 서쪽을 향하여 눈을 감고 죽었다. 이것은 '자손은 자손의 복이 있으니 자손을 말이나 소가 되게 하지 마라' 한 것이다. 또한, 큰 힘으로 부처님

(1849~1927. 근대 서양 불교학의 방법론을 도입한 스님. 옥스퍼드대학에서 산스크리트어 불전을 연구함)등을 만나 서로 협력하여 겁법을 회복할 것을 약속하였다. 귀국 후 同治 5년(1866)에 출자하여 '金陵刻經處'를 설립하고 대소승불전 삼천 여 권을 각인하였으나 생전에 겨우 이천 여 권만을 출판하였다. 일본에서 卍字藏經을 編印할 때는 불교 전적 수백 종을 제공하기도 하였다. 光緒 33년(1907)에 刻經處에 祇洹精舍 등을 설립하고 敎習佛典인 梵文과 英文 등의 과본을 자신이 편집하여 후진을 배양하기도 하였다. 또한 「佛學硏究會」를 만들어 정기적으로 경전을 강의하니 月霞, 諦閑, 曼殊 등의 고승이 한꺼번에 와서 그를 도왔고, 또한 歐陽漸, 梅光羲, 李證剛 등이 모두 그의 문하에서 배출하였다. 그는 또한 영국사람 李提摩太Timothy Richard (1845 – 1919)와 함께 경론을 영문으로 번역하여 서구인에게 공급하고, 아울러 '西方極樂世界依正莊嚴圖'를 그려 정토를 널리 전하니 지금도 그 그릇이 유행하고 있다. 그는 義理에서는 『起信論』을 특별히 존중하고, 行持에서는 정토를 숭상하였다. 일찍이 日人과 정토진종의 잘못을 논변하고 또한 禪宗 末流의 잘못을 배격하며 唯識法相으로 그들의 폐단을 창도한 적이 있다. 宣統 3년 가을에 죽으니 세수는 75였다. 저술 12종이 있는데 「楊仁山居士遺書」에 들어 있다.

경전을 유통하여 법을 널리 펴고 중생을 이롭게 하며 자신이나 다른 이를 겸리한 대심보살이니 반드시 상품상생을 얻었을 것이다.

기 4. 인용하여 증명하고 설명함

集

『비유경』에 "예전에 한 국왕이 있었는데 도덕을 매우 좋아하여, 항상 탑돌이를 하되 백 번을 돌지 않으면 그만두지 않았다. 이웃 나라 왕이 쳐들어와 그의 나라를 뺏으려 하니, 신하가 매우 놀라 곧 왕에게 '탑돌이를 그만두시고 적의 침략을 물리치소서' 하고 아뢰니, 왕이 '쳐들어오게 하라. 나는 그만두지 않을 것이다' 하며, 전과 같이 탑돌이를 그만두지 않으니, 군사들이 흩어졌다. 대저 사람에게 일심의 변함없는 뜻이 있으면 물리치지 못할 것이 없다." 하였다. 그러므로 강이나 산이 신령하지 않고 오직 사람만이 감득하는 것이니, 뜻이 지극하기만 하면 무슨 일을 하더라도 따르지 않음이 없다. 심지어 꽁꽁 언 못에서 잉어가 뛰어 올라왔고 찬 대나무 숲에서 죽순이 솟았으니, 그러므로 귀신의 힘으로 뜻이 이루어지는 것은 아니다.

譬喻經云, 昔有國王, 大好道德。常行繞塔, 百帀未竟。邊國王來征伐, 欲奪其國。傍臣大恐怖, 卽白王言, 置斯旋塔, 以攘重寇。王言, 聽使兵來, 我終不止。心意如故, 繞塔未竟, 兵散罷去。夫人有一心定意, 無所不消也。是以河嶽不靈, 惟人所感。但能志到, 無往不從。至於氷池躍鱗, 寒林抽筍, 故非神力, 志所爲也。

講

여기서 인용한 『舊雜譬喻經』[37] 문장은, 불자가 선행을 행하되 만약 그 마음을 한결같이 할 수 있으면 반드시 원을 모두 이루어 성취하지 않음이 없음을 증명하였다.

'그러므로 강이나 산이 신령하지 않고' 한 아래는, 스님이 복과 재앙은 문이 없고 사람이 스스로 초래하는 것임을 설명하였다. 정성을 다해 좋은 마음을 갖거나 좋은 말을 하거나 좋은 일을 한다면, 무슨 일을 하더라도 자신이 이롭고 다른 이를 이롭게 할 수 있다. 또한, 역사상 스물네 가지 효성 사례 가운데 세 가지를 인용하여 효성을 행한 사실을 예로 들었다. 만약 정성이 지극하면 일체 좋은 원력이나 좋은 행이 귀신의 힘을 빌리지 않더라도 자신의 심지에 의해 모든 것을 이룰 수 있는 것이다.

'꽁꽁 언 못에서 잉어가 뛰어 올라왔다' 한 것은, 晉나라 때 王祥이 부모에게 효도한 고사다. 왕상의 자는 休徵으로 산동 臨沂 사람이다. 계모를 섬겨 효성을 다하더니 어머니가 항상 산 물고기를 먹고 싶어 했다. 마침 큰 추위에 강이 꽁꽁 얼어붙자 상이 옷을 벗어 얼음 위에 누워 잉어를 구하니, 얼음이 홀연 갈라지며 잉어 두 마리가 뛰어올라, 이를 가지고 돌아와 어머니를 봉양하였다. 또한, 漢나라 때 姜詩의 고사이기도 하다. 강시는 처 龐씨와 함께 지극한 효성으로 어머니를 섬겼다. 어머니가 강물을 마시기 좋아하자 집에서 6~7리나 떨어진 강에 가서 항상 물을 길어 받들었다. 어머니가 또한 물고기 회를 좋아하자

---

37 『잡비유경』은 전 2권인데, 道略이 모으고 구마라집이 번역하였다. 내용은 譬喩·因緣을 들어 선악 업보의 이치를 설명하였다. 도두 서른아홉 가지 비유가 수록되었다. 이것은 고려장경 본이고, 宋·元·明 三本은 「衆經撰雜譬喩」라 하는데, 2권으로 나누어지고 모두 마흔네 가지 비유를 수록하였다. 고려장경본과 송·원·명본을 대조하면 두 본이 서로 합한 것은 겨우 아홉 가지밖에 안 된다. 이를 보면 이 두 경이 별본임을 알 수 있다. 이 경을 纂集한 道略의 사적은 자세하지 않다. 장경에 같은 이름의 경에 3부가 있으니, 첫째 後漢 支婁迦讖 譯(1권)은 열두 가지 비유가 수록되고, 둘째 後漢 때 번역된 것은 「菩薩度人經」이라고도 하는데. 서른두 가지 비유가 수록되었다. 2권이고 역자는 자세하지 않다. 셋째는 「舊雜譬喩經」이라 하는데 2권이고 吳 康僧會가 번역하였다. 60여 비유가 수록되었다.

집 곁에 홀연히 湧泉이 흘러나와 맛이 강물과 같았고, 물속에서 매일 잉어 두 마리가 뛰어나와, 시가 잡아 어머니를 봉양하였다.

'찬 대숲에 죽순이 솟았다' 한 것은, 晉나라 때 孟宗의 고사다. 종은 어려서 아버지를 잃고 노모가 병이 들었다. 마침 한 겨울인데 어머니가 죽순을 넣은 죽을 먹고 싶어 하자 종이 대숲 속으로 가서 대를 안고 통곡하니, 효성이 천지를 감동하여 얼마 후에 땅이 갈라지며 죽순 몇 줄기가 솟아, 이를 가지고 돌아와 국을 끓여 어머니를 봉양하니, 식사를 마치고 병이 나았다.

기5. 세 번째 질문과 답

集

문 : 만약 萬善을 널리 닦아 모두 자비의 문을 받들고 眞詮(空의 이치)만을 받아 행하면 세상 진리[世諦]에는 방해가 됩니다. 그렇게 되면 나라에 처하면 그 나라를 다스리는 것을 그만두어야 하고, 집에 있으면 집안을 일으켜 세우기에는 부족하니, 비록 다른 사람을 이롭게 한다고 말하지만 완전한 아름다움을 얻기에는 미흡합니다.

답 : 불법의 여러 가지 선행은 한없는 중생을 널리 윤택하게 하여, 힘으로는 살아있는 이나 죽은 이를 건지고, 도는 진과 속을 포함한다. 나라에 선행이 있으면 나라가 승리자가 되고, 집안에 선행이 있으면 집안이 살찌니, 이익 되는 것이 넓고 많아 유익한 일이 적지 않다.

問. 若廣修萬善, 皆奉慈門, 但稟眞詮, 有妨世諦。則處國, 廢其治國。在家, 闕於成家。雖稱利人, 未得全美。
答. 佛法衆善, 普潤無邊。力濟存亡, 道含眞俗。於國有善則國覇, 於家有善則家肥。所利弘多, 爲益不少。

講

여기 문답은, '불교를 믿고 선행을 행하면 혹시 세상일에 방해되지 않을까?' 하고 의심하는 데 대해 설명한 것이다. 불교는 자비로 근본을 삼으니, '모두 자비의 문을 받든다' 한 것이 곧 모두 부처님의 가르침을 받드는 것이다. 불법은 제법이 모두 空한 것으로 진리를 삼으니, '眞詮만을 받는다' 한 것은, 공의 이치만을 믿고 받으면 세상 인정에 방해됨을 면하기 어렵기 때문에, 나라에는 다스림이 없고 집에는 이룸이 없으니, 이것이 어찌 세간과 출세간에서 그 아름다운 것을 둘 다 완전하게 하지 못한 것이 아니겠는가? 하고 물은 것이다.

대답한 말씀은, 불법에서 닦는 衆善이 곧 圓善이니, 능히 자신을 이롭게 하고 남을 이롭게 하여 두루 이익을 얻는다. 그러므로 '무변 중생을 널리 윤택하게 한다' 하였다. 『법화경』「약초유품」에 "부처님이 설한 법은 비유하면 큰 구름과 같아서 한맛의 비로 사람과 초목을 윤택하게 하여 각기 열매를 맺게 하는 것처럼, 제불의 법은 항상 한맛으로 모든 세간에 널리 구족함을 얻게 하니, 점차 수행하면 모두 도의 열매를 얻는다." 한 것이다.

'힘으로는 살아있는 이나 죽은 이를 제도한다' 한 것은, 부처님 힘과 법의 힘과 중생이 수행한 공덕의 힘으로 모두 살아있는 이나 죽은 이를 둘 다 이익을 얻게 한다는 것을 말하였다. '도는 진·속을 머금는다' 한 것은, 五乘의 불법과 三乘의 보리도는 세간과 출세간의 진·속 이제를 포함하고 섭수하여 空·有에만 치우치지 않으니, 그러므로 불법을 봉행하여 나라를 다스리면 이 국가는 반드시 세계의 승리자라고 부르니, 경에서 '전륜성왕이 세상에 나왔다' 한 것이 이것이다. 불법에 의해 집안을 경영하면 이 가정에는 반드시 三多와 五福이 문에 다다라, 이익되고 뛰어남이 광대하다. '세 가지가 많다[三多]'는 것은, 세상 법에서는 복이 많고 수명이 많으며 자손이 많은 것을 말하고, 불법에서는 부처님에게 공양함이 많고 선우를 섬김이 많으며 부처님에게 법요를 청문함이 많음을 말한다. 이것은 『대반야경』에 있는 말씀이다. 오복은 壽, 富, 康寧, 좋은 덕과 고종명이니, 『상서』에서 나온 말이다. 또한, 인·의·예·지·신을 행하는 것이 오복이다.

기 6. 인용하여 증명하고 해설함

集

그러므로 『서경』에 "선행을 쌓는 집에는 반드시 충분한 경사가 있고, 악을 쌓은 집안에는 반드시 넉넉한 재앙이 있다." 하며, 또한 "선행을 행하면 백 가지 상서가 내려오고, 악을 행하면 백 가지 재앙이 내려온다." 하였다.

『宋典』에 文帝가 元嘉(424~453) 중에 何 侍中에 묻되 "范泰[38]와 謝靈運(385~433)[39]이 말하기를 '六經은 본래 제나라 풍속이니, 만약 性靈의 眞要라면 곧 불경으로 지남을 삼을 만하다' 하였소. 만약 온 나라가 모두 이의 교화를 성실하게 행하면 곧 나는 앉아서 태평을 이룰 것이오." 하니, 시중이 대답하되 "대저

---

38   남조 송 順陽 사람. 자는 伯倫, 시호는 宣. 晉에서 태학박사를 지내고 劉裕(남송 武帝)를 도와 盧循을 평정하고 護軍將軍에 올랐다. 송에서 國子祭酒에 제수되어 少帝의 과실을 극간하였으며, 侍中· 左光祿大夫를 역임하였다. 저서로 『古今善言』이 있다.

39   謝靈運은 劉宋 陽夏 사람이다. 학문을 좋아해 널리 읽었고, 서화와 시문을 익혀 江左에서 독보적이었다. 太尉參軍과 永嘉太守를 역임하였다. 어려서 삼보에 귀의하여 經藏에 깊이 들어갔다. 일찍이 竺道生으로부터 頓悟의 뜻을 배워 『辯宗論』을 지어 도생의 돈오의 뜻을 널리 펴 해석하였다. 東晉 義熙 년간에는 廬山에 가서 慧遠대사를 참례하고, 뜻이 같고 도가 합하는 자와 결사를 만들어 白蓮社라 하고, '淨土詠'을 지었다. 나중에는 모반했다는 모함을 받아 죽임을 당했다. 그때 나이 49세였다. 자세한 것은 『불광사전』 p6520-中.

백 집의 시골에서 열 사람이 오계를 지키면 열 사람이 순박하고, 천 가구 읍에 백 사람이 십선을 닦으면 백 사람이 화목하나이다. 이러한 풍속과 가르침이 전하면 이미 온 세상에 두루하고, 천만 집에 두루하면 어진 사람이 백만입니다. 대저 능히 한 가지 선을 행할 수 있으면 한 가지 악을 제거할 수 있고, 하나의 악을 제거하면 하나의 형벌도 실행되지 않으며, 하나의 형벌이 집에서 실행되지 않으면 만 가지 형벌이 나라에서 실행되지 않나니, (이렇게 되면) 폐하께서 말씀하신 대로 앉아서 태평을 이룰 것입니다." 하였다.

　그러므로 온 법계와 온 허공계에서 하나의 선행을 행하면 어디를 가든 이롭지 않음이 없으니, 이것이 입신하고 보좌하여 나라를 바로잡고, 집을 보전하는 중요한 법칙이다 만약 이것으로 입신하면 몸을 세우지 않음이 없고, 이것으로 나라를 바로잡으면 나라가 바로 잡히지(강대해지지) 않음이 없으니, 가까이로는 인천의 복이 되고 멀리는 불과에 오른다.

所以書云, 積善之家, 必有餘慶。積惡之家, 必有餘殃。又云, 行善降之百祥, 爲惡降之百殃。

宋典, 文帝以元嘉中, 問何侍中曰, 范泰謝靈運云, 六經本是濟俗, 若性靈眞要, 則以佛經爲指南。如其率土之濱, 皆純此化, 則吾坐致太平也。侍中對曰, 夫百家之鄕, 十人持五戒, 則十人淳謹。千室之邑, 百人修十善, 則百人和厚。傳此風訓, 已遍宇內。編戶千萬, 則仁人百萬。夫能行一善, 則去一惡。去一惡, 則息(不用)一刑(罰)。一刑息於家, 萬刑息於國, 陛下所謂坐致太平也。

是以包羅法界, 遍滿虛空, 一善所行, 無往不利。則是立身輔化, 匡國保家之要軌矣。若以此立身, 無身不立。若以此匡國, 無國不匡(强), 近福人天, 遠階佛果。

講

여기서 인용하여 증명한 글은, 하나는 『서경』이고 하나는 24史 중 『송서('宋

典')』이다. '문제'는 남송 武帝인 劉裕의 아들이다. '하 시중'은 곧 何承天이니 무제 때 御史中丞을 맡았다. 성격이 강직하고 儒·史와 백가에 정통하였다. 여기서 문제에게 대답한 글은 『송서』 64페이지에 나온다. '온 나라의 영토 안이 모두 이 교화를 순박하게 따르면' 한 것은, 전국이 모두 불교를 신앙하는 것을 말한다. '곧 나는 앉아서 태평을 이루리라' 한 것은, 無爲로 다스려 일체 형법을 쓰지 않고 인민의 안락을 얻어 세계가 화평한 것을 말한다.

'그러므로 온 법계와' 한 데서부터, '나라를 바로 세우고 집을 보전하는 중요한 법칙이다' 한 데까지 여섯 구절은, 십악을 그치고 십선을 행하면 능히 나라를 바로 세우고 집안을 보호할 수 있다는 것을 설명하였다.

'만약 이로써 입신하면' 한 데서부터, '멀리 불과에 오른다' 한 데까지 여섯 구절은, 십선을 수행하면 능히 세간이나 출세간의 수승한 이익을 얻을 수 있다는 것을 설명하였다. 부처님이 『십선업도경』에서 말씀하시되 "이 십선업은 능히 십력과 사무외와 십팔불공과 일체 불법을 모두 원만하게 할 수 있다. 그러므로 너희들은 응당 부지런히 수학하라. 비유하면 모든 성읍이 모두 대지에 의거해 안주하고, 모든 꽃이나 나무도 모두 땅에 의거해 생장하듯이, 이 십선업도 마찬가지로 일체 인천이 이것에 의지해 성립하고, 일체 성문·연각·보살의 모든 보살행과 일체 불법이 모두 이 십선의 대지에 의해 이루어진다." 하였다. 부처님은 또한 『지장십륜경』에서 "십선업도를 닦음으로 인해 세간에는 찰제리와 바라문 등 대부귀족이 있고, 사대천왕과 내지 비상비비상천과 성문승과 연각승과 더 나아가서 무상정등보리에 이르기까지 모두 십선업도를 닦음으로 인하여 품위에 차이가 있다." 하였다.

무 4. 萬善을 닦는 것은 마음이 근본이 됨
기 1. 첫 질문과 답

집

문 : 닦아야 할 만선은 무엇으로 근본을 삼습니까?

답 : 모든 理와 事는 마음으로 근본을 삼는다. 理를 들어 말하면, 경에 "일체 법이 곧 心自性임을 관찰하면 지혜의 몸을 성취하되 다른 것으로 인하여 깨닫지 않는다." 하니, 이것은 진여로써 眞實心을 관찰하는 것으로 근본을 삼는 것이다. 事를 들어 말하면, 경에 "마음은 그림 그리는 화가와 같아서 능히 모든 세간을 그리나니, 오온이 모두 그로부터 나서 어떤 법이든 짓지 않음이 없다." 하니, 이것은 心識으로 연려심을 관찰하는 것으로 근본을 삼는 것이다. 진실심이 본체요 연려심이 작용이니, 작용은 심생멸문이요 본체는 심진여문이다. 본체와 작용을 잡으면 두 가지로 나누나 오직 一心뿐이다. 본체에 의한 작용이라 작용이 본체를 여의지 않고, 작용에 의한 본체라 본체가 작용을 여의지 않는다. 나누고 합하는 것이 비록 다르나 진성은 동하지 않으니, 마음이 능히 부처가 되기도 하고 마음이 중생이 되기도 하며, 마음이 천당이 되고 마음이 지옥이 되기도 한다. 마음이 달라지면 천차만별이 다투어 일어나고, 마음이 평안하면 법계가 평안하며, 마음이 범부면 삼독이 얽혀있고, 마음이 성인이면 육신통이 자재하며, 마음이 空하면 하나의 길로 청정하고, 마음이 있으면 온갖 경계가 종횡으로 일어난다. 마치 골짜기가 소리에 응해 소리가 높으면 메아리가 크고, 거울이 형상을 비추되 형상이 구부러졌으면 그림자가 삿된 것과 같다.

그러므로 만행이 마음으로 말미암아 모든 것이 나에게 있으니, 안이 비었으면 밖은 결국 진실하지 않고, 안이 세밀하면 밖이 결국 추하지 않아서, 善因

은 마침내 善緣을 만나고 악행은 악경을 피하기 어렵다. 雲霞(높은 하늘. 삼승 열반)를 밟으면 감로를 마시니 남이 주는 것이 아니요, 煙焰(연기와 화염. 삼악도)에 누우면 피고름을 마시니 모두 제가 하는 것이라, 하늘이 낸 것이 아니요 땅에서 나오는 것이 아니다. 다만 최초 일념에서 이러한 오르고 내림을 이룰 뿐이다. 밖이 편안하고 화목 하고자 하면 다만 안을 편안하고 고요하게 할 뿐이니, 마음이 비면 경계가 고요하고 생각이 일어나면 법이 나서, 물이 탁하면 파도가 혼탁하고 못이 맑으면 달이 밝은 것과 같다. 수행의 요점은 여기서 벗어나지 않으니, 가히 衆妙의 문이요, 群靈(중생)의 관청이며, 오르고 내리는 것의 근본이요, 재앙과 복의 근원이라 할 만하다. 自心을 바로하기만 하면 어찌 다른 경계를 의심하랴.

問. 所修萬行, 以何爲根本乎.

答. 一切理事, 以心爲本。約理者, 經云, 觀一切法, 卽心自性, 成就慧身, 不由他悟。此以眞如, 觀眞實心爲本。約事者, 經云, 心如工畫師, 能畫諸世間, 五蘊悉從生, 無法而不造。此以心識, 觀緣慮心爲本。眞實心爲體, 緣慮心爲用。用卽心生滅門, 體卽心眞如門。約體用分二, 惟是一心。卽體之用, 用不離體。卽用之體, 體不離用。開合雖殊, 眞性不動。心能作佛, 心作衆生, 心作天堂, 心作地獄。心異則千差競起, 心平則法界坦然。心凡則三毒縈纏, 心聖則六通自在。心空則一道淸淨, 心有則萬境縱橫。如谷應聲, 語高而響大。似鏡鑒像, 形曲而影邪。是以萬行由心, 一切在我。內虛, 外終不實。內細, 外終不麤。善因終値善緣, 惡行難逃惡境。蹈雲霞而飮甘露, 非他所授。臥煙焰而噉膿血, 皆自所爲。非天之所生, 非地之所出。祇在最初一念, 致此昇沈。欲外安和, 但內寧靜。心虛境寂, 念起法生。水濁波昏, 潭淸月朗。修行之要, 靡出於斯。可謂衆妙之門, 群靈之府, 昇降之本, 禍福之源。但正自心, 何疑別境。

講

여기 문답은 불교의 修善이 일심 이문으로 근본이 됨을 밝혔다. 지금『因明論』에 의해 立量한다면 아래와 같다.

宗 — 일체 理·事가 마음으로 근본을 삼는다.

因 — 왜냐하면, 眞實心으로 본체가 되고 緣慮心으로 작용이 되니, 본체와 작용을 잡으면 두 가지로 나누지만, 오직 일심이문뿐이기 때문이다.

喩 — 마치 물이 탁하면 물결이 흐리고 못이 맑으면 달이 밝은 것과 같고, 마음은 그림 그리는 화가와 같아서 능히 여러 가지 세간을 그릴 수 있다.

'理를 잡으면' 한 데서부터, '진실심을 관찰하는 것이 근본이 된다' 한 데까지는 심진여문을 해석했으니, 인용한 경문은『화엄경』이다. 일체 법이 자성이 없어서 오직 마음으로 말미암아 있으니, 마음도 또한 자성이 없는 것을 平等空性이라 하고, 이 평등공성을 깨닫는 것을 '지혜의 몸을 성취하였다'고 하며, 마음밖에 법이 없으므로 '다른 법으로 인하여 깨닫는 것이 아니다' 하였다.

'心'에 여러 가지 뜻이 있다. 첫째는 肉團心이니 이것은 물질에 속하니 了別하는 작용이 없다. 둘째는 緣慮心이니 곧 전6식이다. 이는 根·塵·識이 화합하여 분별이 있으니, 생멸 무상하고 妄에 처하여 진실하지 않다. 셋째는 集起心이니 곧 진·망이 화합한 제8식이다. 마치 바다의 파도는, 물은 본래 움직이지 않는 체성이 아닌 것과 같다. (물은 眞에, 파도는 妄에 비유하였다.) 넷째는 眞實心이니 또한 '자성청정심'이라고도 한다. 상·락·아·정의 진실 덕용이 있으니, 마치 바닷물의 자성은 맑지만 모든 물결은 바닷물이 바람에 따라 나타난 환상 아닌 것이 없는 것과 같다. 규봉대사『원각경소 序』에 "만법이 진실하지 못하여 인연을 만나면 나지만, 태어난 법은 본래 없어서 일체가 唯識이라, 識은 환몽과 같아서 오직 일심뿐이다. 마음은 고요(空)하면서 아니(了別) 이것을 '원각(진실심)'이라 한다." 한 것이다.

 '事를 들어 말하면' 한 데서부터, '연려심을 관찰하는 것이 근본이 된다' 한 데까지는 심생멸문을 해석했으니, 또한 『화엄경』 각림보살이 설한 게송을 인용하여 증명하였다. 마음이 능히 부처가 되고 마음이 중생이 되니 이것은 심생멸문의 공용이다. 그러므로 '마음은 그림 그리는 화가와 같아서 능히 여러 가지 세간을 그리나니, 오온이 모두 거기서 나와서 어떤 법이든 짓지 않음이 없다' 하였다. '오온'은 '五陰'이라고도 하는데, 색·수·상·행·식은 우주인생의 일체 법을 포함하였다. 첫째, 色蘊은 지·수·화·풍 四大種과 所造四大[40]는 곧 五根·五塵과 법처에 속한 색이다. 둘째, 受蘊은 능히 바깥 경계를 받아들여 고·락·사의 감수를 일으킴을 말하니, 六根에 의해 六受로 나눌 수가 있다. 셋째, 想蘊은 受蘊에 의해 想念을 일으키는 것이다. 넷째, 行蘊은 선·악·무기의 업을 지어 매순간 천류하기 때문에 '行'이라 한다. 다섯째, 識蘊은 심·의·식의 了別 작용이니 이를 통틀어 '識'이라 한다. 분별과 외경을 변현하는 본체이다.

 '진실심이 체가 되고' 한 데서부터, '마음이 지옥을 만든다' 한 데까지는, 일심이문이 체와 용을 여의지 않아서 만법이 오직 마음으로 지은 것임을 해석하였다.

 '마음이 달라지면 천차만별이 다투어 일어나고' 한 데서부터, '모든 것이 나에게 있다' 한 데까지는, 일심이문의 묘용이 끝이 없음을 방편으로 설명하였다. 空에 의한 有라야 비로소 妙有가 되고, 有에 의한 空이라야 비로소 眞空이 된다. 일심이문이 하나도 아니고 다른 것도 아니어서 진여문을 숨기지 않고 생

40　四大種과 所造四大는 『불광사전』 p1649-下 참조.

멸문을 설하고, 생멸문을 파괴하지 않고 진여문을 설한다. 그러므로 시방 제불이 항상 二諦(二門)에 의해 법을 설하셨다.

'마음이 달라지면 천차만별이 다투어 일어나고, 마음이 화평하면 법계가 고요하다' 한 것은, 사람의 진심에 두 가지가 작용이 있으니, 하나는 自性用이요 또 하나는 隨緣用이다. 구리거울을 예로 든다면, 구리의 재질은 自性體요, 구리의 광명은 自性用이며, 광명에서 나타난 영상은 隨緣用이다. '영상'은 갖가지 차별적인 바깥 인연에 따라 비로소 나타나니, 나타나면 천차만별이 있으나 광명은 오직 평등하여 한 맛일 뿐이다. 이것은 진심에 두 가지 작용을 갖추었음을 비유하였다. 마음이 화평하면 법계가 평탄하다는 것은 고요하되 항상 비추고 비추되 항상 고요하니 이는 자성용이요, 마음이 달라지면 천차만별이 다투어 일어나 능히 사려분별의 언어나 동작을 일으키니 이는 수연용이다.

'마음이 범부면 삼독에 뒤얽히고 마음이 성인이면 육통이 자재하다' 한 것은, 眞心의 두 가지 작용의 차별상을 구분하였다. 육도범부의 마음은 망심이니 곧 진심의 수연용이나, 다만 변계소집성에 속한다. 마음을 일으키고 생각을 동하면 탐·진·치 삼독에 얽매이지 않음이 없으니, 그러므로 '縈纏(뒤얽임)'이라 하였다. 제불보살의 마음을 '성인의 마음'이라 한다. 이는 진심의 自性用이니 이것은 원성실성에 속한다. 도량을 옮기지 않고 시방에 두루하기 때문에 '육통이 자재하다' 하였다.『법화경』「법사공덕품」에 설한 '육근 자재'가 곧 이것이다.

'마음이 空하면 한 길로 청정하고, 마음이 有면 수많은 경계가 종횡으로 일어난다' 한 것은, 일심이문의 차별상을 구분하였다. 공은 마음의 본체니 진여문에 속하고, 유는 마음의 작용이니 생멸문에 속한다.『정명경』에 "그 마음이 청정한 데 따라 국토가 청정하다." 하고, 선종에 "마음이 공하여 급제하여 돌아간다." 한 것이다. 마음이 만약 공하고 깨끗하면 모든 것이 청정하니 그러므로 '마음이 공하면 하나의 길로 청정하다' 하였다. 경에 "마음이 나면 갖가지 법이 난다." 하니, 그러므로 '마음이 有면 수많은 경계가 종횡한다' 한 것은『법화경』「방편품」에서 설한 '십여시'다.

'골짜기가 소리에 응한다' 한 아래 네 구절은, 골짜기의 메아리와 거울의 물상을 들어 일심이문의 본체와 작용이 서로 여의지 않았음을 비유하였다.

'그러므로 만행이 마음으로 비롯하니 모든 것이 나에게 있다' 한 것은, 모든 수행의 묘용이 일심이문으로 근본이 됨을 설명하였다.『大乘本生心地觀經』「觀心品」에 "삼계는 마음이 주인이니 마음을 관하는 자는 결국은 해탈하고, 관하지 못하는 자는 침륜한다. 중생의 마음은 마치 대지와 같다. 오곡과 오과가 대지에서 나오듯이, 이와 같은 心法이 세상이나 출세간의 선악의 오취나, 유학이나 무학이나 독각이나 보살이나 여래를 내니, 이런 인연으로 삼계가 오직 마음뿐이므로 마음을 '땅'이라 한 것이다. 일체 범부가 좋은 벗을 가까이하여 心地法을 듣고 이치와 같이 관찰하며, 자신이 수행하고 남을 교화하는 사람은 능히 二障을 끊고 속히 여러 가지 수행을 원만히 행하여 빨리 위없는 보리를 얻는다."(대정장경 3권 327페이지 상) 한 것이다. '나'란 자재의 뜻이니, 마음의 작용이 자재하기 때문에 '모든 것이 나에게 있다' 하였다.

'안이 비었으면 밖도 결국 진실하지 않다' 한 데서부터, '여기에서 벗어나지 않는다' 한 데까지는, 어떻게 일심이문을 수순하여 만선을 닦을 것인가를 설명하였다. '안이 비었다'는 것은 마음이 아첨하여 진실하지 않은 것이니, 곧 하는 짓이나 하는 일이 모두 헛되어 진실하지 않음을 말한다. 그러므로 '밖도 결국 진실하지 않다' 하였다.『팔식규거송』에 "말을 하고 몸과 마음을 움직이는 것이 가장 뛰어나니, 팽팽하게 능히 업력을 불러 끌어당기네." 한 것이다. '안으로 세밀하다'는 것의 '세밀하다'는 것은 善心을 가리키고, '밖이 추하다' 한 것의 '추하다'는 것은 나쁜 말과 나쁜 행을 말한다. 마음속으로 선을 생각하면 그 말이나 행동에는 반드시 악이 없으니, 그러므로 '밖이 결국 추하지 않다' 하였다.

'善因'은 善의 心王이니, 선의 심왕이 있으면 반드시 선의 心所法이 있어서 서로 응하여 일어난다. 그러므로 '마침내 선연을 만난다' 하였다. '악행'은 악의 업연이니, 악의 업연이 있으면 반드시 악의 과보가 있다. 그러므로 '惡境을 도망하기 어렵다' 하였다. 이 두 구절은, 응당 선심의 생멸문을 수순하여야 하고 악업의 생멸문을 수순해서는 안 된다는 것을 설명하였다. '雲霞를 밟으면 감로를 마시고' 한 것은 삼승 열반에 증입함을 가리키니, 청정한 과덕을 얻는 것이다. '煙燄에 누우면 피고름을 마신다' 한 것은 삼악도에 타락함을 가리키니, 더러운 과덕을 얻는 것이다. '모두 제가 하는 것이라, 남이 주는 것이 아니다' 한 것은, 마음이 짓고 마음이 받으니 만법이 마음으로 돌아감을 밝혔다. 이 네 구절은 선악의 마음으로 인해 얻은 果相을 설명했으니, 응당 버리고 취할 줄을 잘 알아야 한다. '하늘에서 난 것도 아니요' 한 아래 네 구절은, 수행은 마음을 닦는 데 있음을 설명했으니, 중요한 것은 마음이 일어나고 생각이 동요하는 것을 관찰하는 데 있다.

스님의 또 다른 저서인 『註心賦』 권 1에 "십법계가 처음 마음에서 이루어진다. 십법계란, 첫째는 天法界니 십선업을 닦는 것이다. 둘째는 人法界니 오계업을 가지는 것이다. 셋째는 수라법계니 교만업을 행하는 것이다. 넷째는 지옥법계니 십악업을 짓는 것이다. 다섯째는 아귀법계니 간탐업을 짓는 것이다. 여섯째는 축생법계니 우치업을 짓는 것이다. 일곱째는 성문법계니 사성제법을 증득하는 것이다. 여덟째는 연각법계니 십이인연법을 깨닫는 것이다. 아홉째는 보살법계니 육도문을 행하는 것이다. 열 번째는 불법계니 평등 일승법을 행하는 것이다. 이상과 같이 범부와 성인이 함께 십법계를 이루니, 올라가고 내려오는 것은 비록 다르나 모두 최초의 일념으로부터 일어나, 그런 후에 생각생각 상속하여 일을 이루어, 선인 선과요 악인 악과여서 전후로 서로 주고받으며 일찍이 유실한 적이 없다. 그러므로 경에 '마음이 능히 천당도 되고 마음이 능히 지옥도 된다' 하였다." 십법계마다 각기 十如是가 있어서 처음과 마지막이 모두 마음으로부터 일어난다. 그러므로 '구경본말등(구경에 본말이 평등함)'이라 하였으니, 곧 똑같이 심생멸문으로 인하여 있는 것이다. 그러므로 마음을 잘 관찰하는 자는 곧 열반이 있다.

'밖이 安和하고자 하면' 한 데서부터, '여기에서 벗어나지 않는다' 한 데까지는, 마음을 닦는 데는 반드시 생멸로 말미암아 진여에 깨달아 들어간다는 것을 바로 보였다. 무릇 마음을 닦는 자는 무념이 아니어서는 안 되니, 무념심체는 부처에 이르러야 비로소 갖출 수 있다. 그러므로 우리가 마음을 닦을 때 마음이 편안하고 평화롭고 착하고 올바르고 청정함을 얻고자 하면 반드시 일념이 無相임을 관찰해야 한다. 일념 무상은 곧 空이요 공은 곧 평온함이니, 이것은 진여문에 수순하는 것이다. 『기신론』에서 설한 "비록 일체 법을 설하나 能說과 所說이 없고, 비록 일체 법을 念하나 能念과 所念이 없으니, 그때 수순하여 망념이 모두 다 하면 이를 '깨달았다'고 한다." 하였으니, 이것이 곧 생멸문으로 말미암아 진여문에 수순 오입하는 가장 좋은 지남이다.

'물이 흐리면 물결이 탁하고, 못이 밝으면 달빛이 밝다'고 한 두 구절은, 二門에 수순하여 마음을 닦는 차별상을 비유하였으니, 생멸문에만 따르는 것은 물이 흐리면 물결이 탁한 것과 같고, 진여문에 따를 수 있으면 못이 깨끗하면 달빛이 밝은 것과 같다. 수행의 요점은 모두 일심이문에 수순하는 데서 벗어나지 않는다. 그러므로 '여기에서 벗어나지 않는다' 하였다.

'중묘의 문이라 할 만하다' 한 아래는 결론이다. 그러므로 '자심을 바로하기만 하면 어찌 다른 경계를 의심하랴' 한 것이다. 닦아야 할 만선은 마음이 근본이니, '마음이 중묘의 문이 된다' 하였다. '마음은 群靈의 관청이다' 한 것의 '군령'은 중생이니, 일체중생이 마음에 의해 있으니 마음이 없으면 중생이 없다. 그러므로 '군령의 관청이다' 하였다. '마음은 오르고 내리는 것의 근본이요 화와 복의 근원이다' 한 것은, 앞에서 설한 십법계가 처음 마음에서 잉태되고 이루어진다는 것이요, '어찌 다른 경계를 의심하랴' 한 것은, 경계의 차별이 같지 않으나 心念으로 인하여 차이가 있으니, 어찌 의심을 내랴.

기 2. 인용하여 증명하고 설명함

集

경에 "선을 행하면 복이 따르고 악을 행하면 재앙이 쫓는다. 메아리가 소리에 응하듯이 선악은 소리와 같으니, 하늘이나 용이나 귀신이 주는 것이 아니고 조상이 후손에게 영향을 끼치는 것도 아니다. 이를 꾸미는 것은 오직 마음일 뿐이고 이를 이루는 것은 몸과 입이다!" 하고,

『佛說偈』에 "마음은 법의 근본, 마음은 존귀하고 마음이 부리나니, 마음속에 악을 생각하면 곧 (악한) 말을 하고 곧 (악을) 행하여, 재앙과 고통이 저절로 쫓아 수레가 바퀴틀 따르는 것과 같네. 마음은 법의 근본, 마음은 존귀하고 마음이 부리나니, 마음속에 선을 생각하면 곧 (선한) 말을 하고 곧 (선을) 행하여, 복락이 저절로 이르나니 마치 그림자가 몸을 따르는 것과 같네." 하였다.

『화엄경』에 "지수보살이 문수사리에게 묻기를 '어떻게 하면 허물이 없는 신·구·의 업을 얻을 수 있으며, … 위가 되고 無上이 되며, 等이 되고 等等이 없음이 되나이까?' 하니, 문수사리가 '불자여, 만약 보살이 그 마음을 잘 쓰면 일체 승묘한 공덕을 얻느니라' 하고 대답하였다." 하고,

『밀엄경』에 "마치 대지가 분별이 없어서 모든 사물이 이를 의지해 자라듯이, 藏識도 마찬가지로 여러 경계의 의지처네. 마치 사람이 자신의 손으로 도리어 스스로 몸을 만지고 찌르는 것과 같으며, 또한 코끼리가 코로 물을 취해 스스로 목욕하는 것과 같고, 또한 어린아이가 입으로 손가락을 빠는 것과 같네. 이처럼 자심 안에서 나타난 경계가 도로 자신을 반연하니, 이 마음의 경계가 三有에 널리 두루하네. 오랫동안 관행을 닦는 자는 안팎 세간 일체가 오직 마음으로 나타난 것임을 능히 잘 통달하네." 하였다.

經云, 爲善福隨, 履惡禍追。響之應聲, 善惡如音。非天龍鬼神所授, 非先禰後裔所爲。造之者惟心, 成之者身口意。

佛說偈曰, 心爲法本, 心尊心使。中心念惡, 卽言卽行, 罪苦自追, 車礫於轍。心爲法本, 心尊心使, 中心念善, 卽言卽行, 福樂自追, 如影隨行。

華嚴經云, 智首菩薩問文殊師利, 云何得無過失身口意業, 乃至爲上爲無上, 爲等爲無等等。文殊師利答言, 佛者, 若諸菩薩善用其心, 則獲一切勝妙功德。

密嚴經云, 如地無分別, 庶物依以生。藏識亦如是, 衆境之依處。如人以己手, 還自摩捴身。亦如象以鼻, 取水自沾沐。復似諸嬰兒, 以口含其指。如是自心內, 現境還自緣。是心之境界, 普遍於三有。久修觀行者, 而能善通達。內外諸世間, 一切唯心現。

講

여기서 인용한 세 가지 경문은 모두 선을 행하든 악을 행하든 간에 인과보응

이 완전히 일심으로 비롯함을 분명히 말하고 있다. 마음은 모든 법의 근본이니 한 법도 마음 밖에서 건립된 것이 없기 때문이다. 마음은 가장 존귀한 주인이라 일체 깨끗하거나 더러운 것을 부려 쓰며, 중생의 일체 행위가 마음으로 인하여 부려지지 않음이 없다. 그러므로 『화엄경』에 "응당 법계성을 관하라. 모든 것이 오직 마음으로 지은 것이니라." 하였다. 그러므로 문수보살이 "보살이 그 마음을 잘 쓰면 일체 승묘한 공덕을 얻는다." 하였다. 어떻게 마음을 잘 쓸 것인가? 『사십화엄』 제6권에 "응당 善法으로 자심을 거들어 도와주고, 응당 法雨로 자심을 윤택하게 하며, 응당 묘법으로 자심을 청정하게 다스리며, 응당 정진으로 자심을 견고하게 하며, 응당 인욕으로 자심을 낮추며, 응당 선정으로 자심을 청정하게 하며, 응당 지혜로 自心을 밝고 통하게 하며, 응당 부처님 공덕으로 자심을 일으키며, 응당 평등으로 자심을 넓히며, 응당 십력·사무소외로 자심을 밝게 비추라." 한 것이다.

　『밀엄경』은 모두 3권이다. 대정장경 제16권에 편재하니 유식의 중요한 경전이다. '識'은 진심의 모양이요 작용이니, 그러므로 '안팎의 모든 세간이 모두 유심이 나타난 것이다' 하였다. 안으로 육근, 밖으로 육진이 식의 모양과 작용이니, 8식이 변현한 것이기 때문이다.

集

이렇게 말했으니, 마음이 어찌 만선의 근본임에 그치겠는가? 더 나아가서 유정 무정이나 범부나 성인의 경계와 허공 만상이 모두 그것이 근본이 된다. 또한 "無住가 근본이 되니 근본이 서면 도가 난다." 하였으니, 이것을 말한 것이다.
以此言之, 心豈止萬善之本, 乃至有情無情, 凡聖境界, 虛空萬像, 悉爲其本。亦云無住爲本, 本立道生, 斯之謂矣。

講

스님은 마음은 만선을 수행하는 근본이 될 뿐만 아니라, 또한 우주와 인생과 허공 만상이 모두 마음이 근본이 된다는 것을 결론지었다. 이 마음은 안이나 밖이나 중간에 주하지 않으니, 그러므로 『정명경』에 "無住가 근본이 되어 일체 법을 건립한다." 하였다. 『사십화엄경』에서 설한 "갖가지 방편으로 그 마음을 깨끗이 하라." 한 것과 같으니, 이것이 '근본이 서면 도가 난다' 한 것이다. 일체 육도만행과 불과인 청정한 덕이 모두 마음으로 인하여 난다.

기 3. 여러 가지 의심을 자세히 풀어줌

集

문 : 만행의 근원은 마음이 근본이 됩니다. (그렇다면) 助道의 문은 어떤 법이 선두가 됩니까?

답 : 진실과 정직이 선두가 되고, 자비로 섭수 교화하는 것이 인도자가 된다. 정직하기 때문에 결과는 비뚤어지거나 사악함이 없어 행이 진여에 수순하고, 자비하기 때문에 소승에 떨어지지 않고 공덕이 대각과 같다. (그러므로) 이 二門 (정직과 자비)으로 자신이나 타인을 모두 유익하게 한다.

問. 萬行之源, 以心爲本。助道門內, 何法爲先。

答. 以其眞實正直爲先, 慈悲攝化爲導。以正直故, 果無迂曲, 行順眞如。以慈悲故, 不墮小乘, 功齊大覺。以此二門, 自他兼利。

講

일심 만행과 만행 일심이 비록 불교의 깊은 뜻이지만, 혹시 서양철학의 절대유심론과 혼동하여 중도원융의 정견에 합하지 못할까 두렵다. 그래서 거듭 해석을 덧붙인 것이다.

첫 번째 문답은, 正·助를 합하여 닦고 自·他를 다 같이 유익하게 할 것을 밝혔다. 마음을 밝혀 성을 보는 것이 올바른 수행이요, 정직과 자비는 보조적 수행이다.

'정직'이란 진실한 것이다. 사람 됨됨이가 만약 언행이 진실하지 않으면 세상 법에서는 소인인 거짓 군자요, 불법에서는 이미 도인도 아니고 보살도 아니니 무어라고 이름 붙일 수가 없다. 그러므로 『유교경』에 "아첨하고 사악한 마음은 도와 서로 어긋난다. 이런 마음은 다만 남을 속일 뿐이니, 입도한 사람은 이래서는 안 된다는 것을 꼭 알아야 한다. 그러므로 반드시 마음을 단정히 하여 소박하고 정직함으로 근본을 삼아야 한다." 하였다. 진여를 올바르게 생각하는 것을 '단정한 마음'이라 하고, 말과 행동이 서로 부합하는 것을 '소박하고 정직한 마음'이라 한다. 그러므로 '**정직하기 때문에 결과는 비뚤어지고 사특함이 없고 행이 진여에 수순한다**' 하였다.

'자비'는 대비로 중생을 이롭게 하는 보리심이다. 『화엄경』에 "보리심을 잊어버리고 여러 가지 선법을 닦는 것은 마업이다." 하였으니, 보리심을 발하지 않으면 보살이라 부르지 못한다. 『보현행원품』에 "보살이 평등하게 일체중생을 이롭게 하면 이것이 제불에게 수순 공양하는 것이요, 대비의 물로 중생을 이롭게 하면 능히 제불보살의 지혜 華果를 성취할 수 있다." 한 것이다. 그러므로 보살의 만행문 가운데 자비로 섭수 교화하는 것이 能導가 되어 이승에 떨어지지 않고 능히 불과를 이룰 수 있다. 그러므로 '**공덕이 대각과 가지런하다**' 하였다.

'**이 二門으로 자타를 겸리한다**' 한, 이 두 구절은 결론지어 찬탄하였다. 이를 나누어 설하면, 정직하면 능히 자신을 이롭게 할 수 있고 자비로 능히 남을 이롭게 할 수 있으니 이것이 '자타겸리'이다. 이를 합하여 말하면 정직과 자비는 곧 『대승기신론』에서 설한 "신성취발심에 대략 세 가지가 있다. 하나는 정직한 마음을 내는 것이니 이치와 같이 진여법을 정념하기 때문이요, 둘은 深重心을 내는 것이니 일체 모든 선행 모으기를 좋아하기 때문이요, 셋은 대비심을 발하는 것이니 일체중생의 고통을 뽑기 주기 원하기 때문이다." 하니, 이 세 가지 마음 중 첫 번째는 자리에 속하고, 세 번째는 이타에 속하며, 두 번째는 자리와 이타에 모두 통한다. 그러므로 '이 두 문은 자타를 겸리한다' 하였다.

集

문 : 앞에서는 먼저 正宗을 알고 助道를 두루 행할 것을 밝혀, 만행문 가운데서 의심스럽고 막힌 생각을 없애주었습니다. 그렇다면 무엇으로 宗旨를 삼아야 할까요? 궁금합니다.

답 : 불법은 본래 종지가 없다. 다만 들어가는 곳에 따라 心性을 분명히 보는 것을 방편으로 '宗'이라 부른다.

問. 前明先知正宗, 遍行助道, 令萬行門中, 以消疑滯, 未審以何爲宗旨。

答. 佛法本無宗旨, 但隨入處, 明見心性, 權名爲宗。

講

이번 문답은, 불법은 마음을 밝히고 성을 보는 것이 종지가 됨을 밝혔다. '방편으로 宗이라 한다' 한 것은, 방편으로 '종'이라는 이름을 붙였지만, 사실은 한 법도 불법의 종지 아닌 것이 없다. 『법화경』「법사공덕품」에 "여러 가지로 설한 법은 그 뜻에 따라 모두 실상(宗)과 서로 어긋나지 않는다. 만약 속세의 세간 경서나 세상을 다스리는 말이나 삶을 영위하는 업 등을 설한다면 이런 것들이 모두 정법에 수순한다." 한 것이다. 그러므로 화엄, 천태, 정토, 선종 등이 모두 부사의한 一心을 분명히 아는 것으로 수행의 요요를 삼았다. 만약 만법이 오직 일심뿐이라, 마음밖에 법이 없음을 알면 어떤 법이든지 통철하지 않음이 없다.

集

문 : 어떤 방편으로 깨달음을 얻을 수 있습니까?
답 : 방편문이 있으니, 응당 스스로 들어가야 한다.
問. 以何方便, 而得悟入。
答. 有方便門, 應須自入。

講

여기 문답은 불법을 수학하는 일에 대해 밝혔다. 방편으로는 여러 가지 문이 있으나 근원에 돌아가면 두 길이 없으니, 곧 '自心이 부처를 만들고, 자심이 스스로 들어가며, 자심이 부처다' 하는 것이다. 일심이문에 의해 자심의 생멸문을 통해 자심의 진여문에 들어가니, 이것을 '방편'이라 한다.

集

문 : 어찌하여 가르쳐 주시지 않습니까?
답 : 심성을 보는 데는 정해진 법칙이 없는데 어떻게 가르쳐 줄 것이 있겠는가?
실로 보고·듣고·깨닫고·인지하는 경계가 아니다.
問. 豈無指示。
答. 見性無方, 云何所指, 實非見聞覺知境界。

講

이번 문답은 깨끗한 마음을 깨달아 들어가는 데는 근기에 따라 똑같지 않다는 것을 밝혔다. 『능엄경』에서 설한 25원통[41]인, 지·수·화·풍·공·견·식과, 내지 육근, 육진, 육식으로 실상(圓通)을 증오하지 않음이 없으니, 어찌 어떤 한 법을 지정할 수 있겠는가! 또한 『화엄경』「입법계품」에 설한 53선지식이 각기 다른 법계(心性)에 들어가는 방편 법문을 보였는데, 또한 어찌 어떤 한 문에만 한정할 수 있겠는가? 견·문·각·지가 모두 심생멸문의 공용이요, 심성은 한 가지 맛으로 공적하니, 그러므로 '실로 보고, 듣고, 깨닫고, 아는 경계가 아니다' 한 것이다.

　이로 인하여 알 수 있는 것은, 마음을 밝히고 성을 본 자는 곧 마음이 공하여 급제하여 돌아간 것이다. 그러므로 『대승밀엄경』에 "진여를 보면 제법이 幻과 같음을 아니, 비록 있으나 실이 아니다." 하였다. 이를 보면 유식종의 수행법은 먼저 진제를 증득하고, 眞識(심진여문)을 증득하고 나서 비로소 속제를 증득하고, 後得方便智를 일으켜 국토를 장엄하고 중생을 제도하고, 선종도 이와 같으니, 이것이 시방 삼세불의 한 길 수행 과정임을 알 수 있다. 또한 소승 수행법도 먼저 見道하고 나서 그런 후에 修道하니, 이야말로 천고에 변하지 않는 수행 방법이요 법칙인 것이다.

41　二十五圓通 : 여러 보살과 성문이 증오한 스물다섯 가지 수행 방법. '원통'은 융통무애의 뜻이다. 중생의 근기가 천차만별이기 때문에 원통을 얻는 법도 또한 각기 같지 않다. 二十五는 六塵, 六根, 六識과 七大를 말한다. 곧, (1) 音聲 ; 憍陳那 등의 聲塵 원통. (2) 色因 ; 優波尼沙陀 比丘의 色塵 원통. (3) 香因 ; 香嚴童子의 香塵 원통. (4) 味因 ; 藥王·藥上 두 법왕자의 味塵 원통. (5) 觸因 ; 跋陀婆羅 등의 觸塵 원통. (6) 法因 ; 마가가섭 등의 法塵 원통. (7) 見元 ; 阿那律陀의 眼根 원통. (8) 息空 ; 周利槃特迦의 鼻根이 원통한 것. (9) 味知 ; 憍梵□提의 舌根이 圓通한 것. (10) 身覺 ; 畢陵伽婆蹉의 身根 원통. (11) 法空 ; 수보리의 意根 원통. (12) 心見 ; 사리불의 眼識 원통. (13) 心聞 ; 보현보살의 耳識 원통. (14) 鼻息 ; 孫陀羅難陀의 鼻識 원통. (15) 法音 ; 부루나의 舌識 원통. (16) 身戒 ; 우바리의 身識 원통. (17) 心達 ; 대목건련의 意識 원통. (18) 火性 ; 烏芻瑟摩의 火大 원통. (19) 地性 ; 持地菩薩의 地大 원통. (20) 水性 ; 月光童子의 水大 원통. (21) 風性 ; 琉璃光 법왕자의 風大 원통. (22) 空性 ; 虛空藏菩薩의 空大 원통. (23) 識性 ; 미륵보살의 識大 원통. (24) 淨念 ; 대세지보살 등의 根大 원통. (25) 耳根 ; 관음보살의 耳根 원통.

集

문 : 이미 가르쳐 줄 것이 없다면, 분명히 보았을 때 무슨 물건을 봅니까?

답 : 한 물건도 없음을 본다.

問. 旣無所指. 明見之時見何物.

答. 見無物.

講

이번 문답은, 심성을 깨닫고 보는 것은 곧 제법의 평등공성을 깨닫는 것임을 설명하였으니, 이것을 '심진여문에 들어간다'고 한다. 이 문에 들어간 자는 마음이 공하여 급제하여 돌아가니, 가명으로 '심성(자성)을 본다[見性]'고 하지만 사실은 볼 만한 한 물건이 없다. 만약 볼 만한 空性이 있다고 안다면 도리어 심성을 보지 못한 것이다. 그러므로 『능엄경』에서 "그러므로 아난아, 마땅히 알라. 밝은 것을 볼 적에도 보는 것은 밝은 것이 아니고, 어둠을 볼 적에도 보는 것은 어둠이 아니며, 허공을 볼 적에도 보는 것은 허공이 아니고, 막힌 것을 볼 적에도 보는 것은 막힌 것이 아니다.[42] 네 가지 이치가 성취되었으니 네가 다시 알아라. 見을 볼 적에 보는 것은 見이 아니다.[43] 보는 것은 見을 여의어서 見으로도 미치지 못하는 것인데[44], 어찌 다시 因緣이라 自然이라 和合相이라 말하겠

---

42 '밝은 것을 볼 적에도' 한 것에서 '밝은 것'은 所見의 경계요, '볼'은 能見의 性이니, 능견과 소견이 판이하게 달라서 분별하기 어렵지 않다는 뜻. 아래의 '어둠'과 '허공'과 '막힌 것'도 마찬가지다.

43 '見을 볼 적에 보는 것은 見이 아니다' 한 것에서 '見'은 見精中에 가지고 있는 無明妄見이니, 우리가 有를 보고 暗을 보는 등의 妄見이다. '볼 적에 보는 것은' 한 것은 見精中의 본체인 眞見이니, 무시이래로 이 妄見이 眞見 중에 들어있었으니, 마치 사람이 물에 빠져서는 물을 보지 못하는 것과 같다. 뒤에 부처님의 말씀을 듣고 깨칠 때는 眞見이 문득 앞에 나타나면서 妄見의 본체를 본명히 보게 되니, 마치 언덕에 올라가서야 물을 보는 것과 같다.

44 '보는 것은 見을 여의어서 見으로도 미치지 못하는 것이거늘' 한 것은, 見精中의 본체인 眞見('보는 것') 은 妄見을 여의어서, 妄見으로도 미치지 못한다. 그 까닭은 妄見이 있을 적에는 眞見이 전혀 나타나지 않고 眞

느냐?" 하였으니, 가령 能見과 所見이 있다면 영원히 心性을 밝게 보지 못한다.

集
문 : 한 물건도 없는 것을 어떻게 봅니까?
답 : 한 물건도 없으면 봄이 없고, 봄이 없는 것이 眞見이다. 봄이 있으면 곧 육진을 따른다.

問. 無物如何見。
答. 無物卽無見, 無見是眞見, 有見卽隨塵。

講
'한 물건도 없다[無物]'는 것은 곧 제법의 궁극적 空性이다. 이 공성은 곧 『능엄경』에서 설한 "性淨明體는 因이 아니요 緣이 아니며 자연이 아니다." 하고, 선종에서 말한 "만약 '한 물건'이라 하면 맞지 않는다." 한 것이다. 그러므로 '한 물건도 없으면 봄이 없고, 봄이 없는 것이 곧 진견이다' 하였다. 有를 보고 空을 보는 것을 모두 '봄이 있다'고 한다. 이것은 육진 경계에 속하니 심진여문이 아니다. 심진여는 근·진·식에 속하지 않으니, 그러므로 모름지기 근·진·식을 여의어야 비로소 공성을 볼 수 있고, 공성은 한 물건도 없기 때문에 볼 것이 없고, 볼 것이 없어야 비로소 眞見이다.

集
문 : 만일 그렇다면, 경전에서 부처님이 어찌하여 또한 봄[見]을 설하셨습니까?

見이 나타날 적에는 妄見이 이미 空하므로 미치지 못한다. - 『능엄 정맥소』의 뜻을 따름.

답 : 부처님은 세상 법을 따라 설했으니, 곧 '不見의 見'이니, 범부가 집착하여 실제로 본다고 한 것과는 다르다. 궁극적으로 논하면 심성을 보는 것은 有나 無에 속하지 않으니, 맑아서 항상 고요하다.

문 : 결국 어떻게 해야 합니까?

답 : 모름지기 직접 성찰할 일이다.

問. 若然如是, 敎中, 佛云何亦說見。

答. 佛隨世法(說), 卽是不見見。非同凡夫, 執爲實見。究竟而論, 見性非屬有無, 湛然常寂。

問. 畢竟如何。

答. 須親省察。

講

이 두 번째 문답은, 심성을 보는 것은 부사의한 경계라 오직 깨달아 얻은 이만이 비로소 알 수 있음을 천명하였다. 그러므로 '직접 성찰할 일이다' 하였다.

불보살이 경론에서 설하신 갖가지 언교는 세상 법에 수순하여 설하지 않은 것이 없으니, 설할 수 없고 볼 수 없는 가운데서 방편 언설로 '본다'고 말한 것이다. 다만 제법 공성은 所說이나 所見에 있지 않으니, 그러므로 '不見의 見'이라 하였으니, 범부가 집착하여 실로 보는 법이 있다고 하는 것과는 다르다. 왜냐하면, 심성을 보는 것[見性]은 곧 공성을 보는 것이며, 또한 심진여문에 들어가는 것이라 유·무의 상대적인 假法에 속하지 않으며, 또한 본래는 없다가 지금 있거나, 지금 있으나 도로 없어지는 인연 상속의 가법이 아니기 때문이다. 이는 이름도 없고 모양도 없으며 유가 아니고 무가 아닌 절대 묘법이니, 부처님이 세상에 있거나 부처님이 없거나 간에 본래부터 이와 같다. 그러므로 '**담연히 항상 고요하다**' 하였다. 그러므로 『법화경』에서 부처님이 "그만두어라,

그만두어라. 말하지 말자! 나의 법(제법평등공성)은 思議하기 어렵다." 하시고, 조사도 "심·의·식을 버리고 참구하라." 하였던 것이다.

무 5. 마음밖에 법이 없고, 유식이 변현한 것임
기 1. 첫 질문과 답

集

문 : 앞에서 '마음밖에 법이 없다' 하셨으면서, 어찌 '봄이 있으면 곧 塵境을 따르는 것이다' 하고 말합니까?

답 : 모든 色境이 모두 제8식의 親相分의 現量으로 얻은 것이지, 실로 바깥 법이 없다. 눈으로 색을 볼 때 분별을 내기 전에 찰나에 明了意識에 轉入하여 형상을 분별하여 바깥 것이라는 생각을 내어 마침내 집착하여 塵境을 이룬다.

問. 前云心外無法, 云何稱有見卽隨塵。
答. 一切色境, 皆是第八識親相分現量所得, 實無外法。 眼見色時, 未生分別, 刹那轉入明了意識, 分別形像, 作外量解, 遂執成塵境。

講

'마음밖에 법이 없으니 오직 識이 변한 것일 뿐이다!' 이것은 불법에서 설한 제법의 실상이다. 이번 문답은 앞에서 '봄이 없는 것이 眞見이요, 봄이 있으면 塵境에 따르는 것이다' 한 것에서 온 것이다. 중생은 諸根이 환과 같고 경계가 꿈과 같음을 알지 못하고, 능견과 소견이 있다고 망집하여 갖가지 분별을 내니, 이것이 봄이 있으면 진경을 따르는 것이다. 사실은 일체 육진 경계가 모두 8식이 직접 연기한 相分이다. 만약 마음에 있지 않으면 들어도 들리지 않고 보아도 보이지 않으니, 어찌 外塵이 있겠는가?

심식의 분별을 여의면 육진의 이와 같은 이름이나 모양이 없다. 근과 진이 상대할 때(眼이 色을 볼 때) 최초 1찰나 간은 전5식과 제8식의 직접적인 相分이라 능·소를 나눌 수가 없고, 또한 塵境이 어떤 것인지를 분별을 내기 이전이니, 이것은 現量境界에 속한다. 제2찰나에 明了意識에 轉入한 것은 곧 六俱意識[45]이니 곧 육진경계의 갖가지 분별(형상과 음성 등)을 내어 마음밖에 法想이 있다고 여긴다. 이로 인하여 根을 세우고 塵을 세워 이 근·진·식이 화합한 환법에 집착하여 마음밖에 진실한 塵境이 있다고 여기고서, 다시 이 진경 위에 탐·진·

---

45 意識은 六識(혹은 八識이나 九識) 가운데 제6식이다. 서양철학에서는 '객관 대상을 능히 파악하는 마음의 기능'이라고 중시한다. 넓은 뜻으로는 우리가 가지고 있는 여러 가지 경험이니 원시적인 感覺부터 고도의 思考까지 그 속에 포함된다. 의식과 물질의 관계는 철학의 핵심적 문제이다. 관념론(유식론)에서는 물질의 독립성을 부정하고 의식(사고·정신)을 모든 것의 근원으로 보지만, 반대로 유물론에서는 의식을 물질(존재·자연)의 산물이라 본다. 불교에서는 정신을 세 가지로 나누니, (1) 心(梵 citta, 集起)은 정신의 주체요, (2) 意(梵 manas, 思量)며, (3) 識(梵 vijñāna, 了別)이니, 곧 정신작용이다. 意識에 함께한 미세한 정신작용(心所)에 비록 여러 가지 종류가 있지만, 심·의·식으로 능히 대상의 종합성 정신작용(心王)을 완전히 파악할 수 있다. 좁은 의미로는 意識은 6식이나 혹은 8식이나 제6식을 가리킨다. 의식과 물질계와 현상계의 관계는 대승불교에서 유식종으로 전형적인 대표가 되고, 특별히 물질계가 의식이 나타난 것이라고 강조하니 이것이 불교에서 말하는 유심론이다. 그러나 존재론 관점에서 말하는 유심론이 아니고 실천론 입장에서 마음의 정체성이니 마음과 의식이 유일한 존재라고 주장하지는 않는다. 그러므로 불교에서 말한 마음은 실체를 얻을 수 없음을(無自性) 알 수 있으니, 이것이 불교 교의의 근본 원리이다. 유식종의 설에 의하면 안·의·비·설·신 등 전 5식은 각기 색·성·향·미·촉·법 등 다섯 가지 대경을 반연한다. 그러나 이 5식은 겨우 단순한 감각작용에 의해 외경을 반연하고, 의식을 갖추어 대경을 분별하는 작용을 하지 않고, 제6식에서 비로소 의식을 갖추어 현상계에 있는 사물의 작용을 분별하니, 그러므로 分別事識이라 한다. 또한, 전5식과 공동으로 의거한 것이기 때문에 또한 '意地'라고도 한다. 5식은 반드시 이 제6식과 공동으로 함께 일어나야 비로소 능히 대경을 요별할 수 있다. 또한, 5식은 겨우 능히 각기 自境만을 반연하기 때문에 各別識이라 한다. 의식은 능히 모든 경계에 두루 반연하여 對內對外 경계는 물론 유형무형을 모두 널리 반연하며 또한 과거 미래 현재에 모두 比知·推測의 작용이 모두 있다. 그러므로 '一切境識' 혹은 '廣緣識'이라 한다.

　　유식종에서는 의식을 五俱意識과 不俱意識 두 가지로 나눈다. (1) 五俱意識은 전5식과 함께 나서 所緣경계에 明了하니 그러므로 또한 '明了意識'이라 한다. 다시 두 가지로 나눌 수 있으니, ①은 五同緣意識이니 전5식과 함께 일어나 동일한 對境을 반연하는 의식이다. ②는 不同緣意識이니 비록 전5식과 함께 일어나나 그밖에 異境을 반연한다. (2) 不俱意識은 전5식과 함께 일어나지 않아서 단독으로 발생작용하는 의식이다. 또한 두 가지로 나누니, ① 五後意識은 비록 전5식과 함께 일어나지 않으나 또한 서로 여의어 이어서 일어나지 않는다.

치를 내어 뒤섞이고 물든 업을 지어 생사의 고통을 받으니, 이것이 12인연에서 무명이 행을 반연하고, 행이 식을 반연하며, 식이 명색을 반연하며, 내지 생사의 근심하고 슬퍼하며 고뇌하는 法爾因果이다.

기 2. 두 번째 질문과 답

集

문 : 이 경계는 어떤 識이 나타난 것입니까?
답 : 塵境은 식이 나타난 것이니 內識(제8식)이 變起하여 塵境과 같이 나타난 것이다. 마치 거울 속에서 자기의 얼굴을 보는 것이지, 다른 영상이 나타난 것이 아닌 것과 같다.
問. 此境何識所現。
答. 塵以識所現, 內識變起, 似塵而現。 如境中見自面像, 非他影現。

---

② 獨頭意識은 定中과 獨散과 夢中 등 세 가지 차별이 있다. 1 定中意識은 또한 定中獨頭意識이라 하니, 色界·無色界 등 일체 定心과 함께 일어나는 의식이니 선정 중에서 발생하는 의식 활동이다. 2 獨散意識은 또한 散位獨頭意識이라고도 한다. 전5식을 벗어나 단독으로 現起하여 과거를 추억하고 미래를 예탁하기도 하고 혹은 갖가지로 상상하거나 사려 하는 등 計度分別하는 의식을 가리킨다. 3 夢中意識은 또는 夢中獨頭意識이라고도 한다. 꿈속에서 몽롱하게 현기하는 의식작용이다. 또한 이밖에 의식을 明了意識·定中意識·獨散意識·夢中意識 네 가지로 나누기도 하니, 이를 '四種意識'이라 한다.

결론적으로 말하면 제6의식은 8식 가운데 가장 맹리하고 가장 민첩한 것으로, 자유자재한 능력을 갖추어 三界九地에 일체 迷悟昇沈한 업이 이 의식으로 인하지 않은 것이 없다.

또한, 제7식은 末那識인데, 末那의 범어는 manas이고 '意'라고 의역하니 思量의 뜻이다. 만약 의역을 취하면 제6의식과 혼동하기 쉽다. 그러나 이 두 식이 범어 원문에는 모두 '意識'의 뜻이 있다. 이것은 제6의식이 말라야식으로 所依를 삼기 때문이니, 그러므로 제6을 '意'라 하는 것은, '意에 의지하는 識'이란 뜻이고, 제7 말나식 manas는 '意가 곧 識'임을 표시했으니 그 식의 本身이 곧 意이다. 이것은 두 가지 이름과 뜻이 접근하나, 所依와 作用은 매우 다르다. 하나는 音譯을 썼고 하나는 意譯을 썼기 때문이다. -『불광사전』에서 번역 전재

講

이번 문답은 모든 塵境이 모두 식에 의해 변현한 것임을 설명하였다. '내식'은 제8식을 가리킨다. 이 藏識 중에 본래 塵境과 같은 일체 종자를 함유하여 인연을 만나면 진경을 現起하니, 거울을 가지고 자기 얼굴을 비추어본다고 가정할 때, 거울 몸체는 제8식에 비유하고 거울에 비친 얼굴은 진경에 비유하였다. 거울 몸체가 있어야 비로소 얼굴이 나타나니, 그러므로 '다른 영상이 나타난 것이 아니다' 하였다.

기 3. 인용하여 증명하고 설명함

集

『유식론』에 "內識(제8식)이 轉變하여 바깥 경계인 것 같으나, 我·法의 분별과 훈습한 힘으로 인하여 여러 가지 식이 날 때 변하여 아·법인 것 같다. 이 아·법의 모양이 비록 내식에 있으나, 분별로 말미암아 바깥 경계가 나타난 것 같다. 여러 유정의 무리가 까마득한 예로부터 이 때문에 實我·實法이라고 집착하니, 마치 患夢者(악몽에 시달리는 자)가 幻夢(허황한 꿈)의 힘으로 인해 마음에 갖가지 바깥 경계의 모양이 나타난 것 같으나, 내식이 변기하여 我인 것 같고 法인 것 같으니, 비록 있으나 실아·실법이 아니다." 하고, 『화엄경』에 "자심의 집착으로 말미암아 마음이 바깥 경계로 전변한 것 같으나, 저가 본 것은 有가 아니니, 그러므로 唯心이라 하네." 하였으니, 이것은 事를 잡아 논하였기 때문에 '식이 변하였다'고 하였으나, 만약 진여를 깊이 통달하면 일체 제법이 본래 부동하여 곧 心自性이니, 또한 변하기를 기다릴 것이 아니다.

唯識論云, 內識轉似外境, 我法分別, 薰習力故. 諸識生時, 變似我法. 此我法相,雖在內識, 而由分別, 似外境現。諸有情類, 無始時來, 緣此執爲實我實法。如患夢者, 幻夢力故, 心似種種外境相現, 內識所變, 似我似法, 雖有而非實(我實法)。經云, 由自心執着, 心似外境轉, 彼所見非有, 是故說唯心。此由約事而論, 說爲識變。若深達眞如, 一切諸法, 本來不動, 卽心自性, 亦非待變。

講

여기서 인용하여 증명한 『유식론』은 『성유식론(유식을 성립시킨 논)』을 말한다. 부처님이 열반하신 지 9백 년 경에 북인도 무착Asaṅga보살[46]이 미륵보살[47]에게 사사하고 『유가론』과 『중변론』 등을 설해 주실 것을 청하고, 또 자신은 『현양론』과 『대법론』 등을 지어 유식의 이치를 밝혔으나 아직 완성되지는 않았다. 그의 아우 세친보살Vasubandhu[48]이 마침내 두 논을 지어 一乘을 개천하였으니, 처음 한 부는 『唯識二十論』이라 하니 유식의 이치를 밝혀 외도의 견해를 널리 깨뜨려 자신의 종지를 대략 밝혔고, 나중 한 부는 『唯識三十論頌』이라 하는 것인데 자신의 종지를 널리 밝혔다. 미처 해석하지 못한 채 세친보살이 정토에 왕생하였는데, 나중에 호법 등 十大論師[49]가 각기 본송에 의해 해석하여 『삼십송』의 뜻을 밝혔다.

---

46   서기 4,5세기경에 태어났다. 처음에는 소승 化地部에 출가하여 빈두라Piṇḍola 존자를 따라 소승 공관을 닦았다. 중인도 아유타梵名 Ayodhyā, 巴利名 Ayojjhā의 강당에서 미륵논사에게 『유가사지론』 등 5부의 대부를 배우고, 아유타·교상미梵名 Kauśāmbī, 巴利名 Kosambī에서 법상대승의 교리를 선양하고 여러 가지 논소를 지어 대승경을 해석하였다. 고대 인도 대승불교 유가행파의 창시자 가운데 한 분이다. 자세한 것은 『불광사전』 p5126-下.

47   역사상 실재한 미륵논사이니, 유가대승의 시조로 꼽는다. 현존하는 한역장경이나 서역장경 중에 미륵보살의 저작이라고 일컬어지는 논소는 대략 7종 여가 있다.

48   『불광사전』 p1529-中.

49   세친보살이 『유식삼식송』 本頌만을 짓고 돌아가시자, 안혜·난타·진나·호법 등 10명이 본송에 의해 이를 해석하였으니, 이들을 '유식십대논사'라 한다.

당나라 때 현장 법사가 인도에 가서 경을 구하여 환국한 후, 정관 22년(648)에 자은사에서 『삼십론송』의 본문을 역출하였다. 지금은 대정장경 31권에 편재하다. 顯慶 말년(660)에 다시 옥화궁에서 십대론사의 석론을 거듭 번역하였는데, 처음 번역할 때는 열 가지 논석이 따로 행했으나 나중에 문인(규기 법사)의 요청 의해 곧 이 열 가지 해석을 뒤섞어 한 부로 만들었으니 이를 『성유식론』이라 부른다. 이는 모두 10권인데 역시 대정장경 31권에 편재하다. 그의 제자 규기 대사가 『성유식론 술기』 20권을 거듭 지으니 대정장경 제43권에 편재하다.

그 해제에 "'成'은 能成을 말한 것이니 成立(완성함)으로 공이 된다. '唯識'은 所成으로 붙인 이름이니 簡了(분별하다)로 뜻이 된다. '唯'는 簡別(구별함)을 말하니 외경이 없음을 차단한 것이요, '識'은 能了를 말하니 내심이 있음을 밝힌 것이다. 識의 性과 識의 相이 모두 마음을 여의지 않으니, 심소와 심왕이 식으로 주인을 삼는다. 마음으로 돌아가는 것과 상을 없애는 것을 모두 '唯識'이라 말한다. '唯'는 경계가 있음을 차단하니 有에 집착하는 자는 그 眞을 잃고, '識'은 마음이 공함을 구별하니 空에 빠진 자는 그 實에 어긋난다." 하였다. 앞에서 스님이 인용하여 증명한 문장을 지금 『술기』에 의해 대략 다음과 같이 해석한다.

'내식이 轉하여 외경인 것 같다'는 것은, 『섭대승론』에 의하면 단지 識의 見分과 相分만을 세워 依他起를 삼고, 自證分과 證自證分은 세우지 않았다. 相分의 체성이 비록 의타기지만 견분으로 말미암아 변하기 때문에 '유식'이라 한 것이다. 이 상분의 체는 실로 안에 있어서 식을 여의지 않건만, 망정으로 외경이 나타난 것과 같다고 집착한다. 이것은 『기신론』에서 설한 것이다. 무명불각이 三細相을 내니, 첫째는 業相이니 불각에 의해 마음이 동하는 것으로 업을 삼는다. 둘째는 能見相이니 마음이 동함에 의해 능히 경계를 보는 것이다. 셋째는 境界相이니 능견에 의해 妄境의 상이 나타난 것이니 見을 여의면 경계가 없다.

이 三相은 곧 업식, 전식, 현식이니 마치 밝은 거울에 형상이 나타난 것과 같다. 그러므로 '내식이 전하여 외경인 것 같다' 하였다.

'아·법의 분별과' 한 데서부터, '변하여 아·법인 것 같다' 한 데까지 모두 네 구절은, 처음은 법이고 뒤는 비유다. 護法과 難陀(십대론사 가운데 두 분)가 해석한 바로는, 무시이래로 6·7식이 아·법을 잘못 생각하여 갖가지 분별과 훈습력 때문에, 곧 분별과 훈습으로 말미암아 아·법의 종자가 난 것 같다. '훈'이란 격발의 뜻이요, '습'이란 '자주자주'의 뜻이다. 자주자주 훈발함으로 인하여 8식에 이런 종자가 있기 때문에, 제8식의 자증분으로 말미암아 견·상 二分이 변기한다. 견분은 내가 아닌데 나 같으며, 상분은 법이 아닌데 법 같으니, 주재함이 없기 때문이며, 작용이 없기 때문이며, 성은 말을 여의었기 때문이다. 성인의 가르침에서 我法이라 명명한 것은 가명이니, 마치 세상 사람이 불을 말로 해서는 입을 태우지 못하는 것과 같이, 세간 범부가 8식의 소변인 견·상 두 가지에 망정으로 집착하여 아·법을 삼는 것을 '似我, 似法'이라 부른다. 저 망정으로 집착한 아·법은 진실이 없으니, 소털을 거북 털과 같다고 해서는 안 된다.

'이 아·법의 모양은' 한 데서부터, '외경이 나타난 것 같다' 한 데까지 모두 네 구절은, 법이 안에 있어서 외경이 나타난 것 같음을 밝혔다. 이를테면 識所變으로 말미암아 아·법의 모양인 것 같으니, 비록 內識에 있으나 6·7식으로 인하거나 혹은 총팔식이 허망 분별의 힘으로 실로 밖에 있는 것이 아닌데 바깥 경계가 나타난 것 같다. 이것은 心識緣起에 의해 난 법이니, 이를 '我인 것 같고 法인 것 같은 상[似我似法相]'이라 한다.

'여러 유정의 무리가' 한 데서부터, '이로 말미암아 실아·실법이라 집착한다' 한 데까지 모두 세 구절에서 '유정'은 중생을 가리킨다. 무명의 힘으로 말미암아 무시이래로 이 자기의 인식에서 변기한 我인 것 같고 法인 것 같은 것[似我似法]을 실아·실법의 자체라고 집착하니, 곧 의타기로 말미암아 변계소집을 내는 것이다.

'환몽자가' 한 데서부터, '마음이 갖가지 외경의 모양이 나타난 것 같다' 한 데까지 모두 세 구절은, 經部[50] 스님들 뜻으로, 앞에서 설한 '아법분별' 이하의 논문을 비유했으니, 마음은 외경상이 나타난 것 같으나 본체는 실로 자심이다. 相은 마치 夢心(꿈속)에서 본 것과 같고, 體는 覺心(잠에서 깸)과 같아서 몽심이 곧 각심이니 각심을 여읜 밖에 따로 얻을 만한 몽심이 없으니, 마음밖에 실로 아·법이 없음을 비유하였다.

'이로 인하여 실로 외경이 있다고 집착한다' 한 것은, 『성유식론』에는 원래 이 구절이 있었는데 스님이 인용을 빠뜨렸다[51]. 이것은 幻夢의 힘으로 말미암아 眞과 虛를 알지 못하고 마침내 본 것에 집착하여 실제로 있다고 여긴다는 것을 말하였다. 이것은 앞에서 설한 '모든 유정의 무리가' 한 아래 논문을 비유한 것이다. 중생은 의타연기인 아·법이 곧 自心임을 알지 못하고 실제로 외경이 있다고 망집하니, 이것은 변계소집이다. 식으로 말미암아 변현한 의타기성은 없는 것은 아니지만, 만약 소변인 견분과 상분의 실체가 있다고 집착한다면 있는 것이 아니다. 연기라면 곧 자성과 자체가 없기 때문이다.

'내식 소변으로' 한 데서부터, '실로 아법이 있는 것이 아니다' 한 데까지 모두 세 구절은, 의타기인 견·상 二分이 我法의 假名임을 밝히고자 하면서 먼저

---

50 經量部를 말한다. 소승 20부파 가운데 하나. 설일체유부에서 분출한 부파이다. 경량부는 경서를 중시하고 아울러 경전을 正量이라 보기 때문에 경량부라 한다. 이 부파는 心·物 二元論을 주장하고, 有部에서 주장하는 만물 실유설을 부정한다.

51 누락된 부분을 언제 누구에 의해 보완하였는지는 언급되지 않았다.

그 본체는 실로 아·법이 아니고 내식이 변한 것이어서 我인 것 같고 法인 것 같음을 밝혔다. 비록 심체가 의타연기하여 있으나, 범부중생이 망정으로 집착한 것이라, 실제로 我가 있고 실제로 法의 性이 있는 것이 아니다. 所緣이 아·법을 일으켜 자성이 없기 때문에 이 아·법을 설하여 假(似)我法이라 한다. 그러므로 『성유식론』에서 대승경에서 설한 자심의 집착으로 말미암아 마음이 외경이 일어난 것 같다는 것을 인용하였다. 중생이 집착하는 實有의 아·법은 결코 없다. 그러므로 삼계의 일체 아·법이 오직 일심이 변현한 것일 뿐이다.

'이것은 事를 잡아 논한 것이다' 한 아래 일곱 구절은, 마음밖에 법이 없고 오직 識所變으로 事가 있고 理가 있음을 설명하였다. 事相을 잡아 설하면 이는 심생멸법이니 '유식소변'이라 한다. 만약 理를 잡아 설하면 심진여문을 통달하니, 일체 법이 모두 常寂滅相(본래 부동)이라 마침내 공으로 돌아감(곧 심자성임)을 안다. 또한, 유식소변을 기다리지 않고 有가 곧 有가 아니요 三性이 곧 세 가지 성이 없음을 아니, 마음밖에 상대가 끊어져 법이 없기 때문이다.

무 6. 相과 識이 모두 공하고, 識과 性이 여여함
기 1. 첫 질문과 답

집

문 : 이 塵(外塵)과 識(能變)은 어디에서 건립한 것입니까?

답 : 名言(일체 법의 名字와 言句)으로 훈습한 종자로 인하여 건립된 것이다. (그래서) 실제로 그 본체가 없으나 뜻이 있는 것 같고, 모양이 드러난 것은 幻物 등과 같다. 이름으로 인하여 법이 건립하고 법으로 인하여 이름이 건립하여, 이름 가운데는 법이 없고 법 가운데는 이름이 없으니, 無의 體가 서로 이루어지고 有

의 相이 모두 고요하다.

問. 此塵與識, 從何而立。

答. 謂由名言薰習種子而得建立, 實無其體, 而似有義。相貌現顯, 如幻物等。因名立法, 因法建名。名中無法, 法中無名。無體互成, 有相俱寂。

講

여기서 질문한 뜻은, '外塵이 유식이 변현한 것임은 이미 알았으나, 能變인 識은 어디에서 건립한 것인지 알 수 없다' 한 것이다. 답은, 名言으로 훈습한 종자로 인하여 건립한 것임을 밝혔다. '명언으로 훈습한 종자'란 무얼 말하는가? 명언을 인연하여 훈습하여 이루어진 일체 선·악·무기 등 제법의 親因種子니, 제8식에 감추어져 있으면서 일체 제법을 能生하는 親因이다. 넓은 의미로 말하면, 무릇 심왕 심소가 경계를 반연하여 그 종자가 제8식을 훈습하여 이루어진 것은 모두 명언이 있고, 모두 명언의 훈습 종자이다.

어찌하여 명언이라 하는가? 제6식이 경계를 반연할 때 所對인 경계를 요별하는 것이 흡사 명언으로 제법의 모양을 밝히는 것과 같으니, 이것이 顯境名言(경계를 밝히는 명언)이다. 그러므로 '실제로 그 본체가 없으나 뜻이 있는 것 같고, 모양이 드러난 것은 幻物 등과 같다' 하였다. 만약 명언의 훈습으로 緣을 삼아 이 종자를 이루면 이것이 表義名言(뜻을 표현하는 명언)이다. 그러므로 '이름으로 인하여 법을 건립하고 법으로 인하여 이름을 건립한다' 하였다. 이것은 모두 能熏인 제6식에 한정되어 비로소 이 공능이 있고, 제8식은 所熏處라 스스로는 能熏의 힘이 없고 다만 명언의 종자를 含藏하는 공능만이 있다. 그러므로 이 명언이 훈습한 종자는 8식의 三性에 통하고, 업이 훈습한 종자는 제6식과 선·악 二性에 국한된다.

제6식과 상응하는 思心所는 명언과 업 두 가지 훈습 공능이 있고, 그밖에 심왕 심소법은 오직 명언이 훈습한 종자의 공능만이 있을 뿐이다. 명언으로 말미암아 제법을 건립하고 제법으로 인하여 명언을 시설하니, 이것은 대립하여 있는 假法이다. 그러므로 '이름 가운데는 법이 없고 법 가운데는 이름이 없다' 하였으니, 명언과 제법이 모두 실체가 없어서 서로서로 상대하여 이루어진다. 제법의 名相은 있으나 제법의 實體를 얻을 수 없으니, 그러므로 '無의 體가 서로 이루어지고 有의 相이 모두 고요하다' 하였으니, 이것은 꿈속에서는 분명히 이름도 있고 모양도 있고 제법이 있으나, 꿈을 깨고 나면 텅 비어 법도 없고 모양도 없고 이름도 없어서 塵과 識이 모두 꿈속에서 나타난 것과 같다.

기 2. 두 번째 질문과 답

集

문 : 이 식이 이미 성립하지 않는다면 어떤 식이 근본이 됩니까?
답 : 여러 가지 식도 결국 돌아갈 곳이 없다. 극단적 방편을 잡아 논한다면 오직 하나의 眞性일 뿐이다. 이 亂識(總八識)은 경계를 버리기 위한 까닭으로 세웠으니, 경계가 소멸하고 식이 물러가면 능·소가 모두 없어져 오직 하나의 眞識 뿐이니, 곧 實性(제법 실상)이다.

問. 此識旣不立, 何識爲宗。
答. 諸識亦無畢竟所歸。約極權論, 唯一眞性。此亂識, 爲遺境故立, 境消識謝, 能所俱亡, 惟一眞識, 卽是實性(諸法實相)

講

고덕의 頌에 "相은 제 혼자 相이 아니고 완전히 식으로 말미암아 변하고, 識은 제 혼자 識이 아니라 완전히 性에 의해 일어나네. 相과 識이 모두 空하면 그 性

(識性)은 여여하네." 한 것이 있는데, 이야말로 이번 문답에 가장 좋은 답이다. '亂識'은 8식을 가리킨다. '진성'과 '진식'은 淨識, 無垢識, 摩訶羅識, 第九識, 自性淸淨心 등이라고도 하는데, 곧 8식의 識性이니, '如如', '第一義空性'이라고 한다. 『기신론』에서 설한 심진여문이다. 이 眞識인 實性은 범부가 실제로 있다고 집착하는 진실이 아니고 이 심진여문을 말하니, 진실하여 헛되지 않고 如如不動(영원히 존재하여 흔들리지 않는)한 것이니, 이것을 '實性'이라 하였다.

기 3. 인용하여 증명함

集

『三無性論』[52]에 "먼저 亂識으로 바깥 경계를 버리고, 다음에는 아마라식 amala-vijñāna[53]으로 난식을 버리면 구경에 하나의 淨識이 된다."(대장정경 31권 872페이지 상) 하였다.

三無性論云, 先以亂識, 遣於外境, 次訶摩羅識, 遣於亂識, 究竟爲一淨識。

講

이른바 '三無性'은 제법의 三性에 대해 말한 것이다. 첫째는 分別性이다. 名言

---

52 2권. 陳 眞諦 역. 이 책의 본지는 三無性을 해탈한 뜻에 있으니, 법공의 이치를 밝혔다. 내용은 먼저 논을 지은 뜻을 술하고, 다음에는 분별성의 품류와 공용의 차별과, 의타기성이 성립한 이치와 그 체상, 7종 진여, 4종 道, 2종 轉依 등을 설하였다. 이 책의 작자는 世親보살이라고도 하고 혹은 無着보살이라고도 하며 정론이 없다.

53 곧 第九識이다. 阿末羅識·菴摩羅識·唵摩羅識·庵摩羅識이라고도 한다. 意譯으로는 無垢識·淸淨識·如來識이라고 한다. 이 식은 眞諦 계통의 攝論宗에서 세운 것이다. 사람 마음의 본래면목은 미혹을 멀리 여의고 본래부터 청정하다. 그러므로 攝論宗에서는 아뢰야식의 미혹을 돌려 覺悟의 청정 계위에 회귀하는 것이 곧 아마라식이라고 한다.

으로 드러난 제법을 가리키니, 의식분별로 말미암아 있고 실재의 體相이 본래 없다. 이것은 無相을 無性이라 한 것이다. 둘째는 의타성이니, 因에 의하고 緣에 의해 변현한 제법의 8식을 말한다. 안으로 根·緣과 밖으로 塵에 의지하여 일어나나 본래 일어나는 자성이 없으니 그러므로 있는 것이 없다. 이것은 식이 본래 남[生]이 없는 것을 '無性'이라 한 것이다. 셋째는 眞實性이니, 법이 如如함을 말한다. 곧 분별과 의타 두 성은 심생멸문이니, 有는 유가 아니요 유 아닌 것이 유인 것 같으나 그 본체는 곧 심진여문이라 변역이 없으니, 그러므로 '여여'라 한다. 이 여여를 '진실성'이라 한다. 앞의 두 성은 진실성이 없기 때문에 '無性'이라고 말한다.

'먼저 난식으로 외경을 버린다'는 것의 '난식'은 곧 八識이니, 일체 제법이 오직 팔식으로 現起한 것일 뿐, 팔식의 견·상 二分을 여의고는 특별한 다른 법이 없다. '다음은 아마라식으로 난식을 버린다' 한 것은, 이 팔식은 이미 분별과 의타로 일어난 것이니, 분별과 의타가 이미 성이 없으면 8식도 또한 실성이 없고 無性이 8식의 실성이니, 이를 '아마라식'이라 한다. 오직 이 識性만 있고 유독 변역함이 없으니 그러므로 '여여'라 부른다. 이 여여의 식성으로 8식을

『三無性論』 권상에 "오직 아마라식만이 顚倒와 變異가 없으니 그러므로 如如라고 한다."하고, 『轉識論』에는 "實性이 곧 아마라식이다."하였다. 또한 『十八空論』에 "아마라식은 自性淸淨心이다. 그러나 客塵에 물든 것을 不淨이라고 한다."하였다. 『金剛三昧經』에 "중생의 일체 情識이 모두 庵摩羅에 轉入한다."하였다. 아마라식의 체성에 관해서는, 圓測의 『解深密經疏』 권3과, 『四分律疏飾宗義記』 권3 등에서 설한 것에 의하면, 眞諦삼장은 眞如와 眞如智로 아마라식의 體性을 삼았다. 그러나 唐代 福成寺 道基의 『攝論章(「華嚴孔目章發悟記」 권15에서 인용한 문장이다)』에서는 眞諦의 주장을 반박하며, 아마라식은 겨우 如如의 理法이 體性이 될 뿐이다 하였다.

唯識學에서는 六識 외에 오히려 末那識과 阿賴耶識을 八識이라고 병칭하고, 攝論宗에서는 또한 八識 외에 따로 第九識인 아마라식을 세웠으며, 地論宗과 天台宗에서도 또한 이 설을 채택한 것이 있다. 그런데 玄奘 계통은 第八識에 이미 淸淨의 一面을 포괄하였다 하면서 第九識을 따로 세우지 않았다. 또한 宋譯『楞伽經』 권1에서 설한 眞識이 곧 第九識이다.

버리면 구경에 오직 하나의 淸淨識性만이 있다. 또한, 相과 生과 性 등 三無性으로 染識을 바꾸어 淨識이 되니, 이를 '구경에 오직 하나뿐인 정식'이라 한다. 이것은 中觀에서 설한 '오직 하나뿐인 평등 공성'과 다름이 없다.

을 3. 圓敎一乘의 과득을 성취함[54]

集

문 : 이사가 무애하고 만선을 원만히 닦는 것은 어떤 교에서 종지를 삼고 어떤 진리에 속합니까?

답 : 법성이 융통하여 인연에 따라 자재하니, 하나의 법을 드는 데 따라 만행을 원만히 거두어들인다. 곧 『화엄경』에서 宗(종지)을 삼는 것이니 원교에 속한다. 만약 육도만행으로 부처를 이루고 중생을 제도한다는 쪽에서 보면, 비록 淨緣起지만 모두 世俗諦에 거두어진다. 만약 本宗을 발명하여 果海를 깊이 다하면 理와 智가 모두 없고 말과 마음의 길이 끊어졌다.

問. 理事無礙, 萬善圓修, 何敎所宗, 何諦所攝。

答. 法性融通, 隨緣自在。隨擧一法, 萬行圓收。卽華嚴所宗, 圓敎所攝。若六度萬行, 成佛度生, 雖淨緣起, 皆世諦所收。若發明本宗, 深窮果海, 則理智俱亡, 言心路絶。

---

54 이 책의 科文을 보면, 大科에 二니, 一은 玄談(상권 p20)이요, 二는 正釋(상권 p36)이다. 정석에 二니, 一은 전체적으로 대강을 들고(상권 p36) 二는 집문을 別釋한다(상권 p39). 별석에 六이니, 一은 불가사의 경계를 관하는 것이요(p39), 二는 중도원융의 행을 닦는 것이며(상권 p46), 三은 지금 이 단락인 원교일승의 과를 성취한 것이다. 四는 아래(p177) 이 책의 이름을 문답한 것이요, 五는 아래(p198) 이익을 묻고 답한 것이요, 六은 아래 (p203) 요점을 모아 중송한 것이다.

> [講]

이 책의 전체 요점에 세 가지가 있다. 하나는 불가사의한 경계를 관하는 것이요, 둘째는 중도원융 행을 닦는 것이니, 이 두 가지는 모두 이미 완전히 강술하여 마쳤다. 이번 문답은 세 번째, 원교일승의 과득을 성취한 것이다. 圓因을 닦아 圓果를 이루면 으레 이와 같다.

'곧 『화엄경』에서 종을 삼는다' 한 것의 '종'은 종지다. 본사께서 설하신 일대 시교에 각기 종지가 있어서 같지 않은데, 화엄종의 법장대사는 교리에 의해 十宗을 나누었다.

1은 我法俱有宗(아와 법이 모두 有인 종)이다. 여기에 또한 두 가지가 있으니, 하나는 人天乘이요 둘은 소승 犢子部 등이다. 2는 法有我無宗(法에서 보면 有이나 我에서 보면 無인 종)이니 소승 살바다부다. 일체 법의 名色에 속한 것은 모두 실제로 있지만 我·人이 없음을 말한다. 3은 法無去來宗(법은 과거나 미래가 없는 종)이니, 大衆部 등이다. 일체법이 현재는 있으나 과거나 미래의 법은 체·용이 모두 없음을 말한다. 4는 現通假實宗(현재는 假와 實에 통하는 종)이니 說假部다. 현재 제법 가운데 오온은 實이요 십이처·십팔계는 假임을 말하니, 『성실론』에서 설한 것이다. 5는 俗妄眞實宗(속은 妄이요 진은 實인 종)이니 出世部에서 설한 것이다. 세속법이 모두 假니 허망하기 때문이요, 출세법이 모두 實이니 허망한 것이 아니기 때문이다. 6은 諸法但名宗(제법은 단지 이름뿐인 종)이니 一說部다[55]. 일체 我法이 오직 가명만 있고 도무지 체성이 없기 때문이다. 이것은 대승시교에 통한다. 7은 一切法皆空宗(일체법이 모두 空인 종)이니, 『반야경』과 같다. 이것은

---

55 독자부, 대중부, 설가부 등은 소승 20부를 든 것이다. 소승20부는 『불광사전』 p928 참조.

대승시교다. 8은 眞德不空宗(眞德은 공하지 않은 종)이니, 일체 법은 오직 진여인 여래장의 실덕뿐임을 말한다. 이것은 대승종교다. 9는 相想俱絶宗(모양이나 생각이 모두 끊어진 종)이다. 이것은 대승돈교니 말이 끊어진 이치를 밝힌다.『정명경』에서 묵묵히 드러낸 것과 같다. 10은 圓明具德宗(원명하게 덕을 갖춘 종)이니, 화엄의 일승원교가 主·伴이 구족하여 무량 자재함을 밝힌 법문이니, 화엄이 종지로 삼는 것은 곧 이 원명구덕종이다.

규봉 대사가『화엄법계관문』을 주해한 가운데 "'대방광'은 所證의 法이요 '불화엄'은 能證의 人이다. '대'는 體니 제불과 중생의 심체를 말하고, '방광'은 심체의 相·用이다. '불'은 果요, '화엄'은 因이다. '화'는 만행을 비유하였고 '엄'은 大智니 대지가 주가 되어 만행을 운반하고, '대방광'을 장엄하여 불과를 이룬다." 하였으니, 이를 보면 화엄경의 종지는 중생과 부처가 동체인 일심 이문이요, 이 책에서 종지를 삼는 '만선이 똑같이 일심으로 돌아간다' 한 것과 뜻이 같음을 알 수 있다. 그러므로 '화엄으로 종지를 삼는다' 하였다.

무엇을 원교라 하는가? 천태지자 대사가『사교의』에서 "敎의 뜻은 理를 설하여 중생을 교화하는 것이다. 부처님이 네 가지 불가설[56]에서 사실단을 써서 인연에 나아가 사교를 설했으니, 能詮의 理를 설하여 중생의 마음을 化轉하니

---

56 四不可說은 제법은 말할 수 없고 사의할 수 없음을 표현한 네 구절을 말한다. 이것은『열반경』에서 제법의 '生과 不生'에 나아가서 六句의 不可說을 세웠는데, 천태지의 대사가 六句 중에서 앞의 四句를 취하여 장·통·별·원 化法四敎에 배대하였다. 곧, (1) 生生不可說 : 藏敎에서 설한 제법이 모두 인연에 의해 生한다는 설에 해당하니, 법은 비록 생멸이 있으나 理는 본래 언어가 끊어졌으니 그러므로 不可說이다. (2) 生不生不可說 : 通敎에서 설한 理에 해당한다. 제법이 인연에 의해야 生 하나 그것은 본래 사용하니 그러므로 '生不生'이라 하고, 理는 본래 언어가 끊어졌으니 그러므로 不可說이다. (3) 不生生不可說 : 別敎에서 설한 理에 해당한다. 眞如의 不生의 理는 인연의 결합에 의하니 生하나 십법계의 차별상을 벗어나니 그러므로 '不生生'이라 하고,

그러므로 '교'라고 말한다. '화전'이란 惡을 돌려 善이 되고 迷를 돌려 悟가 되며 범부를 돌려 성인을 이루는 것이다. '사교'란, 一은 三藏敎요, 二는 通敎요, 三은 別敎요, 四는 圓敎다. '圓'은 치우치지 않는다는 뜻이다. 이 교는 부사의인연과 二諦中道와 事理具足을 밝히되, 치우치지 않고 특별하지 않지만 오직 최상의 利根人만을 교화하니, 그러므로 '원교'라 한다." 하였다.

『화엄경』에 "자재한 힘을 나투어 원만한 경을 설하니, 한없는 중생이 모두 보리기를 받네." 한 것이다. '원만'이라 한 것은, 대략 설하면 여덟 가지가 있다. 교가 원만하고[敎圓], 이치가 원만하며[理圓], 지혜가 원만하고[智圓], 끊음이 원만하며[斷圓], 행이 원만하고[行圓], 지위가 원만하며[位圓], 因이 원만하고[因圓], 果가 원만하다[果圓].

敎가 원만하다는 것은, 중도를 바로 설하기 때문에 말이 치우치지 않는다. 理가 원만하다는 것은, 중도가 곧 일체법이니 理가 치우치지 않는다. 智가 원만하다는 것은, 일체종지가 원만하다. 끊음이 원만하다는 것은, 끊지 않으면서 끊어 무명혹을 끊는 것이다. 行이 원만하다는 것은, 하나의 행이 일체 행이다. 지위가 원만하다는 것은, 처음 하나의 지위에서 여러 가지 지위의 공덕을 구족하였다. 因이 원만하다는 것은, 二諦를 쌍으로 비추어 자연히 흘러 들어간다. 果가 원만하다는 것은, 妙覺이 부사의하여 三德의 果가 시간적인 것이 아니고 공간적인 아니다. 그런데 이 여덟 가지 圓의 뜻 가운데 '圓敎'라고만 말한 것은,

---

理는 본래 언어가 끊어졌으니 그러므로 不可說이다. (4) 不生不生不可說 : 圓敎에서 설한 理에 해당한다. 진여의 理와 십법계의 차별상이 본래 不生인 중도실상이니 그러므로 '不生不生'이라 하고, 理는 본래 언어가 끊어졌으니 그러므로 不可說이다. 上述한 것에서 앞에 두 가지는 진제의 이치에 나아가 논하고, 뒤에 두 가지는 중도의 이치에 나아가서 논하였다. 이상 사교의 뜻은 오직 지혜로 증득할 뿐 언어로 설하기 불가능하니, 그 이치는 본래 언설이 끊어졌기 때문이다.

만약 圓敎가 아니면 圓理를 알지 못하고, 더 나아가서 圓果를 이루지 못하기 때문이다.

　원교라고 핵증한 것은, 원교에서 설한 계와 정과 지혜가 모두 진여실상인 불성임을 들어 밝혔으니, 삼장교의 치우치고 얕은 것과는 다르다. 그러므로 장교가 아니다. 불성진공의 평등한 이치는 이승은 능히 알지 못하니, 어찌 더욱이 들어갈 수 있겠는가? 그러므로 통교가 아니다. 갖가지 법문의 位行과 계급이 실상과 상응하지 않음이 없으니, 一이 곧 一切다. 그러므로 별교가 아니다.

　다시 경전을 인용하여 원교를 증명한다면, 『화엄경』에 "원만 수다라를 설하기 위함이다." 하고, 『정명경』에는 "제불의 해탈을 반드시 중생의 마음 가운데서 구한다." 하며 『법화경』에서는 "다보여래가 찬탄하기를 '선재라, 석가모니불이여. 능히 평등한 큰 지혜로 대중을 위해 설하시니, 설하신 바와 같이 모두 진실하네." 하고, 『열반경』에는 "또한 하나의 행이 있으니 如來行이다. 이른바 대승 대반열반이다." 하고, 『대품반야경』에는 "일심에 만행을 구족하였다." 하고, 『지도론』에는 "三智의 그 진실을 일심 가운데서 얻는다." 하였다.

　'법성이 융통하여 인연에 따라 자재하다' 한 것은, 『화엄경』「현담」에 玄門이 무애한 열 가지 이유[十因]가 있음을 든 것이다.

　첫째는 唯心으로 나타난 것이기 때문이다. 제법의 본원은 오직 하나 여래장심에서 연기하니 그러므로 피차에 반드시 융통의 이치가 있어야 한다. 둘째는 법에 定性이 없기 때문이다. 제법은 여래장심이 연기한 법이라 원래 일정한 자성이 없으니, 그러므로 피차 법성이 융통하다. 셋째는 서로 연기하기 때문이다. 연기법은 반드시 서로 본체가 되니 그러므로 반드시 피차 화합하고 융통하다. 넷째는 법성이 융통하기 때문이다. 법성이 이미 융통하니 그러므로 性과 같은 事도 또한 융통하다. 다섯째는 환몽과 같기 때문이다. 법이 텅 비어 실제가 없으니 마치 환과 같고 꿈과 같다. 그러므로 융통하다. 여섯째는 거울 가운데 형상과 같기 때문이다. 여러 가지 형상은 하나의 거울 가운데 나타나 피차 융통하다. 이 여섯 가지 이유는 제법의 德相으로 융통함을 설한 것이다. 이후의 네 가지는 業用을 잡아 설한 것이다. 일곱째는 因이 무애하기 때문이다. 보살은 중도 원융무애한 因을 닦으니, 그러므로 과를 얻음에 반드시 무애의 업용이 있다. 여덟째는 부처님이 증득한 것이기 때문이다. 부처님은 진성을 증득해 다했으니, 그러므로 진성과 같이 업용이 무애하다. 아홉째는 깊은 定의 작용이기 때문이다. 깊고 오묘한 선정력을 쓰니 그러므로 업용을 얻음이 무애하다. 열 번째는 신통해탈이기 때문이다. 부사의한 신통력으로 일체 구속을 여의어 자재하다.

'한 법을 드는 데 따라 만행이 원만하게 거두어진다' 한 것은, 『화엄경』「탐현기」에 설한 十玄門이다.

一은 同時具足相應門(동시에 구족 상응하는 문)이니, 일체 제법이 동일한 시간과 동일한 장소에서 하나의 대연기가 되어 존재한다. 이것은 사사무애의 總相이요, 나머지 아홉 가지 문은 別相이다. 二는 廣狹自在無礙門(넓고 좁은 것이 자재 무애한 문)이니, 一法이 一切法을 연기하여 서로 방애하지 않는다. 三은 一多相容不同門(하나와 많은 것이 서로 용납하나 같지 않은 문)이니, 一法이 一切法을 연기함에 나아가서, 저 일체 법의 세력과 작용이 이 一法에 들어가서 피차 相入함을 말한다. 四는 諸法相卽自在門(제법이 상즉하여 자재한 문)이니, 제법 연기가 一이 곧 一切며 一切가 곧 一이니, 그러므로 '상즉'이라 한다. 마치 물과 물결이 피차의 체·용이 相卽(서로 의지함)한 것과 같다. 五는 隱密顯了俱成門(은·밀이 분명하여 모두 이루어지는 문)이다. 一이 곧 一切이면 일체법이 나타날 때 일법은 숨고,

일체가 곧 일이면 일법이 나타날 때 일체법은 숨는다. 이 드러나고 숨는 두 상이 동시에 이루어진다. 六은 微細相容安立門(미세한 것이 서로 용납하여 안립한 문)이니, 비유하면 하나의 거울 가운데 일체 미세한 여러 가지 형상이 影現하는 것과 같다. 七은 因陀羅網法界門(인다라망과 같은 법계문)이니, 마치 珠網의 여러 가지 구슬이 각기 서로 비추고 서로 들어가서 거듭거듭 다함이 없는 것과 같다. 八은 託事顯法生解門(현상에 의탁해 법을 밝혀 알음알이를 내는 문)이니, 珠網의 事相에 의탁하여 제법이 모두 사사무애가 됨을 나타내는 것과 같다. 九는 十世隔法異成門(십세가 법을 넘어 달리 이루어지는 문)이다. 이상 여덟 가지 문은 공간적인 면에서 원융무애함을 보였고, 이 문은 시간적인 면에서 원융무애함을 보였다. '十世'란 과거·현재·미래 삼세와, 또한 각기 삼세가 있으니 九世요, 구세가 서로 섭입하여 모두 一世가 되니, 이를 합한 것을 '십세'라 한다. 십세가 隔別(격리함)의 법과는 같지 않고 동시에 구족하게 드러나고 동시에 성취한다. 十은 主伴圓明具德門(주와 반이 원명하여 덕을 갖춘 문)이니, 시간적이고 공간적인 만법이 하나의 대연기를 이루어 법과 법이 서로 통한다. 하나의 법이 主가 되면 다른 법이 伴이 되어, 이 하나의 법이 그렇듯이 법과 법이 이와 같지 않음이 없어서 서로 주와 반이 되어 하나의 법에 일체 공덕이 원만하게 갖추었다.

'만약 육도만행으로' 한 데서부터, '말과 마음의 길이 끊어진다' 한 데까지 여덟 구절은, 이루어진 이제 원융한 과체가 곧 일심 이문의 이사무애하고 불가사의함을 밝혔다. '淨緣起'는 마음이 淨用의 생멸문을 따르는 것이다. '모두 세제에 거두어진다' 한 것은, 모두 세속제에 속한다는 것을 말하였다. '本宗을 발명한다' 한 것의 '본종'은 중생과 부처가 똑같이 갖춘 心體를 가리키고, '발명'은 개·시·오·입하는 것이니, 심진여문의 체성에 오입하는 것을 '본종을 발명한다'고 한다. '과해를 깊이 다하였다' 한 것의 '과해'는 원교일승의 果를 가리키니, 대해가 받아들이지 않는 것이 없듯이 깊고 넓고 무애한 것을 말하고, 앞에서 설한 여덟 가지 圓을 圓證한 것을 '깊이 다하였다'고 한다.

'理·智가 모두 없다'는 것의 '理'는 所證이요 '智'는 能證이다. 모두 없다면 얻은 바가 없다는 것이다. 만약 얻은 것이 있다면 무상 보리를 얻지 못한다. 얻은 것이 없기 때문에 원교일승의 과를 얻는다고 한다.『심경』에서 "智가 없고 또한 얻음도 없으니 … 구경 열반을 얻는다." 한 것이다. '말과 마음의 길이 끊어졌다' 한 것은, 언어의 길이 끊어지고 심행의 처소가 멸한 것을 말하니, 마치 물을 마신 사람이 찬지 따뜻한지를 스스로 아는 것과 같다.

을 4. 이 책의 이름을 묻고 답함
병 1. 전체적으로 들다

集

문 : 이 책에서 나열한 것으로는 어떤 명칭과 수목이 있습니까?
답 : 만약 假名을 묻는다면 그 숫자는 갠지스강 모래 수만큼 많지만, 지금 대략 말하면 전체적으로는 '만선동귀'라 하고, 차별적으로는 열 가지 뜻으로 나눌 수 있다. 첫째는 '理事無礙(이와 사가 무애함)'라 하고, 둘째는 '權實雙行(권과 실을 쌍으로 행함)'이라 하며, 셋째는 '二諦並陳(이제를 모두 폄)'이라 하고, 넷째는 '性相融卽(성과 상이 융화함)'이라 하며, 다섯째는 '體用自在(체와 용이 자재함)'라 하고, 여섯째는 '空有相成(공과 유가 서로 이루어 줌)'이라 하며, 일곱째는 '正助兼修(정과 조를 겸해 닦음)'라 하고, 여덟째는 '同異一際(동과 이가 하나의 이치임)'라 하며, 아홉째는 '修性不二(성과 수가 둘 아님)'라 하고, 열 번째는 '因果無差(인과 과가 차별이

없음)'라 한다.

問. 此集所陳, 有何名目.

答. 若問假名, 數乃恒沙. 今略而言之, 總名萬善同歸. 別開十義, 一名理事無礙. 二名權實雙行. 三名二諦並陳. 四名性相融卽. 五名體用自在. 六名空有相成. 七名正助雙修. 八名同異一際. 九名修性不二. 十名因果無差.

講

여기서 든 본집의 전체적인 이름인 '만선동귀'는 이미 앞의 현담에서 모두 강의하였고, 따로 열 가지 뜻을 나눈 뜻은 뒤에서 자세히 해석한다.

병 2. 따로 해석함

集

문 : 이름은 뜻으로 인해 세운 것이고, 뜻은 이름을 빌려 설명하는 것입니다. 이미 假名을 세웠으면 그 뜻은 어떤 것입니까?

답 : 첫 번째는 '이사무애'다. 理는 함이 없는 것[無爲]이요, 事는 함이 있는 것[有爲]이다. 종일 하여도 일찍이 한 적이 없고 종일 하지 않아도 하지 않은 적이 없어서, 하는 것과 하지 않는 것이 하나가 아니고 다른 것도 아니어서, 법성의 근원과 같고 허공계와 같다. 만약 하나[一]라고 한다면 『인왕경』에 "모든 보살은 유위 공덕과 무위 공덕을 모두 다 성취하였다." 하니, 만약 단지 하나뿐이라고 하면 두 가지 공덕이 있다고 말할 수 없고, 만약 다르다[異]고 하면 『반야경』에 "유위를 여의고 무위를 설해서는 안 되고, 무위를 여의고 유위를 설해서는 안 된다." 하였으니, 그러므로 理와 事가 相卽하여 斷이 아니고 常이 아니요, 일어나

고 멸하는 것이 동시여서 걸림 없이 쌍으로 나타난다.

問. 名因義立, 義假名詮, 既立假名, 其義如何.

答. 第一理事無礙者. 理則無爲, 事則有爲. 終日爲而未嘗有爲, 終日不爲而未嘗無爲. 爲與無爲, 非一非異. 同法性源, 同虛空界. 若云是一, 仁王經說, 諸菩薩有爲功德, 無爲功德, 皆悉成就. 若但是一, 不應說有二種功德. 若云是異, 般若經云, 不得離有爲說無爲, 不得離無爲說有爲. 是以理事相卽, 非斷非常, 起滅同時, 無礙雙現.

> [講]

불법에서 설한 것은 이름과 뜻이 서로 객이 되어 상대적인 연기법에 속한다. 그러므로 질문은 '이미 가명을 세웠으면 그 뜻은 어떤 것인가?' 한 것이다. 따로 나누어 해석하기로 한다.

첫 번째는 이사무애다. 대승 불법은 우주만유를 五類 百法으로 귀납한다. 5류란, 첫째 心法에 여덟 가지(곧 8식), 둘째 色法에 열한 가지(五根, 五塵과 法處에 속하는 색), 셋째 心所法에 51가지, 넷째 不相應行法에 24가지, 다섯째 無爲法에 6가지다. 또한, 이 백 법을 모두 거두면 두 가지가 된다. 하나는 有爲法이고 둘은 無爲法이다. 유위는 事요, 무위는 理다. 유위는 有니 속제에 속하고, 무위는 空이니 진제에 속한다.

규기대사의 『百法明門論解』에 의하면 "'무위법'이라 한 것은, 곧 나지도 않고 죽지도 않으며, 가지도 않고 오지도 않으며, 저것이 아니고 이것이 아니며, 얻음도 끊어지고 잃음도 끊어져 有爲와는 다르다. 조작이 없기 때문이다. 이 무위법은 체성이 깊고 깊다. 만약 事를 잡아 밝히지 않으면 이를 밝힐 도리가 없다. 그러므로 앞의 네 가지 斷·染·成·淨을 빌려 밝힌 것이니, 앞의 네 가지는 有爲요 이것은 無爲니, 먼저 것은 有요 나중은 無다." 하고, 또한 "무위법에 대략 여섯 가지가 있다. 첫째는 虛空無爲요, 둘째는 擇滅無爲요, 셋째는 非擇滅無爲요, 넷째는 不動滅無爲요, 다섯째는 想受滅無爲요, 여섯째는 眞如無爲다. '무위'라 말한 것은 앞의 네 가지 지위(有爲)는 진실한 성이니, 그러므로 '識實性'이라 한다. 앞의 94법은 생멸법이라 모두 조작이 있으니, 그러므로 유위에 속한다. 지금 이 6법은 적막하여 텅 비고 담연하여 항상 머무니 조작하는 바가 없다. 그러므로 '무위'라 한다. '허공무위'란, 이 진제가 모든 장애를 여의어 마치 허공이 텅 비어 장애를 여읜 것과 같으니, 비유로 이름을 얻은 것이다. '택멸'의 '택'은 간택이요, '멸'은 단멸이니, 無漏智로 말미암아 여러 가지 장애나 더러움을 끊고 드러난 진리로 이 이름을 세운 것이다. '비택멸'이란, 일진법계는 본성이 청정하여 간택의 힘과 단멸을 인하지 않고 드러난 것이다. '부동'이란, 제4禪에서 喜樂 등 몸과 마음이 동요함이 없이 드러난 진리다. '상수멸'이란, 무소유처에서 想·受가 행하지 않고 드러난 진리이다. '진여'란, 理는 허망하고 전도된 것이 아니니 그러므로 '진여'라 하니, '진'은 곧 如요 '여'는 곧 無爲다." 하였다.

'종일 하되 일찍이 한 적이 없다' 한 것은, 유위의 相을 섭수하여 무위의 性으로 돌아가니, 事가 理에 장애되지 않는다. '종일 하지 않지만 일찍이 하지 않은 적이 없다' 한 것은, 性은 自性이 아니어서 相에 따라 존립하니, 이가 사에 장애되지 않는다.

'유위와 무위가 하나가 아니고 다르지도 않아서 법성의 근원과 같고 허공계와 같다' 한 이 네 구절은 이사무애의 모양을 밝혔다. 법장대사 『심경소』에 "眞空은 有이지 않은 적이 없어서 有에 의해 空을 밝히고, 幻有는 空하지 않은 적이 없어서 空에 의해 有를 밝힌다. 有의 空은 有이기 때문에 有가 아니요, 空의 有는 空이기 때문에 空이 아니다. 不空의 空은 空이면서 단멸이 아니요, 不有

의 有는 有이면서 常이 아니다. 이 네 가지 집착이 이미 없으면 백 가지 잘못이 없어진다." 하였다.

또한 『法界無差別論疏(법장대사 지음)』 序에 "理는 事와 어긋나지 않아서 性을 옮기지 않고 사물을 이루고, 事는 理와 어긋나지 않아서 사물을 어기지 않고 성으로 돌아간다."(동상 61페이지 상) 하였다. 『기신론』에 "시각이 본각과 같으니, 一心에 二門을 갖추니 진여문은 理요 생멸문은 事라, 서로 방애되지 않는다." 하고, 『화엄경』에서 "차이가 곧 차이가 없고 차이가 없으나 차이가 있어서, 하나가 무량이요 무량이 하나다." 하며, 『반야경』에서 "연기하지만 性이 공하고, 성이 공하지만 연기한다." 한 것이 모두 '理事無礙'와 '非一非二'를 말한 것이다.

화엄종 시조 杜順화상이 『華嚴五敎止觀』을 설하여 '사와 이가 원융한 문'을 세우고, 나중에 4조 澄觀대사가 이것에 의해 『華嚴法界玄鏡』을 지었으며, 5조 宗密대사가 또한 『註華嚴法界觀門』을 지어 상세하게 주석을 더하였다. 대정장경 제45권을 살펴보시기 바란다.

'만약 하나라 하면' 한 데서부터, '두 가지 공덕이 있다고 말해서는 안 된다' 한 데까지 모두 일곱 구절은, 『인왕호국반야경』에서 설한 것을 인용하여 理와 事가 하나가 아님을 증명하였다. '만약 다르다고 한다면' 한 데서부터, '무위를 여의고 유위를 말해서는 안 된다' 한 아래 네 구절은, 이사무애를 결론적으로 설명하였다. 理로 인하여 事를 이루고 事로 말미암아 理를 밝히니, 그러므로 '일어나고 멸하는 것이 동시라 무애하여 쌍으로 드러난다' 하였다.

集

두 번째는 '권실쌍행'이다. '실'은 진제요 '권'은 교화문이니, 진제로부터 교화를 일으키니 실밖에 권이 없고, 事의 자취로 인하여 근본을 얻으니 권밖에 실이 없다. 항상 一旨(一心)에 명합하여 무애하여 쌍으로 행하면, 遮와 照가 동시라 如理智와 如量智가 가지런하게 드러난다.

第二權實雙行者。實則眞際, 權則化門。從眞際而起化, 實外無權。因事跡而得本, 權外無實。常冥一旨, 無礙雙行。遮照同時, 理量齊現。

講

두 번째 권실쌍행에서 '실은 진제요 권은 교화문이다' 한 것은 권과 실의 이름을 해석하였으니, 事理權實과 智慧權實과 敎法權實이 있다. 어느 때 어느 근기의 방편법에 따라 말할 때는 '권'이라 하고, 마지막에 오직 일승법만이 있으면 '실'이라 하니, 이것은 교법권실이다. 제법의 실상을 통달하는 것을 實智(體)라 하고, 제법의 갖가지 차별을 이해하는 것을 權智(用)라 하니, 성불의 과체는 실지요 일대 교화의 묘용은 권지니, 이것은 지혜권실이며 또한 '體用權實'이라고도 한다. 일체 차별의 事法은 권법이요 상주불변의 진리는 실법이니, 이것은 사리권실이다. 천태지자대사가 『法華文句』에서 「방편품」의 '방편'을 해석한 가운데서 설명한 것이 가장 자세하다. 대정장경 제34권을 읽어보시기 바란다. '진제와 교화문'은 일심 이문이라 으레 서로 여의지 않으니, 그러므로 '권실을 쌍행한다' 하였다.

'진제로부터 교화를 일으키니 실밖에 권이 없다' 한 것의 '진제'는 곧 심진여문이니, 진여의 理體로 말미암아 생멸의 事用을 일으키고 작용을 섭수하여 본체로 돌아가니, 체를 여의고는 용이 없다. 그러므로 '실밖에 권이 없다' 하였다. 『법화경』「방편품」에 "일불승으로부터 분별하여 세 가지를 설하니, 오직 일승법만 있고 두 가지도 없고 세 가지도 없다." 한 것이다.

'事跡으로 인하여 근본을 얻으니 권밖에 실이 없다' 한 것의 '사적'은 곧 심생멸문이니 반드시 생멸문의 작용으로 인하여 비로소 진여문의 본체에 오입할 수 있으니, 事用을 여의면 理體가 없다. 그러므로 '권밖에 실이 없다'고 하였다.『법화경』「법사품」에 "방편문을 열어 진실상을 보인다." 한 것이다.

'항상 一旨에 명합한다' 한 아래 네 구절은 '권실이 쌍행하고 차조가 동시다' 한 것을 결론적으로 설하였다. '항상 일지에 명합한다' 한 것의 '일지'는 一心이다. 이 중생과 부처가 동체인 일심은 法界大總相門[57]이니, 이·사, 인·과, 권·실, 유위·무위가 모두 이 일심을 여의지 않으니, 마음밖에 법이 없다. 그러므로 '항상 일지에 명합한다' 하였다. 일심 이문이 서로 의지하고 서로 보충해 완성하여 하나도 아니고 다른 것도 아니어서 결정코 '무애 쌍행한다'.

만약 雙照면 권이 있고 실이 있으며 체가 있고 용이 있어서, 일심에 갖춘 진여와 생멸이 둘이 아니면서 둘이요, 비록 空이나 항상 有이다. 만약 雙遮면 권이 아니고 실이 아니며 체는 용이 아니고 용은 체가 아니어서, 오직 하나의 淨心 뿐이라 담연히 항상 고요하여 비록 有나 항상 空하다. 그러니 이름으로 이름 붙여서는 안 되고 모양만으로 모양을 단정해서는 안 된다. 불가사의하여 오직 증득한 이만이 비로소 알 수 있다. 그러므로 '차와 조가 동시다' 하였다. 常空은 如理智인 진여문이요, 常有는 如量智인 생멸문이니, 二智와 二門이 일심에서 나타나고 일심에서 얻으니, 그러므로 '如理智와 如量智가 가지런히 나타난다' 하였다.

---

57 '법계'는 十法界. 모든 존재. '대총상…'은 眞如의 實體를 말한다. 眞如가 넓고 커서 모든 것을 含涵하기 때문에 '大'라 하고, 總體가 一味平等하여 差別의 相이 없기 때문에 '總相'이라 하며, 수행자의 軌範이기 때문에 '法'이라 하고, 觀智가 通遊하기 때문에 '門'이라 한다.『大乘起信論』에서는 "心眞如는 곧 一法界大總相法門體다." 하였다.

集

세 번째는 二諦並陳이다. 제불은 항상 이제에 의해 법을 설하신다. 왜냐하면, 속제가 眞詮(참된 도리. 참된 깨달음)이니 속제가 性이 없음을 아는 것이 바로 진제이기 때문이다. 그러므로 『중론』에 "만약 속제를 얻지 않으면 제일의를 얻지 못한다." 하였다. 그러므로 진제는 세우기를 기다리지 않고 항상 나타나고, 속제는 버리기를 기다리지 않고 스스로 공하다. 이제가 쌍으로 존재하는 것은 마치 파도와 물이 같아서 물이 지말인 물결을 다하여 파도와 물이 동시요, 물결이 근원인 물에 통하여 움직이는 것과 젖는 것이 차별이 없는 것과 같다.

第三二諦並陳者。諸佛常依二諦說法。何以故, 俗是眞詮, 了俗無性, 卽是眞諦。故云 若不得俗諦, 不得第一義。所以眞不待立而常現, 俗不待遣而自空。二諦雙存, 如同波水, 水窮波末, 波水同時。波徹水源, 動濕一際。

講

'二諦'란, 첫째는 眞諦다. 성인이 지혜로 본 제법의 理性이니, 허망하지 않아서(眞) 결정코 진실여시(諦)하니, 그러므로 '진제'라 한다. 둘째는 俗諦다. 범부의 미혹한 생각으로 본 세간의 事相이니, 俗法의 도리가 있어서(俗) 결정코 동요하지 않으니(諦), 그러므로 '속제'라 한다. '제'란 진실·부동의 뜻이다. 또한 '事'는 사실 그대로의 事요, '理'는 사실 그대로의 理여서 사와 이가 잘못되지 않은 것을 '제'라고 한다. 경론에서 부르는 명칭은 한 가지가 아니다. 지금 이를 대조하면 다음과 같다.

 『金剛不壞假名論』은 眞諦·俗諦라 하고

 『智度論』,『涅槃經』,『仁王經』은 第一義諦·世諦라 하며

 『南海寄歸傳』은 勝義諦·覆俗諦라 하고

 『瑜伽論』,『唯識論』은 勝義諦·世俗諦라 하며

『中論』은 第一義諦·世俗諦라 하고
『百論』은 第一義諦·俗諦라 하였다.

'제불은 항상 이제에 의해 법을 설한다' 한 구절은 『중론』에서 한 말을 인용하였다. "제불은 이제에 의해 중생을 위해 법을 설하시니, 하나는 세속제요 둘은 제일의제다. 만약 능히 알지 못하고 이제를 분별하면 깊은 불법에 대해 진실한 뜻을 알지 못한다." 하고, 또한 "세속제란, 모든 법성이 空하건만 세간이(중생은) 전도하기 때문에 허망법(잘못된 생각)을 내어 세간을 實이라 하고, 모든 성현은 세간의 顚倒性을 진실하게 아니, 그러므로 일체 법이 모두 공하여 남[生]이 없음을 아니, 성인은 제일의제를 實이라 한다. 제불은 이 이제에 의해 중생을 위해 법을 설하시니, 만약 이제를 여실히 분별하지 못하면 깊고 깊은 불법에 대해 진실한 뜻을 알지 못한다. 만약 '일체 법이 나지 않는 것이 제일의제니 모름지기 두 번째인 속제를 찾아서는 안 된다' 하고 말한다면, 이것도 또한 옳지 않다. 왜냐하면, 만약 세속에 의거하지 않으면 제일의를 얻지 못하고, 제일의를 얻지 않으면 열반을 얻지 못하기 때문이다. 제일의는 모두 언설에서 기인하고 언설은 곧 세속이다. 그러므로 만약 세속에 의거하지 않으면 제일의는 설할 수가 없다. 그러므로 제법이 비록 태어남이 없으나 이제가 있다." 하고, 또한 "여러 가지 인연으로 난 법을 나는 곧 無라 하며, 또한 假名이라 하며, 또한 中道義라 설하노라. 왜냐하면 여러 가지 인연이 구족하고 화합하여 사물이 나니, 이 사물은 여러 가지 인연에 속하기 때문에 자성이 없고, 자성이 없기 때문에 공이요, 공하다는 것도 또한 공하다. 다만 중생을 인도하기 위한 까닭에 가명으로 설했으니, 有와 無 두 가지를 여의었기 때문에 '중도'라 한다. 이 법은 자성이 없기 때문에 有라고 말하지 못하고, 또한 공이 없기 때문에 無라고도 말하지 못한다."(대정장경 30권 32페이지 하와 33페이지 상중) 하였다. 이상에서 인용한 논문은 '이제병진'에 대한 가장 훌륭한 설명이다.

'俗은 眞詮이다' 한 것은, 『중론』에서 설한 "제일의는 모두 언설에서 기인하니 언설은 세속이다. 만약 세속에 의거하지 않으면 제일의는 설할 수가 없다." 한 것이다. '俗이 無性인 줄 아는 것이 곧 진제다' 한 것도 또한 『중론』에서 설한 "여러 가지 인연으로 난 법을 나는 無性이라 하나니, 이 법이 무성이기 때문에 有라고 말하지 못하고, 또한 공이 없기 때문에 無라고도 말하지 못한다." 하였다. 그러므로 '만약 속제에 의지하지 않으면 제일의를 얻지 못한다' 하였으니, 이것이 이제가 서로 여의지 않는 증명이 아니겠는가!

'그러므로 진은 세우는 것을 기다리지 않고 항상 나타나고, 속은 버리는 것을 기다리지 않고 스스로 공하다' 한 두 구절은, 性空에 의해 緣起하고 연기에 의해 성공하여 진·속, 공·유가 하나도 아니고 다르지도 않음을 설명했으니, 그러므로 '아울러 편다[並陳]'고 하였다.

'이제가 쌍존하는 것은 파도와 물과 같다'고 한 것에서, 위 구절은 법이요 아래 구절은 비유이다. 물은 젖는 성질이니 비록 물결이 있으나 그 성질은 변함이 없으니, 그러므로 '파도가 물의 근원에 통하여 움직이는 것과 젖는 것이 **차별이 없다**' 하였다. 파도는 물이 움직이는 것이니 물로 인하여 일어난 것이어서 파도가 물을 여의지 않는다. 그러므로 '**물이 지말인 파도를 다하니 파도와 물이 동시이다**' 하였다.

이 '이제병진'은 『영가집』에서 설한, "惺惺寂寂은 옳고 無記寂寂은 그르며, 寂寂惺惺은 옳고 亂想 惺惺은 그르다." 하고, 『금강경』에 "무아, 무인, 무중생, 무수자(진제)로 일체 善法(속제)을 닦으면 곧 아눗다라삼먁삼보리(성불)를 얻는다." 하며, 또한 『관경』에 "이 마음이 부처를 만들고(속제) 이 마음이 부처다(진제).”하며, 또한 『기신론』에 "이 심진여상(진여)이 곧 대승의 체를 보이기 때문이며, 이 심생멸인연상(속제)이 능히 대승 체의 상·용을 보이는 까닭에 일심에 의해 두 가지 문이 있으니, 이른바 심진여문과 심생멸문이다. 이 두 가지 문이 각기 일체 법을 섭수하니, 이것(二門)이 반복하여 서로 여의지 않기 때문이다.” 한 것이다.

내가 지금 한 수의 게송을 지어 '이제병진'의 함의를 보조적으로 밝혀볼까 한다.

남이 없고 멸함이 없는 것이 眞心(진제)이요
환상으로 멸하고 환상으로 나니 因前의 경계(속제)네.
마치 바람으로 인해 파도가 일어나 듯(이제병진)
육근이 동하자마자 진심을 잃네.
無生無滅是眞心
幻滅幻生因前境
如水因風波浪起
六根才動便失眞

集

넷째는 性相融卽이다. 『무량의경』에 "한없는 뜻이 하나의 법으로부터 난다." 하였으니, 말한바 '법'이란 곧 진심이다. 하나의 진심으로부터 不變과 隨緣 두 가지 뜻이 갖추어지니, 불변은 性이요 수연은 相이다. 성은 상의 본체요, 상은 성의 작용이니, 근원을 알지 못하면 망령되게 쟁론을 낸다. 요즘 상을 훼손하는 자는 마음의 작용을 알지 못한 것이요, 성을 훼손하는 자는 마음의 본체를 알지 못한 것이다. 만약 능히 융통할 수 있다면 취하고 버리는 것을 모두 쉰다.
第四性相融卽者。無量義經云, 無量義者, 從一法生。所言法者, 卽是眞心。從一眞心, 具不變隨緣二義。不變是性, 隨緣是相。性是相之體, 相是性之相。以不了根源, 則妄生諍論。如今毁相者, 是不識心之用。毁性者, 是不識心之體。若能融通, 取捨俱息。

講

'性'은 법의 자체니 안에 있어서 변경할 수가 없고, '相'은 법의 모양이니 밖에 있어서 분별할 수가 있다. 『지도론』31권에 "'성'은 그 본체를 말하고 '상'은 알 수 있는 것을 말한다." 하고, 지자대사 『법화문구』에 "'상'이란 밖에 드러난 차별의 모양이니, 또한 이름 붙일 수도 있고 취할 수도 있는 이 법의 한계[分際]이다." 하였다. 제법에는 변천하는 것이 있고 변천하지 않는 것이 있으니, 변천하지 않는 것은 性이요 변천하는 것은 相이다.

세친보살의 『법화론』에 "'상'은 유위법이요 '성'은 무위법이다. 유위법인 상은 오온이 구성한 것으로 체가 되고, 무위법인 성은 오온이 아닌 것으로 체가 된다." 하였다. 길장 대사의 『法華義疏』에 의하면 "반야는 집착이 없는 것으로 '相'이 되니, 집착이 없는 상은 본체를 고칠 수가 없으니 그러므로 '性'이라 한다." 하였다. 일심이 불변하나 수연하는 것을 '相'이라 하고, 수연하지만 불변하는 것을 '性'이라 한다. 우리들의 일념 심성에는 본래부터 성과 상이 구족하다.

'성상이 융즉하다' 한 것은, 서로 구족한 것을 '융'이라 하고, 서로 이루도록 도와주는 것을 '즉'이라 한다. 『기신론』에 "심진여문이 체성이요, 심생멸문이 상과 용이다." 하였으니, 일심에 두 문이 있으니 그러므로 성·상이 융즉하다. 천태종에서 "일념에 三千의 性相을 갖추었다." 한 것이나, 화엄종에서 "하나가 무량이요 무량이 하나니, 하나는 성이요 무량은 상이다." 하며, 유식종에서는 "제법이 모두 삼성을 갖추었으니, 분별성과 의타성은 상이요 원성실성은 성이다. 그러므로 성·상이 융즉하다." 하고, 삼론종은 "인연으로 난 법(相)을 나는 곧 공(性)이라 하노라." 하며, 『왕생론』(정토종)에는 "불토와 불과 보살 세 가지 장엄으로 성취(相)한 것을 관찰하면 하나의 法句에 들어간다고 간략히 말할 수가 있다. 하나의 법구란 淸淨句를 말하고 청정구는 진실 지혜인 무위법신(性)을 말한다." 하였다.

종합적으로 말하면, 대승 불법에서 천명하지 않음이 없으니, 제법은 오직 일심뿐이라 성과 상이 융즉하다. 왜냐하면 상은 성의 상이요 성은 상의 성이라서 하나도 아니고 다른 것도 아니기 때문이다. 十法界가 비록 각기 성과 상이 있어서 한없는 차별이 있으나, 평등한 큰 지혜로 여실히 관찰하면 오직 일심 실상일 뿐이다. 실상은 상이 없으니 이것이 性이요, 실상은 상 아님이 없으니 이것이 相이다. 일심 실상은 본래 성과 상이 공적하여 이름도 없고 모양도 없으나, 삼천의 제법의 성과 상을 갖추었으니 이것이 대승의 구경설이다. 그러므로 "삼라와 만상이 일법으로 도장 찍은 것이다." 하고, "산하와 대지가 모두 법왕신이다." 하며, "이 마음이 부처가 되고 이 마음이 부처다." 하였다.

세상의 여러 가지 종교와 철학에서 神이 만들었다고도 하고, 혹은 오직 마음(性) 뿐이다 하며, 혹은 오직 사물(相) 뿐이다 하고 말하지만, 모두 제법의 실상은 아니다. 오직 대승불법에서 설한 "일념 심성은 이름도 없고 모양도 없지만(性), 능히 우주 인생의 만유제법을 연기한다(相)." 하는 것이야말로 무상정등정각이라 할 것이다.

그 원문을 보면 "그 一法이란 곧 모양이 없다[無相]. 이와 같이 모양이 없지만, 모양 아닌 모양이 없고[無相不相], 모양 없는 모양이 아니니[不相無相], 이를

'실상'이라 한다." 하였는데, 이를 스님이 '말한 바 법이란 곧 진심이니, 일심으로부터 불변과 수연 두 뜻을 갖추었다. 불변은 성이요 수연은 상이니 성은 상의 본체요 상은 성의 작용이다' 하였다. 一法이란 중생과 부처가 동체인 진심이니, 또한 실상, 법신, 자성청정심, 평등공성이라고 하니, 모두 불변과 수연 두 가지 뜻이 있다. 실상은 상이 없으나 상 아님이 없으니 이는 불변이지만 수연이요, 실상은 상 아님이 없으나 상이 없으니 이는 불변이지만 수연이다. 일심의 불변은 性이요 일심의 수연은 相이니, 그러므로 성과 상이 融卽하고 본체와 작용이 一如하다.

'근원을 알지 못하면' 한 아래는, 먼저 심성의 불변과 수연을 알지 못하여 쟁론의 허물이 일어남을 들었고, 나중에는 일심의 성·상이 융통함을 알면 취하고 버리는 마음이 없는('모두 쉬는') 이익을 밝혔다. 선문에 "만약 마음을 알면 대지에 한 주먹 흙도 없다." 한 것이니, 어찌 쟁론이 있겠는가!

集

다섯째는 體用自在이다. 본체는 법성의 理요, 작용은 智應의 事다. 본체를 들면 전체가 작용이어서 작용이 한 가지가 아니요, 작용을 들면 전체가 본체여서 본체가 곧 다른 것이 아니다. 본체에 의한 작용은 작용이 무애하고, 작용에 의한 본체는 본체를 잃지 않는다. 그러므로 한 가지 맛이 쌍으로 나누어져 자재 무애하다.

第五體用自在者。體卽法性之理, 用乃智應之事。擧體全用, 用卽非一。擧用全體, 體卽非異。卽體之用不礙用, 卽用之體不失體。所以一味雙分, 自在無礙。

講

지자대사 『법화현의』에 의하면, "부처님의 일체종지에 다섯 가지 뜻을 갖추었다. 첫째는 體니 곧 진여실상인 자성청정심이요, 둘째는 相이니 곧 근본무분별지요, 셋째는 用이니 곧 후득지요, 넷째는 伴이니 곧 萬善·萬行·萬智요, 다섯째는 境(경계)이니 곧 十界와 十如니 일체종지의 所緣境이다. 그러므로 그 지혜가 깊고 깊어 한정이 없고 자재무애하다." 하였다. 『기신론』의 설에 의하면, "법은 중생심이니 이 마음에 진여·생멸 두 가지 문을 갖추었다. 심진여문은 능히 심체를 보이고 심생멸문은 능히 상과 용을 보인다. 이 일심 이문에 체·용이 구족하여 자재 무애하다." 하고, 길장대사의 『法華義疏』에는 "반야는 正觀으로 본체를 삼고 반야에 경계를 비추고[照境], 미혹을 끊는[斷惑] 작용이 있다." 하였다.

본체는 심진여문이니, 實際理地에는 한 티끌도 세우지 않으니 그러므로 '본체는 법성의 理다' 하였다. 작용은 심생멸문이니, 佛事門中에는 한 법도 버리지 않으니 그러므로 '작용은 智應의 事다' 하였다. 본체는 실상의 無相(모양이 없음)이요, 작용은 실상의 無不相(모양 아님이 없음)이니, 모양이 없으면서[無相] 모양 아닌 것이 없고[無不相], 모양 아닌 것이 없으나[無不相] 모양이 없어서[無相], 본래 자재 무애하다. 부처님 지혜는 일심 이문의 실상을 궁극적으로 증득하여 百界와 千如是를 원만하게 비추니, 그러므로 능히 일체 체·용이 자재할 수 있다.

작용은 십법계 제법에 모두 십여시가 있으니 畢竟有요, 본체는 오직 일심 실상일 뿐이니 畢竟空이다. 심성은 본래 청정하여 제법이 오직 일심뿐이라서 하나도 아니고 다른 것도 아니며, 공이 아니고 유가 아니어서 자재 무애하다. 일심이 十界와 十如를 연기하니, 그러므로 '본체를 들면 전체가 작용이라 작용이 곧 하나가 아니다' 하고, 십계와 십여의 제법이 모두 오직 일심이 연기한 것이니, 그러므로 '작용을 들면 전체가 본체여서 본체가 곧 다른 것이 아니다' 하고, 일심이 만행이니 그러므로 '본체에 의한 작용은 작용이 무애하다' 하며, 만행이 일심이니 그러므로 '작용에 의한 본체는 본체를 잃지 않는다' 하였다.

'그러므로 하나의 맛이 쌍으로 나누어 자재 무애하다' 한 두 구절은, 체와 용이 자재함을 결론적으로 찬탄하였다. '하나의 맛[一味]'은 『무량의경』에서 설한 '일법'이며, 또한 일심의 실상이다. 실상은 상이 없고 상 아님이 없어서, 일심에 체가 있고 용이 있으니, 그러므로 '쌍으로 나눈다' 하였다. 체와 용이 서로 의거하고 서로 보충하여 완성하니, 그러므로 '자재 무애하다' 하였다.

集

여섯째는 空有相成이다. 그런데 일체 만법이 본래 결정된 모양이 없어서 서로 이루어 주고 서로 파괴하며 서로 섭수하고 서로 도와주어, 空은 有로 인하여 설립하여 緣生하기 때문에 性空하고, 有는 空을 빌려 이루어져 性이 없기 때문에 연기한다. 뜻으로 인하여 다름을 밝히고 보는 데 따라 차이가 이루어지니, 이를 미혹하면 온갖 모양이 같지 않고 깨달으면 삼승도 또한 다르다. 왜냐하면, 有의 한 법을 소승은 實色이라 보고, 初敎는 幻有라고 관하며, 終敎인 경우에는 색과 공이 무애하니 공은 자성을 지키지 않고 인연을 따라 諸有를 이루기 때문이다. 頓敎는 일체 색법이 진성 아닌 것이 없다고 보고, 圓敎는 무궁무진한 법계임을 본다. 만약 이와 같이 융통하면 곧 진공묘유를 이루니, 有는 능히 만덕을 밝히고 공은 모든 것을 이룰 수 있다.

第六空有相成者。且夫一切萬法, 本無定相, 互成互壞, 相攝相資。空因有立, 緣生故性空。有假空成, 無性故緣起。因義顯別, 隨見成差。迷之則萬狀不同, 悟之則三乘亦異。何者, 且如有之一法。小乘見是實色。初敎觀爲幻有。終敎則色空無礙, 以空不守自性, 隨緣成諸有故。頓敎見一切色法, 無非眞性。圓敎見是無盡法界。若如是融通, 卽成眞空妙有, 有能顯萬德, 空能成一切。

> 講

'空有相成(공과 유가 서로 보충하여 완성함)'이란, 性空이지만 緣起하고 연기하지만 성공임을 밝혔다. 그러므로 '성이 없기 때문에 연기하니 有는 假를 빌려 이루어지고, 연생하기 때문에 성공하니 空은 有로 인하여 성립한다' 하였다. 불법에서 설한 空은, 연기한 만법이 모두 실재성과 불변성과 독립성이 없음을 깊이 관찰하는 것을 空, 혹은 無自性이라 한다. 만법이 모두 因에 의하고 緣에 의하니 인과 연이 화합하면 일어나고, 인과 연이 이별하면 소멸하니, 생·멸이 모두 인연을 따른다. 그러므로 '본래 정해진 모양이 없어서, 서로 완성하게 하고 서로 파괴하며 서로 도와주고 서로 섭수한다' 하였다. '서로 완성한다'는 것은 인연으로 나는 것이요, '서로 파괴한다'는 것은 인연으로 멸하는 것이며, '서로 돕는다' 한 것과 '서로 섭수한다' 한 것은, 공과 유가 서로 보충하여 완성하는 것이다.

'뜻으로 인하여 다름을 밝힌다' 한 것은, 미혹한 중생은 空과 有가 모두 實法이어서 분명히 차별적인 含義가 있다고 집착하니, 이것은 '하나'가 아니다. '보는 데 따라 차이를 이룬다'는 것은, 이미 깨달은 성자는 그가 본 얕고 깊은 것에 따라 三乘과 五教가 같지 않은 聖果를 이룬다. 그러므로 '미혹하면 온갖 모양이 같지 않고 깨달으면 삼승도 또한 다르다' 하였다. 범부중생은 우주만유가 實有하여 갖가지 차별이 같지 않다고 집착하니, 이것은 일반적인 생각이라 굳이 말할 필요는 없다. 그러나 이미 깨달은 삼승 성자가 어떻게 같지 않다고 아는가? 그러므로 '왜냐하면' 한 것이다.

지금 단지 '有' 하나만 가지고 말한다면 소교·시교·종교·돈교·원교 五教가 三乘 聖者를 포함하여 각기 보는 것이 같지 않다. 앞에서 인용한 법장대사가 판단한 十宗에서, 처음부터 五宗까지는 모두 소승에 속하니 모두 實色이 있다고 보고, 제6 諸法但名宗(제법은 단지 이름뿐인 종)은 소승에도 통하고 대승에도 통한다. 제7 대승시(初)교와 맞먹는 교는 一切皆空宗(모든 것이 모두 空한 종)이니, 그러므로 '환유라 관한다' 하였다. 제8 眞德不空宗(진덕은 공하지 않는 종)은 곧 대승종교니, 그러므로 '색과 공이 무애하다고 보니, 공이 자성을 지키지 않고 인연에 따라 諸有를 이루기 때문이다' 하였다. 제9 相想俱絶宗(相·想이 모두 끊어진 종)은 곧 대승돈교니, 그러므로 '일체 색법이 진성 아닌 것이 없다고 본다' 하였으니, 진여불성은 일체 相想의 분별을 여의었기 때문이다. 제10 圓明具德宗(원명하여 덕을 갖춘 종)은 곧 대승원교니, 그러므로 '무진법계임을 본다' 하였다. 十玄門에서 설한 사사무애와 중중무진이다.

　삼승이 모두 공을 관하여 도를 얻지만 또한 얕고 깊은 것이 같지 않다. 소승은 析法空(법을 분석한 공)을 관하니 人空을 알 뿐 法空은 알지 못한다. 대승시교는 自體空(자체가 공함)을 관하니 人과 法이 모두 공함을 안다. 대승종교는 색과 공이 무애하여 국토를 장엄하고 중생을 성숙하게 함을 관한다. 돈교는 진성이 공하여 일념에 성을 보면 단박에 여래와 같음을 관한다. 원교는 空과 有가 둘이 아닌 중도제일의공을 관하니, 화엄종과 천태종에서 세운 一眞法界觀과 一心의 圓頓三觀이 모두 이와 같다. 그러므로 '원명하여 덕을 갖추었다' 하였다.

　'만약 이와 같이 융통하면' 한 아래 네 구절은, 공과 유가 서로 보충하여 완성함을 결론지었다. 만약 이와 같이 원교의 관행을 닦으면 곧 진공묘유를 이루어, 有는 능히 만덕을 드러낼 수 있고 空은 능히 일체를 이룰 수 있어서, 공과 유가 서로 보완하여 완성해 원융무애하다.

　'공과 유가 서로 보충하여 완성한다' 한 것은 대승 경론에서나 각 宗에서 똑같이 설했으니, 이름을 세운 것이 각기 차이가 있는데 불과하다. 여기서 중요한 것만 뽑아 표를 만들어 나열하여 대조하면 다음과 같다.

	空	有	相成
삼론종	性空	緣起	性空이나 緣起하고, 緣起하나 性空함
유식종	證自證分	견분·상분·자증분	八識이 모두 四分을 갖춤
열반경	了因佛性	緣因佛性	正因佛性
천태종	空觀	假觀	中觀
정토종	常寂光淨土	實報·方便·同居淨土	四土가 공간적으로 갖추니, 同居土에 나면 위 三土에 남
선종	截斷衆流(여러 갈래 물줄기를 절단함)	隨波逐浪(파도를 따르고 물결을 쫓음)	函蓋乾坤(하늘과 땅을 덮음)
율종	無作戒體	有作戒體	一時同得(일시에 똑같이 얻음)
『법화경』	本門	迹門	本으로 인하여 跡을 드리우고 跡을 열어 本을 밝힘
『관경』	是心是佛	是心作佛	心不作佛, 心不是佛
『기신론』	本覺. 心眞如門	始覺. 心生滅門	始覺은 本覺과 합하여 究竟이 됨
佛果	眞身. 法身	報身. 應化身	三身一體

集

일곱째는 正助兼修이다. '正'은 주인이요 '助'는 벗이니, 벗으로 인하여 주인을 이루니 助가 없으면 正이 마침내 원만하지 못하고, 주인으로부터 벗을 얻으니 正이 없으면 助가 설 근거가 없다. 그러므로 주인과 벗이 서로 이루어 주고, 정과 조가 겸비하여야 한다. 또한 止와 觀을 쌍으로 행하고, 숨고 드러난 것이 서로 일어나며, 안과 밖이 서로 도와주고, 乘(지혜)과 戒(계법)가 아울러 중요하다.
第七正助兼修者。正卽是主, 助卽是伴。因伴成主, 無助卽正終不圓。從主得伴, 無正則助無由立。是以主伴相成, 正助兼備。亦是止觀雙運, 隱顯互興, 內外更資, 乘戒兼急。

講

스님은 '정조겸수'를 해석하여, '主와 伴이 서로 의지하고 서로 보충하여 완성한다'라고 설했으니, 그러므로 '반으로 인하여 주를 이루고, 주로부터 반을 얻는다' 하였다. 이것은 십현문 가운데 '主伴圓明具德門(주와 반이 원명하여 덕을 갖춘 문)'에 해당한다. 시간적으로나 공간적으로 서로 통하는 만법은 한 법을 드는 데 따라 主가 되면 다른 법은 伴이 되어 서로 연결하여 인연에 의해 난다. 비유하면 한 부처가 주인이 되어 법을 설하면 그 밖에 일체 부처가 반이 되는 것과 같다. 『법화경』 「견보탑품」에 설한 것처럼, 석가불이 주인이 되면 다보불과 시방 무량 세계의 분신 제불은 반이 되어 모두 와서 사바세계 법화회상에 모여 경을 듣고 아울러 증명이 되었다.

'정조겸수'의 '正修'는 『법화경』 「방편품」에 설한 '부처의 지견에 오입하는 것'이니, 이른바 敎一과 理一과 行一과 人一이다. '助修'는 또한 그 품에 설한 "다시 각기 다른 방편으로 제일의를 보조적으로 밝힌다." 하고, 또한 "한 손을 들거나 혹은 잠깐 머리를 숙이거나 탑묘 중에 들어가서 한 번 '나무불' 하고 부르면 모두 이미 불도를 이루었다." 한 것이니, 만약 법을 듣는 이가 있으면 한 사람도 성불하지 않은 이가 없다.『법화경』에서 설한, 권·실, 본·적 두 문을 벗어나지 않아서, 근본으로 말미암아 자취를 드리우고 자취로 인하여 근본을 드러내며, 實로 말미암아 權을 베풀고 권을 열어 실을 밝힌 것에서, 본과 실은 '정'이요 '주'며, 자취와 권은 '조'고 '반'이 되어 권과 실이 서로 의지하니, 곧 주·반이 서로 보완하여 이루는 것이요, 본과 적이 함께 갖춘 것은 곧 정·조를 겸하여 닦는 것이다.

'또한, 지와 관을 쌍으로 행하고' 한 아래 네 구절은 예를 들어 부연 확대하여 설하였다. 천태종에서 설한 三止三觀이나『大乘止觀法門』에서 설한 三性止觀은 모두 지관을 쌍으로 행하는 것이다. 止로써 正을 삼으면 觀이 助가 되고, 觀으로 正을 삼으면 止가 助가 되어 법이 높고 낮은 것이 없이 근기에 따라 똑같으니, 마치 수레의 두 바퀴처럼 하나도 결점이 없다.

'숨고 드러난 것이 서로 일어나며' 한 것의 '드러난' 것은 正이요, '숨은' 것은 助다. 보살이 육도만행 가운데서 어떤 한 법을 닦든지 간에 이 법문이 드러난 것이면 그밖에 법문은 숨은 것이다. 예를 들면 반야도를 닦을 때 空慧를 드러내어 주를 삼으면 그밖에 보시·지계·인욕·정진 등은 완전히 없어지는 것이 아니고 助行이 되어 숨어 드러나지 않는 것과 같다. 그 나머지 법문을 닦는 것도 마찬가지다. 또한, 정토법문을 닦을 때, 예배하고 찬탄하고 원을 세우고 관찰하고 회향하는 등 다섯 가지 법문 가운데서 하나의 문을 닦는 데 따라 주가 되고 나머지 네 문은 조가 되고 반이 되어 숨고 드러나는 것이 서로 일어나 모두 정업을 성취하여 정토에 왕생할 수 있다.

문: 어찌하여 蓮宗의 역대 조사나 여러 선지식은 모두 한결같이 염불에 전념하는 것만을 중히 여겨 正行을 삼았습니까?

답: 여기에 세 가지 뜻이 있다. 첫째는 부처님 명호만을 들어 하나의 문에 깊이 들어가면 다른 법에 섞이지 않고 쉽게 일심불란을 얻기 때문이다. 둘째는 오직 염불만으로 正業을 삼거나 이 정업을 보조로 하여 여러 가지 행을 닦는 것이다. 염불로 주를 삼고 다른 행을 보조를 삼으면 주가 여러 행을 섭수하고 조가 그 주를 따라 정과 조가 원융하여 똑같이 미타의 願海에 들어간다. 셋째는 염불이나 觀像으로 정행을 삼고, 세 가지 福業으로 여러 가지 공덕을 닦아 발원, 회향하는 등으로 조행을 삼는 것이다. 정과 조과 차별이 있고 주와 반이 분명해야 비로소 '한결같은 염불'이라 하기 때문이다.

이 책에서 설한 '정조겸수'는 둘째와 셋째 두 가지에 속한다. 淨業을 수행하는 사람이 만약 깊은 믿음과 간절한 원으로 정토에 왕생하기를 구하여 닦은 만선을 모두 深心과 至誠心으로 극락에 회향하면, 비록 다른 행을 겸하더라도 또한 '만선이 똑같이 정토에 돌아간다'고 하고, '전념'이라 할 수 있다. '한결같이 전념한다'는 것은, 오로지 미타만을 생각하고 오로지 왕생하기만을 구하는 것으로 주를 삼는 것이다. 오로지 善念이나 淨念만이 있고 惡念이나 無記念이 없으며 오로지 선행만이 있고 악행이 없더라도, 만약 악을 멈추고 선을 행하지 않으면 '한결같이 전념한다'라고 하지 못한다.

'안팎으로 서로 돕는다' 한 것의 '안'은 반야 正觀과 보리심을 내는 것을 가리키고, '밖'은 事懺과 5바라밀 만행을 가리킨다. '안'은 正이요 '밖'은 助니 서로 도우는 것이 '겸수'다. 천태종에서 세운 十乘觀法에서, 첫 번째 '부사의 경계를 관하는 것[觀不思議境]'은 부사의한 一心을 관하는 것으로 경계를 삼는 것이다. 두 번째 올바르게 보리심을 발하는 것[眞正發菩提心]과, 세 번째 선교 방편으로 안심하는 것[善巧安心]과, 아홉 번째 잘 안인하는 것[能安忍]과, 열 번째 법애를 여의는 것[離法愛], 이 다섯 가지는 모두 '내'에 속한다. 네 번째 법변을 파하는 것[破法遍]과, 다섯 번째 통색을 아는 것[識通塞]과, 여섯 번째 도품에 맞는 것[調適道品], 일곱 번째 대치하여 助開[58]하는 것[對治助開]과, 여덟 번째 위차를 아는 것(知位次)인 이 다섯 가지는 모두 '밖'에 속한다. '안'으로 말미암아 '밖'으로 인도하고, '밖'으로 말미암아 '안'을 도와 이루게 하여 십승관법을 원만히 닦으면 안팎으로 서로 돕는다. 자세한 것은 지자대사가 지은 『마하지관』에서 설명한 것과 같으니 살펴보시기 바란다.

또한 『법화경』 「안락행품」에서 설한 '無相安樂行'은 '안'에 속하고, '有相安樂行'은 '밖'에 속한다. 이것이 부처님이 열어 보인 초심보살이 『법화경』에 의해 수행하여 안팎이 서로서로 도우는 유일한 방법이며 법칙이다. 모든 보살은 모두 응당 이를 좇아 행해야 비로소 성불할 수 있다. 그러므로 경에 비유하기를, "전륜성왕이 상투가운데 있는 밝은 구슬을 주니, 그 진귀한 것은 이루 말할 수가 없다." 하였으니, 상상할 수 있겠다.

'乘과 戒가 아울러 급(중요)하다' 한 것에서 '乘'은 실상을 깨달은 지혜를 말하고, '戒'는 삼업을 청정히 하는 계법을 말한다. 승이 급하고 계가 느슨한 것은 유마힐 거사와 같고, 계가 급하고 승이 느슨한 것은 소승 비구와 같으며, 승과 계가 모두 급한 것은 출가한 삼장법사이고, 승과 계가 모두 느슨한 것은 일반 범부다. 이 책에서 말한 것은 대부분 가장 뛰어난 것을 취했으니, 그러므로 응당 '승·계를 아울러 중요하게 해야 한다' 하였다.

---

58 助開란, 대개 邪倒의 마음으로 말미암아 正行을 障蔽하여 해탈문을 열리지 않게 한다. 지금은 이 對治助道의 법을 닦아 正觀의 행을 도(助)와 저 해탈문을 열기(開) 때문에 對治助開라 한다.

集

여덟째 同異一際에서, '同'은 理에 의거해 不變하는 것이요, '異'는 事를 잡아 인연에 따르는 것이다. 그러므로 不變하기 때문에 곧 능히 隨緣할 수 있고, 수연하기 때문에 불변한다. 다만 다르지 않으나 다른 일을 이루고, 같지 않으나 같은 문을 세울 뿐이다. 만약 다르다면(無同) 다른 것을 파괴하니 본체를 잃기 때문이요, 만약 같다면(無異) 같은 것이 이루어지지 않으니 작용이 없기 때문이다. 그러므로 같은 것은 같은 것이 없으면서 다르고, 다른 것은 다른 것이 없으면서 같다. 각기 집착하면 斷·常에 떨어지고, 쌍으로 융통하면 佛法을 이룬다. 그러므로 경에 "훌륭하십니다, 세존이시여. 다름이 없는 법 가운데서 제법이 다름을 설하셨나이다." 하였다.

第八同異一際者。同則據理不變, 異則約事隨緣。所以不變故, 乃能隨緣。隨緣故, 所以不變。祇爲不異而成異事, 不同而立同門。若異(無同)則壞於異, 以失體故。若同(無異)則不成同, 以無用故。所以同無同而異, 異無異而同。各執卽落斷常, 雙融卽成佛法。故經云, 奇哉世尊。於無異法中, 而說諸法異。

講

여기서 말한 '同'이라는 것은 一心의 理體를 설했으니 곧 심진여문이다. 이를 『화엄경』에서는 '일진법계'라 하고, 『법화경』에서는 '本門'이라 하니, 모양이 하나이고 맛이 하나이다. 『반야경』에는 '제법의 공성'이라 하며, 선종에서는 '만고에 늘 새롭다[萬古常新]'라고 하며, 정토종에서는 '무량수광'이라 한다. 그러므로 '같다[同]는 것은 이치에 의거해 불변하다' 하였다. '異'란 一心의 相·用을 말하니 곧 심생멸문이다. 『화엄경』에서는 이를 '사무애법계'라 하고, 『법화경』에는 '跡門', '十如是'라 하며, 『반야경』에서는 '인연으로 제법을 낸다'고 하고, 선종에서는 '일시의 풍월(一朝風月)'이라 하며, 정토종에서는 '三輩九品'이라 한다. 그러므로 '異는 事를 잡아 인연을 따른다' 하였다.

'一際'란, 일심이문이며, 이와 사가 둘이 아니며, 본과 적이 다름이 없고, 체와 용이 여의지 않으며, 수연이 불변임을 말한 것이다. 그러므로 '그러므로 불변하기 때문에 능히 인연에 따르고, 인연에 따르기 때문에 불변이다' 하였다. 비유하면 사람의 신체는 '同'이요, 눈·귀·코·혀와 내지 심장·간·비장·위장·폐와 모발이나 수족과 같은 차별은 '異'다. 곧 하나의 몸뚱이에 의해 눈·귀 등이 있고, 눈·귀 등에 의해 완전히 하나의 몸뚱이가 있으니, 이것이 '같고 다름이 차별이 없다' 한 것이다. 또한, 사람의 一心은 '同'이요, 수·상·행·식과 내지 59종 심왕·심소법이 있는 것은 '異'며, 일심에 의해 심왕과 심소가 있고 심왕과 심소는 완전히 일심이니, 이것이 '같고 다른 것이 차별이 없다' 한 것이다. 천태에서는 '일념에 삼천의 性相을 갖추었다' 하고, 『화엄경』에는 '일심에 사무애법계를 갖추었다' 하며, 연종에서는 '남이 없지만 나고, 念하지만 念이 없다' 한 것이 모두 '같고 다른 것이 차별이 없다' 한 것이다.

'그러므로 불변하기 때문에 능히 수연하고, 수연하기 때문에 불변한다' 한 것은, 性空이기 때문에 緣生하고 연생이기 때문에 성공이니, 하나도 아니고 다르지도 않은 것을 '같고 다른 것이 차별이 없다' 한 것이다. 비유하면 물과 파도에서 물은 '동'이요, 파도는 '이'니, 본래 물에 의해 파도이고 파도에 의해 물이어서 같고 다른 것이 차별이 없다.

'다만 다르지 않으나 다른 일을 이루고, 같지 않으나 같은 문을 세운다' 한 것은, 비유하면 다르지 않은 하나의 몸뚱이가 있어야만 비로소 능히 눈·귀 등 갖가지 차별의 事相을 성취하고, 눈·귀 등 갖가지 같지 않은 사물로 인하여 비로소 능히 동일하여 차별이 없는 신체를 건립하는 것과 같다. 서로 의거하고 서로 이루어 주는 것을 '같고 다른 것이 차별이 없다'라고 한다.

'만약 다르면(같음이 없음) 다른 것을 파괴하니 본체를 잃기 때문이요, 만약 같으면(다름이 없음) 같음을 이루지 못하니 작용이 없기 때문이다' 한 네 구절은, 앞에서 말한 사람 몸의 비유를 들어서 증명하면 확실하다. 만약 단지 분리되어 같지 않은 눈·귀 등만이 있고 완전한 신체가 없다면, 눈·귀 등의 작용이 없을 뿐만 아니라 또한 눈·귀 등의 이름이나 모양도 존재할 수 없다. 그러므로 '만약 다르면 다른 것을 파괴한다' 한 것이다. 예를 들면 병원에서 죽은 사람의 신체를 해부하여 시험하는데, 이는 반드시 인체를 보는 것만이 아니라 일종의 물질적 원소를 볼 뿐이니, 그러므로 '본체를 잃는다' 하였다. 만약 단지 몸뚱이 하나만 있다면 눈·귀 등이 없으니, 그렇게 되면 능히 사람 몸이 되지 못하고 완전히 사람 몸의 작용이 없다. 그러므로 '만약 같다면 같음을 이루지 못하니 작용이 없기 때문이다' 하였다.

'그러므로 같은 것은 같음이 없어서 다르고' 한 데서부터, '쌍융하면 불법을 이룬다' 한 데까지 네 구절은, 집착이 있고 없는 득실을 들었다. 만약 같고 다른 것이 원융무애함을 알 수 있으면, 같은 것에 집착하거나 다른 것에 집착하지 않는다. 만약 같고 다른 것이 차별이 없음을 알지 못하면, 반드시 제법이 서로 같다는 理體에 집착하거나 혹은 제법 차별의 事用에 집착한다. 마치 사람 몸뚱이만이 있고 눈이나 귀 등은 없다고 집착하는 것과 같으니, 이것은 '같다는 견해'이다. 혹은 눈이나 귀 등은 있고 사람 몸뚱이가 없다는 데 집착한다면 이것은 '다르다는 견해'이다. 이 같다거나 다르다는 두 견해가 있으면 곧 斷·常의 사견에 떨어진 것이다.

'같음은 같음이 없이 다르고, 다름은 다름이 없이 같다' 한 것은, 제법 성공(理同)은 단멸공(無同)이 아니라, 因緣 生起가 있는 차별사상(而異)임을 말했으니, 그러므로 '자성공'이라 하였다. 연기(異)는 반드시 공(無異)으로 돌아가 성공(而同)으로 인하여 비로소 능히 연기가 있다. 동·이, 공·유가 하나도 아니고 다르지도 않아서 相依, 相成하는 것이 제법 실상이요 불법의 진리다. 그러므로 '쌍융하면 불법을 이룬다' 하였다. 『중론』에서 "하나도 아니고 또한 다르지도 않으며, 常도 아니고 또한 斷도 아니니, 이를 '세존께서 교화하신 감로미다' 하고 부른다." 한 것이다.

'그러므로 경에 …' 한 아래 네 구절은 경을 인용하여 증명하였다. '무이법 중에서' 한 것은 제법의 평등공성을 말하고, '제법이 다름을 말하였다' 한 것은 일심 이문의 二諦를 말하였다. 『대지론』에서 설한 "제불은 모두 이제에 의하여 중생을 위하여 법을 설하신다." 한 것이다. 또한 『중론』에 "공의 뜻이 있기 때문에 일체법이 이루어질 수 있으니, 만약 공의 뜻이 없다면 모든 것이 이루어지지 않는다."(동상 33페이지 상) 한 것이다. 여기서 말한 '공의 뜻'이란 곧 다름이 없는 법[無異法]이니 이것은 '同'이요, '일체법'은 곧 제법이 다른 것[諸法異]이니 이것은 '異'다. 同과 異가 서로 의지[相依]하고 서로 보완하여 완성[相成]하기 때문에 '一際(차별이 없음)'라 한다.

集

아홉째 修性不二는, 본래부터 있는 것을 '性'이라 하니 觀으로부터 이루어진 것이 아니요, 지금 비로소 드러난 것을 '修'라 하니 지혜로 인하여 드러난다. 修로 말미암아 본래부터 있는 性이 드러나고, 性으로 인하여 오늘의 修를 발휘한다. 성을 보전하여 수를 이루고 수를 보전하여 성을 이루어 수와 성이 둘이 없건만, 인연으로 나누어진 같다.

第九修性不二者。本有曰性, 非從觀成。今顯曰修, 因智而現。由修顯本有之性, 因性發今日之修。全性成修, 全修成性, 修性無二, 因緣似分。

> 講

'본래부터 있는 것을 성이라 하니 관으로부터 이루어진 것이 아니다' 한 것은, 일체중생이 본래부터 갖춘 性德을 설한 것이다. '지금 드러난 것을 수라 하니 지혜로 인하여 드러난다' 한 것은, 五乘의 불제자가 지금 修德을 갖춘 것을 지적하여 설한 것이다. 성덕과 수덕에 대해서는 앞에서 말한 '불교성수인과간요표'를 보시기 바란다.

'수로 말미암아 본유의 성이 드러난다' 한 아래 여섯 구절은, 수·성이 둘이 아님을 설명하였다. 예를 들면, 우리가 오늘 불교를 배우고 수행하여 갖가지 자비로운 일로 중생을 이롭게 하는 福行을 평등하게 지어야 우리 마음속에 본래부터 갖추어져 있는 대자비성을 드러내고, 인·법 두 가지가 공하여 집착이 없는 慧行을 관해야 본래부터 있는 대지혜성을 드러내며, 상구하화의 대보리심을 발해야 본래부터 갖춘 대각오성을 드러낼 수 있으니, 그러므로 '수로 말미암아 본유의 성을 드러낸다' 한 것이다. 우리가 오늘 발심수행하려면 본래부터 가지고 있는 자비와 지혜의 각성에 완전히 의지하고 삼보의 인연을 만나 일어나야 한다. 그러므로 고덕이 "마음을 바르게 가다듬고 보리에 나아갈 수 있는 것은 오직 人道에만 있다." 하였으니, 사람이 만물의 영장인 것은 본래부터 자비와 지혜의 覺性을 갖추었기 때문이니, 그러므로 '성으로 인하여 오늘의 수를 발휘한다' 하였다. 성덕은 수덕이 일어나는 親因緣이요 삼보는 增上緣이니, 수덕으로 말미암아 성덕이 드러나는 것은 곧 所緣緣과 無間緣[59]이니 인·연이 구

---

59 四緣을 말한다. '緣'은 좁은 의미로는 內因(결과를 끌어내는 직접적인 원인)과 外因(간접적인 원인)을 가리키고, 넓은 의미로는 인·연 두 가지를 합하여 말한다. 物心의 온갖 현상이 발생하는 데 그 緣을 네 가지로 나눈 것이다. (1) 因緣 : 과보를 내는 직접적인 내재원인이다. 親因緣을 말한다. '因'도 또한 '緣'의 뜻이다. 곧 좁은 의미의 '因'이다. (2) 等無間緣 : 心·心所가 상속하는 가운데 앞의 一刹那로 말미암아 후의 一刹那를 인도

족하여 과덕을 이룬다. 이것은 수와 성이 둘이 아니고 인과 과가 둘이 아니다.

'성을 보전하여 수를 이루고 수를 보전하여 성을 이룬다' 한 것은, 마치 바닷물로 말미암아 천 파도 만 물결이 일어나고, 천 파도 만 물결이 완전한 바다를 이루니, 이것으로 성과 수가 둘이 아님을 비유할 수 있다.

'성·수가 둘이 없건만 인연으로 나누어진 것 같다' 한 것에서, '성·수가 둘이 없다'는 것은 진제요, '인연으로 나누어진 것 같다'는 것은 속제니, 세간이나 출세간법이 모두 이제를 여의지 않는다. 예를 들면 물과 파도의 젖는 성질은 둘이 없어서 본래 여여부동하건만, 다만 바람의 인연으로 바닷물이 일어남으로 인하여 파도가 힘차게 일어나니, 구별되어 다른 모양이 있는 것 같으나 사실은 물과 물결이 절대 다른 것은 아니다. 범부 중생이 만법을 대하는 二分法이나 差別見도 마찬가지다. 완전히 변계소집에만 속한다면 원성실성이 아니니, 만약 변계소집의 착각을 버리고 연기 성공의 정견에 의지하면 수·성이 둘이 아닌 원성실을 깨닫고 識을 돌려 智를 이루어 불과를 증득할 수 있다.

集

열 번째 因果無差는, 인은 과로부터 일어나니 과가 충만하면 곧 인을 이루고, 과는 인을 좇아 나니 인이 원만하면 능히 과를 세울 수 있다. 事로는 전후가 나누어지나 理는 동시니, 서로 돕고 서로 주고받아 業用을 유실함이 없다.

第十因果無差者。因從果起, 果滿則乃成因。果逐因生, 因圓則能立果。事分前

하여 生起하는 원인. (3) 所緣緣 : 약칭 緣緣이라고도 한다. 마음이 작용하는 대상 경계를 所緣이라 하고, 所緣은 마음에 대하여 緣이 되어서 활동을 발생케 하는 것이다. (4) 增上緣 : 이 緣에는 有力增上緣과 無力增上緣 두 가지가 있다. 유력증상연은 다른 법이 생기는 데 힘을 주는 연이고, 무력증상연은 다른 법이 생기는데 장애하지 않는 연이다.

後, 理卽同時。相助相酬, 業用無失。

講

스님께서 말씀한 인과 과가 어긋남이 없는 도리는, 유식에서 설한 '종자와 현행이 서로 훈습하여 제법을 연기한다' 한 것을 강의했으니, 이것이 '인과무차'의 올바른 뜻이다.

'인이 과로부터 일어나니 과가 충만하면 인을 이룬다' 한 것은, 8식의 밭에 함유된 유루·무루 종자가 제법이 생기는 親因이니, 이 종자가 유루·무루 業果가 훈습함으로 말미암아 이루어진다. 예를 들면 위없는 보리심을 내는 것은 因이요, 반드시 성불하는 것은 果인 것과 같다. 범부 중생이 어떻게 능히 무상보리심을 내면 반드시 불과 공덕을 이룰 수 있는가? 만약 불과 공덕이 중생심을 훈습함이 없으면 반드시 상구보리 하화중생의 무상 보리심이 없다. 예를 들면 밭에 뿌린 곡식 종자는 因에 속하고, 햇빛이나 물이나 흙이나 인공의 緣을 더하면 싹이 나고 꽃이 피고 곡식의 열매를 맺으니, 이 곡식 종자는 곡식 열매로 말미암아 있는 것과 같다. 그러므로 '**인은 과로부터 일어나니, 과가 충만하면 능히 인을 이룰 수 있다**' 하였으니, 이것은 현행의 과법으로 말미암아 식 가운데 종자인 因法을 훈습하여 이루어지고, 종자는 현행으로부터 있어서 반드시 현행을 갖추어야 비로소 종자가 있음을 말했으니, 이것이 현행이 종자를 훈습하여 이루어지는 근본 인과이다.

'**과는 인을 좇아 나니 인이 원만하면 능히 과를 성립할 수 있다**' 한 것은, 일체 유루·무루 업과는 반드시 親因 종자로 말미암아(逐) 일어나니, 원만한 종자가 있어야 비로소 업과의 현행이 있으니 세간이나 출세간의 인과가 이와 같지 않은 것이 없다. 이것이 종자가 현행을 훈습하여 일어나는 근본 인과이다. 비유하면 보리심을 냄으로 말미암아 수행하여 성불하고, 곡식 종자를 뿌리고 김

매고 수확하는 사례와 같다.

'事로는 전후가 나누어지나 …' 한 아래 네 구절은, 인과가 어긋남이 없음을 설명하였다. '인'은 앞에 있고 '과'는 뒤에 있으니, 세간인과의 事相이 이와 같다. 다만 인과를 이룰 수만 있으면 이것이 종자와 현행이 서로 훈습하는 원리니, 그렇게 되면 전후가 있음을 나누지 못한다. 곧 종자와 현행이 동시에 서로 인연이 되고 훈습하여 서로 의지하고 서로 이루어 준다. 그러므로 '서로 도와주고 서로 주고받으니 업용(薰習)이 유실함이 없다' 하였다. 『화엄경』에 "처음 발심할 때 곧 정각을 이루니, 인이 과의 바다를 갖추고 과가 인의 근원을 관통한다." 하며, 『열반경』에 "因位의 因이 果位의 果요, 果位의 果가 因位의 因이다[因因果果, 果果因因]"[60] 한 것과 같으니, 이것은 세상의 곡식이나 보리나 오이나 콩 등을 예로 들 수 있다. 오이를 심으면 오이를 얻고 콩을 심으면 콩을 얻으니, 곡식이나 곡식 종자나, 보리나 보리 종자의 인과는 반드시 어긋남이 없는 것과 같다.

을 5. 이익을 묻고 답함

集

문: 이 책에서 밝힌 것은 어떤 근기에 해당하며, 어떤 이익을 얻습니까?
답: 자·타를 모두 유익하게 하고, 돈·점을 모두 거둔다. 자신을 유익하게 하는 것으로 말하면 助道의 원만한 문이요 수행의 밝은 거울이며, 남을 이롭게 하는

---

60   주) 121 참조

것으로 말하면 진리를 미혹한 자를 위한 밝은 해며 二見을 구하는 훌륭한 의사다. 頓行하는 자는 性起의 문에 어긋나지 않아서 능히 법계의 행을 이루고, 漸進하는 자는 방편의 교를 폐함을 면하고 마침내 구경의 교승으로 돌아간다.

만약 이를 믿는다면 부처님 말씀을 받는 것이요 이를 훼손하면 부처님 뜻을 비방하는 것이다. 믿고 훼손하는 것으로 주고받는 과보는 인과가 분명하다.

敎海의 작은 먼지만큼 대략 설하여 법계 함식에게 널리 베푸니, 바라건대 正道를 널리 전하여 부처님 은혜를 갚아지이다.

問. 此集所申, 當何等機, 得何等利.
答. 自他兼利, 頓漸俱收. 自利者, 助道之圓門, 修行之玄鏡. 利他者, 滯眞之皎日, 二見之良醫. 頓行者, 不違性起之門, 能成法界之行. 漸進者, 免廢方便之敎, 終歸究竟之乘. 若信之者, 則稟佛言. 若毀之者, 則謗佛意. 信毀交報, 因果歷然. 略述敎海之一塵, 普施法界之含識. 願弘正道, 用報佛恩.

講

질문한 말은 '이 책에서 말한 내용은 어떤 근기의 중생에게 계합(當)하며 어떤 이익을 얻을 수 있는가?' 한 것이니, 이것은 이 책을 보고 듣는 자가 가지는 간절한 문제이다.

스님은 '자·타를 모두 유익하게 한다' 한 것과, '돈·점을 모두 거둔다' 하는 것으로 대답하였다. '자리는 …' 한 아래 세 구절은 위로 불과를 원만하게 이루는 이익을 밝혔으니, 보살이 발심 수행하는 것은 상구, 하화의 보리심을 여의지 않는다. '상구'는 불과를 원만 성취하고자 하는 것이니 이것은 자리행에 속한다. 어떻게 해야 능히 성불할 수 있는가? 보리심을 내는 正因 밖에 반드시 보조적 도법[助道]인 了因과 緣因을 구족해야 한다. 了因은 반야니 무착과 무애로 체·상을 삼고, 緣因은 만선이니 一心으로 행을 일으키고 一乘으로 귀착하는 취지를 삼는다. 三因이 원만하게 갖춘 것이 원교보살이 수행 성불하는 길이다. 그러므로 '조도의 원만한 문'이라 하였다.

수행에는 성문과 연각과 보살, 이렇게 三乘의 다른 수행법이 있다. 또한 장·통·별·원 四敎가 같지 않다. 이 책에서 논한 것은 완전히 대승 보살행과 원교의 境·行·果61에 속한다. 그러므로 나는 이 책을 세 가지 큰 단락으로 나누고자 한다. 곧, 불가사의 경계를 관하는 것[境]과, 중도 원융의 행을 닦는 것[行]과, 원교 일승의 과를 이루는 것[果]이다. 시방 삼세불이 모두 똑같이 이 길로 수행하여 성불하였으니, 이를 의지하여 수행하면 반드시 성불할 수 있다. 그러므로 '수행의 밝은 거울'이라 하였다. '이타는 …' 한 아래 세 구절은 하화중생의 이익을 설명하였다. 중생이 진리를 미혹하고 허망을 쫓으며, 有에 집착하고 空을 미혹하여 옷 속의 밝은 구슬을 망실하니, 그러므로 반드시 매어둔 구슬을 보여주어야 하니, 이것은 이타행에 속한다.

『법화경』「오백제자수기품」에 "세존이시여, 한 사람이 친구 집에 와서 술에 취해 잠이 들었습니다. 이때 친구는 公事로 갈 데가 있었으므로 무가보주를 옷 속에 매어 그 사람에게 주고서 떠났습니다. 그러나 그 사람은 술에 취해 자고 있었으므로 전혀 알 길이 없어, 일어나자 다시 유랑해 타국에 가서 살기 위해 백방으로 발버둥 쳐 갖은 고생을 다 겪으며, 조금이라도 얻은 것이 있으면 그것으로 만족하게 여겼습니다. 먼 훗날 친구가 우연히 그 사람을 만나 이 꼴을 보고 말했습니다, '아, 여보게! 어찌 衣食을 위해 이렇게 고생한단 말인가? 내가 예전에 그대가 五欲의 즐거움을 무엇이나 뜻대로 하라고 모년 모일 무가보

61　境은 觀照를 말하니 信이나 理解의 대상이다. 行은 觀境으로 말미암아 信·解를 일으키는 수행이다. 果는 수행으로 인하여 얻는 證果를 말한다.

주를 그대의 옷 속에 매달아 놓았었네. 그 보주가 지금도 거기 있는데 그대는 그런 줄을 모르고 고생하고 걱정하며 살려고 버둥대니 심히 어리석네. 그대가 지금 이 보배로 필요한 것을 사서 항상 뜻대로 할 수 있으니, 조금도 부족한 것이 없을 것이네' 하였습니다." 하였다.

　여기서 말한 두가보주는 부사사의한 일심 이문요, 옷 속에 매달아 놓았다는 것은 사람마다 본래부터 갖추고 있음을 말하며, 범부는 이런 줄 이해하지 못하고 알지 못하니 이것이 어리석은 것이다. 이 책에서 사람들에게 부사의 경계를 관하게 하고, 중도의 행 닦기를 보인 것은 옷 속에 매달아 놓은 구슬을 가리켜 보인 것이요, 일심 이문에 의해 여러 가지 공덕을 닦기 때문에 '무가보주'라 하며, 능히 자리이타를 얻어 복과 지혜 두 가지로 장엄한 불과를 성취하는 것이 '조금도 모자람이 없다' 한 것이다.

　또한 「법사품」에 "여래의 방에 들어가 여래의 옷을 입고 여래의 자리에 앉아야 하니, 그래야 응당 四衆을 위해 법을 설할 수 있느니라. '여래의 방'이란 일체중생 가운데 대자비심이요, '여래의 옷'이란 부드럽고 화목하고 인욕하는 마음이요, '여래의 자리'란 일체 법이 공한 것이다." 하였다. 자비와 인욕은 有門이요, 일체 법이 공한 것은 空門이니, 공과 유가 다르지 않은 중도 정견을 갖춘 후에 게으르지 않은 마음으로 사중을 위해 법을 설하는 것, 이것이 이 책에서 설한 '中道行을 닦는' 유력한 증명이다.

　중생이 일심 이문을 알지 못하면 비록 여러 가지 선행을 닦더라도 마음 밖에 법을 탐하고 집착하여 眞常에 계합하지 못해 성불하지 못한다.『능엄경』에 "生滅心으로 不生滅界를 구하고자 하면 이는 있을 수 없는 일이다." 하였으니, 그러므로 이 책에서 일심 이문의 부사의경계를 관하는 것부터 시작하였다.『동귀집』에 "대저 衆善이 돌아가는 곳은 모두 실상으로 종지를 삼는다. 마치 허공이 감싸 안고 땅이 발생하는 것과 같다. 그러므로 一如에 계합하기만 하면 저절로 중덕을 갖춘다." 하였으니, 여기서 말한 '실상'은 일심 이문이다. 심진여문은 실상이 相이 없으니 '허공'과 같고, 심생멸문은 실상이 相이 없지 않으니 '대지'와 같다. '일여에 계합하기만 하면' 한 것은, 단지 일심 이문에 계합하는 것이요, '저절로 중덕을 갖춘다' 한 것은 자리이타의 일체 공덕을 갖추는 것이다. 이미 모든 선행이 오직 일심 이문에서 연기한 것임을 알았으니, 그러므로 응당 여러 가지 선행을 널리 닦아야 하고, 공에 빠지고 고요함에 떨어져 중생을 교화하지 않고 이승에 타락해서는 안 된다.

어떤 것을 '진리를 미혹하였다' 하는가?『법화경』「신해품」에 "저희들이 內滅(적멸)로 스스로 만족하게 여겨 오직 이 일만을 알고 다시 다른 일은 없다 하였나이다. 저희가 불국토를 청정히 하고 중생을 교화한다는 말을 들어도 도무지 기뻐함이 없었나이다. 저희가 긴긴 세월(밤)에 空法을 닦아 삼계를 벗어남을 이미 얻었으니 (그것으로) 부처님 은혜를 갚았노라 하였나이다." 하였으니, 이것은 성문인이 진리를 미혹한 모습이다. 본집은 소승인을 교화하여 소승을 돌려 대승으로 향하고, 空으로부터 假를 내어 보리심을 내며, 보살행을 닦아 불과를 성취하기 위한 것이니, 그러므로 마치 '밝은 태양과 같다'고 비유하였으니, 능히 이승인의 偏空의 어둠을 파할 수 있기 때문에, 이것을 '진리를 미혹한 이를 건지는 밝은 해'라 하였다.

'二見을 구하는 훌륭한 의사'에서 '이견'은 斷·常, 空·有, 生·滅, 一·二를 모두 '이견'이라 한다. 이것은 범부나 외도가 가지고 있을 뿐만 아니라 이승이나 권교보살도 이 이견의 병에 떨어진 자니, 법성에 합하지 못해 성불을 얻지 못한다. 본집에서 설한 중도원융의 행은 마치 이 병을 다스리는 것과 같으니, 그러므로 '훌륭한 의사'라 하였다.

'頓行하는 자는' 한 데서부터, '능히 법계의 행을 이룬다' 한 데까지는 본집에 性을 보전하고 修를 성취하는 이익이 있음을 밝혔다. 이것은 정토 법문의 '이 마음이 부처를 짓고 이 마음이 부처다' 한 것과 같다. 그러므로 집문의 '체·용이 자재함' 科에서 '감·응의 길이 교차하여 佛力은 사의하기 어렵다' 하는 것과, '구품이 왕생하여 위아래가 모두 이름'을 널리 밝혔다. 본집에서 말한 '돈행'은 돈오점수를 가리키니, 보살도를 닦는 데는 반드시 먼저 자심을 돈오해야 한다. 그러므로 천태가에서는 부사의 경계(心)를 관하는 것을 십승관법의 최우선으로 삼았고, 화엄가에서는 부사의 일심을 아는 것을 최우선으로 삼았으며, 선종은 '직지인심 견성성불'부터 시작하며, 정토종은 '시심작불 시심시불'로 입문을 삼는다. 원교보살이 먼저 이 부사의 심성을 깨닫고 심성에 합하여 육도만행을 닦는 것을 '성기의 문을 어기지 않는다'고 한다.

'법계'는 법성과 심성이다. 법성은 연기의 성이 공한 것이요, 심성은 일심 이문이니, 모두 空이기도 하고 有이기도 한 중도원융이다. 그러므로 만약 본집에서 설한 '원수십의'에 의해 닦는다면 곧 법성과 심성의 행법에 합하니, 그러므로 '능히 법계의 행을 이룬다' 하였다.

'漸進하는 자는' 한 데서부터, '마침내 구경의 교승에 돌아간다' 한 데까지는 본집에 점차 닦아 성불하는 이익이 있음을 밝혔다. 그러므로 본집 처음에 '그러므로 만법이 유심이니, 응당 널리 일체 바라밀을 행하여 어리석음을 지키고 공에 앉아 진실한 수행을 미혹해서는 안 된다' 하였으니, 이것은 『법화경』「방편품」에 "손을 들거나 혹은 머리를 숙이더라도 모두 이미 불도를 이루었으니, 무릇 법을 듣는 자는 한 사람도 성불하지 않은 이가 없다." 한 것과 같기도 하고 다르기도 하니, 자세히 살펴보기 바란다.

'漸進하는 자'는 二乘을 경유하지 않고 사람으로 인하여 부처를 이루어 바로 대승에 나아가되 순서에 좇아 나아가는 것을 말한다. 그러므로 본집의 전체적인 큰 줄거리는 대승의 境·行·果에 의해 먼저 부사의 경계를 관하고, 다음에는 중도 원융의 행을 닦고, 나중에는 원교 일승의 과를 이루는 데 있다. 또한 '正助兼修' 과에서 응당 먼저 보리심을 내고 그런 후에 널리 만선·만행을 닦아 정·조를 겸수할 것을 제시한 것은, 『화엄경』「입법계품」에서 설한 뜻과 똑같다. 이것은 소승을 돌려 대승으로 나아가는 것이니, 혹은 人天乘을 돌려 菩薩道를 닦는 것도 똑같은 뜻이다.

　'방편을 폐하는 교를 면한다' 한 것은, 본집에서 설한 것은 응당 만선을 널리 닦아야 한다는 것이다. '마침내 구경의 교승으로 돌아간다' 한 것은, 똑같이 일심·일승으로 돌아가는 것이다. 이것은 『법화경』「비유품」에, 먼저 문밖에 세 수레가 있고, 후에 큰 백우거를 똑같이 나누어주는 것을 설한 것과 같기도 하고 다르기도 하니, 이도 자세히 살펴보기 바란다.

　'만약 이를 믿는 자는' 한 데서부터, '인과가 분명하다' 한 데까지 모두 여섯 구절은, 본집을 믿기도 하고 훼손하기도 하는 인과 공덕을 들었다.

　'교해의 작은 먼지만큼 대략 설하여' 한 아래 모두 네 구절은 본집을 회향하는 법시 공덕이니, 이타로 보면 군생을 널리 유익하게 하니 그러므로 '널리 법계 함식에게 베푼다' 하였고, 자리에서 보면 위로 부처님 은혜를 갚으니 그러므로 '바라건대 정도를 널리 전하여 부처님 은혜를 갚아지이다' 하였다.

을 6. 요점을 모아 重頌[62]함

集

頌으로 말하노라.

보리심은 냄이 없이 내고
불도는 구함 없이 구하며
묘용은 행함 없이 행하고
眞智는 남이 없이 나서
菩提無發而發 佛道無求而求
妙用無行而行 眞智無作而作

講

이 네 구절 頌文은 대승의 境·行·果가 모두 불가사의함을 전체적으로 송하였다. 앞에 두 구절은 보리심을 발하는 것을 들어 설했으니 곧 사홍서원의 理에 따라 발심하는 것이요, 뒤에 두 구절은 보살행을 닦는 것을 들어 설했으니 곧 사무애법계의 이사무애법계다. 보리심을 내는 것은 因이요, 불도를 이루는 것은 果다. 이 네 구절은 부사의한 일심 이문의 체·용, 인·과를 포괄하였다. '**냄이 없이**[無發]' 한 것과 '**구함이 없이**[無求]' 한 것은 심진여문이며, 또한 실상의 無相이니 본체에 속하고, '**내고**[而發]' 한 것과 '**구하고**[而求]' 한 것은 심생멸문이며, 또한 실상의 無不相이니 작용에 속한다. 체와 용이 서로 여의지 않고 인

---

62 重頌은 散文으로 된 원문의 뜻을 간결하게 묶어 韻文으로 보인 것이다. 重頌偈, 應頌이라고도 한다.

과 과가 두 가지가 아니며 공과 유가 서로 보충하여 완성하니, 이것은 제법 실상이다. '妙用'과 '眞智'는 부사의한 일심 이문을 가리키니 '행함 없이[無行]' 한 것과 '생김 없이[無作]' 한 것은 진여상이요, '행하고[而行]' 한 것과 '생긴다[而作]' 한 것은 생멸상이다. 진여상은 이무애법계요, 생멸상은 사무애법계다. 일심 이문은 이사무애법계다.

『방광반야경』에 "제일의제는 이름도 없고 얻음도 없건만, 세속제이기 때문에 이름도 있고 얻음도 있다." 하고, 『보살영락경』에 "법륜을 굴리는 것은 또한 굴림이 있는 것이 아니고 또한 굴림이 없는 것도 아니니, 이것을 '굴리되 굴릴 것이 없다'고 한다." 하며, 『금강경』에 "응당 머문 바 없이 그 마음을 내어야 한다." 하고, 『조론』에 "그러므로 至人은 有에 처하나 有가 아니요 無에 처하나 無가 아니며, 비록 유·무를 취하지 않으나 또한 유·무를 버리지도 않는다. 그러므로 번뇌에 섞여 밝게 비추고, 五趣에 가고 오되 고요하게 가고 조용하게 와서 마음이 맑고 자유로워 영위하거나 추구하는 것이 전혀 없지만 하지 않는 바가 없다." 한 것이니, 위에서 인용한 경론은 모두 부사의한 일심 이문을 관하여 능히 이사무애한 중도원융을 얻는 가장 좋은 성언량이다.

또한 앞에서 '정·조를 겸수하는 데는 발심이 제일이다(중권 p199)' 한 과에서 "보살이 심성이 곧 보리임을 알고 능히 대보리심을 일으키고, 일체 법이 모두 일으킬 것이 없음을 알고 보리심을 발하면, 所證 진여가 진여밖에 지혜가 없고 能發 묘지가 지혜밖에 진여가 없어 雙遮雙照하고 不存不泯하여, 두 가지가 아니면서 두 가지여서 理·智가 저절로 나누어지고, 두 가지면서 두 가지가 아니어서 能·所가 모두 고요하다." 하였으니, 그러므로 지금 거듭 이를 전체적으로 송한 것이다.

集

悲를 일으키나 同體임을 깨닫고
慈를 행하나 無緣에 깊이 들어가며
베푸는 바 없이 보시를 행하고
지키는 바 없이 계율을 갖추네.
정진을 닦으나 일으킬 바가 없음을 알고
인욕을 익히나 손상당하는 것이 없음을 깨달으며
반야는 경계가 발생함이 없음을 깨닫고
선정으로 마음에 주함이 없음을 아네.
興悲悟其同體 行慈深入無緣
無所捨而行檀 無所持而具戒
修進了無所起 習忍達無所傷
般若悟境無生 禪定知心無住

講

이 여덟 구절 송문은 중도원융행의 전체적인 줄거리를 중송하였으니, 뒤에서 다시 따로 밝힌다. 보살행은 비록 시간과 공간에 다함이 없고 법문은 무량하나, 이를 요점만 따면 자·비와 육바라밀이 總持門이니, 그러므로 먼저 이를 송하였다.

'悲를 일으키나 동체임을 깨닫는다' 한 것은, 일체중생과 자신이 동체임을 보고 그들의 고난을 구제하려는 마음을 일으키니, 이것이 동체대비심이다. 「행원품」에 "중생에게 마음이 평등하기 때문에 원만 대비를 성취할 수 있다." 하였으니, 일체중생에 대하여 평등하게 고통을 제거하고 즐거움을 주는 것이 동체 대자비심이다.

'慈를 행하나 무연에 깊이 들어간다' 한 것은, 자비에 세 가지가 있다. 하나는 衆生緣의 자비니, 자비심으로 일체중생 보기를 부모나 부자간이나 형제간으로 생각하여 이들에 대하여(緣) 拔苦與樂의 마음을 내는 것이다. 둘은 法緣 자비니, 인·법 두 가지가 공함을 깨달아 비록 아상·인상·중생상이 없으나, 고뇌 중생을 불쌍히 여기고 가련하게 여겨 그들의 의욕에 따라 발고여락하는 것이다. 셋은 無緣 자비니, 부처님은 비록 중생이 곧 중생이 아님을 알지만, 중생이 알지 못하고 이해하지 못하여 미혹을 일으키고 업을 지어 어처구니없이 생사윤회의 고통을 받으므로, 成所作智로 중생이 각기 근기에 따라 이고득락하게 한다. 이 세 번째가 곧 慈를 행하여 無緣에 깊이 들어간 것이다. 보살이 평등심으로 법계 일체중생을 위하여 자비를 행하니, 비록 성소작지가 없으나 근본 서원력에 의해 발고여락의 공용을 일으키니, 이도 역시 慈를 행하여 깊이 무연에 들어간 것이다.

위에 두 구절 송은 '대승에 대한 믿음을 성취한 발심[信成就發心]'의 모양이요, 뒤에 여섯 구절 송은 '해행을 성취한 발심[成就解行發心]'이다. 신·해·행·증은 보살도의 필연적인 차례니, 唐譯『기신론』에 "정도를 수행하는 모양을 분별하면 일체 여래가 도를 얻은 正因을 말하니, 모든 보살이 발심 수행하여 앞에 나타나게 하기 때문이다. 발심을 대략 설하면 세 가지 모양이 있으니, 하나는 믿음을 성취한 발심(信成就發心)이요, 둘은 해행에 의한 발심(解行發心)이며, 셋은 깨달음의 발심(證發心)이다." 하고, 또 "신성취발심을 대략 설하면 세 가지가 있으니(신성취발심을 이루려면 세 가지 마음을 내어야 하니), 하나는 정직한 마음을 내는 것이니 진여법을 理와 같이 정념하기 때문이요(정직한 마음이란 진여법을 정념하는 것), 둘은 深重한 마음을 내는 것이니 일체 선행 모으기를 좋아하기 때문이며(심중한 마음이란 선행 모으기를 좋아하는 것), 셋은 대자비 마음을 내는 것이니 일체중생의 고통을 없애주기 원하기 때문이다."하니, 정직한 마음과 심중한 마음은 발심의 본체요, 대자비심은 발심의 작용이니, 본체로 인하여 작용을 일으켜 여러 가지 선법을 닦는 것이다.

'베푸는 바 없이 보시를 행하고' 한 데서부터, '선정으로 마음이 머무름이 없음을 안다' 한 데까지는 解行을 성취한 발심의 모양이다. 『기신론』에 "해행발심으로 인하여 더욱더 수승해짐을 반드시 알아야 한다. 처음에는 수 겁 동안 만족함이 없었기 때문이며, 진여 중에서 깊은 이해를 얻었기 때문이며, 일체 행을 닦아 모두 집착이 없기 때문이다. 이 보살은 법성이 간탐의 모양을 여읜 것이 청정한 보시바라밀임을 알아 보시바라밀을 수순수행하며, 법성이 오욕경을 여의어 파계의 모양이 없는 것이 청정한 계바라밀임을 알아 시라(戒)바라밀을 수순수행하며 … 반야바라밀을 수순수행한다."하며, 또한 "五門을 닦는 행으로 능히 이를(해행발심을) 성취할 수 있으니, 이른바 施門과 戒門과 忍門과 精進門과 止觀門이다. 보시를 닦는 문은 어떤 것인가? … 만약 지관을 갖추지 않으면 반드시 능히 무상보리를 얻지 못한다."하였다.

원교보살이 '원수십의'를 통달하여 일심 이문을 깨달으면 진여문에 의해 간탐의 모양을 여의니 그러므로 '베푸는 것이 없다' 하였고, 생멸문에 의해 법성에 수순하여 베풂이 없이 단나바라밀을 행한다. 법성이 오욕의 경계를 여의어 파계의 모양이 없으니, 그러므로 법성이 '가진 것이 없음[無所持]'을 수순하여 삼취정계를 구족수지하며, 인욕과 정진과 선정과 지혜 등의 바라밀도 모두 법성을 수순하니, 곧 生滅이 眞如라 四相을 멀리 여의어 닦지만 닦음이 없다. '정진을 닦지만 일으킬 것이 없음을 안다'는 것은 정진의 모양이 없어야 가능하고, '인욕을 닦지만 손상당하는 것이 없음을 통달한다'는 것은 毁傷을 받는 이상이 없으며, '지혜로 경계가 무생임을 깨닫는다'는 것은 제법이 평등 공상

이어서 불생불멸한 것임을 깨달으며, '선정으로 마음이 무주임을 안다'는 것은 四威儀 가운데 마음에 움직이고 정지하는 모양이 없는 것이다.

集

몸이 없지만 모양을 갖추었음을 관찰하고
설함이 없지만 말을 함을 증득하며
鑑無身而具相 證無說而談詮

講

이 두 구절 송문에, 위 구절은 몸을 닦는 것이요, 아래 구절은 입을 닦는 것이니, 원교보살이 닦아야 할 身業과 口業을 따로 밝혔다. '鑑'은 관찰의 뜻이다. 자신의 몸과 중생의 몸이 허황하고 진실하지 않아 여러 가지 허물이 있음을 관찰하니, 이것을 '몸이 없지만 … 관찰한다'고 한 것이다.

'몸이 없지만 … 관찰한다'는 것은 무엇을 말하는가? 『유마힐경』에 "이 몸은 거품이 모인 것과 같이 손으로 잡을 수가 없으며, 물거품과 같이 오래 존재하지 못하며, 불꽃과 같이 渴愛로부터 나며, 파초와 같아 가운데 단단한 것이 없으며, 허깨비와 같아서 顚倒로부터 일어나며, 꿈과 같아 허망하게 보며, 그림자와 같아 業緣으로부터 나타나며, 메아리와 같아 여러 가지 인연에 속하며, 뜬구름과 같아 금방 변하고 없어지며, 번개와 같아 매 순간 머무르지 않는다. 이 몸은 주인이 없어 대지와 같으며, 내[我]가 없어 불과 같으며, 수명이 없어 바람과 같으며, 사람[人]이 없어 물과 같으며, 진실하지 않아 四大로 집이 되며, 空이어서 我와 我所를 여의었으며, 知가 없어 초목이나 질그릇과 같으며, 함이 없어[無作] 바람의 힘으로 구르며, 청정하지 않아 더럽고 추한 것이 충만하다. 이 몸은 진실하지 않아서 비록 씻기고 입히고 먹이더라도 반드시 마멸로 돌아가고, 이 몸은 재앙이라 백한 가지 병이 괴롭히며, 이 몸은 고정된 것이 없어 반드시 죽으며, 이 몸은 독사나 원수나 텅 빈 마을과 같아 陰·界·諸入이 함께 모여 이루어졌으니, 이를 근심하고 걱정하지 않을 수 없다." 한 것이다.

'그러나 모양을 갖추었다[而具相]' 한 것은 무얼 말하는가? 『유마힐경』에 "반드시 佛身을 좋아하라. 왜냐하면, 불신은 곧 법신이라 한없는 공덕지혜로부터 나며, 계·정·혜·해탈·해탈지견으로부터 나며, 자·비·희·사에서 나며, 보시·지계·인욕·유화와, 부지런히 정진을 행하는 것과, 선정해탈삼매와, 다문지혜의 여러 가지 바라밀에서 나며, 방편과 육통과 삼명과 지관과 삼십칠도품과 십력과 사무외와 십팔불공법으로부터 나며, 모든 불선법을 끊고 일체 선법을 모은 것에서 나며, 진실로부터 나며, 불방일로부터 나니, 이처럼 한없는 청정법으로부터 여래의 몸이 났으니, 불신을 얻고자 하면 반드시 아눗다라삼먁삼보리심을 내어야 하느니라."(동상) 한 것이다. '모양을 갖추었다'는 것은 곧 불신에 32상을 구족함을 말하니, 위로는 肉髻頂相부터 발바닥에 있는 千輻輪相에 이르기까지다.

'설함이 없지만 말을 함을 증득했다'는 것은 무얼 말하는가? 『유마힐경』에 "대저 법을 설하는 자는 반드시 여법하게 설해야 한다. 법에는 중생이 없으니 중생의 때를 여의었기 때문이요, 법에는 我가 없으니 我의 때를 여의었기 때문이며, 수명이 없으니 생사를 여의었기 때문이며, 人이 없으니 전후제가 끊어졌기 때문이며, 항상 고요하니 여러 가지 모양이 멸하였기 때문이며, 상을 여의었으니 所緣이 없기 때문이며, 이름이 없으니 언어가 끊어졌기 때문이며, 설함이 없으니 覺觀을 여의었기 때문이며, 형상이 없으니 허공과 같기 때문이며, 희론을 여의었으니 필경 공하기 때문이며, … 法相이 이와 같으니 어찌 설할 수 있겠는가! 대저 설법이란 설함도 없고 보임도 없으며, 법을 듣는다는 것은 들음도 없고 얻음도 없으니, 비유하면 마술사가 마술사를 위해 법을 설하는 것과 같으니, 반드시 이러한 뜻을 세워 법을 설해야 하며, 반드시 중생의 근기에 利鈍이 있음을 알아 지견에 걸림이 없어야 하며, 대비심으로 대승을 찬탄하며, 부처님 은혜를 갚아 삼보가 끊어지지 않기를 생각한 후에 법을 설해야 하느니라." 하고, 또한 "'꺼지지 않는 등불[無盡燈]'이라는 법문이 있으니, 그대는 반드시 알아야 하느니라. '꺼지지 않는 등불'이란, 비유하면 하나의 등불이 백천 개의 등에 불을 붙이면 어두운 것이 모두 밝아지고 그 밝은 것이 마침내 다하지 않듯이, 이와 마찬가지로 여러 자매여! 한 보살이 백천 중생을 開導하여 아뇩다라삼먁삼보리심을 발하게 하면 그 도의 뜻도 또한 멸하여 없어지지 않고 설법한 바에 따라 저절로 일체 선법을 증익하니, 이를 '꺼지지 않는 등불'이라 하느니라. 너희가 비록 魔宮에 주하나, 이 꺼지지 않는 등불로 무수한 천자 천녀에게 아뇩다라삼먁삼보리를 발하게 하면, 부처님 은혜를 갚고 또한 일체중생을 크게 유익하게 하느니라."(동상 543페이지 중) 한 것이다.

集

수월도량을 건립하고
성품이 공한 세계를 장엄하여
建立水月道場 莊嚴性空世界

講

이 두 구절 송문은 원교보살이 닦을 意業을 따로 밝혔으니, 앞의 신업과 구업을 합하면 三業이 허물이 없다.

'수월도량을 건립한다'는 것은, 보살이 마음을 내어 육도만행을 닦음을 말하니, 모두 물속의 달과 같아서 有가 아니지만 有요, 有가 곧 有가 아니다. 물이 맑으면 달이 나타나고 물이 탁하면 달이 숨듯이, 함이 없이 하고 하는 것이 곧 함이 없으니, 지혜가 없고 얻음이 없어[無智無得] 아무 걸림이 없다.

'도량'은 무얼 말하는가? 『유마힐경』에 "직심이 도량이니 거짓이 없기 때문이요, 발심이 도량이니 능히 일을 이룰 수 있기 때문이며, 깊은 마음이 도량이니 공덕을 더하기 때문이며, 보리심이 도량이니 잘못이 없기 때문이며, 육바라밀·사무량심·삼십칠도품과 내지 일념에 일체 법을 아는 것이 도량이니 일체지를 성취하기 때문이다. 보살이 응당 여러 가지 바라밀로 중생을 교화하되 모든 하는 일, 발을 들거나 발을 내리는 것이 모두 도량으로부터 와서 불법에 주하는 줄 반드시 알지니라."(동상 542페이지 하) 한 것이다.

'성품이 공한 세계를 장엄한다'는 것은 무엇인가? 『유마힐경』에 "제불 국토와 중생이 공한 줄 비록 알지만, 항상 정토를 닦아 여러 군품을 교화하네." 하고, 또한 『무량수경』 하권에 "일체 법은 꿈같고 요술 같으며 메아리 같음을 깨달아, 여러 가지 미묘한 서원 만족하면 반드시 이 같은 국토 이룩하리. 법이 번개나 그림자 같음을 알고 보살도를 두루 닦아 여러 가지 공덕본을 갖추면 반드시 부처가 되리. 제법의 성이 모두 공하여 무아임을 통달하고 오로지 청정 불토만을 구하면 반드시 이 같은 국토 이루리." 한 것과 같다. 법장보살(법장비구)은 '성품이 공한 세계를 장엄'한 모범이라 할 것이다.

集

> 환과 같이 변화하는 공양구를 나열하여
> 그림자 같고 메아리 같은 여래에게 공양하며
> 죄성이 본래 공함을 참회하고
> 법신이 상주함을 권청하네.

얻을 것이 없음에 회향하고
福이 眞如와 같음을 수희하며
피·아가 虛玄함을 찬탄하고
능·소가 평등하기를 발원하네.
그림자 같이 나타난 법회에 예배하고
행도하되 발이 허공을 밟으며
향을 사루되 無生임을 미묘하게 통달하고
경을 외우되 실상을 깊이 통달하며
꽃을 흩어 집착 없음을 보이고
손가락을 튕겨 번뇌 제거함을 표시하네.

羅列幻化供具 供養影響如來
懺悔罪性本空 勸請法身常住
回向了無所得 隨喜福等眞如
讚歎彼我虛玄 發願能所平等
禮拜影現法會 行道足躡虛空
焚香妙達無生 誦經深通實相
散華顯諸無着 彈指以表去塵

講

이 열네 구절 송문은 원교보살이 닦을 '보현십대행원'과 일상의 행위를 낱낱이 밝힌 것이다. 唐譯 40권 『화엄경』 「보현행원품」에 "여래 공덕은 설령 시방 일체 제불이 불가설불가설 불찰미진수 겁을 지나도록 연이어 연설하더라도 다하지 못한다. 만약 이 공덕문을 성취하고자 하면 응당 열 가지 광대 행원을 닦아야 한다. 열 가지는 어떤 것인가? 첫째는 제불에게 예경하는 것이요, 둘째는 여래를 칭찬하는 것이며, 셋째는 널리 공양을 닦는 것이요, 넷째는 업장을 참회하는 것이며. 다섯째는 공덕을 수희하는 것이며, 여섯째는 법륜 굴러주실 것을 청하는 것이며, 일곱째는 부처님이 세상에 상주해주시기를 청하는 것이며, 여덟째는 항상 부처님을 따라 배우는 것이며, 아홉째는 항상 중생을 수순하는 것이며, 열 번째는 널리 모두 회향하는 것이다." 한 것이다.

'보현행원'이란 무엇인가? 당나라 청량국사가 지은 『대화엄경약책』에 보현행원을 이렇게 해석하였다.

"수행이 모두 理에 맞아 낱낱이 두루하니, 하나의 행에 모든 행을 섭수하여 모든 행의 바다가 하나의 먼지 속에 완전히 있다. 만행이 끓어올라 하나의 道가 매우 훌륭하면 이를 보현행이라 부른다. 덕이 법계에 두루한 것을 '보'라 하고, 지극히 순수하고 조화롭고 어진 것을 '현'이라 한다. 대략 열 가지 문으로 거두어 다함이 없음을 보인다면, 첫째는 구할 깨달음이 넓으니(普), 모든 여래의 평등한 깨달음을 구하고자 하기 때문이다. 둘째는 교화할 중생이 넓으니 한없는 중생을 교화하고자 하기 때문이다. 셋째는 끊어야 할 번뇌가 넓으니 끝없는 번뇌를 끊고자 하기 때문이다. 넷째는 현실의 행이 넓으니 하나의 행이 행 아님이 없고자 하기 때문이다. 다섯째는 이치의 행이 넓으니 낱낱 事行이 성품의 근원에 통하기 때문이다. 여섯째는 無礙行이 넓으니 사·리 두 행이 서로 통하기 때문이다. 일곱째는 融通行이 넓으니 낱낱 행을 따라 무진행을 섭수하기 때문이다. 여덟째는 所起의 작용이 넓으니 작용이 두루하지 않음이 없기 때문이다. 아홉째는 所行의 처소가 넓으니 위의 여덟 가지 문이 제망찰의 일체 처소에 두루하기 때문이다. 열 번째는 所行의 시기가 넓으니 과거·현재·미래 삼제가 다하도록 순간(念)과 영원(劫)이 원융하여 다할 때가 없기 때문이다. 위의 열 가지 행이 섞이면서도 뒤섞이지 않은 것이 '보현행'이다." 하였다.

'幻化의 공양구를 나열하여 影響의 여래에게 공양한다' 한 두 구절 송문은, 십대행원 가운데 세 번째 '공양을 널리 닦는 것'이다. 羅列[羅布陳列]하여 불보살에게 공양하는 향이나 꽃이나 음식 등 물품을 '공양구'라 한다. 경에서 말한 공양구를 어떤 데는 두 가지를 설하였으니 재공양과 법공양이요, 어떤 데서는 財·法·觀行 세 가지를 설하고, 혹은 음식·의복·와구·탕약 네 가지를 설하고, 혹은 塗香(바르는 향)·燒香(사르는 향)·華(꽃)·飯食(밥과 음식)·燈明(등) 등 다섯 가지를 설하기도 하며, 어떤 데는 水(물)·火(불)·香(향)·華(꽃)·燈(등)·塗(칠함)·果(과실)·樂(음악) 등 여덟 가지를 설하며, 혹은 華·香·瓔珞·末香·塗香·燒香·繒蓋幢幡(비단으로 만든 덮개나 깃발)·衣服·伎樂·合掌 등 열 가지를 설하기도 하였다.

불자가 갖가지 공양을 닦을 때, 환화와 같다는 생각을 가지고 四相을 멀리 여의고 三輪의 본체가 공하면 이를 '법공양'이라 할 수 있으니, 여러 가지 공양 중에 법공양이 제일이다. '幻化와 같은 공양구'는 공양하는 실물이 없는 것이요, '影響과 같은 여래'는 공양을 받는 여래가 없는 것이다. 부처님의 응화신은 그림자 같고 메아리 같으니, 부처님 법보신이여야만 비로소 眞佛이라 할 수 있다.

「보현행원품」 게송에 "여러 가지 가장 진귀한 화만(꽃다발)과 … 내가 모두 여래에게 공양 하노이다. 나는 광대한 勝解心(깊이 이해하는 마음)으로 일체 삼세 불을 깊이 믿고 모든 보현행원력으로 널리 여러 여래에게 공양 하노이다." 한 것이니, 소위 '광대 승해심'이 바로 앞에서 설한 열 가지 넓은 보현행원이니, 이것을 '법성보살행'이라 부른다. 그러므로 '환화와 같은 공양구를 나열하여 영향과 같은 여래에게 공양한다' 하였다. 당 湛然대사가 지은『法華三昧懺補助儀』에 "법성은 허공과 같아 볼 수가 없고 항상 삼보에 주하여 思議하기 어렵나니, 내가 지금 삼업으로 여법하게 청하노니, 바라건대 그림자 같이 나타나시어 공양을 받으소서." 하였다.

'죄성이 본래 공함을 참회한다'고 한 이 송문은, 십대행원 중 네 번째 '참회업장'이다. 본집 앞에서 '공·유가 둘이 아니어서 서로 벗어나지도 않고 있지도 않음' 科(중권,p30)의 '인용하여 증명하고 설명함(중권 p51)' 가운데 "무릇 보살이 행하는 것은 모두 無我 無性임을 알고 事를 행하고 理를 보아 경계를 만나되 空임을 아니, 범부가 죄와 복을 지으며 인과와 죄와 복이 자성이 없음을 알지 못하는 것과는 같지 않다." 한 것이다.

'참회'란, '참'은 전에 저지른 죄를 드러내 보이는 것이요, '회'는 지나간 잘못을 고치고 수행하는 것이다. 事와 理 두 가지 참회로 나누고, 事懺에도 두 가지가 있다. 첫째는 법을 지어 참회하는 것(作法懺)이니, 율의와 작법에 의해 계율을 범한 죄를 참회하는 것이다. 둘째는 모양을 취하여 참회하는 것(取相懺)이니, 定心에서 참회하는 생각을 내는 것이다. 예를 들면 여래가 오셔서 머리를 어루만져주시는 상서로운 모습을 볼 때까지 기한을 정하고 번뇌의 性罪를 참회하는 것이다. 理懺은 無生懺[63]이니, 죄성이 본래 공함을 관하는 것이다. 『천태사교의』에 "참회를 닦고자 하면 단정히 앉아 실상을 생각하라." 하니, 게송문에 '죄성이 본래 공함을 참회한다' 한 것은 곧 이참에 속한다. 사와 이, 두 가지 참회를 행하고자 하면 반드시 먼저 그 마음을 깨끗하게 하고 뜻을 깨끗하게 하며 태도와 용모를 단정하고 엄숙히 하여야 한다.

천태지자대사가 『법화삼매참의』에서 六時五悔法(아침·한낮·해질녘·초저녁·

---

63 모든 罪業이 모두 一念心으로부터 나니, 만약 心性이 본래 공함을 알면 죄와 복이 본래 모양이 없어서 모든 법이 모두 공적하니, 죄가 어디서 나겠는가? 이것을 無生懺이라 한다.

한밤·새벽, 여섯 때에 하는 다섯 가지 참회법)을 설하였다. 첫째는 참회니, 육근의 죄를 참회한다. 둘째는 권청이니, 시방제불이 법륜을 굴러주실 것을 청한다. 셋째는 수희니, 자신이나 다른 이의 일체 선근공덕을 수희찬탄한다. 넷째는 회향이니, 닦은 선근을 중생과 불도에 회향한다. 다섯째는 발원이니, 사홍서원과 왕생극락을 발원한다.

'법신이 상주하기를 권청한다'는 것은, 십대행원 가운데 여섯 번째 법륜 굴러주실 것을 청하는 것과, 일곱 번째 부처님이 세상에 주하시기를 청하는 것이다. 부처님 三身은 하나의 몸이어서 報化佛에게 청하는 것은 법신이 상주하시기를 청하는 것과 같고, 보화불이 설법해주시기를 청하는 것은 법신불이 설해주시기를 청하는 것이다.「행원품」에 "시방에 있는 세간등(佛)은 최초로 보리를 성취한 분(報化佛)이니, 제가 지금 모든 분에게 위없는 묘법륜 굴러주실 것을 권청하나이다. 부처님이 만약 열반을 보이고자 하면 제가 지극한 정성으로 권청하여 刹塵劫에 오래 머물러 일체중생을 이롭게 하고 즐겁게 해 주시기를 원하나이다." 하고, 『법화삼매참의』에 "저희가 지극한 마음으로 권청하나니, 시방 법계 무량불께서 오래 머물러 법륜을 굴러 일체중생이 본래 청정한 곳으로 돌아가고 그런 후에 여래께서 常住로 돌아가시기를 바라나이다." 하였으니, 그러므로 '법신이 상주하기를 권청하네' 한 것이다.

'무소득에 회향한다'는 것은 곧 십대행원 가운데 제10 '보개회향'이다. 보살은 복덕이 곧 복덕이 아님을 깨닫고, 닦은 여러 가지 선행 공덕을 자기 소유로 하지 않고 널리 모두 중생에게 회향 보시하니, 그러므로 '마침내 무소득에 회향하나이다' 하였다.「행원품」에 "보개회향이라 말한 것은, 맨 처음 예배하는 것부터 소유 공덕을 수순하는 데 이르기까지 모두 진법계 허공계 일체중생에게 회향하여, 중생이 항상 안락을 얻어 여러 가지 병고가 없고, 악법을 행하고자 하여도 모두 다 이루어지지 않으며, 닦은 선업을 모두 속히 성취하기를 원하나이다." 하고, 또한 "나의 이 보현의 수승한 행과 한없이 수승한 복을 모두 회향하노니, 육도에 빠진 여러 중생들 속히 무량광불 세계에 가기 널리 원하나이다." 하였다.

'복이 진여와 같음을 수희하고' 한 것은 곧 십대행원 가운데 제5 '수희공덕'과, 제8 '항수불학'이다. 「행원품」에 "시방 일체 제중생인 二乘이나 有學이나 無學이나, 일체 여래와 보살이 가지고 있는 공덕을 모두 수희하며, 나는 모든 여래를 따라 배우고 보현의 원만행을 닦으며, 널리 삼세 부처님을 따라 배워 속히 대보리 성취하기 원하나이다." 한 것이다. 위없는 보리를 성취한 것은 그 복이 무량하니, 그러므로 '복이 진여와 같음을 수희하네' 하였다. 진여 법성은 시간적이나 공간적으로 두루하니 수희하는 복도 이와 같다.『법화경』「수희공덕품」에 설한 것과 같다.

'남과 내가 虛玄함을 찬탄한다' 한 것은 십대행원 가운데 제2 '칭찬여래'이다. 「행원품」에 "하나의 먼지 가운데 미진수 부처님이 각기 보살의 중회 가운데 처하듯이 수많은 법계 먼지에도 또한 그러하니, 제불이 모두 충만함을 깊이 믿고 각기 일체 音聲海로 다함없는 미묘한 말을 널리 내어 미래 일체 겁이 다 하도록 부처님의 깊고 깊은 功德海를 찬탄하네." 한 것이니, 能讚의 보살(我)과 所讚의 부처님(彼), 能讚의 음성으로 하는 말씀과(我) 所讚의 깊고 깊은 공덕(彼)이 낱낱이 모두 이처럼 법계에 충만하여 현묘 불가사의 하니, 그러므로 '남과 내가 허현함을 찬탄한다' 하였다.

'능·소가 평등함을 발원한다' 한 것은 십대행원 가운데 제9 '항순중생'이다. 「행원품」에 "항순중생이라 한 것은, 진법계 허공계 시방찰해에 있는 중생이 갖가지로 차별하니, … 이와 같은 여러 무리에게 내가 모두 수순하여 법을 굴리고, 갖가지로 받들어 섬기고 갖가지로 공양하기를 부모를 공경하듯이 하며, 더 나아가서 여래에게도 평등하여 차이가 없으며, 여러 가지 병고에 훌륭한 의사가 되고, 길을 잃은 자에게 바른길을 보여, 보살이 이와 같이 평등하게 일체 중생을 유익하게 하니, 중생에게 마음이 평등하기 때문에 곧 능히 원만 대비를 성취하며, 대비심으로 중생을 수순하기 때문에 곧 능히 여래에게 공양함을 성취한다." 하니, 이것은 所化 중생이 평등하기를 발원한 것이다. 또한, "모든 여래에게 長者가 있으니 그의 이름은 '보현존'이라 하네. 내가 지금 여러 가지 선근을 회향하여 여러 가지 智行이 모두 저와 같기를 원하네. 몸과 입과 뜻이 항상 청정하고 제행 찰토도 또한 그렇기를 원하네. 이와 같은 지혜를 '보현'이라 부르니 내가 저와 모두 동등하기를 원하네. 모든 나와 행을 같이 하는 자는 일체처에 함께 법회에 모이고, 신·구·의업이 모두 동등하여 모든 행원을 함께 수학해지이다." 한 것은 能化의 보살이 평등하기를 발원한 것이다.

또한 『법화삼매참의』에 "아무개가 지심으로 발원하노니, 바라건대, 목숨이 다할 때 정신이 산란하지 않고 정념으로 바로 안양에 왕생하여 미타를 직접 받들고 여러 성인들을 만나 十地의 수승한 즐거움을 수행해지이다." 한 것이다. '십지보살'은 모두 능·소가 평등하고 二取相(見取와 戒取)을 여의어 평등 심성을 증득한 이다.

'影現 법회에 예배한다' 한 것은 십대행원 가운데 제1 '예경제불'이다. 「행원품」에 "시방세계의 삼세 일체 人師子[부처님]께 내가 청정한 몸과 말고 뜻으로 두루 예배하여 남음이 없나이다. 보현행원 위신력으로 일체 여래 앞에 널리 나타나 하나의 몸에 다시 찰진의 몸을 나타내어 낱낱이 찰진불에게 두루 예배하나이다." 하며, 『법화삼매참의』에 "부처님에게 예경하는 방법은, 반드시 所

禮인 부처님에 따라 지극한 마음으로 억념하되 '이 부처님 법신은 마치 허공과 같아 중생에 응해 형체 나타내기를 마치 목전에 대한 것 같이 나의 예배를 받으시네. 몸과 마음이 공적함을 알아 예배하는 모양이 없고, 또한 이 몸이 비록 如幻不實한 줄 알지만 影現하지 않는 것이 없다'고 하라." 한 것과 같이, 반드시 '능례와 소례의 성이 공적하지만 감·응의 도가 교차하는 것은 실로 불가사의하다. 나의 이 도량은 제석천의 구슬과 같아서 석가모니의 影現 중에 나의 몸이 여래 앞에 나타나 머리와 얼굴로 발에 대고 귀명례 한다' 하고 생각하라.

'행도함에 발이 허공을 밟는다' 한 아래 다섯 구절은 원교보살의 일상생활의 행위를 송했으니, '경행'과 '독송'과 '분향'과 '산화'와 '탄지' 등은 예를 들어 말한 것이다.

'행도'는 經行이다. 부처님이 재세 시에 모든 제자가 매일 반드시 경행하고 조용히 앉았다. 『법화경』「약왕품」에 "일체중생희견보살이 고행 익히기를 좋아하여 일월정명덕불 법 가운데서 정진하고 경행하며 일심으로 부처를 구하였다. 그렇게 1만2천 세상을 채우고 나서 일체 색신삼매 나툼을 얻었다." 하였다. '경행'은 부처님 앞에 예경하고 부처님 오른 방향으로 선회하는 것을 말한다. 그러므로 본집 앞에서 "행도 한 방법은 인도에서 특별히 중하게 여겼는데, 백천 번을 돌고 비로소 일 배를 올렸다. 경에 '밤낮으로 행도하며 지극한 마음으로 네 가지 은혜를 갚으라. 이렇게 하는 이는 도에 빨리 들어갈 수 있다' 하였다." 하고 말한 적이 있다. 또한, 탑을 돌고 경행하며 예경을 올리기도 하니, 『존승다라니경』에 "사통팔달의 큰길에 탑을 세우고 다라니를 안치하고 합장공경하며 이를 돌고 행도하며 귀의 예배하라." 하였다.

'발로 허공을 밟는다' 한 것의 '허공'은 三輪의 체가 공적하여 能行의 我와 所行의 처소와 법이 없음을 말한다. 또한 '행도'는 行履(행위)니, '발로 허공을 밟는다'는 것은 그 행위인 행·주·좌·와와 옷 입고 밥 먹는 것과 발을 들고 발을 내리는 것이 모두 도가 지금 現成함을 말하니, 불조도 엿보지 못하고 외도나 마군이나 귀신도 능히 보지 못한다.

'향을 살라 무생을 미묘하게 깨닫고, 꽃을 뿌려 집착이 없음을 보인다' 한, 향을 사르고 꽃을 흩는 것은 삼보를 공경 공양하는 행법이다. 『법화삼매참의』에 "도량에 들어가 삼보에 예경하고 나서는 곧 반드시 호궤하고 오른 무릎을 땅에 대고 몸가짐을 바르게 하고 일심으로 향을 사르고 꽃을 뿌리고, 그다음에는 단정한 몸과 바른 생각으로 입으로 이렇게 말하라. '향과 꽃을 엄숙하게 들고 여법하게 공양 하노이다. 바라건대, 이 향과 꽃의 구름이 시방세계에 두루 충만하여 불법승에 공양하노니, 이를 수용하여 불사를 지어지이다' 하고, 다음에 이렇게 생각한다. '이 향과 꽃이 시방 불토에 두루 이르러 미묘한 광명대와 하늘 음악과 하늘 보배 향과 하늘 음식과 하늘 보배 등이 되어, 낱낱이 모두 법계에 충만하여 불사를 지어지이다. 시방 삼세 일체 삼보에게 공양하노니 삼보께서 섭수하소서. 또한, 일체중생에게 풍겨 보리심을 발하게 하소서. 이와 같은 공양이 모두 마음에서 나서 자성이 없음을 알고 집착하지 말게 하소서' 하라." 하니, 이것은 향을 사르고 무생을 잘 알고, 꽃을 흩어 여러 가지에 집착이 없음을 밝힌 사례이다.

또한 『유마경』 「관중생품」에 "한 천녀가 여러 보살과 큰 제자 위에 하늘 꽃을 뿌리니, 꽃이 보살에 이르러서는 모두 떨어졌지만 여러 큰 제자에 이르러서는 곧 붙어 떨어지지 않았다. 모든 제자가 신력으로 꽃을 떨어내었으나 떨어지게 하지 못했다. 천녀가 사리불에게 '무엇 때문에 꽃을 떨어뜨립니까?' 하고 물으니, 사리불이 "이 꽃이 여법하지 않으니 그러므로 떨어뜨리느니라." 하였다. 천여가 말하였다. "이 꽃은 분별이 없는데 스님께서 스스로 분별심을 내십니다. 불법에 출가하여 분별이 있다면 이것이 여법하지 않은 것이고, 분별하는 것이 없으면 이것이 여법한 것입니다. 보살에게 꽃이 붙지 않는 것을 본 것은 이미 일체 분별의 생각을 끊었기 때문입니다. 번뇌를 다 하지 못하여 꽃이 몸에 붙을 뿐입니다. 만약 번뇌가 다 한다면 꽃이 붙지 않습니다." 하였다.

'송경하되 실상을 깊이 통달한다' 한 것은, 경전을 독송하는 것은 열 가지 法行[64] 가운데 하나니, 모든 보살은 응당 행해야 한다. 『관경』에 "보리심을 내어 대승을 독송할지니, 이것이 삼세제불의 淨業의 正因이다." 하였으니, 송경은 반드시 문장에 따라 觀을 지어서 제법 실상에 깊이 들어가는(통달함) 것에 불과하다. 그렇다면 실상이란 무엇인가? 간단하게 설하면 모양이 없으나 모양 아님이 없는 것[無相無不相]을 '실상'이라 한다. 또한, 일심 이문에 나아가서 심생멸문을 통달하여 세간과 출세간의 제법 연기 차별인 如是相과 더 나아가서 如是報와 究竟本末等을 알고, 심진여문에 깊이 들어가서 제법의 一相一味인 이른바 解脫相과 離相과 滅相이 마침내 공으로 돌아감을 안다. 송경하는 인연으로 일심이문에 通入하는 것이 실상을 깊이 통달한 것이다.

『법화삼매참의』에 "송경하는 방법은 반드시 문구를 분명하게 하고 음성이 또록또록 하며 느슨하지도 않고 급하지도 않게 하되, 경중의 문구에 집중하여 그릇되어서는 안 된다. 그다음에는 마음을 고요히 하여 음성의 자성이 빈 골짜

---

64 경전을 수지하는 방법 열 가지. (1) 書寫 : 경·율·론을 쓰고 베껴 널리 유통하는 것. (2) 供養 : 경전이 있는 곳이나 탑이 있는 곳을 공경 공양하는 것. (3) 施他 : 다른 사람을 위해 정법을 설하거나 경전을 주어 교화하는 것. (4) 諦聽 : 다른 사람이 경문을 독송하는 것을 주의 깊게 듣는 것. (5) 披讀 : 자신이 경전을 독송하는 것. (6) 受持 : 교법을 받아들여 잘 기억하여 잊지 않는 것. (7) 開演 : 다른 사람을 위해 교법을 설하여 믿고 이해하게 하는 것. (8) 諷誦 : 경문을 선양하여 다른 사람이 기쁜 마음을 내게 하는 것. (9) 思惟 : 부처님이 설하신 경전의 뜻을 사유하는 것. (10) 修習行 : 부처님이 설한 법을 수행하는 것.

기의 메아리와 같음을 알고, 비록 음성을 얻지 않으나 마음이 역력하게 문구의 뜻을 반조하고 말이 또록또록해야 한다. 이 법음이 법계에 충만하니 이 음성으로 삼보에게 공양하고 중생에게 널리 보시하여 대승의 일실 경계에 들어가게 한다고 생각한다. 행도송경을 마치고는 반드시 좌선하는 곳에 나아가서 몸을 단정히 하고 똑바로 앉아 일체 법공인 여실상을 관찰하여야 한다. 이미 所觀을 얻지 않으나 또한 能觀도 두지 말고 생각을 일으키지 말고 마음이 항상 고요하여 삼매와 상응하여야 한다." 하였다.

그러므로 지자대사가 법화삼매를 수행하여 『법화경』「약왕보살품」을 독송할 때, 경문에 "일체중생희견보살이 몸을 태워 부처님께 공양하니, 제불이 찬탄하시기를 '선재 선재라 선남자여, 이것이 진정한 정진이니, 이야말로 진정으로 여래에게 올린 법공양이니라." 한 것에 이르러, 그는 고요히 정에 들어가서 부처님께서 영축산에서 『법화경』을 설하시는 것을 직접 보았으니, 이것이 경을 독송하고 실상을 깊이 통달한 예증이다.

'손가락을 튕겨 번뇌를 끊었음을 표시하였다' 한 것에서, '손가락을 튕겼다'라는 것에 세 가지 뜻이 있다. 하나는 허락의 뜻이니『증일아함경』에 "여래께서 제자들의 청을 허락하시면서, 어떤 때는 묵연하시고 혹은 머리를 끄덕이시고 혹은 손가락을 튕겼다." 하였다. 둘은 환희의 뜻이요, 셋은 경고의 뜻이니 깨닫게 하기 위한 것이다. 예를 들면 출가인의 위의는 문에 들어가거나 화장실에 들어갈 때 먼저 손가락을 튕겨야 하는 것과 같다. '거진을 표시하였다' 한 것의 '塵'은 번뇌를 말하는데, 견사의 진사혹을 끊은 것을 '去塵'이라 한다. 이것은 『법화문구』에서 설한 손가락을 튕긴 뜻이니, 원교보살이 손가락을 튕겨 번뇌를 끊고 聖果를 얻음을 표시한 뜻이다.

集

골짜기 메아리 같은 바라밀 문을 베풀고
허공 꽃 같은 단행을 닦아
인연에 의해 생겨난 자성의 바다에 깊이 들어가
환과 같은 법문에 항상 노닐며
오염이 없는 번뇌 끊기를 서원하고
유심정토에 왕생하기 원하네.

施爲谷響度門 修習空華萬行
深入緣生性海 常遊如幻法門
誓斷無染塵勞 願生唯心淨土

講

이 여섯 구절 重頌은 원교보살이 닦을 사홍서원과 無作四諦를 따로 밝혔다. 천태가에서는 『대열반경』「성행품」에서 설한 것에 의해 네 가지 四諦를 세워 장·통·별·원 四敎에 배대하였다.

첫째는 生滅四諦다. 고·집·도 3제는 인연에 의해 실재한 생멸이 있고, 멸제는 실재한 멸법이 되어 실제로 생하고 실제로 멸하는 것이 생멸사제다. 三藏敎에서 설한 것이다. 둘째는 無生四諦다. 고·집·도 3제는 환과 같이 공하고 멸제는 본래부터 공하여, 사제 인과의 당체가 공하여 생멸을 보지 않으니, 이것이 무생사제이다. 通敎에서 설한 것이다. 셋째는 無量四諦다. 고·집·도 3제에 한없는 차별상이 있으니 이것은 대보살이 닦고 배울 것이다. 그러므로 '무량사제'라 한다. 이것은 別敎에서 설한 것이다. 넷째는 無作四諦다. 번뇌가 바로 보리니, 그러므로 集을 끊고 道를 닦는다는 꾸밈이 없어서 생사가 곧 열반이다. 그러므로 苦를 없애고 滅을 증득하는 꾸밈이 필요하지 않다. 이것을 '무작사제'라 한다. 이것은 圓敎에서 닦을 사제이다.

'골짜기 메아리 같은 바라밀 문을 베풀고, 허공 꽃 같은 만행을 닦는다' 한 두 구절 송문은, 사홍서원 가운데 '자성중생서원도'와, 무작사제의 고성제다. 생사고해 가운데 있는 중생이 자성이 없음을 보고 이들을 제도할 것을 발원하는 것이다. 所度의 중생과 能度의 보살이 모두 인연으로 난 것이라 진실한 것이 없음을 아는 것이다. 골짜기에서 돌아오는 메아리의 음성이나 병든 눈으로 보는 허공 꽃과 같이, 있는 것은 있는 것이 아니니 중생을 제도한다는 생각을 갖지 않는다. 비록 발원하여 일체중생을 제도하여 다하고자 하지만, 아·인·중생·수자 四相이 없고, 능·소가 둘 다 없어서 제도하지만 제도함이 없으나, 중생을 제도하지 않는 것은 아니다. 『금강경』에서 말한 "일체 중생의 종류를 내가 모두 무여열반에 들어가게 하고, 한없는 중생을 멸도하지만 실제로 한 중생도 멸도를 얻은 자가 없다." 한 것이다.

'인연에 의해 생겨난 자성의 바다에 깊이 들어가, 환과 같은 법문에 항상 노닌다' 한 두 구절 송문은, 사홍서원 가운데 '자성법문서원학'과 무작사제의 도성제다. 『유마경』에 "생사에 있으면서도 더러운 행을 하지 않고, 열반에 주하면서도 멸도에 영원하지 않으며, 비록 공을 행하나 중덕본을 심고, 無相을 행하나 중생을 제도하며, 無作을 행하나 몸을 받음을 나타내며, 無記를 행하나 일체 선행을 일으키며, 육도를 행하나 아·인상이 없으며 … 비록 불도를 얻으나 보살의 도를 버리지 않으니, 이것이 보살행이다." 한 것이다.

'인연에 의해 생겨난 자성의 바다에 깊이 들어간다' 한 것은, 도를 닦아 심진여문에 증입하여 인연으로 난 일체 법이 자성이 없음을 깨달아 마침내 공성의 바다로 돌아가는 것이다. '환과 같은 법문에 항상 노닌다' 한 것은, 도를 닦아 심생멸문에 수순하여 미래제가 다하도록 (常遊) 환과 같은 법으로 환과 같은 사람을 제도하는 것이다. 중생의 근성과 욕망이 한없는 차별이 있으니, 그러므로 수학하고 중생을 제도하는 방편(如幻) 법문도 또한 한없는 차별이 있다.『유마경』「불도품」에서 설한 40게송은 모두 여환 법문에 항상 노니는 사례이다.

또한, 위 구절은 원교보살이 닦을 반야도를 찬탄하고, 아래 구절은 보살이 닦을 방편도를 찬탄한 것이다. 이 두 도는 보살이 처음 발심할 때부터 불과를 원만 성취하는 전체 보살도를 포함하였다. 자세한 것은 앞에서 나열한 '二道五菩提簡要表'를 보시기 바란다.

대승은 먼저 반야도를 닦는데 소승은 이를 '無間道'라 하고, 나중에 닦는 방편도는 소승에서는 '修習道'라 한다. 두 도의 선후는 같지 않다. 다른 것은 대비심의 유무다. 반야는 諸法 皆空에 들어가려 하고, 방편은 국토를 장엄하고 중생을 제도하러 나가는 것이다. 이것이 인연에 의해 생겨난 자성의 바다에 깊이 들어가, 여환 법문에 항상 노니는 것이다. 이와 같이 복·혜를 둘 다 닦고, 공·유가 서로 보완하여 이루며, 적·조가 둘이 아니어서 일심 이문에 계합하는 것을 '성에 부합한 수행'이라 한다.

『무량수경』상권 證信序에 보살의 공덕을 찬탄하여 "깊고 깊은 선정과 지혜로 중생을 인도하며, 법의 체성을 통달하고 중생의 모습[相]을 알며, … 두려움 없는 그물을 잘 배워 幻化와 같은 법을 잘 알며, 마의 그물을 부수어 찢고 여러 가지 얽매임에서 풀려나며, … 空·無相·無願 삼매를 얻어 방편을 잘 세워 三乘을 보이며, 여기에서 교화를 마치고 멸도를 보이지만, 또한 지은 바도 없고 소유한 것도 없으며 일어나지도 않고 멸하지도 않는 평등법을 얻었으며, … 일체 만물에 뜻하는 대로 자재하며, … 모든 중생을 위하여 不請友가 되어 중생을 어깨에 지고 그들을 위해 무거운 책임을 떠맡으며, 여래의 깊고 깊은 法藏을 수지하고 부처님 種性을 보호하여 항상 끊어지지 않게 하며, 대비를 일으켜 중생을 불쌍히 여기고, 자비스러운 변재를 연설하여 法眼을 열어 주며, 三聚를 막고 善門을 열어, 不請의 법으로 여러 중생에게 베풀며, 일체 善本으로 모두 피안을 건너며, 모두다 제불의 무량공덕과 지혜의 聖明이 불가사의함을 얻은 이들이었다." 한 것과 같다.

'오염 없는 번뇌 끊기를 서원하고' 한 이 구절 송문은, 사홍서원 가운데 '자성번뇌서원단'이며, 무작사제의 집성제이다. 자성은 일심 이문의 心性이니 본래 더럽지도 않고 깨끗하지도 않건만, 중생의 무시무명인 전도망상이 미혹을 일으키고 업을 짓지만, 有가 아니면서 有요 有가 곧 有가 아니니, 이것을 '더러움 없는 번뇌'라고 한다. 원교보살이 심진여문을 깨달아 번뇌가 곧 보리라 견·사의 진사무명을 끊을 것이 없음을 알고, 심생멸문에 수순하여 남을 교화하되 어떻게 三觀을 닦고 三惑을 끊으며 三德을 증득할까를 스스로 생각하니, 이것이 더러움 없는 번뇌 끊기를 서원하는 것이다. 『유마경』에 "무엇을 방편이 있는 慧解라 하는가? 여러 가지 탐진 사견을 여읜 것을 말하니, 중덕본을 심어 무상보리에 회향하는 것을 '방편이 있는 혜해'라 한다. 부처님이 말씀하신 '자신이 묶여 있으면서 남의 묶임(번뇌)을 풀어주는 것은 있을 수 없는 일이다' 하신 것이다." 한 것과 같다.

'유심정토에 왕생하기를 원하네' 한 이 구절 송문은, 사홍서원 가운데 '자성불도서원성'과 무작사제의 멸성제이다. 유심정토는 곧 대열반의 과덕이니 事가 있고 理가 있다. 事淨土는 實報莊嚴과 方便有餘와 凡聖同居 세 정토요, 理淨土는 常寂光淨土니 또한 自性土라 하고 唯心淨土라 한다. 네 가지 정토의 차이를 대략 설하면 다음과 같다.

첫째, 凡聖同居土 - 부처 쪽에서 말하면, 화신불이 의지하는 化土니, 성소작지와 대자비력으로 아직 地에 오르지 못한 보살과 일반 범부를 근기에 따라 교화하는 불토니, 깨끗하기도 하고 더럽기도 하며, 크기도 하고 작기도 하여 전후로 바뀐다. 중생 쪽에서 말하면, 增上의 善業으로 말미암아 원교의 五品 觀行을 닦아 얻은 것이니, 인연으로 생긴 승묘한 五塵으로 체가 된다.

둘째, 方便有餘土 - 부처 쪽에서 말하면, 동거토와 차이가 없으니 二乘의 근기에 응해 교화하는 불토이다. 중생 쪽에서 말하면, 空의 지혜를 닦아 얻은 것이니, 미묘 진제인 무루 五塵으로 체가 된다.

셋째, 實報莊嚴土 - 부처님에게는 자수용신과 타수용신이 있는데, 부처님 자수용신은 도리어 자성정토에 의지한다. 이를테면 대원경지와 상응하는 淨識으로 인하여 성불할 때부터 미래제가 다하도록 순수한 정토를 상속하여 變現한다. 원만함이 끝이 없이 여러 가지 보배로 장엄하여 변함이 없다. 정토의 양과 같이 부처님 자수용신의 양도 같아서 상호가 낱낱이 무량하다. 비록 제불이 각기 스스로 변현하여 모두 몸과 국토가 무변하지만 서로 장애되지 않는다. 부처님 타수용신도 또한 자성토에 의거하니, 평등성지와 대자비력으로 인하여 登地 보살의 근기에 따라 변현한 정토이다. 크고 작은 것과, 훌륭하고 그렇지 못한 것이 있어서 전후로 바뀐다. 부처님 몸의 양도 또한 一地와 내지 十地 보살에 따라 보는 것이 같지 않다. 중생 쪽에서 말하면 미묘한 假觀智와 여러 가지 무루공덕을 닦아 얻은 것이니, 미묘 속제인 다함없는 五塵으로 체가 된다.

넷째, 常寂光淨土 - 오직 불과에서 만이 갖춘 상·락·아·정과, 여러 가지 선행이 의거한 무위 공덕과 無色心 등 여러 가지 차별 상·용이 있으니, 이것은 불과를 성취하여야 비로소 철저히 증득하고 원만하게 왕생할 수 있다. 地前 보살과 범부와 이승인은 理는 있고 事는 없어서 다만 성덕에서 갖춘 것일 뿐이다.

원교보살이 이 네 가지 국토의 차별을 깨달아 중생을 이롭게 하기 위한 까닦이며, 중생으로 하여금 제불 정토에 왕생케 하기 위한 까닭으로, 만행을 닦아 불토를 얻고 修德으로 인하여 性德을 드러나게 하니, 그러므로 '유심정토에 왕생하기를 원한다' 하였다.

『유마경』에 "중생이 만선과 만행을 닦아 성취함에 따라 불토가 청정하고, 불토가 청정한 데 따라 설법이 청정하며, 설법이 청정한 데 따라 지혜가 청정하고, 지혜가 청정한 데 따라 그 마음이 청정하며, 그 마음이 청정한 데 따라 일체 공덕이 청정하다. 만약 보살이 정토를 얻고자 하면 반드시 그 마음을 청정하게 하라. 그 마음이 청정한 데 따라 불토가 청정하다." 하고, 『대승지관법문』에 "心性이 본래 청정하여 제법이 오직 일심일 뿐이다. 이 마음이 곧 중생이며, 이 마음이 보살이요 부처다. 생사도 이 마음이요, 열반도 또한 마음이다. 일심이 두 가지를 지으나 두 가지가 도로 두 가지 모양이 없다. 일심은 바다와 같아 그 바탕은 항상 한 맛이지만, 갖가지 뜻을 갖추어 法藏이 무궁하다. … 여래장심은 진금과 같아 거스름과 수순하는 성을 갖추어 능히 더럽고 깨끗한 업에 따라 범부와 성인의 과덕을 나타낸다. 이러한 인연 때문에 속히 무루업을 익히고 청정심을 훈습하면 빨리 평등한 덕을 이룬다." 한 것이다.

이로 인하여 알 수 있는 것은, 유심정토에 나기를 원하는 자가 理에 집착하고 事를 폐하여, 마음을 깨닫기만을 구하고 만행을 닦지 않아서는 안 되니, 실로 만선을 닦아 事淨土를 장엄한 후에 理淨土를 뚜렷이 증득한다는 점이다. 그러므로 아무쪼록 속히 무루업을 익히고 만선을 널리 닦으며, 자성청정심을 훈습하되 染識을 돌려 淨識을 만들고, 범부의 마음을 돌려 부처의 마음이 되며, 예토를 돌려 정토로 삼아야 한다. 또한 본집에서 설한 것처럼, 만선을 닦아 一心에 同歸하는 것을 '유심정토에 나기를 원한다'고 부른다.

集

실제의 理地를 밟고
얻음 없는 觀門에 출입하며
거울 속 형상 같은 마군을 항복 받고
꿈속과 같은 불사를 크게 지어
履踐實際理地 出入無得觀門
降伏鏡像魔軍 大作夢中佛事

講

이 네 구절 송문은 요점을 따서 송을 결론지었으니, 원교보살이 닦을 중도원융행이다. 또한 본집에서 설한 이사가 무애한 뜻과 인과가 차이 없는 뜻을 꿰었다. 앞의 두 구절은 법으로 송하였고, 뒤에 두 구절은 비유로 송하였다.

'실제 이지를 밟고, 얻음 없는 관문을 출입한다'고 한 두 구절 송문은, 性 전체로 修를 일으키고 修 전체가 性에 있음을 밝혔다. '실제 이지'란 진여 법성의 理體를 말하니, 제법의 진실한 근본 경계이다.

『대지도론』 제32권에 "실제란 법성을 '실'이라 하고, 들어간 곳을 '제'라 한다. 또한, 낱낱 법에 아홉 가지가 있으니, 하나는 본체요, 둘은 각각 法이 있으니, 불은 뜨거운 것으로 법이 되어 능히 젖게(潤) 하지 못하는 것과 같다. 셋은 각기 힘이 있으니, 불은 태우는 것으로 힘이 되고 물은 젖는 것으로 힘이 되는 것과 같다. 넷은 각기 스스로 因이 있고, 다섯은 각기 緣이 있으며, 여섯은 각기 果가 있고, 일곱은 각기 性이 있으며, 여덟은 각기 장애가 있고, 아홉은 각기 소통시키는 방편이 있다. … '법성'이란 이 아홉 법 가운데 性이요, '실제'란 아홉 법 가운데 果證을 얻은 것이다. … 만약 보살이 이 법성 가운데 들어가면 가히 실제를 증득할 수 있거니와, 만약 6바라밀을 구족하여 중생을 교화하지 않으면 그때 실제를 증득한 것 같지만 佛道 이룸을 방애한다. 이때 보살이 대비 정진의 힘으로 도로 제행을 닦아야 한다(실제를 증득하지 않음). … 제법 가운데 모두 涅槃性(空寂)이 있으니 이를 '법성'이라 한다. 갖가지 방편법(觀行) 중에도 또한 열반성이 있으니, 만약 열반성을 증득할 때면 이것이 곧 실제이다. 또한, 법성이란 무량무변하여 心과 心數法으로 헤아리는 것이 아니니 이를 '법성'이라 하고, 성이 미묘하고 지극할 때 이를 '실제'라 한다." 한 것이다.

『대지도론』에서 말한 아홉 가지 법은 『법화경』에서 말한 十如是와 똑같다. 십여시는 곧 제법 실상이다. 그래서 보살이 제법 실상을 證悟한 것을 '실제 이지를 밟았다'고 한다. 증득했으나 머무르지 않고 性에서 修를 일으켜 육도만행을 널리 닦으면 마음에 지혜가 없고 또한 얻음도 없으니[無智亦無得], 이를 '얻음 없는 관문에 출입한다'고 한다. 제법이 一相 一味임을 아는 것이 이른바 '解脫相'이며 '離相'이며 '滅相'이니, 마침내 공으로 돌아간다. 그러므로 '얻음 없는 관문'에 능히 출입할 수 있다. 性으로부터 修를 일으키고 空으로부터 假를 내는 것이 얻음 없는 관문을 나가는(出) 것이요, 修로 인하여 性을 밝혀 본래 청정한 마음을 회복하는 것을 '얻음 없는 관문에 들어간다(入)'고 한다. 고덕(潙山 靈祐 선사(771~853)[65])이 '실제 이지에는 티끌 하나도 세우지 않지만, 불사 문중에는 한 법도 버리지 않는다' 한 것이 이 두 구절 송문과 서로 같아서, 모두 性·修가 둘이 아니고 二諦가 원융하다.

그러므로 본집에서 널리 밝힌, 여러 가지 선행을 널리 닦는 것(履踐)은 修德인 속제요, 똑같이 일심으로 돌아가는 것은 性德인 진제(實際理地)이다. 얻은 것

---

[65] 당나라 때 스님. 위앙종 초조. 백장회해의 제자이다. 『불광사전』 p6109-上.

이 없는 것(性德)으로 근본을 삼아 佛果를 원만 성취함을 얻고(果德), 또한 얻은 것이 없기 때문에(履踐實際理地) 보살이 수행하되 마음에 걸림이 없고, 걸림이 없기 때문에 공포가 없어서 전도몽상을 멀리 여의었으니(出入無得關門), 『반야심경』에서 설한 것과 서로 같다. 이 두 구절 송문은 곧 止觀을 원만 성취하여 얻음이 없고 이룸이 없이 과득을 증득한 것이다.

'얻음 없는 관문'이란 무얼 말하는가? 『대열반경』「범행품」에 "만약 보살이 마음에 얻은 것이 있으면 곧 보살이 아니니, 범부라 부른다. 보살은 실로 얻은 것이 없으니 얻은 것이 없는 것을 '네 가지 무애'라 한다. 만약 얻은 것이 있다면 '걸림'이라 한다. 장애가 있는 것을 '네 가지 전도'라 하는데, 보살은 네 가지 전도가 없기 때문에 무애를 얻는다. 그래서 보살을 '얻은 것이 없다'고 한다. 또한, 얻은 것이 없다는 것을 '지혜'라 하니, 보살이 이 지혜를 얻었기 때문에 '얻은 것이 없다'고 한다. 얻은 것이 있으면 '무명'이라 하니, 보살은 무명의 어둠을 영원히 끊었기 때문에 얻은 것이 없다. 그래서 보살을 '얻은 것이 없다'고 한다. … 선남자여, 얻은 것이 없는 것을 '아눗다라삼먁삼보리'라 하니, 보살이 무상정등정각을 얻을 때 모든 것을 얻은 것이 없다. 그래서 보살을 '얻은 것이 없다'고 한다. 얻은 것이 있으면 성문·연각의 보리라 한다. 보살은 二乘의 보리를 영원히 끊었으니, 그래서 보살을 '얻은 것이 없다'고 한다. 선남자여, 그대가 질문한 것도 얻은 것이 없고, 내가 설한 것도 얻은 것이 없다. 만약 얻은 것이 있다고 말한다면 이는 마군의 권속이지 부처님 제자가 아니다." 하였다.

또한 대승지관은 모든 보살이 행할 총지문이다. 그러므로 이 두 구절 송문으로 원교보살이 일심 이문에 의지하여 대승지관을 닦는 것을 모두 포함하였다. 위에서 알아야 할 부사의 경계를 이미 밝혔으니, 곧 우리들의 자성청정심이다. 여기에 寂(진여문)과 用(생멸문) 두 뜻을 갖추었다. 이른바 심체가 평등하여 일체 상을 여읜 것이 적의 뜻이며 공의 뜻이요, 본체에 染과 淨 두 작용을 갖춘 것이 照의 뜻이며 有의 뜻이다. 적과 조가 동시요 색과 공이 다르지 않아서 일심 이문을 깨달으면 곧 止와 觀을 쌍으로 행하는 것이다. 본집 앞에서 말한 '性相融卽' 科와, 제3절 '止觀雙流'에서 말한 것이다.

대승지관을 닦는 데는 반드시 諸法 三性에 의지하여 먼저 分別性 止觀을 닦아야 한다. 여기서 말한 分別性觀이란, 일체 중생이 무시이래로 有에 집착하고 空에 미혹하여 공과 유가 둘이 없음을 알지 못함을 관해야 한다. 그러므로 五陰과 바깥의 六塵이 모두 연기와 성공임을 관해야 한다. 이것은 分別性 觀門에 속하니, 이를 '空觀을 닦는다'라고 한다. 이 관을 짓고 나서는 중생이 무명망상으로 인하여 假를 오인하여 眞이라 하여 뜬금없이 생사를 받는다는 것을 이미 알았으니, 지금은 응당 잘못을 반성하여 오음과 십팔계가 有이지만 有가 아님을 관하면 곧 유에 집착하고 공을 미혹하는 망심을 그치고 분별성 止門에 들어갈 수 있다.

六識을 돌려 無塵智를 삼으면 견·사 번뇌가 저절로 끊어지고 분단생사를 다할 수가 있다. 한 걸음 더 나아가서, 이미 내외 제법을 알았으나 다만 무명망상과 여러 가지 망업으로 淨心을 훈습하였으므로, 淨心이 所熏의 법과 같이 변현하여 有가 아니면서 有라 오직 정심뿐이어서 태어남이 없고 멸함이 없으니, 이것은 분별성 止門으로부터 의타성 觀門에 들어가는 것이다. 이를 '假觀을 닦는다'고 한다. 이로써 二乘人이 공에 집착하고 유를 미혹하여 事를 여의고 理를 보는 것을 파할 수 있다. 성공에 의해 연기하고 연기에 의해 성공하여 공·유의 상을 모두 얻을 수 없음을 이미 알았으면, 空相의 집착을 멸하니 이것이 의타성 觀門에 의해 다시 止門에 들어가는 것이다.

다시 한 걸음 더 나아가서, 심성이 본래 청정하여 제법이 오직 일심뿐이지만 인연에 따라 나타남을 관하는 것이 '지관 쌍류'이다. 一念 無相을 직접 증득한 것을 '공'이라 하고, 법을 갖추지 않음이 없는 것(緣起)을 '假'라 하며, 하나도 아니고 다르지도 않은 것을 '中'이라 하니, 이를 '중관을 닦는다'고 한다. 제법의 원성실성에 들어가 일심 이문을 깨달으면 유가 곧 공이라 심진여문에 들어가 止行을 이루고, 공이 곧 유라 심생멸문을 일으켜 觀行을 이룬다. 止와 觀을 모두 행하고 定과 慧가 원만하면 大智를 이루어 생사에 주하지 않고, 대비가 있어 열반에 주하지 않는다. 일심 이문을 깨달으면 공과 유가 본래 둘이 아니어서 능히 집착이 없고 얻음이 없는 묘행을 이루어 위없는 정등정각의 불과를 증득할 수 있다.

『天台傳佛心印記』[66]에 "三觀이라 말한 것은, 空이기 때문에 一相도 세우지 않지만 이 삼천 性相이 동일성임을 밝혔으니, 마치 여러 가지 구슬이 모두 하나의 구슬에 모이듯이 필경 청정하여 斷滅空이 아니다. 곧 假이기 때문에 여러 가지 모양이 분명하지만 이 삼천이 자체를 잃지 않음을 밝히니, 마치 하나의 구슬이 여러 가지 구슬에 들어가서 불가사의하니, 인연에 의한 假가 아니다. 곧 中이기 때문에 二邊을 雙遮하여 두 가지 상이 없지만 二諦를 雙照하여 空과 假가 분명하니, 어찌 다만 中뿐이라서 제법을 갖추지 않은 것과 같겠는가. 一空이 一切空이며 一假가 一切假며 一中이 一切中이니, 그렇다면 종일 相을 파괴하지

---

66 원나라 때 虎谿沙門 懷則이 찬술하였으니, 전 1권이다. 천태종에서 전한 佛心印인 '性具·性惡'법을 설명하며, 아울러 禪家의 '敎外別傳, 見性成佛'과 상종의 定性二乘과 성종의 無佛性 등의 뜻을 파척하였다. 주석서로는 명나라 때 傳燈이 지은 『天台傳佛心印記註』 2권 등이 있다.

만 제법이 모두 이루어지고, 종일 법을 세우지만 가는 티끌도 반드시 공하며, 종일 상대를 끊어도 이변이 분명하니, 이것이 파괴한 것에 의해 세우는 것이요, 세우는 것에 의해 파괴하는 것이라, 파괴하는 것이 아니고 세우는 것이 아니어서 파괴하면서 세우니, 말로는 비록 차제가 있으나 행은 일시에 있다." 하였다.

위에서 설한 것과 같이, 파괴에 의해 세우는 것은 나가는 것에 의해 들어가는 것과 같고, 파괴가 아니고 세우는 것이 아니라 파괴하면서 세운 것은 얾 없는 관문에 출입하는 것과 같다. 이것이 이 책 송문에 '실제이지를 밟고(空), 얾 없는 관문에 출입한다(假)'고 한 것에 대한 가장 좋은 해설이라 할 수 있다.

'거울 속 형상의 마군을 항복받고, 꿈속 불사를 크게 지어' 한 이 두 구절은, 비유로 원교보살이 닦을 중도의 보살행을 밝혔다. '마'란 무엇을 말하는가? 범어 마라māra는 '목숨을 뺏을 수 있다', '장애한다', '파괴한다', '악한 자'라 번역한다. 지혜의 목숨을 끊기 때문에 '마'라 하고, 방일하여 선법을 파괴하기 때문에 '마'라 한다. 일반적인 설로는 네 가지 마가 있으니 곧 煩惱魔와 五陰魔와 天魔와 死魔[67]이다.

무엇을 '마군'이라 하는가? 여러 가지 나쁜 생각과 나쁜 일을 마군이라 한

---

67 사마四魔 : 사람의 身命과 慧命을 뺏는 네 가지 魔. (1) 蘊魔 – 陰魔·五陰魔·五蘊魔·五衆魔·身魔라고도 한다. 즉, 色. 受. 想. 行. 識 등 五蘊이 모여 생사 苦果를 이루니, 이 生死法이 능히 慧命을 뺏는다. (2) 煩惱魔 – 欲魔라고도 한다. 곧, 몸속의 108 등의 번뇌가 능히 중생의 심식을 惱亂하여 慧命을 뺏어 능히 보리를 이루지 못하게 한다. (3) 死魔 – 능히 중생의 사대를 분산하게 하여 빨리 죽어 수행인으로 하여금 慧命을 잇지 못하게 한다. (4) 天子魔 – 他化自在天子魔·天魔라고도 한다. 곧, 욕계 제6천의 마왕이니, 능히 사람의 善事를 방해하여 賢聖法을 미워하고 질투하여 갖가지 혼란한 일을 지어 수행인으로 하여금 出世善根을 성취하지 못하게 한다. 이상에서 앞에 세 가지는 內魔라고 하고, 뒤에 것은 外魔라 한다.

다. 무릇 보살이 수행하는 일을 장애하는 것을 모두 마군이라 할 수 있다. 또한, 본사께서 보리수 아래서 막 성불하려 할 때 욕계 제6천 마왕이 제 여러 권속을 거느리고 갖가지 병기를 가지고 와서 위협하며 부처님이 성도하는 것을 방애하니, 부처님이 자비력으로 이들을 항복한 것을 '마군을 항복하였다'고 한다. **'鏡像'** 은 무엇인가? 거울 가운데 나타난 여러 가지 형상을 말하니, 거울 본체는 여여부동하지만 거울 속 형상은 인연에 따라 변화하니, 있는 것은 가짜로 있는 것이다. 보살이 심진여문에 증입하는 것은 거울의 본체를 얻는 것과 같고, 생멸문에 수순하는 것은 거울의 형상을 나타낸 것 같다. 魔事를 바꾸어 佛事를 삼는 것이 바로 항복이다.

『마하지관』제4권에 "마사를 바꾸어 불사로 삼는 것이 바로 교묘한 지혜이다." 하고, 『유마경』「보살품」에 "지세보살이 부처님께 아뢰었다. '제가 예전에 고요한 방에 있을 때 마왕이 만이천 천녀를 거느리고 오니, 모습이 제석천인 같았습니다. 그들이 음악을 연주하고 노래를 부르며 제 앞에 머물렀습니다. 저는 이들이 제석천인인가? 하고 생각하는데, 유마힐이 와서 저에게 '이들은 제석천인이 아니고 마군이 와서 그대를 어지럽게 하는 것이오' 하였습니다. 그때 유마힐이 천녀에게 법을 설하여 보리심을 내어 오욕락을 버리고 법락으로 스

여러 가지 경론에서 四魔를 물리치는 방법에 관해서 대략 몇 가지를 열거하였다. (1) 제법이 如幻의 相임을 철저하게 관하면 능히 陰魔를 물리칠 수 있다. 제법이 모두 空의 相임을 깨달으면 능히 능히 煩惱魔를 물리칠 수 있다. 제법이 不生不滅한 이치를 깨달으면 능히 死魔를 물리칠 수 있다. 교만한 마음을 멸제하면 능히 天魔를 물리칠 수 있다. (2) 四諦 가운데 苦諦를 깨달으면 陰魔를 대치할 수 있다. 集諦(有漏煩惱之聚集)를 멀리 여의면 煩惱魔를 대치 할 수 있다. 滅諦를 깨달으면 死魔를 대치할 수 있다. 道諦를 부지런히 닦으면 天魔를 대치할 수 있다. (3) 수행하는 보살이 보살도를 증득하면 능히 煩惱魔를 물리칠 수 있다. 法身을 증득하면 陰魔를 물리칠 수 있다. 도를 얻고서 法性身을 증득하면 死魔를 물리칠 수 있다. 일심을 기울여 一切處에 妄着하지 않고 부동삼매에 들어가면 天魔를 물리칠 수 있다. 『불광대사전』에서 전재

스로 즐기기를 권유하였습니다. 그러자 천녀가 물었습니다. '무엇을 법락이라 합니까?' 유마힐은 이렇게 대답하였습니다. '항상 부처님 믿기를 좋아하고, 법 듣기를 좋아하며, 스님들에게 공양하기를 좋아하고, 오음이 원수와 같음을 관하고 사대가 독사와 같음을 관하기 좋아하며, 중생을 이익되게 하기를 좋아하고, 육바라밀 행하기를 좋아하고, 번뇌 끊기를 좋아하고, 불국토를 청정히 하기 좋아하고, 여러 가지 공덕 닦기를 좋아하며, 선지식을 가까이하기 좋아하고, 한없는 도품의 법 닦기를 좋아하는 것, 이것이 보살 법락이니라.' 그러자 여러 마녀가 물었습니다. '저희가 어찌하여 마궁에 거주합니까?' 유마힐이 대답하였습니다. '너희들이 비록 마궁에 머무르나 無盡燈의 법문으로 무수한 천인에게 보리심을 내어 중생을 유익하게 하면 부처님 은혜를 갚는 것이다.' 그때 마왕 마녀가 유마힐에게 정례하고 나서 마궁으로 돌아갔습니다'" 하였으니, 이것이 천마를 항복한 사례이다.

문 : 보살이 도를 닦으면서 어찌하여 마군을 항복받고자 하는가?

답 : 보살은 예토에서 수행하니 반드시 마군을 항복 받아야 비로소 성불할 수 있다. 마는 악법을 대표하고 부처님은 선법을 대표하니, 악이 있으면 선이 없고 선이 있으면 악이 없다. 선과 악은 상대적인 이분법이요, 부처와 마도 또한 상대적인 법이다. 고인이 "도가 한 자 높으면 마는 한 길 높다." 하고, 유가에서는 "사람 마음은 위태롭고 도심은 정묘하다." 하였으니, 번뇌 망상의 사람 마음이 바로 마요, 자리이타의 도심이 곧 부처인 것이다. 그러므로 반드시 번뇌망상을 항복 받아야 비로소 자신을 이롭게 하고 남을 이롭게 하는 보살도를 성취하여 성불할 수 있다.

마군을 항복받는 방법은 경론에 설한 것이 한둘이 아니다. 크게 나누면 네 가지가 있다. 하나는 『대집경』에 "四諦로 四魔를 항복하니, 苦諦로 오음마를 항복 받고, 集諦로 번뇌마를 항복 받으며, 滅諦로 사마를 항복 받고, 道諦로 천마를 항복 받는다." 하였다. 둘째는 『대지도론』에 "보살도를 얻었으므로 번뇌마를 파하고, 법성신을 얻었으므로 오음마를 파하며, 도를 얻고 법을 얻었으므로 사마를 파하며, 부동삼매에 들어갔으므로 천마를 파한다." 하였다. 셋째 『섭대승론』에 "자심삼매에 의하여 능히 천마를 파할 수 있다." 하였다. 넷째 『마하지관』에는 "공관을 닦아 번뇌마와 오음마를 파하고, 가관을 닦아 천마를 파하며, 중관을 닦아 사마를 파한다." 하고, 또한 "일심 정념이면 邪가 따르지 않음을 알아 마가 저절로 물러간다." 하였으니, 정토법문을 닦아 일심으로 아미타불을 정념하면 魔事가 없다는 것을 알 수 있다. 곧, 정토에 왕생하면 연화에 의탁한 몸에는 오음마가 없고, 여러 상선인과 한곳에 모이니 천마가 없으며, 부처님을 뵙고 무생을 깨달으니 번뇌마가 없으며, 무량수를 얻으니 사마가 없으니, 이야말로 보살이 궁극적으로 四魔를 항복 받는 데 대한 신선의 선약과 같은 묘법이다.

무엇을 '대작(크게 짓는다)'이라 하는가? 첫째 행을 들어 설하면, '대작'이란 넓고, 많고, 두루하고, 승묘하다는 등의 뜻이 있다. 이른바 大法을 믿고 自心을 발하며 大願을 세우고 大行을 닦으며 大時를 경과하며 大果에 나아가는 것이니, 「보현행원품」에서 설한 것이다. 둘째 법을 들어 설하면, 대승법을 닦는 것을 '대작'이라 한다. 『법화경』 「비유품」에 "중생이 부처님에게서 법을 듣고 받아 지녀 부지런히 정진을 닦아 一切智와 佛智와 自然智와 無師智와 여래 지견과 力과 무소외를 구하여, 수많은 중생을 불쌍히 여기고 안락하기를 생각하고, 천상이나 인간을 이익되게 하며, 모든 이를 도탈하는 것을 '대승'이라 하고, 보살이 이 교승을 구하기 때문에 '마하살'이라 한다." 하였다. 셋째 사람을 들어 설하면, 보살을 '대인'이라 하고 그들이 닦는 것을 '대작'이라 한다. 넷째 理를 들어 설하면, 일심 이문을 갖춘 것을 '대작'이라 하니, 심진여문은 체대니 일체법을 갖추었고, 심생멸문은 상·용대니 일체법을 짓는다. 다섯째 교를 들어 설하면, 바라밀다문에 들어가는 것을 '대작'이라 하니, 반드시 일곱 가지 뜻을 갖추어야 한다. 보살종성에 안주하고, 대보리심에 의지하며, 유정을 불쌍히 여기고, 육도만행을 갖추어 닦으며, 無相智를 섭수하며, 무상 보리에 회향하며, 번뇌장과 소지장에 섞이지 않는 것이다.

'꿈'이란 무엇인가? 사람이 잠을 잘 때 나타나는 갖가지 幻事를 꿈이라 하니, 잠을 자지 않으면 꿈을 꾸지 않는다.『대비바사론』제37권에 "다섯 가지 인연이 있어서 꿈을 꾼다. 하나는 다른 것이 끌어당기기 때문이다. 제천이나 신선이나 귀신이나 주술이나 약초나 친우나 여러 성현이 끌어당기기 때문에 꿈을 꾸는 것이다. 둘은 습관 때문이다. 전에 어떤 사업을 익혔기 때문에 꿈에 보게 된다. 셋은 당연히 있을 것이기 때문이다. 이 사람이 장차 길한 일이나 불길한 일이 있을 것이기 때문에 꿈속에서 먼저 그런 모양을 보는 것이다. 넷째는 망상분별 때문이다. 어떤 일에 대하여 사유하고 희구하는 어리석은 생각으로 꿈에서 보게 된다. 다섯째는 병 때문이다." 하였다. 고인이 "至人은 꿈이 없다." 하니, 이것은 오직 부처님만이 지고무상한 성인임을 말했으니, 그러므로 꿈이 없다.

'불사'란 무얼 말하는가? 불법 가운데서 설한 계·정·혜와, 일체 상구 하화를 닦는 것을 '불사'라 한다.『유마경』에 "아난이 부처님께 '이와 같은 香飯으로도 능히 불사를 지을 수 있는 것은 참으로 드문 일입니다' 하고 여쭈니, 부처님이 '아난이여! 어떤 불토에서는 부처님 광명으로 불사를 짓고, 어떤 불토에서는 여러 가지 보살행으로 불사를 지으며, 혹은 부처님이 깨달은 것으로 불사를 짓고, 혹은 보리수로 불사를 짓고, 혹은 32상 80종호로 불사를 지으며, 혹은 부처님의 의복이나 와구로 불사를 짓고, 혹은 불신으로 불사를 짓고, 혹은 허공으로 불사를 짓나니, 중생이 응당 이 인연으로 律行에 들어갈 수 있기 때문이다. 혹은 꿈이나 허깨비나 그림자나 메아리 등으로 비유하여 불사를 짓고, 혹은 음성이나 언어문자로 불사를 지으며, 혹은 청정 불토가 적막하여 언설이 없고 보임이 없고 아는 것이 없으며, 지음이 없고 함이 없는 것으로 불사를 짓기도 한다. 이와 같이 아난이여! 부처님의 몸가짐이나 여러 가지 행동이 불사 아닌 것이 없다. 중생에게 팔만사천 여러 가지 번뇌문이 있으니, 제불이 이것으로 불사를 짓느니라' 하였다" 한 것이다.

'몽중 불사를 크게 짓는다' 한 것은, 본집에서 설한 중도원융의 행이다. '이사 무애'부터 '인과무차'까지 열 가지 圓修가 모두 만행을 널리 닦되 집착이 없어서 꿈과 같고 환과 같음을 설명하였다. 또한, 보살이 일심삼관을 갖추었음을 말하니, 곧 크게 몽중 불사를 짓는 것이다. 왜냐하면, 空觀으로 세간이나 출세간의 일체 법이 유가 곧 유가 아니어서 꿈과 같이 진실하지 않음을 알고, 假觀으로 일심 연기의 모든 불사에 십여시의 事相이 있어서 유가 아니면서 유여서 만상이 분명함을 알며, 中觀으로 二諦가 원융하여 공과 유가 둘이 아니고, 十義를 圓修하여 비록 만선을 지으나 똑같이 연기성공의 일심에 돌아가니, 이것이 꿈속 불사를 크게 짓는 것이다.

集

幻化와 같은 함식을 널리 제도하고
적멸·보리를 똑같이 증득해지이다.
廣度如化含識 同證寂滅菩提

講

이 두 구절 송문은 원교 일승을 성취한 과덕을 重頌한 것이다. 위 구절은 다른 이를 교화하는 과덕이요, 아래 구절은 위로 보리를 구하는 과덕이다. 보살의 발심은 위로 보리를 구하고 아래로 중생을 교화하니, 그러므로 證果도 또한 상구와 하화를 여의지 않는다. '함식'은 무릇 心識이 있는 유정 중생을 가리키니, 이들은 보살이 수행하여 과덕을 증득하여 교화 제도할 대상이다. 보살은 중생이 중생이 아니고 이 이름이 중생임을 아니, 그러므로 중생 보기를 모두 幻人과 같이 보고, 제도하는 일도 幻象과 같이 본다. 그래서 모든 것이 인연을 따르니, 인연이 갖추어지면 제도하고 인연이 없으면 그만둔다. 또한, 자기가 중생을 능히 제도할 수 있는 보살이라고 집착하지 말아야 한다. 보살이 아상·인상이 있으면 보살이 아니기 때문이다. 보살이 비록 아·인 등 네 가지 관념이 없으나, 모든 선법을 닦아 자비의 배로 일체중생을 널리 건너 주는 마음을 갖추었기 때문에 '널리 제도한다'고 하였다.

'환화와 같은 함식을 널리 제도한다' 한 것은, 『능엄경』에 아난존자가 "만약 하나의 중생이라도 성불하지 않으면 결코 여기서 열반을 얻지 않을 것입니다." 하고, 지장보살이 "지옥이 비지 않으면 서원코 성불하지 않으리라. 중생을 모두 제도해야만 비로소 보리를 이루리." 하며, 또한 아미타불이 因地에서 발한 마흔여덟 가지 대원에서, 원마다 모두 중생을 제도하기 원하였다. 또한, 관음보살이 서른두 가지 응신 가운데서 중생을 어떤 몸으로 제도할 것인가에 따라 적절한 몸을 나타내 법을 설했으니, 이것들이 모두 환화와 같은 함식을 널리 제도하는 좋은 사례이다.

원교의 일승과를 성취하면 곧 성불인데, 성불한 것은 중생을 제도하기 위해서다. 만약 중생을 버리거나 중생을 제도하지 않으면 보살은 반드시 성불하지 못한다. 그러므로 중생을 제도하는 것과 성불은 서로 인과가 되어 하나도 모자라서는 안 된다.

불자가 수행하여 과덕을 증득하되, 만약 단지 자신만 생사에서 벗어나기 바라고 중생을 교화하지 않으면 이것은 二乘의 과덕이다. 보살이 수행하여 증득한 과덕은 일체중생과 함께 똑같이 적멸보리를 증득하며, 또한 똑같이 일심 이문을 증득하기 원하니, 이것이 大乘 佛果이다. 심진여문에 증입하면 평등법신을 얻어 적멸과를 이루고, 심생멸문에 증입하면 四智菩提를 얻어 보리과를 이룬다. 이렇게 일심 이문에 증입하면 반드시 이러한 두 가지 과덕이 있으니, 그러므로 '똑같이 적멸·보리를 증득해지이다' 하였다.

'적멸·보리'란 무엇인가? 사성제에 의해 말하면, 열반에 들어간 것이 곧 멸제니 또한 '적멸'이라고도 한다. 혹업을 멸하고 생사윤회의 고통에서 벗어난 것이 적멸이다. 이른바 하는 일을 이미 이루었고, 범행은 이미 성립하였으며, 後有를 받지 않으니 그러므로 '적멸'이라 한다. 만약 삼계의 혹업이 다하지 않고 보신이 아직 남아 있으면 이는 유여열반이요, 이 보신을 버리고 후세의 苦果가 영원히 상속하지 않으면 이는 무여열반이다.

화엄종 3조 법장 대사가 지은 『화엄금사자장』에 "보리를 성취한 자는 만행이 이미 원만하고 본각이 나타나, 무시이래의 모든 전도망상이 원래 진실한 것이 아님을 아니 이것을 '覺'이라 하고, 필경에 일체종지를 갖춘 것을 '보리를 이룬다'고 한다. 한번 깨달으면 영원히 깨닫고 한번 이루면 영원히 이루어, 한 법도 마치지 않음이 없고 하나의 행도 원만하지 않음이 없으며, 하나의 지혜도 갖추지 않음이 없고 하나의 이치도 증득하지 않음이 없는 것이 곧 보리를 이룬 것이다. '열반에 들었다'는 것은, 智體가 평등 불변한 것을 '대열반'이라 하니, 망상을 모두 다하고 여러 가지 핍박이 없으며 번뇌에서 벗어나 장애를 여의어서 영원히 고통의 근원을 여읜 것을 열반에 들어갔다고 한다." 하였다.

무착보살이 지은 『섭대승론』에 "부처님은 본래 항상 머무시는데 멸도(죽음)를 보인 것에 여섯 가지 뜻이 있다. 하나는 일을 모두 마쳤기 때문에 멸도를 보였으니, 二利가 원만한 것을 말한다. 둘은 즐거움의 전도된 생각을 제거하려고 멸도를 보였으니, 부처님이 멸도한 것을 보고 중생이 상주함이 없는 것을 상주하다고 집착하고, 즐거움이 없는 것을 즐거움이라 집착하는 전도된 생각을 제거하였음을 말한다. 셋은 오만불손함을 버리게 하려고 멸도를 보였으니, 중생이 부처님이 상주 불멸하는 것을 보고는, 방자하고 교만한 마음을 내고 귀찮아하고 게으른 마음을 내어, 만나기 어렵다는 생각과 공경하는 마음을 내지 않는 것을 말한다. 넷은 중생이 깊이 숭상하게 하려고 적멸을 보였으니, 부처님이 인간에 출현하여 매우 오래 계셔도 만나기 어려운데, 오래 하지 않고 곧 멸도를 보여 중생이 부처님을 연모하고 깊이 숭상하여 선근을 심게 한 것을 말한다. 다섯은 정진하게 하려고 멸도를 보였으니, 이른바 '이 몸을 금생에 제도하지 않으면 다시 어느 생을 기다려 이 몸을 제도하랴' 한 것이다. 여섯은 중생이 해탈을 얻게 하려고 멸도를 보였으니 『법화경』「여래수량품」에 설한 훌륭한 의사가 약을 둔 비유[68]와 같다." 하였다.

여기서 말한 '똑같이 적멸·보리를 증득해지이다' 한 것은, 견·사의 진사무명혹을 모두 끊고 증득한 것을 '적멸과(열반)'라 하고, 일체종지를 갖추어 증득

68　"비유컨대 한 良醫가 지혜가 뛰어나고 의약에 정통하여 여러 가지 병을 잘 다스리는 것과 같으니라. … 너희는 알지어다. 내 이제 늙어 죽을 때 되었도다. 이 좋은 약 이제 여기 놓아두노니 부디 먹어 안 나을까 걱정하지 마라. … 이때 아들들은 아비가 세상을 떠남을 듣고, 크게 걱정하고 괴로워해 이같이 생각하되 '아버지가 계셨던들 우리를 불쌍히 여기사 보호해 주시리만 이제 우리 놓아둔 채 타국서 작고하셨네' 하고, … 비로소 이 약의 빛도 맛도 향기도 좋은 줄을 알게 되어 곧 집어 이를 먹어 병이 모두 나았거늘 …." 하였다.

한 것을 '보리과'라 한다. 이것은 일반 세속인이 오늘 아침에 술을 마시고 오늘 아침에 취한 것을 現法涅槃[69]이라 하는 것과는 다르고, 갖가지 고행으로 열반을 구하는 외도 수행과는 다르며, 또한 세간 선정에 의해 오신통을 닦아 얻었으나 번뇌를 끊지 못해 여전히 생사에 윤회하는 五通仙人과는 다르다.

또한, 二乘이 증득한 偏空涅槃과도 같지 않으니, 이것은 상·락·아·정의 대열반과를 증득하여, 구경에 몸과 마음이 적멸한 즐거움과 보리각법의 즐거움을 얻었으며, 또한 대비본원을 여의지 않고 찰진세계에 몸을 나투어 미래세가 다하도록 중생을 제도하는 것이다. 만약 淨業行人이 지극한 마음으로 염불하여 분별망념을 일으키지 않고, 止가 있고 定이 있으며, 한 구절 부처님 명호가 또록또록 분명하여 觀이 있고 慧가 있으면 즉시 마음과 부처가 둘이 아니어서 적멸(無量壽)과 보리(無量光)가 모두 현전한다.

(하권 끝)

---

[69] 涅槃에 관한 여러 가지 견해 가운데 외도가 집착하는 62견 중에 한가지. 곧, 현재의 오욕에서 자유롭게 즐거움을 누리는 것이 바로 열반이라고 주장하는 것이다. 곧, 욕계가 바로 열반이라는 주장. 또한 색계 初禪天, 二禪天, 三禪天, 四禪天이 바로 열반이라고 주장하기도 한다. 이 논은 외도 十六宗 중에서 妄計淸淨宗의 주장이다.

부록

1. 御製妙圓正修智覺永明壽禪師萬善同歸集序
2. 十善因果綱要表
3. 十如是
4. 靜 法師 捨身頌
5. 『유마경』「불도품」40게 송문
6. 慧日永明寺智覺禪師自行錄

1. 御製妙圓正修智覺永明壽禪師萬善同歸集序

朕嘗謂佛法分大小乘 乃是接引邊事 其實小乘步步皆是大乘 大乘的的不離小乘 不明大乘 則小乘原非究竟 如彼淨空 橫生雲翳 不履小乘 則亦未曾究竟大乘 如人說食 終不充饑 蓋有以無故有 無以有故無 禪宗者 得無所得故 是爲實有 教乘者 得有所得故 是爲實無 實際理地 徹底本無 涅槃妙心 恒沙顯有 有無不可隔別 宗教自必同塗 迷者 迷有亦迷無 達者 達無卽達有 非證明顯有之一心 何由履踐本無之萬善 非履踐本無之萬善 又何由圓滿顯有之一心 乃從上古德 惟以一音 演唱宗旨 直指向上 其於教乘 惟恐學者執着和合諸相 不能了證自心 多置之不論 而專切教乘者 着相執滯 逐業隨塵 以諸法爲實有 正如迷頭認影 執指爲月 所以同爲學佛之徒 而參禪之與持教 若道不同不相爲謀者 禪宗雖高出一籌 若不能究竟 翻成墮空 蓋住相遺性 故積諸雜染 而同於具縛之凡夫 離相求心 亦沉於偏空 以難免化城之中止 依古宗徒 皆以教乘譬揚葉之止啼 而以性宗爲教外之別旨 話成兩橛 朕不謂然 但朕雖具是見 而歷代宗師 未有闡揚是說者 無徵不信 亦不敢自以爲是 進閱古錐言句 至永明智覺大師 觀其唯心訣 心賦 宗鏡錄等諸書 其於宗旨 如日月經天 江河行地 至高至明 至廣至大 超出歷代諸古德之上 因加封號爲妙圓正修 智覺禪師 其唱導之地 在杭之淨慈 特勅地方有司 訪其有無支派 擇人承接 修葺塔院 莊嚴法

相 令僧徒朝夕禮拜供養 誠以六祖以後 永明爲古今第一大善知識也 乃閱至所作萬善同歸集 與朕所見 千百年前 若合符節 他善知識 便作是說 朕亦懷疑 不敢深信 今永明乃從來善知識中 尤爲出類拔萃者 其語旣與朕心 默相孚契 朕可自信所見不謬 而宗教之果爲一貫矣 夫空有齊觀 性行不二 小善根力 並是菩提資糧 大地山河 實建眞空寶刹 是書也 得其妙用 自必心法兩忘 涉其藩籬 亦可智愚同濟 心通上諦 入教海而數沙 足躡虛無 依宗幢而進步 從此入者 不落空亡 到彼岸者 仍然如是 誠得千佛諸祖之心 誠爲應化含識之母 實惟渡河之大象 實乃如來之嫡宗歟 朕旣錄其要語 與宗鏡錄等書 選入禪師語錄 同諸大善知識言句 並爲刊布 又重刊此集 頒示天下叢林古刹 常住道場 欲使出家學佛者 依此修行 張六波羅蜜之智帆 渡一大乘教之覺海 具足空華萬善 刹刹塵塵 往來隨喜眞如 層層級級 飲功德水 而一一同味 截栴檀根 而寸寸皆香 薰己他薰 利他自利 遍虛空而無盡 當來世而無窮 無始無終 不休不息 此則朕與永明 所爲弘正道 而報佛恩者也 夫達摩心傳 本無一字 而永明心賦 乃有萬言 不立一字 該三藏而無遺 演至萬言 覓一字不可得 故云 假以詞句 助顯眞心 雖挂文言 妙旨斯在 觀此萬言之頭頭是道 可知萬善之法法隨根 何妨藻彩繽紛 清辭絡繹 多聞逾於海藏 語妙比於天花 寧非高建法幢 卽是深提寶印 曾何絲毫之障碍 轉增無量之光明 在言詮而亦然 豈行果之不爾 爰附刊於此集之後 俾學者合而觀之 如寶珠網之重重交映焉 是爲序

雍正十一年癸丑夏四月望日御筆

2. 十善因果綱要表

소극적 十善	적극적 十善	正報	餘報	當發 如是心	得佛 十自在	得佛 十無礙
不殺生	放生·護生	三善道 或三乘果	長壽·少病. 不爲一切怨賊所害	大慈心-救護衆生故	命	住壽
不偸盜	布施·慈善	三善道 或三乘果	富裕, 人不侵損. 悉能備集諸佛法藏	大施心-捨所有, 資助衆生故.	財	資生
不邪行	梵行淸淨, 勸人戒淫.	三善道 或三乘果	妻室賢良, 眷屬稱意. 母及妻子, 無有能以欲心視者	淸淨心-學菩薩, 修梵行故	心	入三昧
不妄言	心口一如, 言語眞實	三善道 或三乘果	離衆毀謗, 攝持正法. 發言誠信, 不被欺誑	至誠心, 求一切智心-樂佛法故	法	說法
不兩舌	和合諍離, 助成人善	三善道 或三乘果	眷屬歡樂, 不受挑發	和合心, 如金剛心-其心堅固故	業	現業
不惡口	愛語柔軟, 常讚三寶	三善道 或三乘果	言皆信受, 無違拒者. 不聞惡聲, 言辭柔美, 一切衆生, 歡喜歸依	安慰心, 大悲心-代衆生苦故	生	受生
不綺語	質直無僞, 所說有益	三善道 或三乘果	言語有益, 人皆敬受, 能善方便, 斷諸疑惑	正直心, 如海心-具足衆善故	解脫	勝解
不慳貪	常觀不淨, 樂善好施	三善道 或三乘果	一切所有, 悉以惠捨. 多財多福, 富貴稱心. 信解堅固, 具大威力	大喜心, 安穩心-施衆無畏故	願	欲樂
不瞋恚	慈悲恕人, 怨親平等	三善道 或三乘果	成就無礙心智. 心常喜樂, 容貌端正, 見皆敬愛	無我心, 如山王心-忍荷一切故	神力	如意
不邪見	深信因果, 行八正道	三善道 或三乘果	恒生正見敬信之家, 聰明·智慧. 見佛聞法, 供養衆僧. 常不忘失大菩提心	無著心, 般若心-觀法無所有故	智	智慧

3. 十如是

　　　　　　　　　　　　　十如是에서 다르지 않다[不異]는 것을 '如'
라 하고, 아닌 것이 없다[無非]는 것을 '是'라고 한다. 처음에 지옥부터 마지막
佛界에 이르기까지 각기 十如是의 인과법을 갖추었음을 말한다.

　천태대사는 뜻에 의해 문장을 읽는 데 무릇 세 가지 전환이 있다.

　첫째는, 是의 相이 如하고, 是의 性이 如하며, 내지 是의 報가 如하다. 如를 '不異'라 하니, 곧 空의 뜻이다. 둘째, 如是한 相과 如是한 性과 내지 如是한 報니, 名字의 시설이 각기 같지 않음을 말하였다. 곧 假의 뜻이다. 셋째는, 相이 如是하고 性이 如是하며, 내지 報가 여시하니, 如가 중도실상의 是이다. 곧 中의 뜻이다. ('十法界'는 地獄界, 畜生界, 餓鬼界, 修羅界, 人界, 天界, 聲聞界, 緣覺界, 菩薩界, 佛界이다. 空·假·中은, 性을 여의고 相을 여읜 것을 '空'이라 하고, 법을 갖추지 않음이 없는 것을 '假'라 하며, 空이 아니고 假도 아닌 것을 '中'이라 한다.)

　1. **如是相** – '相'은 相貌를 말하니, 밖의 경관에 의해 다를 수가 있다. 처음에 지옥부터 마지막 불계까지, 각기 모양이 같지 않으니 이를 '如是相'이라 한다. ('相은 바깥에 의거한다'는 것은, 相이 밖에 있어 의거할 수 있음을 말한 것이다.)

　2. **如是性** – 性은 性分이다. 性은 안의 자체에 의거해 변화하지 않으니, 처음에 지옥부터 마지막 불계까지, 性이 각기 같지 않으니 이것을 '如是性'이라 한다.

3. 如是體 - 體는 體質이니, 처음에 지옥부터 마지막 불계까지, 모두 色身으로 體質이 되니 이것을 '如是體'라 한다.

4. 如是力 - '力'은 곧 力用이다. 처음에 지옥부터 마지작 불계까지, 역용과 공능이 있으니 이를 '如是力'이라 한다.

5. 如是作 - '作'은 造作이다. 처음에 지옥부터 마지막 불계까지, 모두 능히 운전하고 조작할 수 있으니 이를 '如是作'이라 한다.

6. 如是因 - '因'은 習因이다. 처음 지옥부터 마지막 불계까지, 善惡의 業因이 모두 자기의 종자로부터 나서 습이 이어져 끊어지지 않으니 이를 '如是因'이라 한다.

7. 如是緣 - '緣'은 緣助이다. 처음에 지옥부터 마지막 불계까지, 각기 연기의 법이 있어 習因을 도와 이루어지니 이를 '如是緣'이라 한다.

8. 如是果 - '果'는 習果이다. 처음에 지옥부터 마지막 불계까지, 모두 習因에 의해 습이 앞에 것을 이어 習果를 뒤에 얻으니 이를 '如是果'라 한다.

9. 如是報 - '報'는 과보이다. 처음에 지옥부터 마지작 불계까지, 모두 習因과 習果로 말미암아 그 과보를 감득하니, 이를 '如是報'라 한다.

10. 如是本末究竟等 - 처음 相이 근본이고 마지막 報가 말이니, 이 본과 말이 모두 똑같이 實相이어서 一理平等하여 두 가지가 없으니, 이를 '如是本末究竟等(여시 본·말이 구경에 평등함)'이라 한다.

- [出『法華經玄義』]

4. 靜藹法師 捨身頌

아무 이로울 것 없는 이 몸 사람의 공력만 번거롭게 하네.
바위 끝에 몸을 해체하고 낭떠러지 소나무에 몸을 흩어놓나니
천인이나 아수라 山神이나 樹神 등
도를 구하는 자 내가 버린 몸을 보소서.
원컨대 중생은 나의 해골을 보고
번뇌의 큰 배가 모두 침몰하며
원컨대 중생은 내가 목숨 버렸다는 말을 듣고
큰 귀[耳]를 성취하여 보리를 완벽하게 이루며
원컨대 중생이 나의 이때를 생각하고
기억력을 구족하여 多聞總持하기 바라네.
이 報身 한번 다하면 사대가 마르고 쇠하여
泉林에는 길이 끊어지고 巖室에는 아무 소리 들리지 않네.
금수나 그밖에 곤충에게도 널리 보시하나니
살을 먹고 피를 마셔 선근이 안으로 충만하소서.
원컨대 내가 미래에 속히 善逝를 이루어
몸과 마음이 자재하여 서로 고난에서 건지기 바라네.
이 몸이 부정하여 아래로 똥주머니가

아홉 구멍에서 항상 흐르니 마치 새는 제방 같고

이 몸이 참으로 더러워 쳐다볼 수가 없나니

얇은 피부로 피를 감싸고 더러운 오물이 가득 넘치네.

이 몸 더러운 냄새는 마치 죽은 개 같나니

서른여섯[六六] 가지가 합성한 것이지 변화하여 있는 것이 아니네.

이 냄새 나는 몸을 보니 무상하기 옥에 갇힌 것 같나니

진퇴를 면할 수 없으니 개미와 땅강아지가 만난 것 같네.

이 몸 보존하기 어렵나니 목숨이 있는 건 반드시 무너지나니

여우에게 먹히고 결국 구더기가 되네.

천상이나 인간의 남녀는 곱고 밉고 귀하고 천하나

죽어 불에 태워지면 잠깐 번갯불을 보듯 하네.

죽음이 사람을 침노함은 원수 가운데 원수라

나도 원수로 여겨 맹세코 근원을 끊으리.

이 몸 즐거워할 바 없어 독사 상자 속에 든 것 같나니

사대가 에워싸 온갖 병이 교섭하네.

이름난 고통 덩어리는 늙고 병들고 죽음의 숲이지만

몸과 마음의 번뇌로 여러 가지 허물이 크네.

이 몸은 我가 없어 자재치 못하나니

실체가 없는 황당한 계교로 범부가 노예가 되네.

오래토록 미혹하고 妄倒에 부림 당해

선근을 상실하여 축생과 똑같이 죽네.

백천 생을 버려 피와 젖이 바다를 이루고

뼈는 태산같이 쌓였으니 이후에는 배나 더하리.

아무 이익되지 않는 일로 헛되게 勤苦만 받았고

중생에게 무익하고 법에도 아무 도움 되지 않았네.

고통을 참고 보시하면 그 공용 끝이 없나니

서원코 퇴전치 않고 네 가지 못에서 벗어나리.

이 더러운 몸을 버리고 원하노니 정토에 태어나

찰라에 꽃이 피면 미타부처님 처소에서

시방의 제불 현성을 속히 뵈옵고

삼악도에서 영원히 벗어나 正道를 반드시 이루어

과보로 五通을 얻고 자재하게 비행하여

寶樹에서 법을 듣고 무생을 깨달아지이다.

법신이 자재하여 三有를 끊지 않고

魔道를 모두 없애고 법을 보호하는 것으로 첫 임무를 삼고

十地가 만족하여 신통 변화가 한정 없으며

四勝의 덕을 갖춘 이를 법왕이라 하네.

원하노니 이 몸 버린 후 하루빨리 몸이 자재하고

법신이 자재한 후 가는 데마다 그 가운데서

이익 있는 곳 따라 법을 보호하고 중생 구제하며

또한 업도 으레 다하여 유위법도 모두 그러해지이다.

삼계가 모두 무상해 때가 되면 자재치 못하나니

남 때문에 죽거나 스스로 죽더라도 결국 이 같은 곳으로 돌아가나니

지혜로운 자 즐거워할 것이 아니니 응당 이같이 생각할지라.

여러 인연 이미 모였으니 업이 오늘에야 다하였네.

無益之身 惡煩人功 解形窮石 散體巖松
天人脩羅 山神樹神 有求道者 觀我捨身
願令眾生 見我骸骨 煩惱大船 皆為覆沒
願令眾生 聞我捨命 天耳成就 菩提究竟
願令眾生 憶念我時 具足念力 多聞總持
此報一罷 四大凋零 泉林逈絕 巖室無聲
普施禽獸 乃至昆蟲 食肉飲血 善根內充
願我未來 速成善逝 身心自在 要相拔濟
此身不淨 底下屎囊 九孔常流 如漏隄塘
此身可惡 不可瞻觀 薄皮裹血 垢污塗漫
此身臭穢 猶如死狗 六六合成 不從他有
觀此臭身 無常所囚 進退無免 會遇蟻螻
此身難保 有命必輪 狐狼所噉 終成蟲蛆
天人男女 好醜貴賤 死火所燒 暫見如電
死法侵人 怨中之怨 吾以為讎 誓斷根原
此身無樂 毒虵之篋 四大圍繞 百病交涉
有名苦聚 老病死藪 身心熱惱 多諸過咎
此身無我 以不自在 無實橫計 凡夫所宰
久遠迷惑 妄倒所使 喪失善根 畜生同死
棄捨百千 血乳成海 骨積太山 當來兼倍
未曾為利 虛受勤苦 眾生無益 於法無補
忍痛捨施 功用無邊 誓不退轉 出離四淵
捨此穢形 願生淨土 一念華開 彌陀佛所

速見十方 諸佛賢聖 長辭三塗 正道決定
報得五通 自在飛行 寶樹餐法 證大無生
法身自在 不斷三有 殄除魔道 護法為首
十地滿足 神化無方 德備四勝 號稱法王
願捨此身已 早令身自在 法身自在已 在在諸趣中
隨有利益處 護法救眾生 又復業應盡 有為法皆然
三界皆無常 時來不自在 他殺及自死 終歸如是處
智者所不樂 應當如是思 眾緣既運湊 業盡於今日

5. 『유마경』「불도품」 40게 송문

지혜 바라밀은 보살의 어머니요, 방편은 아버지니
모든 중도사가 이로 인하여 나지 않음이 없네.
法喜는 처요, 자비는 딸이며
善心은 성실한 아들이요, 필경공적은 집이네.
제자의 여러 가지 진로가 생각이 변화하는 데 따르고
도품의 선지식이 이로 인하여 정각을 이루네.
일체 바라밀법 등은 벗이요 사섭법은 기녀니
노래하고 법언을 외워 이것으로 노래하네.
總持는 동산이요 무루법은 숲이며
覺意는 정묘한 꽃이요 해탈과 지혜는 열매네.
八解는 浴池니 定水가 고요히 충만하거늘
七淨의 꽃이 만발하니 이곳에서 無垢人이 목욕하네.
코끼리와 말이 五通을 질주하고 대승의 수레를
一心으로 마부를 삼아 八正路에 노니네.
32상을 갖추어 얼굴을 장엄하고 80종호로 그의 자태를 치장하니
참괴는 윗도리요 깊은 마음은 머리 장식이네.
부유하여 일곱 가지 재보가 있거늘 敎授로 이자가 붙어

설한 바와 같이 수행하니 迴向이 큰 이득이네.

四禪이 床座니 淨命에서 나고

多聞이 지혜를 더하여 自覺의 음성이 되네.

甘露法은 밥이요 解脫味는 음료며

淨心으로 목욕하고 戒品은 바르는 향이네.

번뇌의 도적을 摧滅하니 勇健하여 더 뛰어난 이가 없고

네 가지 마를 항복 받고 승리의 깃발을 도량에 내다네.

비록 나고 죽음이 없는 줄 알지만

저들에게 보이기 위해 태어남이 있으니

여러 국토에 몸을 나투나 태양과 같아 보지 못하는 이가 없네.

시방의 수많은 여래에게 공양하되

부처님이나 자신에게 분별상이 없네.

비록 제불 국토와 중생이 空한 줄을 알지만

항상 정토를 닦아 群生을 교화하네.

여러 중생의 무리, 모양과 소리와 몸가짐을

無畏力 보살이 한꺼번에 능히 모두 나투네.

衆魔의 일을 알아 그들의 행을 따름을 보여

좋은 方便智로 마음에 따라 모두 능히 나투네.

어떤 때는 老·病·死를 보여 여러 群生을 성취하되

幻化와 같음을 알아 통달함이 장애가 없으며,

어떤 때는 겁이 모두 불태워져

천지가 모두 텅 비었을 때 몸을 나투어

중생이 항상하다는 생각이 있으면 깊이 살펴 無常임을 알게 하네.

수많은 중생이 모두 와서 보살을 청하면
단박에 그의 집에 와서 佛道로 향하게 교화하네.
경서는 주술과 공교 등 여러 가지 기예를 금하나
몸을 나투어 이런 일을 행하여 여러 군생을 유익하게 하네.
세간의 여러 가지 道法이 모두 그 가운데서 나왔으니
사람의 미혹함을 알아 邪見에 떨어지지 않게 하네.
어떤 때는 日月天과 梵王인 世界主가 되고
어떤 때는 땅이나 물이 되며, 혹은 바람이나 불이 되네.
겁 중에 전염병이 돌면 여러 가지 약초가 되어
이를 먹는 자 병을 낫게 하고 독을 없애며,
겁 중에 흉년이 들면 몸을 나투어 음식이 되어
먼저 주리고 목마른 이 구하고, 또한 법을 설하는 사람이 되고,
겁 중에 전쟁이 나면 이들을 위해 자비심을 내어
저 여러 중생을 교화하여 다툼 없는 곳에 주하게 하네.
만약 큰 전쟁이 있으면 동등한 힘을 나타내되
보살이 威勢를 나타내 항복하여 평화롭게 하네.
일체 국토 중에 지옥이 있으면
재빨리 그곳에 가서 그들의 고뇌를 건지며,
일체 국토 중에 축생이 서로 잡아먹으면
언제나 그곳에 몸을 나투어 그들을 위해 이익이 되네.
五欲을 받음을 보이고 또한 몸을 나투어 禪을 행하여
魔心이 괴멸하여 능히 짬을 얻지 못하게 하네.
불 속에 연꽃이 피면 희귀한 일이라 하겠으니

세속에서 禪을 행하면 희귀하기는 마찬가지네.
어떤 때는 몸을 나투어 음녀가 되어 여러 호색한을 꼬이되
먼저 애욕의 갈고리로 끌어 나중에 불도에 들어가게 하고,
어떤 때는 나라의 주인이 되고, 혹은 상인의 인도자가 되며
국사와 대신이 되어 중생을 도와 이익되게 하네.
가난한 자가 있으면, 몸을 나투어 넓고 큰 창고가 되어
그들을 권하고 인도하여 보리심을 발하게 하네.
마음이 교만한 자에게는 大力士의 몸을 나투어
貢高한 마음을 소멸하고 無上道에 주하게 하네.
두려워하는 중생이 있으면 앞에 나타나 위로하고 안위하되
먼저 무외시를 베풀고 나중에 道心을 발하게 하네.
혹은 음욕을 여읜 五通仙人의 몸을 나투어
여러 중생을 제도하여 계율과 인욕과 자비에 주하게 하네.
시중들 자를 필요한 자를 보면 몸을 나투어 종이 되고
그의 마음을 기쁘게 하였으면 도심을 발하게 하네.
그가 좋아하는 것에 따라 불도에 들어가게 하되
좋은 방편력으로 모두 그들을 만족하게 하네.
이 같은 도가 한량없고 행하는 것이 갓이 없으며
지혜가 끝이 없어 무수 중생을 제도하네.
가령 일체 佛이 무량 억겁에
그 공덕을 찬탄하더라도 오히려 다할 수가 없으니
누군들 이 같은 법을 듣고 보리심을 발하지 않겠는가.
저 不肖人인 어리석고 지혜 없는 자는 제외하네.

智度菩薩母，方便以為父
一切眾導師，無不由是生。
法喜以為妻，慈悲心為女
善心誠實男，畢竟空寂舍。
弟子眾塵勞，隨意之所轉
道品善知識，由是成正覺。
諸度法等侶，四攝為伎女
歌詠誦法言，以此為音樂。
總持之園苑，無漏法林樹
覺意淨妙華，解脫智慧果。
八解之浴池，定水湛然滿
布以七淨華，浴此無垢人。
象馬五通馳，大乘以為車
調御以一心，遊於八正路。
相具以嚴容，眾好飾其姿
慚愧之上服，深心為華鬘。
富有七財寶，教授以滋息
如所說修行，迴向為大利。
四禪為床座，從於淨命生
多聞增智慧，以為自覺音。
甘露法之食，解脫味為漿
淨心以澡浴，戒品為塗香。
摧滅煩惱賊，勇健無能踰

降伏四種魔，勝幡建道場。
雖知無起滅，示彼故有生，
悉現諸國土，如日無不見。
供養於十方，無量億如來
諸佛及己身，無有分別想。
雖知諸佛國，及與眾生空，
而常修淨土，教化於群生。
諸有眾生類，形聲及威儀
無畏力菩薩，一時能盡現。
覺知眾魔事，而示隨其行，
以善方便智，隨意皆能現。
或示老病死，成就諸群生
了知如幻化，通達無有礙
或現劫盡燒，天地皆洞然
眾人有常想，照令知無常。
無數億眾生，俱來請菩薩
一時到其舍，化令向佛道。
經書禁呪術，工巧諸伎藝
盡現行此事，饒益諸群生。
世間眾道法，悉於中出家
因以解人惑，而不墮邪見。
或作日月天，梵王世界主
或時作地水，或復作風火。

劫中有疾疫，現作諸藥草
若有服之者，除病消眾毒
劫中有飢饉，現身作飲食
先救彼飢渴，却以法語人
劫中有刀兵，為之起慈心
化彼諸眾生，令住無諍地。
若有大戰陣，立之以等力
菩薩現威勢，降伏使和安。
一切國土中，諸有地獄處
輒往到于彼，勉濟其苦惱
一切國土中，畜生相食噉
皆現生於彼，為之作利益。
示受於五欲，亦復現行禪
令魔心憒亂，不能得其便。
火中生蓮華，是可謂希有，
在欲而行禪，希有亦如是
或現作婬女，引諸好色者
先以欲鉤牽，後令入佛道
或為邑中主，或作商人導
國師及大臣，以祐利眾生。
諸有貧窮者，現作無盡藏
因以勸導之，令發菩提心。
我心憍慢者，為現大力士

消伏諸貢高，令住無上道。
其有恐懼眾，居前而慰安
先施以無畏，後令發道心。
或現離婬欲，為五通仙人
開導諸群生，令住戒忍慈。
見須供事者，現為作僮僕
既悅可其意，乃發以道心
隨彼之所須，得入於佛道
以善方便力，皆能給足之。
如是道無量，所行無有涯
智慧無邊際，度脫無數眾。
假令一切佛，於無量億劫
讚歎其功德，猶尚不能盡。
誰聞如是法，不發菩提心
除彼不肖人，癡冥無智者。

6. 慧日永明寺智覺禪師自行錄

永平道者山大雲峯禪寺嗣祖居幻沙門釋 文冲重校編集

恭惟古聖罔伐己能。緬想前賢。靡彰自德。然釋典有先自行化他之教。儒宗標內舉不避親之文。師常示徒云。因觀弘明集中。先德有檢覆三業門云。夫剋責之情猶昧。審的之旨未彰。故以事檢校心。凡所修習。既知不及。彌增疎忽。何謂檢校。我此身從旦至中。從中至暮。從暮至夜。從夜至曉。乃至一時一刻。一念一頃。有幾心幾行幾善幾惡。幾心欲摧伏煩惱。幾心欲降伏魔怨。幾心念三寶四諦。幾心悟苦空無常。幾心念報父母恩慈。幾心願代眾生受苦。幾心發念菩薩道業。幾心欲布施持戒。幾心欲忍辱精進。幾心欲禪寂顯慧。幾心欲慈濟五道。幾心欲勸勵行所難行。幾心欲超求辨所難辨。幾心欲忍苦建立佛法。幾心欲作佛化度羣生。

上已檢心。次復檢口。如上時刻。旦已來。已得演說幾句深義。已得披讀幾許經典。已得理誦幾許文字。已得幾回歎佛功德。已得幾回稱菩薩行。已得幾回讚歎隨喜。已得幾回回向發願。

次復檢身。如上時刻。已得幾回屈身禮佛幾拜。已得幾回屈身禮法禮僧。已得幾回執勞掃塔塗地。已得幾回燒香散花。已得幾回掃除塵垢正列供具。已得幾回懸旛表剎合掌供養。已得幾回遶佛恭敬十百千匝。

如是檢察。會理甚少。違道極多。白淨之業。纔不足言。煩惱重障。森然滿目。闇礙轉積。解脫何由。如上校察。自救無功。何有時閑議人善惡。故須三業自相訓責。知我所作幾善幾惡。是以若不自先檢責。何以化導羣機。故菩薩為度眾生。故先自修行。所以淨名經云。資財無量。攝諸貧民。奉戒清淨。攝諸毀禁。以忍調行。攝諸恚怒。以大精進。攝諸懈怠。一心禪定。攝諸亂意。以決定慧。攝諸無智。

又經云。自持戒。勸他持戒。自坐禪。勸他坐禪。大智度論云。本師釋迦牟尼佛不捨穿針之福。祖師龍樹菩薩釋云。如百歲翁翁舞。何以故。為教兒孫故。況未居究竟位。全是自利門。從十信初心。歷十住。十行。十回向。十地。直至等覺佛前普賢位。猶自利利他門。登妙覺位。至佛後普賢。方純是利他之行。

是以行明因示誨次。遂請問所行。或因師自說。編紀二三。既自治之行可觀。則攝化之門弗墜。有斯益故。乃敢敘焉。今具錄每日晝夜中間總行一百八件佛事。具列如後。

第一。一生隨處常建法華堂。莊嚴淨土。

第二。常晝夜六時。普為一切法界眾生。代修法華懺。

第三。常修安養淨業。所有毫善。悉皆念念普為一切法界有情。同回向往生。

第四。或時坐禪。普願一切法界眾生。同入禪智法明妙性。

第五。每夜上堂說法。普為十方禪眾法界有情。同悟心宗一乘妙旨。

第六。每日常念妙法蓮華經一部七卷逐品。上報四重深恩。下為一切法界二十五有含識。願證二十五種三昧。垂形十界。同化有情。

上報四恩者。一報師長訓誘恩。二報父母養育恩。三報國王荷負恩。四報施主供給恩。下為二十五有者。一為地獄界證離垢三昧。二為旁生界證不退三昧。三為餓鬼界證心樂三昧。四為修羅界證歡喜三昧。五為南閻浮提證如幻三昧。六為東弗婆提證日光三昧。七為西瞿耶尼證月光三昧。八為北鬱單越證熱燄三昧。九為四天王證不動三昧。十為三十三天證難伏三昧。十一為燄摩天證閱意三昧。十二為兜率天證青色三昧。十三為化樂天證黃色三昧。十四為他化自在天證赤色三昧。十五為初禪證白色三昧。十六為梵王天證種種三昧。十七為二禪證雙三昧。十八為三禪證雷音三昧。十九為四禪證澍雨三昧。二十為阿那含天證照鏡三昧。二十一為無想天證空三昧。二十二為空處天證常三昧。二十三為識處天證樂三昧。二十四為無所有處天證我三昧。二十五為非想非非想天證淨三昧。

第七。每日常誦般若心經八卷。普為法界八苦眾生。離苦解脫。

第八。每日常讀大方廣佛華嚴淨行品。依文發一百四十大願。普令一切法界眾生。見聞之中。皆得入道。

第九。常六時誦千手千眼大悲陀羅尼。普為一切法界眾生。懺六根所造一切障。

第十。常六時誦加句佛頂尊勝陀羅尼。普為法界一切眾生。懺六根所作一切罪。

第十一。普為一切法界眾生。晝夜六時。皈命敬禮三寶。及晨朝禮十方佛。

一禮佛寶。

稽首圓滿遍知覺　　寂靜平等本真源

相好嚴特非有無　　慧光普照微塵剎

一心敬禮十方三世盡虛空遍法界微塵剎土中一切常住佛寶兩足尊。此界他方人間天上法寶。真身舍利形像一一塔廟。唯願三寶威神。覆護所有諸佛住處。願與法界一切眾生。一一分身悉往禮拜。雖不得能禮之身。所禮之佛。然不壞幻相。影現法界。

二禮法寶。

稽首湛然真妙法　　甚深十二修多羅

非文非字非言宣　　一音隨類皆明了

　一心敬禮十方三世盡虛空遍法界微塵剎土中一切常住法寶離欲尊。天上人間龍宮海藏十二部經。一切聖典。同前禮佛。運心所有經卷之處。一一分身悉往禮拜。

　三禮僧寶。

稽首清淨諸賢聖　　十方和合應真僧

執持禁戒無有違　　振錫攜瓶利含識

　一心敬禮十方三世盡虛空遍法界微塵剎土中一切常住僧寶眾中尊。寶剎淨土巖阿石室諸大菩薩。緣覺。聲聞。一切賢聖。同前禮佛。運心所有僧住之處。一一分身悉往禮拜。

　次執爐云。嚴持香花。如法供養。願此香花雲。以為光明臺。供養一切佛。經法諸菩薩。聲聞緣覺眾。及一切天仙。受用作佛事。普願一切法界眾生。悉入我供養法界海中。同證無生一實境界。一心擎爐。觀此香烟。變為珍珠。瓔珞。香臺。寶樓。天衣。妙樂。異果。華雲。種種供具。供養十方諸佛。大作佛事。

　禮十方佛。

　一心敬禮東方善德佛。盡東方法界一切諸佛。

　一心敬禮東南方無憂德佛。盡東南方法界一切諸佛。

　一心敬禮南方栴檀德佛。盡南方法界一切諸佛。

　一心敬禮西南方寶施佛。盡西南方法界一切諸佛。

　一心敬禮西方無量明佛。盡西方法界一切諸佛。

　一心敬禮西北方華德佛。盡西北方法界一切諸佛。

　一心敬禮北方相德佛。盡北方法界一切諸佛。

一心敬禮東北方三乘行佛。盡東北方法界一切諸佛。

一心敬禮上方廣眾德佛。盡上方法界一切諸佛。

一心敬禮下方明德佛。盡下方法界一切諸佛。

第十二。每日普為法界一切眾生。禮釋迦如來真身舍利寶塔。願罪滅福生。障消道現。

第十三。自製大乘悲智六百願文。每日普為一切法界眾生。發願禮拜。

第十四。晨朝。禮和尚本師靈鷲山中釋迦牟尼佛。普願一切法界眾生。紹隆三寶。

第十五。晨朝。禮妙法蓮華經真淨妙法。普願一切法界眾生。同證法華三昧。咸生彌陀淨方。

第十六。晨朝。禮阿闍黎金色世界大智文殊師利菩薩摩訶薩。普願一切法界眾生。入法界門。開根本智。

第十七。晨朝。普為一切法界眾生。頂戴阿彌陀佛行道。承廣大之願力。慕極樂之圓修。

第十八。晨朝。普為一切法界眾生。旋繞念一字王心陀羅尼。普願圓證心王居總持位。真言曰。唵部淋潑。

第十九。晨朝。普為一切法界眾生。旋繞念釋迦牟尼佛。願繼能仁。成寂滅忍。

第二十。晨朝。普為一切法界眾生。旋繞念文殊師利菩薩摩訶薩。願成無性妙慧。作法王之子。

第二十一。午時。禮皈依主安樂世界阿彌陀佛。普願一切法界眾生。頓悟自心。成妙淨土。

第二十二。午時。禮大方廣佛華嚴經不思議藏。普願一切法界眾生。入緣起性德之門。遊毗盧大願之海。

第二十三。午時。禮懺悔師銀色世界大行普賢菩薩摩訶薩。普願一切法界眾生。了罪性空。成無生懺。

第二十四。午時。普為一切法界眾生。旋繞念觀世音本身陀羅尼。普願具圓通身。成普門行。真言曰。唵悉羅毗婆尼薩訶。

第二十五。午時。普為一切法界眾生。旋繞念多寶佛。願分身散形。同證一乘。

第二十六。午時。普為一切法界眾生。旋繞念普賢菩薩摩訶薩。願成差別之智門。運無始終之妙行。

第二十七。午時。普為一切法界眾生。頂戴觀音行道。成觀音實際之身。運同體大悲之行。

第二十八。黃昏。禮教授師兜率天宮當來下生彌勒尊佛。普願一切法界眾生。成無等真慈。繼一生補處。

第二十九。黃昏。禮大般若波羅蜜多經清淨法藏。普願一切法界眾生。行無所得之方便。具一切種智之圓門。

第三十。黃昏。禮同學法侶寶陀洛山大慈大悲救苦觀世音菩薩摩訶薩．盡十方法界一切菩薩摩訶薩。普願一切法界眾生。入圓通門。運法界行。

第三十一。黃昏時。普願一切法界眾生。旋繞念文殊心陀羅尼。普願入阿字門。了無生性。真言曰。阿囉跛佐曩。

第三十二。黃昏時。普為一切法界眾生。旋繞念釋迦牟尼分身佛。願廣布身雲。[1]入相成道。

第三十三。黃昏時。普為一切法界眾生。旋繞念觀世音菩薩摩訶薩。願具十四無畏。福佑眾生。

第三十四。黃昏時。普為一切法界眾生。頂戴釋迦寶塔行道。普為紹隆佛種。永為法界福田。

第三十五。初夜。禮證明師。七寶塔中過去多寶佛．盡十方三世一切諸佛。普願一切法界眾生。不違本願。助轉法輪。

第三十六。初夜。禮大寶積經真如海藏。普願一切法界眾生。依了義經。通佛妙旨。

第三十七。初夜。禮慈悲導師安樂世界大勢至菩薩摩訶薩及一切清淨大海眾。普願一切法界眾生。引導利濟眾生。同了唯心淨土。

第三十八。初夜。普為一切法界眾生。旋繞念觀音蓮華部心陀羅尼。普願具大悲門。圓自在慧。真言曰。唵阿盧勒繼娑嚩訶。

第三十九。初夜。普為一切法界眾生。旋繞念彌勒慈尊佛。願生內院親成法忍。

第四十。初夜。普為一切法界眾生。旋繞念大勢至菩薩摩訶薩。願攝諸根。淨念相繼。託質蓮臺。

第四十一。初夜。普為一切法界眾生。頂戴法華經行道。盡入法華三昧。同歸究竟一乘。

第四十二。中夜。禮十方釋迦牟尼分身佛。普願一切法界眾生。不動道場。分身百億。

第四十三。中夜。禮大般涅槃經諸佛祕藏。普願一切法界眾生。明自性心。住祕密藏。

第四十四。中夜。禮大慈大悲救苦地藏菩薩摩訶薩。普願一切法界眾生。證無垢三昧。度惡趣眾生。

第四十五。中夜。普為一切法界眾生。旋繞念佛頂金輪陀羅尼。普願無見頂相作法輪王。真言曰。唵齒臨。

第四十六。中夜。普為一切法界眾生。旋繞念藥師琉璃光佛。願成本願風輪。往生寶剎。

第四十七。中夜。普為一切法界眾生。旋繞念藥王菩薩摩訶薩。願作大醫王。救度一切。

第四十八。中夜。普為一切法界眾生。頂戴華嚴經行道。咸入海印三昧。頓悟法界圓宗。

第四十九。後夜。禮東方滿月世界藥師琉璃光佛。普願一切法界眾生。發大誓心。攝無邊眾。

第五十。後夜。禮般若波羅蜜多心經無生奧典。普為一切法界眾生。冥合真心。了無所得。

第五十一。後夜。禮藥王菩薩摩訶薩。普願一切法界眾生。說妙法藥。除煩惱病。

第五十二。後夜。普為一切法界眾生。旋繞念金剛經心中陀羅尼。普願證金剛三昧堅固佛身。真言曰。唵烏倫尼薩婆訶。

第五十三。後夜。普為一切法界眾生。旋繞念阿彌陀佛。願成無上慧。攝化有情。

第五十四。後夜。普為一切法界眾生。頂戴大般若經行道。願入無住觀門。成就無生法忍。

第五十五。後夜。普為一切法界眾生。旋繞念地藏菩薩摩訶薩。願布無緣慈。救拔三塗苦。

第五十六。稍暇時。旋繞行道。普願一切法界眾生。得紫金光身。相好圓滿。

第五十七。看讀大乘經典。普願一切法界眾生。同明佛慧。

第五十八。晝夜六時。普為一切法界眾生。念七如來名號。念寶勝如來。願一切眾生。積劫塵勞。悉皆清淨。念離怖畏如來。願一切眾生。離五怖畏。得涅槃樂。念廣博身如來。願一切眾生。咽喉廣大。禪悅充足。念甘露王如來。願一切眾生。飲甘露味。成大菩提。念妙色身如來。願一切眾生。離醜陋形。相好圓滿。念多寶如來。願一切眾生。永離貧窮。法財具足。念阿彌陀如來。願一切眾生。離惡趣形。神栖淨土。

第五十九。晨朝。普為一切法界眾生。受持大乘六念。一念佛。願成佛身。二念法。願轉法輪。三念僧。欲覆護眾。四念戒。欲滿諸願。五念施。捨諸煩惱。六念天。欲滿天中天一切種智。

第六十。晝夜六時。普為盡十方一切法界眾生。逐方焚香。供養十方面三寶。願此香變為珍寶瓔珞。樓臺寶閣。音樂花果。衣服飲食。種種供具等。供養十方諸佛。

第六十一。晝夜六時。普為盡法界眾生。逐方皈命十方面三寶。願入三乘之聖位。成五分之法身。

第六十二。晝夜六時。普為十方法界眾生。讚歎三寶。願具梵音聲色像第一。

第六十三。晨朝。普為十方面眾生。代發菩提心。並願念念圓滿無上菩提。直至後心無有間斷。發菩提心。真言曰。唵冒地[口*爾]多母怛播郍野弭。

第六十四。晝夜六時。普為盡法界眾生。散花供養十方面三寶。願此花滿法界虛空界。大作佛事。令一切眾生皆得依報嚴淨。常居妙土散花。真言曰。唵薩婆怛他薩多布社摩尼吽吽。

第六十五。晨朝。普為盡十方面眾生。擎爐焚香。懺悔先業。念七佛滅罪陀羅尼。普願三業無假。畢竟清淨。真言曰。離波離波諦求訶求訶諦陀羅尼諦尼訶羅諦毗唎尼諦摩訶迦諦真靈乾諦薩訶。

第六十六。晨朝。普為十方面一切法界眾生。授菩薩戒。願承三寶威神。一一現前。皆得親受。

第六十七。晨朝。普為盡十方面眾生。念施戒陀羅尼。普願具佛律儀。謹潔無犯。真言曰。娑囉波羅提藥叉呵唎陀野薩婆訶。

第六十八。午時。普為盡十方面眾生。擎爐焚香。念諸佛心中心真言。普願發真妙心。開佛知見。真言曰。唵摩尼達哩吽癹[日*毛]。

第六十九。黃昏時。普為盡十方面眾生。擎爐焚香。念阿彌陀佛心真言。悉願證悟佛心。同生安養。真言曰。唵阿密栗多帝際賀囉吽。

第七十。初夜。普為盡十方面眾生。擎爐焚香。念般若大悲心陀羅尼。悉願諦了自心。圓明般若。真言曰。怛姪他揭諦揭諦波羅揭諦波羅僧揭諦菩提薩婆訶。

第七十一。中夜。普為盡十方面眾生。擎爐焚香。念七俱胝佛母準提大明陀羅尼。悉願安法界胎。孕菩提子。真言曰。

稽首皈依蘇悉諦　　頭面頂禮七俱胝
我今稱讚大總持　　惟願慈悲垂加護

曩謨引颯鉢多(二合引)喃(引)三藐迦三沒馱(引)俱胝(引)喃(引)怛你也(二合)他(引)唵(引)左隸祖隸尊提薩嚩(二合引)訶。

第七十二。後夜。普為盡十方面眾生。擎爐焚香。念阿字一切佛心智門陀羅尼。悉願入無生門。具真佛智。真言曰。南無三滿多勃陀喃阿。

第七十三。晝夜六時。普為一切法界眾生。受持金剛鈴金剛杵跋折羅等。先加持鈴杵。真言曰。唵嚩日羅健荼虎。

次振鈴警覺盡虛空界一切如來。真言曰。唵嚩日羅(二合)[序-予+丘]瑟姹。

次振此鈴遍周法界。大作佛事。警悟一切愚昧異生。願一聞鈴音。覺悟摩訶般若波羅蜜多。

第七十四。晝夜六時。修行五悔。懺滌六根。普為一切法界四恩二十五有十二類生。承三寶力。對十方佛前。志心懺悔。與一切法界眾生。從無始有神識以來。至於今日。因無明妄造一切生死。隨逆順境。起愛憎心。鼓動六根。造塵沙罪。從多劫來。眼根因緣貪著色故。貪愛諸塵。以受塵故。受此人身世所生處。或著諸色。色壞我眼。為恩愛奴。故色使我經歷三界。為此弊使。盲無所見。眼根不善。傷害我多。十方諸佛常在不滅。我濁惡眼障故不見。今始覺悟。誦持大乘不思議藏。皈命普賢一切世尊。令我與法界眾生眼根所造一切重罪。畢竟清淨。

懺悔耳根。從無始來。耳根因緣。隨逐外聲。聞妙音時。心生惑著。聞惡聲時。起百八種煩惱賊害。如此惡耳。報得惡事。恒聞惡聲。生諸攀緣。顛倒聽故。墮落惡道邊地邦疆。不聞正法。處處惑著。無暫停時。坐此竅聲。勞我神識。十方諸佛。常在說法。我濁惡耳障故不聞。今始覺悟。誦持大乘功德海藏。皈命普賢一切世尊。令我與法界眾生耳根所作一切重罪。畢竟清淨。

懺悔鼻根。從無始來。坐此鼻根。聞諸香氣。迷惑不了。動諸結使諸煩惱賊臥者。皆起因此分別。墮落生死。十方諸佛功德妙香。充滿法界。我濁惡鼻障故不聞。今始覺悟。誦持大乘清淨妙藏。皈命普賢一切世尊。令我與法界眾生鼻根所造一切重罪。畢竟清淨。

懺悔舌根。從無始來。舌根所造不善惡業。貪著美味。損害眾生。破諸禁戒。開放逸門。又以舌根起口過罪。妄言綺語。兩舌惡口。誹謗三寶。讚歎邪見。非法說法。法說非法。諸惡業刺。從舌根出。斷正法輪。從舌根起。以是因緣。當墮惡道。百劫千生。永無出期。諸佛法味。彌滿法界。我濁惡舌障故不能說法。今始覺悟。誦持大乘諸佛祕藏。歸命普賢一切世尊。令我與法界一切眾生舌根所造一切重罪。畢竟清淨。

懺悔身根。從無始來。身根不善。貪著諸觸。顛倒不了。煩惱熾然。起三不善。謂殺盜婬。與諸眾生。作大怨結。乃至破塔壞寺。焚燒經像。用三寶物。無有羞恥。如是等罪。無量無邊。從身業生。說不可盡。十方諸佛。常放淨光。照燭一切。我濁惡身障故不覺。唯知貪著麤弊惡觸。現受眾苦。後受地獄．畜生．餓鬼等種種諸苦。沒在其中。不覺不知。今始覺悟。誦持大乘真實法藏。皈命普賢一切世尊。令我與法界一切眾生身根所造一切重罪。畢竟清淨。

懺悔意根。從無始來。意根不善。貪著諸法。狂愚不了。隨所緣境。起貪嗔痴。八邪八難。無不經歷。如此意根。即是一切生死根本。眾苦之源。如經中說。釋迦牟尼。名毗盧遮那。遍一切處。當知一切諸法即是佛法。妄想分別。受諸熱惱。是則于菩提中見不清淨。于解脫中而自纏縛。今始覺悟。誦持大乘圓滿法藏。皈命普賢一切世尊。令我于一切法界眾生意根所造一切重罪。乃至六根所起無量無邊惡業罪障。已起今起。未來應起。斷相續心。畢竟清淨。

第七十五。晝夜六時。同與一切法界眾生。勸請十方一切諸佛。現出應世。常轉法輪。將般涅槃。惟願久住。遍眾生界。盡出苦輪。皆達本心。同歸淨海。

第七十六。晝夜六時。同與法界一切眾生。隨喜十方諸佛諸大菩薩無盡功德。及一切凡夫所作。漏與無漏一切微細善根。皆入圓因。同成種智。

第七十七。晝夜六時。同與法界一切眾生回向。從無始來。至於今日。三業所作。一念善根。盡用普施一切法界眾生。回向無上菩提。同生西方淨土。

第七十八。晝夜六時。同與一切法界眾生發願。與一切法界眾生親證法華三昧。頓悟圓滿一乘。臨命終時。神識不亂。濁業消滅。正念現前。隨願往生西方淨土。皈命彌陀佛。成就大忍心。遍入法界中。盡於未來際。護持正法藏。開演一乘門。圓滿佛菩提。修習普賢行。廣大如法界。究竟若虛空。誓與諸含靈。一時成佛道。

第七十九。每日普為一切法界眾生。晝夜六時。一心焚香。皈命天王。別置道場。盡形供養。承菩薩威光。安然履道。

第八十。每日普為一切法界眾生。晝夜六時。念天王心。真言曰。唵悉唎曳莎婆訶。

第八十一。每日普為一切法界眾生。晝夜六時。念天王護身真言。願諸眾生。身安道隆。永消魔患。真言曰。唵藥乂瓦惹薩訶。

第八十二。普為一切法界眾生。晝夜六時。別建道場。供養般若。誦摩訶般若波羅蜜多。課念名號。悉願諸眾生。承大威德法門。發明十方佛慧。

第八十三。普為一切法界眾生。晝夜六時。別建道場。供養觀音尊像。六時旋繞。課誦名號。願諸眾生五眼圓明。十身顯現。

第八十四。普為一切法界眾生。晝夜六時。別置香花。供養妙法蓮華經。同悟究竟一乘。咸證法華三昧。

第八十五。每夜普為一切法界眾生。常施一切曠野鬼神及水陸空行一切饑餓眾生等食及水。

第八十六。每夜常與九品鬼神。法界眾生。受三皈依法。

第八十七。每夜常施一切鬼神。六道冥官三昧耶戒。真言曰。唵三昧耶薩怛嚂(蒲禁切)。

第八十八。每夜常為一切鬼神。法界眾生。說三乘法。

第八十九。受持穢跡陀羅尼。普願一切法界眾生。所向之處。身心內外境界。悉皆清淨。真言曰。唵(引)佛舌屈聿(唯律切)摩訶鉢囉恨那[得-彳+口](音許)勿汁勿醯摩尼微吉微摩那棲唵斫急那烏深暮屈聿[合*牛][合*牛](呼含切)吽(于令切)泮泮泮泮泮(音潑)娑訶。

第九十。晝夜六時。受持內外五供養陀羅尼。願一切法界眾生。內外心境。理事無礙。悉成供養之具。供養無量如來。遍至十方。大作佛事。真言曰。唵薩利縛怛他薩哆度波補瑟波逸波阿迦末利補左茗伽三母囉野三母囉野三摩曳薩婆訶。

第九十一。受持回向真言。一回向真如實際。心心契合。二回向無上菩提。念念圓滿。三回施法界一切眾生。同生淨土。真言曰。唵三摩囉微羅摩莎羅摩訶斫迦囉嚩吽。

第九十二。受持往生真言。願臨終命時。與一切法界眾生。同生淨土。念往生呪一遍。

第九十三。普為一切法界眾生。受持一切如來大寶出生灌頂陀羅尼。悉願決定成就無上菩提。為法王之真子。真言曰。唵薩婆怛他薩多尼摩羅三婆吠吽吽。

第九十四。晝夜六時。普為一切法界眾生打鐘。先願此鐘聲周遍法界。大作佛事。奉請十方一切凡聖四眾。各具威儀。隨眾行道。次願此鐘聲周遍法界。警覺一切長夜生死。皆得惺惺。後願此鐘聲周遍法界。普願一切三塗八難受苦眾生。聞此皆解脫。仍書破地獄真言。於中口誦三遍。願破諸地獄。閉惡趣門。聲遍十方。受苦一切眾生。聞此鐘聲。悉皆解脫。破地獄真言曰。喃謨阿瑟吒始帝喃三藐三勃陀俱胝喃惹羅嚩囉薩斯地利地利薩婆訶。

第九十五。晝夜六時。普為一切法界眾生。受持錫杖。願振此錫聲。周遍法界。大作佛事。覺悟一切地獄眾生。離苦解脫。覺悟一切饑渴眾生。口中悉是甘泉。覺悟一切蟲獸。悉皆開道回避。皈命解脫。

第九十六。常時採鮮花。供養一切尊像。普為一切法界眾生。善根柔軟。成就妙圓。

第九十七。常勸一切人念阿彌陀佛。因修淨業及修福智二嚴。習戒定慧六度萬行熏修等。乃至廣結香花淨會。供養大齋。種種施為。恒有導首。

第九十八。常與四眾授菩薩戒。

第九十九。常印施天下彌陀佛塔。般若。寶幢。楞嚴。法華等經及諸神呪。勸十種受持。三業供養。

第一百。三依之外。所有財帛。逐時旋施。作有為功德。救濟貧苦。供養眾生。常放一切生命。慈覆有情。

第一百一。遇緣廣施醫藥。願盡未來際。常作醫王。普救一切眾生身心重病。

第一百二。常帶持大佛頂。普願一切法界眾生。永祛魔障。

第一百三。常帶持大隨求等一百道不可思議神呪。普願一切法界眾生所求如意。

第一百四。常香。花。燈。水。幡。蓋等種供養道場。精嚴佛事。

第一百五。常供養悲敬二田。或潑棄盪鉢之水。乃至一唾。皆施餓鬼眾生。或施畜生一搏之食。皆令發無上菩提心。

第一百六。常焚香供養僧伽黎大衣。每披挂之時。恒發誓願。與一切法界眾生。常服如來無上福田之衣。具足如來微細禁戒。

第一百七。每受粥飯之時。恒發願先供養法界一體三寶。廓周沙界。大作佛事。十方施主六度圓滿。一切飢渴眾生法喜充足。為補飢瘡。修西方淨業。成無上菩提。故受此食。今此食者。不潤生死身。惟成佛果法身。願定慧[2]今增長。施生之時。普施六道眾生。具足六波羅蜜。

第一百八。常纂集製作祖教妙旨宗鏡錄等。法施有情。乃至內外搜揚。寄言教化。共六十一本。總一百九十七卷。

- 宗鏡錄一部百卷
- 萬善同歸集三卷
- 明宗論一卷
- 華嚴寶印頌三卷

- 論真心體訣一卷
- 唯明訣一卷
- 正因果論一卷
- 坐禪六妙門一卷
- 靈珠讚一卷
- 坐禪儀軌一卷
- 華嚴論要略一卷
- 布金歌一卷
- 警睡眠法一卷
- 住心要箋一卷
- 唯心頌一卷
- 華嚴十玄門一卷
- 華嚴六相義一卷
- 無常偈一卷
- 出家功德偈一卷
- 定慧相資歌一卷
- 施食文一卷
- 文殊靈異記一卷
- 大悲智願文一卷
- 放生文一卷
- 文殊禮讚文一卷
- 羅漢禮讚文一卷
- 華嚴禮讚文一卷

- 警世文一卷
- 發二百善心斷二百惡心文一卷
- 觀音禮讚文一卷
- 法華禮讚文一卷
- 大悲禮讚文一卷
- 佛頂禮讚文一卷
- 般若禮讚文一卷
- 西方禮讚文一卷
- 普賢禮讚文一卷
- 十大願文一卷
- 高僧讚三卷一千首
- 上堂語錄五卷
- 加持文一卷
- 雜頌一卷
- 詩讚一卷
- 山居詩一卷
- 愁賦一卷
- 物外集十卷五百首
- 吳越唱和詩一卷
- 雜牋表一卷
- 光明會應瑞詩一卷
- 華嚴感通賦一道
- 供養石橋羅漢一十會祥瑞詩一卷

- 觀音靈驗賦一道
- 示眾警策一卷
- 神栖安養賦一道
- 心賦一道七千五百字
- 觀心玄樞三卷
- 金剛證驗賦一道
- 法華靈瑞賦一道
- 雜歌一卷
- 勸受菩薩戒文一卷
- 受菩薩戒儀一卷
- 自行錄一卷

右總前每日所行一百八件佛事。乘戒兼急。權實雙行。體用相收。理事無礙。今引萬善同歸集後偈。以顯圓修。頌曰。

菩提無發而發	佛道無求而求
妙行無行而行	真智無作而作
興悲悟其同體	行慈深入無緣
無所捨而行檀	無所持而具戒
修進了無所起	習忍達無所傷
般若悟境無生	禪定知心無住
鑒無身而具相	證無說而談詮
建立水月道場	莊嚴性空世界

羅列幻花供具	供養影響如來
懺悔罪性本空	勸請法身常住
回向了無所得	隨喜福等真如
讚嘆彼我虛玄	發願能所平等
禮拜影現法會	行道步躡真空
焚香妙達無生	誦經深通實相
散花顯諸無著	彈指以表去塵
施為谷響度門	修集空花萬行
深入無生性海	常遊如幻法門
誓斷無染塵勞	願生唯心淨土
履踐實際理地	出入無礙觀門
降伏鏡像魔軍	大作夢中佛事
廣度如化含識	同證寂滅菩提

自行錄(終)

自行錄跋

　　夫心者。乃萬法之本源。智慧之靈府也。只因歷劫染習深厚。障蔽妙明。種種幻妄。紛紛不息。故生生汨沒於輪迴之中。備受楚毒。昇墜不常。何可而得已也。及今四眾人等。回向佛乘。雖依佛祖明訓修持正法。以作出世之津梁。奈功行悠悠。光陰虛度。不能勇猛精進。速取無上正等菩提。

　　今閱。永明壽祖自行錄一書。每日所行一百八件功行之事。行願雙持。自他兼利。無有片刻虛費光陰。至此方見壽祖是古佛再來。非予等下劣凡愚所敢望也。今刻此錄。惟願同人興決烈之志。開特達之懷。切不可望洋而退。但量己力。於此錄中。或取一二則。三五十則。逐日精進。以為常課。切不可懈怠心生。一暴十寒而虛度光陰也。果能如是。自然功不浪施。漸入漸深。漸廣漸厚。至於無上菩提。不期然而得也。如其不修實行。豈不辜負發心出家之志也。伏願此錄流傳四方。目睹親聞者。追古德之勤修。滿平生之志願。早授靈山記莂。廣度一切含識。是為跋。時維 道光癸卯嘉平月佛成道日。

武林古開地菴苾蒭梅嶼謹識

萬善同歸集 講義 - 下

1판 1쇄 인쇄 / 2023년 9월 01일
1판 1쇄 발행 / 2023년 9월 18일

북송 영명연수 저
대만 석성범 강
연관 역

펴낸이 / 이미현
펴낸곳 / 사유수출판사
만든이 / 이미현, 권영화, 유진희

서울시 마포구 동교로 19길 86 제네시스 503
대표전화 / 02-336-8910

등록/ 2007년 3월 4일

법공양 발원문

이 법공양의 수승한 인연공덕으로 불국정토를 장엄하고
네 가지 큰 은혜 보답하며 삼악도 중생들을 구제하게 하소서.
이 법문을 보고 듣는 사람들마다 한결같이 보리심을 일으켜서
온갖 죄업 다 참회하고 모든 마군의 장애 사라지며
복덕과 지혜 부지런히 갈고 닦아
선근공덕 원만히 성취하여지이다.
금생 인연이 다하여 이 몸을 버릴 때
다 함께 극락정토에 왕생하여 아미타불 친견하옵고
무생법인을 완전히 깨달은 뒤 무량한 중생들을 널리 제도하여
모두 함께 불도를 이루게 하소서.
나무마하반야바라밀

법공양 발원제자

부산광역시 동래구 온천천로 431번길 18-3

건명 경자생   선   겸 진복현
곤명 경자생   공덕생 김부경

장녀 병인생   보경화 진우혜
장남 기사생   혜   경 진민균

불기 2567(2023)년 9월 18일

늘기쁜마을 관음사
부산시 사하구 제석로 79-33